5월의 훈풍처럼, 장군의 칼날처럼

두 선사와 함께 읽은 신심명

강경구 옮기고 풀이함

『신심명』의 인연을 생각하며

며칠 전 미얀마의 국경에 가까운 태국 어디쯤에 머물고 있는 형님에게서 카카오톡으로 사진이 몇 장 들어왔습니다. 그 중에서도 묵고 있는 집의 명상실 벽에 써놓은『신심명』의 글씨가 눈에 쑥 들어왔습니다. 형님의 글씨는 전에 비해 더 거칠어져서 흙냄새가 날 것 같았는데, 있는 대로 던져놓은 방심이 느껴졌습니다.

나는 좀 당황했습니다. 마침『신심명』에 대한 선사들의 설법을 번역하고 풀이한 글을 출판에 붙여 교정 중에 있었는데, 문득 훈장님이 아끼는 단계벼루를 깨뜨린 학동의 불안감 같은 게 일어났습니다.

적어도 나에게 있어서『신심명』은 형님의 단계벼루와 같습니다. 기억이 있는 한 형님은『신심명』과 함께였습니다. 그러면서 그것은 또 아낌없이 버려지기도 했습니다. 직지사의 서실에서 그것은 화선지에 쓰였다가 불에 태워졌고, 밀양의 토굴에서는 천장까지 쌓여져 방치되었고, 설악산의 암자에서는 흙속에 묻혔습니다. 어두운 밤은 조석예불을 대신하는『신심명』의 독송소리로 깨워졌고, 걷는 길들에는『신심명』의 흔적들이 남았습니다. 쓰거나 버리거나 형님은『신심명』이었습니다.

이걸 쪼개고, 나누고, 풀이한 글을 썼으니 괜히 불안한 겁니다. 한번은『신심명』의 어느 구절을 들어 무슨 뜻인지를 물었는데, 형님은 그냥 글자의 뜻만 말해주고는 흡족할만한 설명을 하지 않았습니다.

그 때는 형님이 이 글을 그냥 암송만 할 뿐이지 깊게 연구하지는 않는 모양이라 생각했습니다. 그런데 막상 『신심명』에 대해 연구 비슷한 것을 하면서 보니 원래 다들 그렇게 읽고 있었습니다. 법안 스님과 수산주간에 '추호라도 어긋나면, 하늘과 땅의 차이가 난다(毫釐有差, 天地懸隔)'는 구절을 두고 나눈 대화가 있습니다.

법　안: 추호라도 어긋나면, 하늘과 땅의 차이가 난다고 했는데, 스님께서는 어떻게 봅니까?

수산주: 추호라도 어긋나면, 하늘과 땅의 차이가 납니다.

법　안: 그렇게 말하시면 어쩝니까?

수산주: 나는 이렇게 밖에 못합니다. 스님은 어떻게 봅니까?

법　안: 추호라도 어긋나면, 하늘과 땅의 차이가 납니다.

사실 젊은 시절 나를 전율에 빠뜨렸던 성철 스님의 『신심명·증도가 강설』에도 문자적 의미만 옮겨놓고 별다른 해설을 붙이지 않은 부분들이 자주 발견됩니다. 그런데 그 부분들에서 압도적인 파워가 일어납니다. 원래 신심이라는 것이 둘로 나누거나 쪼개지 않는 일 자체에 있기 때문입니다.

그렇지만 어쩝니까? 이미 쪼개고, 나누고, 풀어헤쳤습니다. 원래 쪼개기 전의 온전한 하나가 따로 있다면 모르겠지만 쪼개든, 쪼개지 않든 이것은 이와 같을 뿐입니다. 이것에 맡기는 것이 신심입니다. 그러니 분별을 하지 않으려고 일부러 노력할 일은 아니지 싶습니다. 더구나 쪼개는데 일등 가는 우리 같은 학자들에게는 그것이 더 자연스러운 일이 아닐까 하는 생각이 들기까지 합니다.

이 책의 원고를 쓰는 동안 많은 분들과의 인연이 있었습니다. 고심정사 불교대학의 경전반 학생들은 이 『신심명』 강의를 마음을 열어놓고 들어주었습니다. 동의대학교 대학원 불교문화학과 학생들은 지칠 만도 한데 6개월을 꽉 채워가며 『신심명』의 토론에 참여해주었습니다. 그리고 존경하는 도반인 문종대 교수님은 초고를 읽고 교정까지 해가며 출판을 강권해 주었습니다.

책의 여백에 『신심명』의 붓글씨를 넣었습니다. 글의 가독성을 높인다는 의미에서 매 두 구절을 기준으로 페이지를 새로 시작하다 보니 빈 여백이 크게 남는 부분이 생겼습니다. 처음에는 그냥 적당한 문양으로 채우면 되겠다 생각했는데, 태국에서 보낸 형님의 글씨를 보고 그 편안한 내려놓음을 모두에게 선물하고 싶어졌습니다. 그래서 형님의 글씨에서 해당 구절을 따서 그림으로 삽입했습니다. 독자들이 이 지점에서 책 읽기를 잠깐 멈추고 쉬는 시간을 갖는다면 느긋한 향유가 될 수 있으리라 믿습니다.

2015년 12월 1일

동의대학교 연구실에서 강경구 두 손 모음

목차

앞마당

1. 『신심명』의 두 해설서

『신심명』은 선불교를 실천하는 입장에 있는 사람들에게는 하나의 바이블이다. 역대의 선문에서 이것을 일과로 암송한 일이 있었음을 상기하면 그 중시된 정도를 이해할 수 있을 것이다.

『신심명』은 마음을 믿는 노래, 혹은 믿는 마음에 대한 노래이다. 믿음〔信〕이란 주체인 내가 외부의 어떤 대상을 믿는다는 뜻이 아니다. 그것은 차라리 나와 대상이 둘 아님을 밝게 확인하는 일이다. 그 전체성에 있는 이대로 맡겨두고 하나로 만나는 일이다. 마음〔心〕 또한 마찬가지이다. 불교에서 말하는 마음은 이 몸 안에서 일어나는 어떠한 심리적 작용에 한정된 것이 아니다. 모든 현상이 있는 이대로 마음의 드러남이다. 요컨대 마음과 현상은 둘이 아니다. 이것을 분명하게 알아 의심하지 않는 일이 믿음이다. 결국 믿음과 마음은 둘이 아니다. 마음을 믿는 것과 믿는 마음은 둘이 아니다. 따라서 그 제목을 『마음을 믿는 노래』라 해도 좋고, 『믿는 마음의 노래』라 해도 좋다.

『신심명』은 동어반복에 가까운 법문을 통해 오로지 지금 당장 밝게 드러나 있는 이 한 길을 가리켜 보이는데 충실하다. 그것은 돈오법의 핵심을 떠나지 않는다. 모든 구절에서 지금 이것에 100% 눈을 떠 유감없이 받아들이고, 온전하게 맡겨두기를 요구하고 있다. 선가의 가르침은 하나의 독립된 진리체계를 구축하지 않는다. 오직 설법을 대하는 당사자인 우리를 겨냥하여 지금 당장 둘 아닌 이것에 눈뜨도록, 이것에 맡겨두도록 바로 가리켜 보일 뿐이다. 그래서 『신심명』을 공부하되 이것을 가지고 하나의 진리체계를 구축하면 안 된다. 문장을 따라가며 알고 이해하기만을 추구해서는 안 된다. 오로지 한 구절, 한 문장을 통해 지금 이것을 확인하는 공부라야 한다. 그 때 146구, 584

자에 불과한 이 짧은 글이 팔만대장경의 모든 지혜를 압축한 최고의 법문임을 알게 된다. 그것은 수행과 깨달음, 그리고 깨달음 이후의 실천에 일관되게 적용되는 대지혜의 법문이다.

이 지혜에 이르는 법문을 옛 조사 스님들은 다양한 방식으로 되살려 왔다. 그 중 조동종의 대종사인 진헐청료(眞歇淸了) 선사와 임제종의 마지막 최고봉으로 꼽히는 중봉명본(中峰明本) 선사의 『신심명』 해설은 특히 탁월하다. 우선 그 해설이 『신심명』을 직접 대상으로 하고 있으므로 이 깨달음의 노래를 전면적으로 이해할 수 있는 자료가 된다. 또한 수행방편과 가르침에 있어서 뚜렷한 차별성을 갖는 조동종과 임제종의 전혀 다른 분위기를 느낄 수 있고, 그러면서도 그 궁극적 안목이 서로 다르지 않음을 확인할 수 있다. 이를 통해 선수행이 지향하는 바가 더욱 뚜렷해진다. 본서에서는 이 두 선의 거장을 따라 『신심명』을 바로 이해하고 지금 당장 활용하는 체험의 길을 걸어보고자 한다.

2. 승찬 스님과 『신심명』

『신심명(信心銘)』은 3조승찬(僧璨) 스님의 저작으로 알려져 있다. 승찬 스님은 2조혜가(慧可) 스님에게 불법을 배운 뒤 의발을 전수받아 선종의 3조가 된다. 그 뒤 난리를 피해 숨어 살다가 4조도신(道信)을 만나 그에게 정법안장을 전했다.

그런데 선맥의 흐름에 이렇게 중요한 고리가 되는 승찬 스님과 관련하여 그 태어난 해는 물론 전체 생애와 설법의 내용 등에 있어서 알려진 바가 거의 없다. 승찬 스님이라는 이름조차 별명일 가능성이 높다. 혜가 스님이 너는 나의 보배(璨)라 하여 이것을 이름으로 삼았다는 전설이 있지만, 실제로는 문둥병의 후유증으로 인해 갖게 된 반짝이는(璨) 민머리에 대한 별명이었다고 보는 관점도 유력하다. 요컨대 스님에 대한 호칭인 적두찬(赤頭璨)의 붉은 민머리(赤頭)와 반짝임(璨)은 동어반복의 관계에 있다고 할 수 있다. 나아가 얼마간의 승찬 스님에 대한 기록조차 시대를 거듭하면서 보완된 흔적이 뚜렷하다.

그래서 승찬 스님이 실재한 인물이 아닐지도 모른다는 논의들이 거듭 제시되어왔다. 생각해보면 승찬 스님과 관련하여 알려진 사적이 거의 없는 것은 당시 불교의 역사적 상황과 관련이 깊다. 스님이 법을 받을 때는 주무제(周武帝)의 대대적인 불교 말살정책이 자행되던 시기였다. 이로 인해 당시 폐쇄된 사찰만 4만여 곳, 강제 환속된 승려가 300여만 명에 달했다. 그것은 당시 북주(北周) 인구의 1/10에 해당하는 숫자였다. 불교 말살의 수준이 극에 달했던 시기였다. 이러한 살벌한 불교 말살정책 하에서 승찬 스님과 같이 정법안장을 부촉 받은 조사가 할 수 있는 일은 철저한 은거 외에 다른 길이 없었다고 보아야 한다. 2조혜가 스님이 참수되었다는 전설[1]은 당시의 이러한 분위기에 대한 증거가 되기에 충분하다. 따라서 정법안장을 부촉 받은 조사의 생애 기록이 모호하다 하여 그 존재를 부정하기는 어려운 것이다.

한편 당나라 초가 되면 달마(達磨)→혜가(慧可)→승찬(僧璨)→도신(道信)→홍인(弘忍) 스님으로 이어지는 정법안장 전수의 설이 정설로 자리 잡는다. 다만 홍인 스님 열반 후 그를 계승한 6조를 누구로 할 것인지에 대해서는 설이 분분했다는 것은 잘 알려져 있는 사실이

---

1) 혜가(慧可) 스님은 광구사(匡救寺)에서 설법을 펴다가 모함을 받아 그곳의 통치자였던 적중간(翟仲侃)에게 참수되었다고 얘기된다. 당시 혜가 스님은 세수 107세였고, 참수된 머리에서는 우유같은 피가 나왔다고 한다.

다. 대체적으로 6조로 불린 스님만 해도 혜능(慧能) 스님 외에 법여(法如), 신수(神秀), 노안(老安), 현이(玄頤) 스님 등이 있었다. 혜능 스님이 유일한 6조로 인정받게 된 것은 남종선이 천하 총림을 지배하게 된 이후의 일이다.

선맥의 계승여부는 의발의 전수 외에 후대 계승자의 영향력과 밀접한 관계에 있다. 선맥의 계승은 스승의 권위성과 제자의 영향력이 결합된 산물이다. 그 중 보다 더 결정적인 것은 법맥을 전수받은 계승자의 종교적 영향력이다. 당나라 초기에 위와 같은 법맥계승도가 정설로 인정받고 있었다는 것은 적어도 이미 주류를 점하고 있던 홍인 스님 계열에서 그렇게 주장하고 있었다는 말이 된다. 따라서 여러 측면에서 승찬 스님의 3조설은 당시 가장 큰 영향력을 갖고 있는 그룹 내에서 이미 하나의 진실로 인정되고 있었다고 보아야 한다. 한편 1982년 항주에서 다음과 같은 명문이 새겨진 벽돌이 출토된다.

> 우리 위대한 수(隋)나라 개황(開荒) 12년 7월, 승찬 대사가 서주(舒州) 완공산(皖公山) 자락에서 열반하시니 탑을 세우고 공양하다. 도신(道信)이 기록하다.[2]

물론 이 명문조차 의심의 눈으로 보는 경우도 있지만, 이것은 승찬 스님의 선맥 계승이 분명한 역사적 사실이었음을 말하는 증거로 주장되기도 한다.

승찬 스님을 이해하는데 있어서 깨닫는 장면에 대한 묘사는 극히 중요하다. 그것이 전체 『신심명』의 설법내용과 긴밀하게 연결되기 때문이다. 그것은 다음과 같이 전개된다.

---

2) 大隋開皇十二年(592)七月僧璨大師隱化於舒之皖公山岫, 結塔供養. 道信爲記.

승찬 : 〔문둥병을 앓고 있는〕 저의 죄를 참회케 해 주십시오.
혜가 : 죄를 가져오면 내가 참회케 해주겠다.
승찬 : 죄를 찾을 수 없습니다.
혜가 : 내가 너의 죄를 모두 참회시켜 주었다.

승찬 스님이 깨닫는 이 장면은 2조 혜가 스님이 깨닫는 장면과 절묘하게 겹친다. 혜가 스님이 마음을 안정시켜 주십사 했을 때 달마 스님은 마음을 가져오면 안정시켜 주겠다고 말한다. 그리고는 혜가 스님이 마음을 찾을 수 없다고 하자, '내가 그대의 온 마음을 안정시켜 주었다'고 말한다. 이 일이 혜가-승찬 스님의 사이에서 단어만 바뀌어 똑같이 일어나고 있는 것이다. 깨달음의 현장을 둘러싸고 이처럼 원형에 기초한 이야기들이 거듭 재생산되어 나타나는 것은 그 가르침과 깨달음의 핵심이 서로 다르지 않음을 증명한다. 승찬 스님이 말한 바와 같이 죄의 자성이라는 것은 안에 있는 것도 아니고, 밖에 있는 것도 아니다. 중간에 있는 것도 아니다. 마음의 본체 또한 그러하다. 결국 모든 것은 둘 아닌 관계에 있다. 깨달음은 마음을 가지고 마음을 찾기를 멈출 때 일어난다. 그 때 지금 당장의 이것이 마음이고, 지금 당장의 이것이 부처임을 알게 된다. 달마의 선종에서 거듭 가르치고 거듭 깨달아온 것이 바로 이것이다. 그래서 대스승들의 전기 묘사에는 모든 것이 '둘 아님'일 뿐이라는 그 차별 없는 깨달음의 현장으로 우리를 끌고 가려는 기획성이 발견되는 것이다.

『신심명』이 승찬 스님의 저작인지에 대해서도 많은 설이 교차하고 있다. 그 출발은 『종경록(宗經錄)』의 저자인 영명연수(永明延壽) 스님에게서 비롯된다. 연수 스님은 『신심명』이 우두법융(牛頭法融) 스님의 저작이라 보았다. 그러니까 『신심명』은 법융 스님이 지은 『심명(心銘)』의 자매편이자 완성본이라는 것이다. 근대의 인순(印順) 법사도 연수 스님의 설을 그대로 계승한다. 초고본인 『심명』을 후대 사람들이 다듬어 『신심명』으로 완성하였다는 것이다.

그런데 그렇지 않다는 설 역시 강력하다. 잠깐만 살펴보아도 『심명』은 『신심명』과 마찬가지로 내용과 형식의 양 측면에서 새로 고칠 필요가 없는 완성작임을 알 수 있다. 굳이 같은 내용과 형식의 노래를 한편 더 지을 일이 없으므로 자매편이 될 수 없다. 마찬가지로 이미 완성된 글을 이렇게 전혀 다른 문구로 새로 다듬을 필요가 없다.

다만 유사한 구절이 다수 발견되므로 상호 간에 영향이 전혀 없었다고 할 수는 없다. 그렇다고 이에 근거하여 두 노래가 초고본-완성본의 관계에 있다고 할 수는 없다. 만약 내용과 형식의 유사성 때문에 두 작품을 초고본-완성본의 관계로 파악한다면, 부대사(傅大士)의 『심왕명(心王銘)』도 그 범주에 들어가야 한다. 그것이 내용과 형식에 있어서 이후 출현하는 마음에 대한 노래의 원형이 되며 비슷한 구절이 속출하기 때문이다.

어쩌면 승찬 대사의 사적이나 『신심명』의 저자와 관련된 이러한 문제는 학문적 논의에 불과할지 모른다. 보다 중요한 것은 『신심명』이 깨달음의 역사에서 차지하는 의미에 있기 때문이다. 잘 알려진 바와 같이 『신심명』은 백장회해(百丈懷海), 조주종심(趙州從諗) 등의 선사들이 적극 제창하였다. 그로 인해 홍주종(洪州宗)과 그 뒤를 잇는 임제종(臨濟宗)은 물론 조동종(曹洞宗) 등의 선문에서 실천수행을 이끄는 교과서가 된다. 그만큼 깨달음의 역사에서 『신심명』이 차지하는 비중이 높았다는 말이 된다. 본서에서는 임제종과 조동종의 선문에서 중시하는 두 가지의 『신심명』 해설을 우리말로 옮기고 이를 해설하였다.

3. 진헐청료 선사와 『신심명염고(信心銘拈古)』

진헐청료(眞歇淸了 : 1088~1151) 선사는 지금의 사천성 면양현(綿陽縣) 출신으로 속성은 옹(雍)씨이다. 11살에 출가하여 경론을 두루 학습한 뒤에 단하자순(丹霞子淳) 선사를 만나게 된다. 처음 만났을 때 단하 선사가 묻는다. "어떠한 것이 공겁(空劫) 이전의 자기인가?" 이에 진헐 선사가 대답하려 하자 단하 선사가 고함을 친다. "시끄럽다. 저리 가거라." 이후 진헐 선사는 단하 선사의 문하에서 마음을 참구하는 길을 걷는다. 그러던 중 어느 날, 산에 올랐다가 둘로 나눌 수 없는 이치와 분명하게 맞아떨어지는 체험을 하였다. 이에 곧장 단하 선사를 찾아가 인사를 하고 옆자리로 서는데, 단하 선사가 따귀를 한 대〔一掌〕 갈기며 말하는 것이었다. "네가 알게 된 줄 착각했다."

이것이 진헐 선사가 단하 선사에게 받은 가르침의 핵심이다. 진헐 선사는 이 공겁(空劫) 이전의 자기, 그리고 따귀 한 대〔一掌〕의 가르침을 평생 간직하고 살았다. 그 진리에 대한 실천의 기록을 『겁외록(劫外錄)』과 『일장록(一掌錄)』으로 명명한 것도 스승에 대한 고마움을 표현하기 위해서였다. 이후 제방의 선지식을 찾아다니며 법거량을 하였는데, 조조(祖照) 선사와의 인연이 각별하다. 진헐 선사의 나이 21세 때의 일이었는데 둘 사이에 이런 일이 있었다.

조조: 어디에서 온 중인고?
진헐: 사천성에서 왔습니다.
조조: 몇 살인고?
진헐: 스물 여섯입니다.
조조: 아직도 여기저기 쏘다니는가?
진헐: 〔선상을 흔들며〕 오직 여기에 있을 뿐입니다.

조조가 고함을 치자 진헐이 예배하였다.

진헐 선사는 조조 선사와의 이러한 인연으로 나중에 그 회상을 물려받게 된다. 이에 진헐 선사는 법형제로서 이후 조동종의 중흥조가 되는 굉지(宏智) 선사를 불러 수좌를 맡기고 회상을 함께 이끈다. 그리고 6년 뒤에는 아예 주지의 자리를 그에게 넘겨준다. 이후 진헐 선사는 곳곳에 선원을 중흥하며 법을 펴다가 세수 62세 되던 해 좌탈입망하게 된다. 그의 법을 이은 제자가 30여명에 이르렀으며, 굉지 선사가 지은 「탑명」이 전하고 있다.

진헐 선사는 단하자순 선사의 계승자로서 송(宋)대 조동종을 부흥시킨 중요한 인물이다. 선사는 조동종의 전통에 따라 각 종파에 두루 통하였고, 화엄과 정토법문은 물론 도교에도 밝았다. 그래서 명(明)조 이후에는 선문과 염불문을 함께 닦은 인물로 추앙되기도 하였다. 그의 선풍에 대해서는 임제종을 중흥한 대혜종고(大慧宗杲) 선사도 높이 평한 바[3] 있다.

흥미로운 것은 바로 이 시기에 대혜 선사의 묵조선에 대한 비판이 시작되었다는 점이다. 물론 그 비판이 진헐 선사를 직접 겨냥했었는지는 분명하지 않다. 다만 진헐 선사의 『신심명염고』가 대혜 선사의 묵조선 비판을 염두에 둔 것이었다는 설이 있기는 하다. 소흥(紹興) 연간 대혜 선사가 남종선의 정통을 자처하면서 묵조선을 비판[4]하자 진

3) '진헐 선사의 선법에는 지키는 것이 따로 없다. 학인들이 물으면 인연에 따라 답하되 걸리는 바가 없어 바람이 물결 위를 지나는듯하다. …… 법에 자재하여 법의 본성에 맞게 설법한다.'

4) 원래 묵조선은 기본적으로 문자선에 대한 비판에서 출발한 종파이다. 흔히 문자선의 연원을 분양선소(汾陽善昭), 설두중현(雪竇重顯), 원오극근(圜悟克勤) 등으로 지목한다. 이들 선가 종장들의 선법이 말류에 이르면서 공안에 대한 분별사유적

헐 선사가 이 『신심명염고』를 지어 대혜 선사의 주장을 반박하였다는 것이다.

진헐 선사의 『신심명염고』를 읽어보면 '오직 쉬고 또 쉬라'는 가르침으로 일관하면서도, 그 고요함에 머물지 않아야 한다는 점을 강조하고 있음을 알게 된다. 대혜 스님의 비판에 대한 자기 변호적 답변으로 이해될 수 있는 대목이다. 그 구체적인 내용은 본문에서 접하게 될 것이므로 여기에서는 그 서문을 옮겨 선사의 뜻을 이해하는 자료로 삼고자 한다.

문자놀이에 빠져 구두선, 갈등선으로 변질되었다는 것이다. 이러한 언어지해적 갈등에서 벗어나는 길로 제시된 것이 진헐 선사와 굉지 선사를 대표로 하는 묵조선이다. 묵조선은 일체의 생각을 잊기를 표방한다. 생각을 내려놓기를 요구하며, 언어작용이 없는 비춤을 지향한다. 비춤과 말없음의 동시구현(默照同時)을 요구한다. 쉬고 또 쉬기(休去歇去)를 강조한다. 그러니까 묵조의 묵(默)은 간단히 말하자면 심의식의 작용을 떠난다는 뜻이고, 조(照)는 반야관조를 뜻한다. 그래서 묵조선은 기본적으로 흔들림 없는 선정을 중시하면서 분별사유적 차원의 뒤적임을 반대하는 것이다. 그런데 이것을 대혜 선사는 삿된 선법이라 극력 비판한 것이다. 그 대체적인 내용은 이러하다. '근래 삿된 스승들이 묵조선을 가르치고 있다. 24시간 내내 어떠한 일에도 상관하지 말라(是事莫管), 쉬고 또 쉬라(休去歇去), 소리 내지 말라(不得做聲)는 등이 그 가르침이다. 일부 총명한 자질을 가진 사대부들이 시끄러움과 번잡함을 피해 이러한 가르침에 빠지기도 한다. 고요히 앉아 있는 것이 쉬워 보이므로 이를 옳은 것으로 여기면서 궁극적 깨달음을 추구하지 않고 말없는 것만을 최고의 원칙으로 삼는 것이다.' 대혜 선사는 묵조선이 마음을 어둡게 하여 허무한 생사에 빠져 깨달을 수 없게 만든다고 보았다. 대혜 선사는 이 선법이 달마 벽관수행의 핵심인 '밖으로 모든 인연을 쉬고(外息諸緣), 안으로 망상이 일어나지 않도록 하는(內心無喘) 법문'을 계승하고 있다고 인정하기는 하였다. 그러나 그것은 도에 들어가는 방편이 될 수는 있어도 그 자체가 목적이 될 수는 없다고 보았다. 대혜선사는 묵조선이 방편을 목적으로 오인하고 있다고 진단하였던 것이다.

이 헛 똑똑이는 무슨 말을 하고 있는 것인가? 마음도 아니고, 부처도 아니고, 물건도 아니다. 그런데 무엇을 믿으라〔信〕는 말인가? 분명하면서도 남김없이 드러나 있어서 잡을 것조차 없다. 그런데 무엇을 마음〔心〕에 새기라〔銘〕는 것인가? 3조 큰 스님이 마음을 말하는 순간 벌써 틀려 버렸다. 이름과 말에 입을 더럽히고 만 것이다. 3천 년을 양치질 하고, 8만겁 동안 귀를 씻어낸다 해도 소용이 없다. 구렁이에 칭칭 동여 매이듯 글과 책에 얽힌 꼴을 면할 수 없게 되어 버렸다. 그러니 다시 여기에 모여 앉아 이것을 설파할 일이 있겠는가? 여기에 걸리지 않도록 하라. 하나를 잡으면 둘을 잃게 되리니 하나조차 내려놓도록 하라. 그래야 어찌 해볼 여지라도 있는 것이다. 여러분에게 물어 보겠다. 지금 이 몸을 구성하는 모든 물질과 감각기관이 안팎으로 모두 실체가 없어 철저히 공적하다. 그런데 바로 여기 뚜렷하고 분명하게 하늘과 땅을 채우고 있는 이것은 또 무엇인가? 이렇게 믿어 나아가라. 그것이 바로 자기의 고향 풍경이고, 본래 모습이다. 그것은 밤낮으로 빛을 발하며 땅을 뒤흔들고 있다. 항상 바로 여기에서 드나들고 있다. 생각하거나 말로 표현하려 하지 말라. 일단 생각하기를 멈추라. 그리고 참선 의자를 향해 엎드려 그 처분에 맡기도록 하라.

4. 중봉명본 선사와 『신심명벽의해(信心銘闢義解)』

중봉명본(中峰明本:1263—1323) 선사는 원(元)대의 선승으로 고봉원묘(高峰原妙)의 후계자이다. 속성은 손(孫)씨이고, 항주 부양(富陽) 사람이다. 15세에 출가의 뜻을 세우고 고봉선사를 찾아간다. 사람들에게 눈길을 주지 않기로 유명하던 고봉 선사는 그 가능성을 발견하여 직접 머리를 깎아준다. 그는 스승과 가까운 곳에 수행처를 정해놓고, 애써 수행하면서 10년간 자리에 눕지 않는 두타행을 실천한다. 철저한 수행과 밝은 깨달음으로 스승의 인가를 받은 뒤에도 그 수행의 자세에는 변함이 없었다. 심지어 스승이 권하는 주지 자리조차 한사코 거절하면서 이렇게 말한 일이 있다.

주지를 맡는 사람은 무상대도를 이루어 그 불교적 밝은 에너지가 하늘까지 덮어야 합니다. 또한 오랫동안 복덕의 인연을 닦아 많은 대중을 수용할 수 있어야 합니다. 나아가 밝은 지혜로 상황에 적절히 대응할 수 있어야 합니다. 그래서 모든 일에 적절하게 처리할 수 있어야 하는 것입니다.

중봉 선사는 평생을 산림과 강호에 은거하여 살았다. 그러면서 낮에 일하고 밤에 참선하는 일과를 바꾸는 일이 없었다. 선사는 세속 나이 61세에 열반하였는데, 열반 전날 흰 무지개가 일어나 하늘을 덮는 이적이 있었다. 중봉 선사의 이러한 철저한 수행자적 삶은 당시의 불교풍토에 대한 반성과 무관하지 않는다. 선종은 송대에 이르러 사대부 계층에 널리 수용되면서 크게 흥성하게 된다. 그러나 이러한 사회적 흥성은 '불립문자, 돈오성불'의 선종정신과 모순되는 문제점을 낳게 된다. 문자선, 구두선의 폐해가 바로 그것이다. 중봉 선사의 스승이 되는 고봉 선사는 이러한 선가의 현실을 반성하는 입장에 있었다. 그래서 이를 피해 산림에 은거하는 길을 걸었던 것이다. 이 때 고봉 선사는 천목산(天目山)에 은거하였는데, '죽음의 관문(死關)'이라 명명한 협소한 동굴에 혼자 지내면서 17년간 문밖을 나서지 않는 철저한 두타행을 실천한 일은 널리 알려진 사실이다. 고봉선사는 이를 통해 송대 선종의 실속 없는 기풍을 청산하고 수행의 바른 길로서 실참실증의 길을 제시하고자 하였던 것이다.

중봉 선사는 스승의 실천을 본받아 조각배나 작은 암굴을 '환주암(幻住庵)'으로 부르면서 은거생활을 계속한다. 그의 이러한 철저한 수행과 밝은 깨달음에 대해 제방에서는 '강남의 옛 부처(江南古佛)'라는 호칭을 올려 존경의 뜻을 표했다.

선법에 있어서 중봉 선사는 오조법연-대혜종고-고봉원묘의 맥을 잇는 간화선의 대표적 고승이다. 중봉 선사의 간화선은 간절히 애써 추구하되, 오랜 시간을 수행하여 진여와 하나로 만나는 길을 걷는다. 그의 가르침에는 임제종 간화선의 거장답게 고함과 몽둥이가 난무한다. 차갑고 굳센 기상이 넘쳐흐른다. 이후의 간화선 계승자는 대부분 중봉 선사를 계승하였다고 할 정도로 후대에 대한 영향력이 막강하였다. 중봉 선사의 『신심명』에 대한 설법의 의도는 다음과 같은 서문에 잘 나타나 있다.

문자에 기대지 않고 직접 가리켜 보이는 것이 소림의 길이다. 달마에서 두 번 전하여 승찬 대사에게 이르렀는데 대사는 『신심명』 584자를 지었다. 그렇다면 이것은 조사선의 기풍을 갑자기 변화시켜 문자로 유포한 것이라 해야 할까? 그렇지는 않다. 그것은 직접 가리켜 보이는 길을 보여주어 후학들로 하여금 바른 믿음을 갖추고 잘못된 의혹을 타파하도록 하기 위한 것이다. 믿음이란 무엇인가? 이 마음이 넓고 커서 모든 부처와 차별 없이 평등하다는 것을 믿는다는 뜻이다. 스스로 믿어 닦거나 증득할 필요가 없는 자리에 바로 들어가도록 하기 위한 것이다. 한번 믿음의 자리에 들어가면 절대로 뒤로 물러나지 않게 되는 것이다. 그래서 이 『신심명』은 문자에 기대지 않는다는 종지와 충돌하지 않으면서 천고의 세월을 내려온 것이다. 그러니 글을 남긴 대사의 간절한 마음을 믿게 되는 것이고, 법을 한 몸에 짊어진 이의 정성을 더욱 믿게 되는 것이다. 아아! 오늘날 수행하는 사람들은 뜻풀이에 걸려 이 마음을 분명하게 깨닫지 못하고 있다. 근원과 바탕을 밝게 보지 못하고 있다. 이로 인해 바른 믿음을 굳건히 하지 못하고, 그저 이 글을 가지고 자기의 옳음을 인증하는 자료로 삼을 뿐이다. 이로 인해 눈에 들어간 금가루의 비유가 대사의 글에 적용될 수밖에 없게 되었다.[5] 이에 조각배에 몸을 기탁하여 살면서[6] 두 구절씩 따라

5) 금이 아무리 좋아도 눈에 들어가면 병이 된다는 비유는 뜻을 따라가는 경전공부에 대한 비판을 담고 있다. 『신심명』은 바로 가리켜 보이는 선문의 도인데 그 뜻에 걸려 결국 일반적 경전공부와 다를 바 없게 되고 말았다는 탄식이다.

6) 중봉 선사가 조각 배나 작은 암굴을 '환주암(幻住庵)'으로 부르면서 은거생활을 한 사실을 가리킨다.

가며 설명과 게송을 달아 보았다.[7] 이것은 결코 지식을 자랑하고 뛰어난 자리에 오르기 위한 것이 아니다. 뜻만 따라다니는 이해방식을 허물어 바른 깨달음을 드러냄으로써 수행에 뜻을 둔 이들이 깨우치고, 스스로를 격려하도록 하기 위한 것일 뿐이다. 이것을 달갑지 않게 여기는 이가 있다면 나의 허물일 것이니 어떻게 하면 그것을 해소할 것인가? 그래서 『신심명의 뜻풀이를 허무는 글〔信心銘闢義解〕[8]』이라는 이름을 붙인 것이다.

---

7) 『신심명 벽의해』는 두 구절씩 따라가며 설명과 게송을 다는 방식을 취하고 있다.

8) 중봉 선사의 『신심명벽의해(信心銘闢義解)』는 의해(義解)와 벽해(闢解)의 두 부분으로 나뉜다. 그것은 전통적 뜻풀이를 먼저 제시하고 불이의 정신으로 그것을 허무는 방식을 취하고 있다.

본마당

1. 궁극의 도는 어렵지 않다. 오직 가리고 선택하는 일만 없으면 된다.[1]

【진헐청료】

궁극의 도는 어렵지 않다. 오직 가리고 선택하는 일만 없으면 된다. 〔인용하고 말하였다〕 잠깐, 잠깐만! 말이 일어나면 그것이 바로 가리고 선택하는 일이다. 그것은 사실 분명한 일이기도 하다. 3조 스님은 심장과 간은 물론, 오장육부를 남김없이 사람들에게 내어 주었다. 더 내놓을 것이 없다. 궁극의 도는 어려울 것이 없다는 이 말은 남김없이 드러낸 말이다. 이것을 조주(趙州) 스님이 50년간 이리저리 설명을 하였지만 끝을 맺지 못하였다. 천하의 노숙한 스님들도 결국에는 무장을 해제하고 이 말에 항복하고 말았다.

이 공안을 철저하게, 그리고 뼈에 사무치게 꿰뚫고자 하는가? 그렇다면 이것저것에 근거하여 천 가지 만 가지로 생각하고 따지는 일들을 내려놓으라. 앎과 견해로 깔린 갈등을 단번에 토해 버려라. 그리고는 자기 생명의 현장에서 점검해 보라. 만약 단번에 볼 수만 있으면 곧바로 발우와 바랑을 높이 걸어두고 지팡이를 꺾어버려도 좋으리라. 그대가 할 일 없는 한가한 도인임을 인정해주리라.

의식의 뿌리를 끊지 못하고 견해를 버리지 못한 채, 입에서 나오는 말들을 따라가며 생각하고 헤아리지 말라. 그렇다면 그간의 밥값과 여비를 내놓으라는 빚쟁이가 나타날 것이다.

내가 이렇게 말하는 것도 몽둥이 30방 깜이다. 잘못은 어디에 있는가? 부모의 입으로는 끝내 자식을 위해 말하지 않는 법이다.

---

1) 至道無難, 唯嫌揀擇.

【중봉명본】

■ 뜻풀이

조사 스님은 궁극의 도는 어렵지 않아서, 오직 가리고 선택하는 일만 없으면 된다고 말했다. 뜻으로 풀이하는 자들은 이렇게 말한다. 이 두 구절은 전체문장의 핵심이고 주제이다. 여기에서의 믿음은 그야말로 깨달음에 속하는 믿음이다. 신행으로서의 믿음이 아니다. 그것은 『법화경』에서 제자들이 방편을 통해 실상으로 들어가도록 「신해품」을 지어 그 뜻을 표현한 경우와 같다.

조사 스님은 이것을 궁극의 도라 하였고, 깨달은 부처는 이것을 보리라 하였다. 미혹한 중생에게는 이것이 무명이 된다. 또 경전에서는 이것을 본래 깨달음이라고 하였다. 이것들은 모두 한 마음의 다른 이름이다. 이름과 모양을 나누지 않고, 색과 공을 둘 아닌 것으로 보는 입장에서는 이런저런 방법과 항목들에 우열이 있을 수 없다. 깨달음과 미혹함에조차 걸림이 없으니, 모든 것이 이로 인해 드러나게 되는 것이다.

그것은 조주의 측백나무〔柏樹子〕, 양기(楊岐)의 금강 올가미〔金剛圈〕, 밀암(密庵)의 깨진 모래 화분〔破沙盆〕, 동산법연(法演)의 무쇠 만두〔鐵酸餡〕[2]의 화두와 같다. 이렇게 생성된 다양한 공안들은 바르지 못한

2) 측백나무〔柏樹子〕, 금강 올가미〔金剛圈〕, 깨진 모래 화분〔破沙盆〕, 무쇠 만두〔鐵酸餡〕은 모두 선문을 지배한 화두들이다. 다음과 같은 일들이 있었다. 1. 측백나무〔柏樹子〕: 중: 달마가 서쪽에서 온 뜻은 무엇입니까? 조주: 뜰 앞에 측백나무다. 중: 바깥 경계를 가지고 말하지 마십시오. 조주: 나는 경계를 가지고 말하지 않겠다. 중: 그렇다면 달마가 서쪽에서 온 뜻은 무엇입니까? 조주: 뜰 앞에 측백나무다. 2. 금강 올가미〔金剛圈〕: 양기(楊岐)가 한 중에게 물었다. 양기: 그대는 밤송이를 어떻게 삼킬 것이며, 금강 올가미〔金剛圈〕에서 어떻게 뛰쳐나올 것인가? 노래〔頌〕: 금강 올가미, 밤송이라. 현사(玄沙)의 세 병자요, 석공(石鞏)의 활이

법으로는 파악하기 어려운 것이다.

그러니까 궁극의 도를 가리키는 이 말을 알아야 하는 것이다. 일과 이치에 함께 통하고, 예와 지금을 차별 없이 꿰뚫기만 하면, 어려움이 없다는 말도 벌써 군소리가 된다. 성인과 범부, 오염과 청정함 등 눈에 보이는 모든 것이 진실이 된다. 가리고 선택하는 마음이 생기면 궁극적 도의 본체에서 멀리 어긋나게 된다. 그래서 가리고 선택하는 일이 없도록 하라 한 것이다. 뒤의 글들도 문장은 다르지만 모두 이러한 뜻을 담고 있다.

■ 뜻풀이 허물기[3]

비슷하기는 하지만 그게 아니지. 궁극의 도는 그렇다 치자. 어렵지 않다(無難)는 말은 하나로 만나야 알 수 있는 것이다. 마음이 열려 밝게 깨달아야 한다. 조사의 마음에 완전히 딱 맞아 떨어져야 한다. 앎과 견해를 완전히 끊어야 한다. 언어와 모양을 뛰어넘어야 한다. 그렇지 않으면 어렵지 않다는 뜻을 알 수 없다. 그것은 날개 없이 하늘로 올라가려는 일과 같다. 모든 감각기관과 인식대상을 두 기둥으로 하여 차별의 세계를 열어나가면 지금 여기에서 해탈할 수 없다. 어려움이 없다느니, 가려 선택하지 않는다느니 하는 말들을 불변의 진리로 기억하려 하지 말라. 그것은 도둑을 아들로 여기는

로다. 그대 위해 곧바로 딱 잘라 말한다면, 신라는 해동 땅에 있다네. 3. 깨진 모래 화분〔破沙盆〕: 스승: 어떠한 것이 정법안장인가? 밀암:〔서슴없이 말하였다〕 깨진 모래 화분이다. 스승이 끄덕였다. 깨진 모래 화분은 설봉의존(雪峯義存)에게서 나온 말로 간시궐(干屎橛)과 함께 쓰이는 선가 용어이다. 4. 무쇠 만두〔鐵酸餡): 법연 스님이 말하였다. 노승은 수십 년 동안 많은 선지식에게서 공부하였는데 스스로 틀림이 없다고 생각하였다. 그러다가 원감(圓鑑) 스님 회상에서 입을 열수 없는 일을 겪었다. 마지막에 백운(白雲) 스님 회상에 가서 무쇠 만두를 씹어 터뜨렸는데 백가지 맛을 다 갖추고 있었다. 그런데 말해보라. 무쇠 만두의 언구를 어떻게 말할 것인가?

3) 벽해(闢解)는 사유의 방향을 달리 하여 새로운 해설의 길을 연다는 뜻이다. 따라서 '새로운 해석, 뜻풀이 허물기'의 뜻을 갖는다.

것보다 더한 일이다. 그로 인해 당장 말을 버리지 못하기 때문이다.

■ **노래**

궁극의 도라면 가리고 선택하는 일을 싫어해선 안 되지 / 가리고 선택하는 일이 범부의 마음에 떨어진 것이라고 말해도 안 돼. / 허둥지둥 어머니에게서 받은 멀쩡한 눈을 멀게 하고는 / 밝은 대낮에 등불 키워 신심명을 읽는구나.[4]

【해설】

어렵다거나 쉽다거나 하는 것은 생각과 견해의 차원이다. 이 생각과 견해를 내려놓는 일이 수행의 제1과제다. 생각과 견해는 밀가루에 섞인 모래와 같다. 한 줌의 모래 때문에 귀한 밀가루 전체를 못 쓰게 된다. 이 모래만 제거하면 밀가루는 빵이면 빵, 면이면 면, 만들지 못할 것이 없다. 우리가 진정으로 배고프다면 밀가루를 따로 찾지 말고 모래 뿌리는 일을 쉬기만 하면 된다. 다만 그것은 마음을 있는 이대로 수용하는 직접 체험이 없이는 구현하기 어렵다. 그것은 말이 없는 자리, 혹은 앎과 견해가 작동하지 않는 자리다. 앎이나 견해로 헤아리기를 멈추는 것, 그것이 수행이다. 지극한 도, 진여, 불성, 중도, 불이라는 말을 이해하려 하는 대신 그것 자체가 되어야 한다. 이것이 진정한 이해이다.

그래서 진헐 선사는 그것 자체가 되는 체험을 강조한다. 그렇지 않고서 궁극의 도는 어렵지 않다는 말을 제대로 이해할 수 없다. 진헐 선사의 가르침은 문자선에 대한 반성에서 출발한다. 그래서 설법의 첫 마디에서부터 언어와 앎과 견해의 차원을 벗어날 것을 요구하고 있는 것이다.

중봉 선사는 일종의 불교적 변증법이라 할 반야 부정법을 통해 논

---

4) 至道不應嫌揀擇, 莫言揀擇墮凡情. 快須擉瞎娘生眼, 白日挑燈讀此銘.

의를 전개한다. 뜻풀이(義解)→뜻풀이 허물기(闢解)→종합적 게송의 전개가 그것이다. 그것은 부정의 연속이다. 우선 뜻풀이에서는『신심명』의 본뜻을 전달하는데 충실하다. 다음으로 중봉 선사의 목소리가 그대로 드러나는 뜻풀이 허물기에서는 앞에서 인용한 해설을 즉시 부정한다. 그리고 마지막의 게송에서 다시 그것을 부정한다. 이를 통해 청법자들을 이끌어 지금 당장 확인하는 자리에 도달하도록 하는 것이다. 이렇게 불교적 정-반-합의 활기찬 부정을 통해 지금 당장 확인하는 자리에 이르고자 하는 것이 중봉 선사의 설법전략이다. 여기에서 특히 주목할 것은 뜻풀이 허물기이다. 이를 통해 중봉 선사는 앞에 제시된 교설로서의 중도를 부정한다. 말과 뜻을 따라 간다면 지금 당장이 일을 벗어나게 된다. 아무리 금과옥조의 훌륭한 말이라 해도 그것을 기억하고 따라가서는 안 된다. 상대적 견해에 떨어지는 일이기 때문이다. 앞에 인용한 논리적 기술이 틀린 것이 아니지만, 중봉 선사는 이처럼 언어를 통한 표현 자체를 다시 부정함으로써 중도를 실천한다. 그래서 그 말은 항상 날카롭고 비타협적이다.

이렇게 배치해놓고 보면 진헐 선사가 논리적 차원에서 중도적 사유를 설명하고, 중봉 선사가 다시 그 뜻풀이 자체를 부정하는 관계에 있게 된다. 법거량이라 불리는 선가의 대화는 이러한 활기찬 부정의 연속이다. 물론 그렇다고 해서 진헐 선사가 중봉 선사에 비해 못하다고 이해해서는 곤란하다. 선사들의 목적은 오직 그 거듭되는 부정을 통해 우리로 하여금 지금 당장의 이것을 돌이켜 보게 하는데 있기 때문이다.

2. 미워하고 사랑하지만 말라. 그러면 환히 알게 되리라.[5]

【진헐청료】

미워하고 사랑하지만 말라. 그러면 환히 알게 되리라! 〔인용하고 말하였다〕 누가 이렇게 말하는가? 〔한참 있다가 말하였다〕 그것을 알 수 있는 사람 아무도 없다. 성인을 추구하지 말라. 밝고 밝은 알아차림을 중시하지도 말라. 그렇기만 하다면 미워할 것이 무엇이고, 사랑할 것이 무엇이랴?

사람들은 흔히 스승의 말, 그럴듯한 말, 격외의 말, 선지에 부합하는 말을 가지고 말로 전하고 마음으로 받는다. 그것을 목판에 줄맞춰 새겨놓고는 참구하고 참구하여 뱃속에 가득 선을 채워 넣는다. 그러다 2~3년 지나면 공부하기 전과 다름없이 완전히 잊어버리고 마는 것이다. 그리고는 가는 곳마다 승부를 다투거나 저것과 이것, 남과 나를 나누어 무명으로 천지를 가득 채우는 것이다. 그러니 어떻게 미움과 사랑이 없을 수 있겠는가? 여러분은 훤하게 명백해지고자 하는가? 먼지떨이(拂子)를 세우고 말하였다. 부끄러워 죽겠다.

【중봉명본】

■ 뜻풀이

조사 스님은 미워하고 사랑하는 일만 없으면, 훤하게 명백해질 것이라 말했다. 뜻으로 이해하는 자들은 이렇게 말한다. 생사를 싫어하고 열반을 좋아하는 것이 미워하고 사랑하는 일이다. 번뇌를 멀리하고 보리로 나아가는 것이 미워하고 사랑하는 일이다. 일체의

5) 但莫憎愛, 洞然明白.

세간법, 출세간법에 대해 추호라도 좋아하고 싫어하는 마음이 없을 때 이 마음이 저절로 명백해질 것이다.

■ 뜻풀이 허물기

떽! 설사 모든 것에 좋아하고 싫어함이 없어 주인공을 잡게 되었다 하자. 그렇지만 '좋아하고 싫어함이 없다'만 가지고도 이미 좋아하고 싫어하는 일을 건드렸다는 것을 알아야 한다. 조사가 서 있는 자리를 직접 보지 않고 이렇게 설명하고 해석하기만 한다면 조사가 서쪽에서 온 뜻을 알 수 있겠는가?

■ 노래

땅이 빈틈없이 받치며 하늘이 두루 뒤덮는 것과 같고 / 등불이 환히 비추는데 해까지 뜨는 일과 같다 / 명백함 속에 깃들일 생각인가 / 발아래 진흙탕 깊은 줄 알라.[6]

【해설】

엄밀하게 말해 중도를 실천하고자 마음을 일으키는 일도 미워하고 사랑하는 일의 범주에 속한다. 시끄러움을 떠나 고요함을 성취하고자 하는 것이 바로 번뇌이다. 반대로 일체의 취사선택을 내려놓은 마음을 진짜 마음이라 한다. 그 진짜 마음이란 어떤 것인가? 취사선택하는 이것을 바로 보는 일이 진짜 마음이다. 고요함을 성취하려는 이 마음을 바로 보는 일이 수행이다. 시끄러움을 떠나고자 하는 이 마음을 지금 바로 보는 일이 깨달음이다. 그러므로 언어적 이해의 길을 걸으면 안 된다. 『신심명』을 읽고 조사의 어록을 읽는 것은 조사의 그 마음과 하나 되고자 함이지 말을 기억하고자 함이 아니다.

여기 선사와 제자가 강물을 보고 서 있다. 제자는 깨달음이 무엇인지 묻는다. 선사가 대답한다. '빠르다!' 이게 무슨 뜻인가? 생사가 빠르고, 열반이 빠르다는 뜻인가? 스승의 말을 이렇게 듣고, 이렇게 생각하면 이

6) 似地普擎天普蓋, 如燈俱照日俱臨. 擬於明白中蹲坐, 脚下不知泥水深.

익이 없다. 막힘없이 분명한 자리에 이른 선사에게는 오로지 지금 이것이 깨달음이다. 강을 앞에 두고 있는 선사에게는 흐르는 강물이 깨달음이다. 흐르는 강물을 두고 '빠르다'는 말 외에 무슨 말을 하겠는가? 지금 이 뜰 앞에 잣나무를 두고, 달마의 가르침을 어떻게 따로 설명하겠는가? 선사가 하는 말은 모두 지금 당장의 이 뜰 앞의 잣나무를 가리킨다. 그런데 지금 당장의 이것은 찰나 간에 지나간다. 선사의 가르침을 기억하여 강물에 매달리거나, 뜰 앞의 잣나무를 찾아간다면 각주구검의 어리석음을 범하는 일이다. 말을 보지 말고 선사의 마음과 만나야 한다.

그래서 진헐 선사는 언어적 이해의 무익함을 강조한다. 스승의 말, 그럴듯한 말, 격외의 말, 선지에 부합하는 말을 아무리 기억해봐야 소용이 없다. 결국 좋아하고 싫어함의 늪에서 허우적거리게 될 것이기 때문이다. 우리는 말을 기억하는 동안에는 무엇인가 알 듯 하다가 조금 지나면 예전으로 돌아가는 체험을 수없이 하였다. 그러지 말라는 것이다. 지금 이것에 완전히 내맡기면 그만이다. 거기에 다시 말을 붙이면 말의 궤도에 빠지고 만다. 조사의 마음을 영영 놓치게 되는 것이다.

중봉 선사는 미워하고 사랑하는 일에서 벗어나고자 하는 의도 그 자체가 이미 좋아하고 사랑하는 일임을 지적한다. 중요한 것은 조사가 서 있는 자리와 하나로 만나는 일이다. 이 때 언어와 생각을 빌리되 그것에 지배되지 않아야 한다. 그렇게 하나로 만나고 보면 일체의 이해하고자 하는 행위는 사족이다. 그것은 태양이 떴을 때 등불을 켜는 일과 같다. 명백한 이해를 구하는 일조차 분별의 늪에 빠지는 일이다. 나와 대상을 나누고 있기 때문이다. 중봉 선사는 법을 듣는 우리에게 지금 당장 말과 생각을 끊기를 명령한다. 이에 비해 진헐 선사는 말에 빠지지 말 것을 거듭거듭 곡진하게 당부한다. 그럼에도 불구하고 두 스님 모두 최고의 간곡한 어투로 중도에 돌아올 것을 설하고 있다.

3. 추호라도 어긋나면, 하늘과 땅의 차이가 난다.[7]

【진헐청료】

추호라도 어긋나면, 하늘과 땅의 차이가 난다. 〔인용하고 말하였다〕 이렇게 말하는 것이 무방하기는 하다. 그렇지만 그것이 지향하는 자리를 모른다는 것이 문제이다. 법안(法眼) 스님과 수산주(修山主)의 문답만 해도 흉내의 냄새가 있다. 하물며 지금 그대들이 나의 얘기를 듣고는 바로 그 일이라고 여기는 경우에 있어서이랴. 참선하는 수행자는 직접 깨달아야 한다.

추호라도 차이가 나면 천리로 멀어진다는 말만 해도 그렇다. 이것이 무심경계를 가리키는 것이라 말하는 사람들이 있다. 마음으로 헤아리면 바로 차이가 나고, 생각을 움직이면 그 순간 어긋나게 된다는 것이다. 만약 이렇게 설명을 해나간다면 그저 매끈한 말솜씨만 얻게 될 뿐이다. 3조 스님의 뱃속에는 많은 일이 들어있지 않다. 그저 얼굴을 맞대면하여 드러내고, 두 손을 잡고 가리켜 보일 뿐인 것이다. 추호라도 차이가 있으면 하늘과 땅 사이로 멀어진다는 이 일에 대해, 그 가리키는 바가 무엇인지 결론적으로 말해보라. 〔중이 입을 열려 하자 스님이 딱 때려버렸다〕

【중봉명본】

■ 뜻풀이

조사 스님은 추호라도 어긋나면, 하늘과 땅의 차이가 날 것이라 말

7) 毫釐有差, 天地懸隔.

했다. 뜻으로 이해하는 이들은 이렇게 말한다. 이 광대한 법문에서는 깨달음과 미혹함이 둘이 아니라 말하고 있다. 그렇지만 애증간택의 마음이 추호라도 남아 있으면 천양지차로 멀어지게 될 것이다.

■ 뜻풀이 허물기

이렇게 말하면 비슷하기는 하지만 완전히 옳은 것은 아니다. 왜 그럴까? 설사 추호의 차이도 없고, 먼지 한 톨까지도 도에 합치된다 해도 천양지차를 벗어나기 어렵기 때문이다.

■ 노래

차이가 없다 하는 그 자체도 차이가 있는 것 / 모두 다 일부러 눈을 꼬집어 환영의 꽃을 만드는 일이라네 / 하늘과 땅 사이로 멀어지는 것은 옛날이나 지금이나 마찬가지 / 조금이라도 건드릴 생각을 하면 깨알처럼 일어나는 일들.[8]

【해설】

털끝만한 차이는 마음의 흔적 때문에 일어난다. 여기 내려놓으라는 가르침이 있다. 수행자들은 이 가르침에 따라 왼 손의 것을 내려놓는다. 그리고 오른 손의 것을 내려놓는다. 마음의 탐욕과 분노와 어리석음을 내려놓는다. 그런데 마지막으로 이 '내려놓는다'를 내려놓지 못한다. 그 흔적까지 내려놓아야 털끝만한 차이가 생기지 않는다. 어떠한 마음의 흔적이라도 있으면 선사의 몽둥이가 가차없이 떨어진다.

선사가 숙제를 낸다. '질문을 해서도 안 되고, 질문 없이 가만히 있어도 안 된다.' 어떻게 할 것인가? 잔머리가 뛰어난 제자가 앞으로 나아가 절을 한다. 선사는 가차 없이 두들겨 팬다. 이 제자는 왜 맞아야 하는가? 마음이 움직였기 때문이다. 질문과 침묵이라는 상대적 두 기

---

8) 說個無差共有差, 俱成捏目起狂花. 天懸地隔同今古, 擬涉毫釐事似麻.

등이 세워졌고, 이에 따라 8만 4천의 번뇌가 일어났다. 그야말로 털끝의 차이로 하늘과 땅의 차이가 생긴 것이다.

진헐 선사는 딱 맞아 떨어져 둘 아닌 입장이 되는 것만이 진정한 참선임을 강조한다. 말을 따라 가다보면 결국 둘로 나누는 망상에 떨어지고 만다. 다음과 같은 법안 스님과 수산주의 격외도리에 철저한 답변도 흉내의 혐의가 있다. 그러니 다른 경우는 말할 것도 없는 것이다. 법안 스님과 수산주 사이에 이 '추호라도 어긋나면~'의 구절을 두고 흥미로운 대화가 있었다.

> 문 익: 추호라도 어긋나면 하늘과 땅의 차이가 날 것이라 했는데, 노형은 어떻게 보십니까?
> 수산주: 추호라도 어긋하면 하늘과 땅의 차이가 납니다.
> 문 익: 그렇게 이해하시면 어떻게 합니까?
> 수산주: 그렇다면 스님께서는 어떻게 이해하셨습니까?
> 문 익: 추호라도 어긋나면 하늘과 땅의 차이가 나는 거지요. 〔수산주가 절하였다〕

마음이 움직이면 어떻게 말해도 틀릴 수밖에 없다. 반면에 지금 당장 둘로 나누기를 내려놓았다면 어떻게 말해도 지당하다. 진헐 선사는 이 일을 자기 회상에서 재현한다. 법안 스님과 똑 같이 묻고는 한 스님이 입을 열려 하자 때려버린다. 이를 통해 우선 입을 열려고 했던 스님의 생각을 끊었다. 나아가 법안 스님과 수산주의 문답이 그럴듯해 보이지만 실제로는 말과 생각에 떨어진 혐의가 있음을 보여준다. 그러니까 조사 스님과의 진정한 만남은 도장 찍듯 딱 맞아떨어지는 것이라야 한다. 『신심명』의 말만 따라가는 것으로는 매끈한 말솜씨만 얻게 될 것이라는 지적은 깊이 새길 만하다.

중봉 선사는 좋아하고 싫어하는 마음을 없애려는 것도 결국 둘 중 하나를 선택하는 일에 속한다는 것을 거듭 지적한다. 중봉 선사의 뜻풀이 허물기는 논자들의 말을 부정하는 것에 목적을 두지 않는다. 선사의 모든 설법은 말에 끌려 다니는 지금 당장 이 자리의 청법자들을 깨우는 일에 집중되어 있다. 거기에는 지금 이 설법을 읽는 우리도 포함된다. 선사의 설법을 읽고 이렇게 생각하고 말하는 일 자체가 이미 모양과 이름에 따라 둘로 나누는 자리에 떨어진 것임을 알게 해주는 것이다.

승찬 스님의 이 법문을 듣고 사람들은 조금이라도 차이가 없어야겠다고 생각하게 된다. 그러나 그 자체가 이미 눈에 금가루를 뿌리는 일이다. 아무리 금가루라도 눈에 들어가면 모래와 다를 바 없다. 그것에 눈을 다쳐 있지도 않은 허상들을 보게 되는 것이다. 생각을 일으켜 조작을 하는 순간 모든 것이 천양지차가 된다.

이 구절의 해설에 있어서 두 선사의 가르침은 철저하게 동일하다. 말을 따라가도 안 되고, 생각으로 헤아려도 안 되고, 기억해도 안 되며, 심지어 빈틈없이 도에 합치되었다 말해도 안 된다. 어떤 사소한 견해라도 결국 그것은 코끼리를 휩쓸어가는 견해의 강이 되는 것이다.

4. 도가 이 자리에 나타나기를 바라는가? 순조롭다거나 거슬린다는 생각을 두지 말라.[9]

【진헐청료】

도가 이 자리에 나타나기를 바라는가? 순조롭다거나 거슬린다는 생각을 두지 말라! 〔인용하고 말하였다〕 이 무슨 말인가? 〔한참 뒤에 말하였다〕 잠깐 집착하는 바람에 사람들이 더욱 말을 버릴 수 없게 되어 버렸다. 나타난다니? 그게 무슨 쌓아올린 산이나 되쯤 되는가? 그렇다면 나에게 한 터럭이라도 좀 가져와 봐라.

생각해 보라. 위산(潙山)은 20년 동안 참선도 하지 않고, 도(道)도 공부하지 않았다. 그저 한 마리 물소를 잘 길러 항상 눈앞에 남김없이 드러나도록 하였을 뿐이다. 이렇게 할 수 있다면 '거슬림'도 없고 '순로로움'도 없어 모든 것을 동시에 장악할 수 있다. 이것을 '영원한 빛이 이 자리에 나타난다', 혹은 '생각 생각 어둡지 않다'고 말하는 것이다. 만약 자기만 분명하고, 눈앞의 세계에 밝지 못하면 이 사람은 애꾸눈이다. 만약 눈앞의 세계에만 밝고, 자기에게 밝지 못하다면 이 사람 역시 애꾸눈이다. 여러분들은 어떻게 하나로 만날 것인가?

온 세상에 눈이 펄펄, 겨울 오니 춥긴 춥구나.[10]

【중봉명본】

■ **뜻풀이**

조사 스님은 도가 이 자리에 나타나기를 바란다면, 순조롭다거나

9) 欲得現前, 莫存順逆.

10) 大地雪漫漫, 冬來依舊寒.

거슬린다는 생각을 두지 말라고 했다. 뜻으로 이해하는데 일등 가는 이들은 이렇게 말한다. 조사 스님은 여기에서 양변을 건드렸다. 왜 그러한가? 이 일은 본래 눈앞에 드러나 있는 것인데 누가 얻고자 한단 말인가? 경전에서는 바른 자성은 통하지 않는 곳이 없으니 거슬림과 순조로움이 모두 방편이라 했다. 이것을 남겨두지 말라면 그것은 단멸시켜 버리라는 말이 된다. 이것은 대체로 조사 스님이 초심자를 위해 방편을 보인 것이다. 아무리 진미라 해도 배부른 사람의 입맛을 당기게 하기 어렵기 때문이다.

■ **뜻풀이 허물기**

쉿! 조용히! 조사가 그대의 발아래에 있어서, 단번에 밟아 조사를 가루를 낸다 해도 다시 30년을 참구해야 하리라.

■ **노래**

이 자리에 나타나기를 바라는 것 자체가 허망함을 좇는 일 / 순조로움과 거슬림을 두지 않으려 하면 더욱더 진여에 어긋난다네 / 향을 발라 공양을 하든, 칼로 베어 죽이든, 분별을 잊었다 하든 / 역시나 부처님에겐 눈 속의 먼지라네.[11]

【해설】

이 자리에 진리가 드러나기를 '바라는' 일은 분명히 상대적 차원을 세운 뒤에 일어난다. 마찬가지로 조사 스님의 순조로움과 거슬림을 '두지 말라'는 당부도 말만 가지고 보자면 상대적 차원에 떨어졌다. 진리가 드러나기를 바라는 일은 그것이 드러나지 않은 상황을 전제로 한 분별적 사유이기 때문이다. 실상의 차원에서 보면 병도 부처이고, 약도 부처이다. 남겨두지 말라는 당부 역시 같은 차원에서 분별적

11) 欲得現前徒逐妄, 不存順逆更乖眞. 香塗刀割忘分剖, 亦是空王眼上塵.

사유에 빠졌다. 어떠한 가르침을 원리화하여 따르려는 순간, 그것은 뜨거운 번뇌의 불길이 되어 우리를 그슬린다. 눈앞에 훤히 드러나기를 바라는 그 기대감이 수행자를 불태우는 번뇌이다. 자신은 모두 내려놓았다는 그 생각이 눈을 가리는 장막이다. 내가 진리에 속하는 것이지, 내가 진리를 알 수는 없다. 물 속의 고기가 물을 알 수 없는 이치와 같다. 진여에 나를 맡겨두는 것이지, 내가 진여를 소유할 수 없다. 그래서 마음 쓸 곳이 없다. 그럼에도 불구하고 우리는 순조로워서 좋다는 생각, 거슬려서 싫다는 생각을 버려야 한다.

이처럼 상대적 견해를 버리라고 하면서, 그 버리려는 생각마저 내려놓으라는 선문의 요구는 참으로 우리를 진퇴양난에 빠지게 한다. 그런데 바로 이렇게 앞뒤로 꽉 막힌 자리에서 터져 나오는 간절함, 그 자체가 진정한 수행의 징표가 된다. 그렇다면 어떤 것이 순경계이고, 어떤 것이 역경계인가? 봄에는 꽃이 피고, 가을에는 밝은 달이 뜬다. 여름에는 바람이 불고, 겨울에는 눈이 내린다. 일 년 사계절, 모두가 완전히 이것이다. 애초 순경계도 없고, 역경계도 없다.

그래서 진헐 선사는 말을 남김없이 내려놓도록 요구한다. 무엇이 눈앞에 드러난다니? 그런 것이 따로 있다고 생각하는 사람들을 상대하여 강력한 부정을 행한다.

수행자는 목동과 같아야 한다. 잘 지켜보고 가끔 단속할 뿐, 풀을 가져다 먹여서도 안 되고, 더더구나 직접 풀을 먹을 수는 없다. 나의 마음과 눈앞의 이 일이 둘이 아니다. 그것은 오직 이 한 마리 소일 뿐이고, 꽃 피는 일일 뿐이며, 낙엽 지는 일일 뿐이다.

역시 핵심은 조사의 마음과 하나로 만나는데 있지, 말의 옳고 그름에 있지 않다. 조사의 말이야 상황에 따라 얼마든지 분별적 사유의 형식을 취할 수 있다. 중봉 선사의 말이 그 말이다. 입으로야 조사들을 얼마든지 비판할 수 있다. 그러나 실제로 불조와 마음자리를 함께 하고 있는가 하고 묻는다면 장담컨대 눈치도 채지 못했다는 것이다. 중봉 선사의 설법과 진정으로 만나려면 그 말이 일어나는 현장에 우리 스스로가 출석할 필요가 있다. 그렇게 만나보면 지금 당장의 이곳이 바로 조사 스님의 뜰이다. 이 때 차별심, 순역심을 내려놓는 일조차 눈 속의 먼지일 뿐이라는 말이 성립한다.

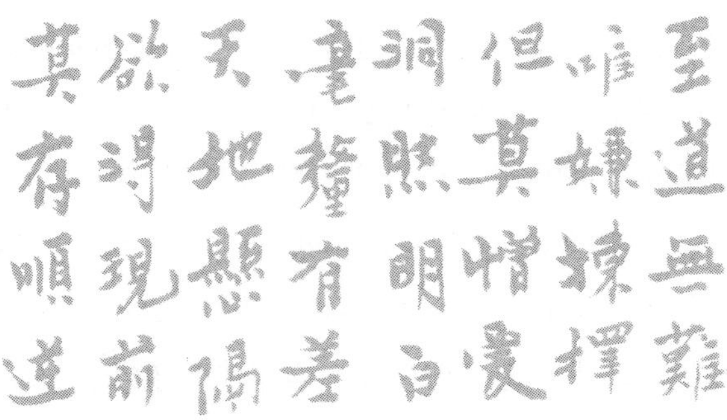

5. 거슬림과 순조로움이 서로 싸우는 일, 그것이 마음의 병이다.[12]

【진헐청료】

거슬림과 순조로움이 서로 싸우는 일, 그것이 마음의 병이다! 〔인용한 뒤 말하였다〕 지금도 많은 사람들이 이러하며, 그렇지 않은 사람이 드물다. 이런 사람들이 깨나 좁쌀알과 같이 무수히 차고 넘친다. 깨달았다는 이들조차 이러한 견해를 가지고 있어 미워함 아니면 사랑함에 빠진다. 미워함과 사랑함이 바로 마음임을 모르고 있다. 거슬림과 따름이 바로 자기라는 것을 모르고 있다.

사람들은 스스로 근거 없는 망상과 거꾸로 된 생각으로 사랑하고 미워한다. 거스르고 따른다. 상호간에 상대의 종풍을 헐뜯고 비방한다. 시비를 다퉈 자기의 깊고 오묘함을 자랑한다. 이것이야말로 법과 마음에 대해 집착하는 병이다.

참선은 오직 편안하고, 느긋해야 한다. 그대들 뱃속에 허다한 병통을 가지고 있으면서 어떻게 다른 이들을 구할 수 있겠는가? 영가 스님이 분명히 말한 바와 같이 '옳은지 그른지 사람들은 알지 못하고, 거꾸로 가는지 바로 가는지 하늘도 헤아리지 못하는 것'이다. 알겠는가? 쓸데없는 학문으로 이를 해석하여 조사의 마음을 매장시키지 말라.

【중봉명본】

■ 뜻풀이

조사 스님은 거슬림과 순조로움이 서로 싸우는 일, 그것이 마음의

---

12) 違順相爭, 是爲心病.

병이라고 말했다. 뜻으로 이해하는 자들은 이렇게 말한다. 생사가 무상한 것이 마음의 병이다. 보고, 듣고, 느끼고, 아는 이것이 마음의 병이다. 참선하고 도 배우는 일이 마음의 병이다. 그리고 부처되고 조사되려는 것이 마음의 병이다.

거슬림과 순조로움을 함께 잊으라. 성인과 범부를 함께 버려라. 수 만 가지 생각을 모두 버려라. 공적함의 한 길에는 수만금의 신묘한 약도 필요 없으니, 마음의 병이라 하는 것도 자연히 깃들일 곳이 없는 것이다.

■ 뜻풀이 허물기

아! 조사의 뜰에 가을이 깊어 불법이 쇠락하였다. 병을 안고 있는 이들이 넘쳐나니 그것도 이상한 일이 아니다. 이렇게 앎과 이해가 마음에 들어가 약에 집착하면 병이 된다. 이런 이들에게는 명의 기파(耆婆)가 다시 나타난다 해도 치료할 방법이 없을 것이다.

■ 노래

어긋남과 따름이 서로 싸우는 일로 마음에 병이 생긴다 / 어긋남과 따름을 모두 잊어도 병이 떠나지 않는다네 / 옛날부터 지금까지 죽어나간 사람들 줄을 짓는데 / 편작의 신령한 의술은 거짓으로 전해진 얘기라네.[13]

【해설】

모든 선사들의 몽둥이는 우리의 머리를 향하고 있다. 말을 따라가고, 생각으로 이해하고, 감정으로 판단하기를 시작하는 순간, 선사의 몽둥이가 떨어진다. 선적 언어행위는 끝없는 부정의 방식을 취한다. 그 목적은 말 그 자체를 부정하는데 있지 않다. 오히려 이렇게 듣고 이해하는 당사자인 나를 깨우는데 있다. 오직 이것일 뿐인 자리에 맡기도록 하는데 있다. 말에는 잘못이 없다. 문제는 말에 끌려 다니고 생각으로 헤아리는 당사자인 나에게 있다. 이를 깨우치기 위해 선사

13) 順違相爭心病生, 違順俱忘病在心. 今古死人常繼踵, 謾傳盧扁有神針.

들의 말은 끝없는 부정의 형식을 취하는 것이다.

수행자에게 순조로움은 선정의 고요함이다. 거슬림은 시끄러움이다. 참선은 이 고요함과 시끄러움, 순조로움과 거슬림에 차별이 없음을 당장 확인하는 일이다.

옛날 마조 스님이 참선하는 한 중의 귀에 대고 입바람을 불었다. 거슬리도록 방해한 것이다. 수행자는 눈을 떠서 마조 스님이 장난치는 것을 보고 다시 선정에 들었다. 그에게는 이 장난이 거슬리는 일이 아니라 오직 이것일 뿐이었다. 마조 스님이 수행자에게 상으로 차를 한 잔 보냈다. 칭찬의 의미였다. 수행자는 이 영광의 차 선물을 거들떠보지도 않고 처소로 돌아갔다.

이 수행자는 마조 스님의 떠보는 입 바람이나 차 선물을 두고 이러니저러니 생각하지 않았다. 거슬림도 없었고, 흡족함도 없었다. 이처럼 둘이 아닌 중도의 자리, 머물지 않는 자리에 머무는 입장이 되면 스승의 시험이나 격려도 그저 항상 변함없는 이것일 뿐이다. 말과 모양에 차별적인 견해를 내지 않는 것이다.

진헐 선사는 조사 스님의 말을 부정하는 것으로 논의를 이끌어간다. 물론 그것은 조사 스님의 부정을 목적으로 하는 것이 아니다. '거슬림과 순조로움이 서로 싸우는 일'을 마음의 병이라 했다는 말을 듣고, 그렇다면 그 일이 없도록 해야겠다고 마음먹는 우리를 비판하는 것이다. 그 부정의 칼날은 항상 조사의 설법을 듣고, 이해심을 내는 우리를 겨냥하고 있다. 그러므로 그 부정은 무한순환의 궤적을 그리게 된다. 진헐 선사는 조사 스님의 말을 비판하고, 중봉 선사는 진헐 선사의 말을 비판한다. 더구나 중봉 선사는 자체적으로 정-반-합의 불교적 변증법을 구사한다. 결국 조사들의 비판과 부정은 우리들이 그 말을 이해하기를 멈추고 둘 아닌 자리와 하나로 만나게 될 때 멈추게 되는 것이다.

6. 살아있는 뜻은 알지 못하고, 헛되이 생각만 고요하게 하려 하는가.[14]

【진헐청료】

살아있는 뜻은 알지 못하고, 헛되이 생각만 고요하게 하려 하는가! 〔인용하고 말하였다〕 깨달음이란 일없음 그 자체에 가깝다. 그런데 이 양반은 있지도 않은 오랏줄을 가지고 스스로를 묶고 있다. 그래서 어떻게 하자는 것인가? 이것은 대해탈문으로서 있는 그대로 삼매이다. 그래서 걸음걸음이 살아 있고, 순간순간이 살아 있다. 처음과 끝이 서로 만나 끝없이 돌고 도는 것이다. 더없이 시끄러운 자리에서 그것을 알 수 있어야 비로소 모든 것에 두루 어울릴 수 있다. 모든 것을 투철하게 하나로 꿸 수 있다. 그런데 사람들은 시커먼 고요함의 산 아래에서 시체처럼 지내니 무슨 깨우침이 있겠는가? 설사 극히 밝고 맑아 흔들림 없는 자리에 도달했다 하자. 그래도 저 의식의 요소를 모두 소멸하지 못하였다면, 그것은 단지 생각을 고요히 한 것일 뿐이다. 자기라는 견해를 벗어나지 못한 것이다. 그저 일없는 경계에 머물러 있는 이 경계를 깨끗한 공을 굴린다〔打淨潔毬子〕[15]고 말한다. 설사 수고로운 생각을 영원히 끊어 법계의 청정함을 얻는다 해도 문제가 된다. 청정하다는 이해가 장애가 되기 때문이다. 그것은 정신적 고요함을 얻는

---

14) 不識玄旨, 徒勞念靜. 不識元旨로 되어 있는 판본도 있다. 원래의 뜻〔元旨〕과 현묘한 깊은 뜻〔玄旨〕은 같은 의미이다.

15) 그저 일없는 자리에 머무는 일을 가리키는 선가의 용어이다. 분별적 사유가 영원히 끊어질 때 법계가 청정해진다. 이것을 모르고 오직 청정하다는 이해에 집착하면 그것이 장애가 된다. 그리하여 고요한 듯 하지만 공에 대한 집착에 떨어지는 것이다. 수행자들이 무심을 성취했다고 할 때 이러한 장애에 걸린 경우가 많다고 얘기된다.

대신 대상사물을 단멸시키는 일이 된다. 이것을 변함없는 자리로 착각하여 무심경계라 부르면서 흔들림 없는 자리라고 좋아들 한다. 그런데 이것이야말로 업식이 차고 넘치는 외도의 견해인 것이다. 서천의 96가지 외도 중 가장 못한 것도 이보다는 나을 것이다. 그대들은 살아있는 뜻을 알고자 하는가? 〔한참 있다가 말하였다〕 달은 절벽을 비추고, 바람 없으니 나뭇잎 고요하네.[16]

【중봉명본】

■ 뜻풀이

조사 스님은 살아있는 뜻은 알지 못하고, 헛되이 생각만 고요하게 하려 한다고 말했다. 뜻으로 이해하는 자들은 이렇게 말한다. 살아있는 뜻은 궁극적 도의 다른 이름이다. 이것을 알지 못하면 생각을 고요하게 하는 일만 헛수고인 게 아니다. 항하의 모래알 같은 겁을 거치며 무수히 닦고 깨달아도 마음 밖에서 법을 구하면 수고롭기만 할 뿐이다. 이는 조사 스님이 인정하지 않는 바이다.

■ 뜻풀이 허물기

살아있는 뜻은 날카로운 금강보검과 같다. 알지 못하면 어떻게 해도 몸을 다치거나 생명을 잃을 것이요, 안다고 해도 칼날에 손을 다치는 일을 피할 수 없다. 어떠한 방편으로 그 허물을 면할 수 있을까?

16) 당(唐)대 제기(齊己)의 「청천(聽泉)」시에 나오는 구절이다. 전체 내용과 원문은 다음과 같다. 몇 만 길 석벽에서 떨어지니, 시원한 소리 먼 허공에 날리네. 깊은 가을 비 내린 뒤, 한 밤중 첩첩산중에 있노라. 석벽에 달 비치고, 바람없어 나뭇잎 고요하네, 몇 번인가 여산(廬岳)에서 이 소리 들으며, 스님과 밤새 이야기 하기. 落石幾萬仞, 冷聲飄遠空. 高秋初雨後, 半夜亂山中. 只有照壁月, 更無吹葉風. 幾曾廬岳聽, 到曉與僧同. 「聽泉」(唐 齊己)

■ 노래

살아있는 뜻, 직접 알아차린 이 누구인가 / 석가와 미륵도 아직 까마득하다네 / 고요함에 걸리고 텅 빈 것에 빠진 이가 가여워 / 외로운 봉우리에 홀로 깃들인지 몇 년이던가?[17]

【해설】

법이란 지금 이것이지 없던 것을 새로 얻는 것이 아니다. 좌선과 염불을 통해 고요함과 멈춤의 경계에 도달할 수는 있다. 그렇지만 그 자체가 불법인 것은 아니다. 그것은 상대되는 시끄러움과 움직임을 전제로 하는 것으로서 중도가 아니다. 불생불멸의 본래자리가 아니다. 물론 고요함과 멈춤은 방편적으로 도움이 된다. 그래서 옛 선사들도 고요함을 닦았다. 이것을 선가에서는 고요함을 본다〔看靜〕고 말한다. 그러나 이 방편에 과도한 의미를 두면 안 된다. 머물고자 하는 지향이 일어나게 되기 때문이다.

어떤 훌륭한 단계이든 그것에 머물면 바로 집착이 되어 중도에서 벗어나게 된다. 선가에서 수행의 단계설을 부정한 것은 이 때문이다. 그러니까 선가의 일은 오직 버리고 내려놓음의 행보여야 한다. 육조스님이 선정을 부정한 이유가 여기에 있다. 선정을 닦고 고요함을 지키려는 일 자체가 머무는 일이며, 생각의 지배를 받는 일이기 때문이다. 어떠한 추구와 지향이 있는 한, 중도도 없고 견성도 없다. 그래서 고요함의 추구를 헛된 수고라 한 것이다. 사실 깨달음까지 포함하여 어떤 특별한 경계를 세워놓고 그것을 지향하거나 유지하려는 것은 모두 마음 밖에서 법을 구하는 행위에 속한다. 그래서는 수만 겁을 거쳐도 견성은 꿈도 꿀 수 없다는 것이 선사들의 일관된 가르침이다.

---

17) 玄旨是誰親識得, 釋迦彌勒尙茫然. 爲憐滯寂沉空者, 獨宿孤峰是幾年.

불법이 무엇인가? 불법이 따로 있는 것이 아니라 '불법이 무엇인가?'하고 묻는 이것이다. 이미 완전히 갖추고 있는 이것이다. 걸림 없이 활용하고 있는 이것이다. 이것의 밖에 따로 고요한 자리를 설정하거나 별도의 불법을 구한다면 견성은 없다.

진헐 선사는 고요하고 일없는 특별한 경계를 불법으로 착각하지 말 것을 강조한다. 현묘한 뜻은 직접 가리키고 직접 알 수 있을 뿐이다. 그것은 말로 표현하고 생각으로 이해할 수 있는 것이 아니다. 그것을 바로 보지 못한다면 잘못 이해하는 생각을 내려놓으라. 끝없이 스스로를 부정하고 내려놓는 돌이켜보기만 남게 하라. 이 때 바로 눈뜨는 일이 일어난다는 것이 선사의 가르침이다.

중봉 선사의 날카로운 금강보검에 대한 비유도 이러한 거듭되는 내려놓음을 가리킨다. 살아 움직이는 뜻을 아는 것은 깨달음의 차원이라야 가능하다. 그것은 알고 모르는 차원이 아니다. 그렇다고 고요하고 텅 빈 마음으로 움직이지 않는 일도 아니다. 어느 쪽에도 치우치지 않는 이것은 설사 중도라 해도 옳지 않다. 안다 해도 밝아지지 않고, 모른다 해도 어두워지지 않는다. 오직 이 하나로 살고 살 뿐인 자리를 중봉 선사는 제시하고 있는 것이다.

7. 우주허공과 같이 둥글어, 부족함도 없고 남음도 없다.[18]

【진헐청료】

우주허공과 같이 둥글어, 부족함도 없고 남음도 없다. 〔인용한 뒤 말하였다〕 바로 이것이지 다른 물건이 아니다. 징조나 자취가 없고, 경계도 없다. 이것은 마치 영양이 나무에 뿔을 걸어놓은 것과 같다. 새가 다니는 허공의 자취 없는 길과 같다. 어떤 색으로도 물들일 수 없고, 어떤 소리로도 어지럽힐 수 없다. 삼라만상에 뒤섞이지도 않는다. 매끈하며 둥글어 오직 벗어나 있다. 원만하고 원만하여 특별한 모양이 없다. 그래서 범부에게는 범부의 법이요, 성인에게는 성인의 법이다. 본래 부족한 것도 없고, 남아도는 것도 없다. 그러니 어느 자리에서 이것을 꿰뚫어 볼 것인가?

【중봉명본】

■ 뜻풀이

조사 스님은 말하였다. 우주허공과 같이 둥글어, 부족함도 없고 남음도 없다. 선문에서는 이에 대해 이렇게 말한다. 이 마음은 성인이라 해서 늘지 않고, 범부라 해서 줄지 않는다. 그것은 우주허공과 같이 완전하며 모두가 갖추고 있다.

■ 뜻풀이 허물기

그렇게 말하면서 제방을 두루 찾아다니는 이들은 앉은 좌복이 데워지기도 전에 모두들 배를 두드리며 이야기 거리로 삼을 뿐이다. 그러다가 우연히 약간의 이해득실이라도 만나게 되면 이를 헤아리느라 마음을 잃고 어지

18) 圓同太虛, 無欠無餘.

럽게 오간다. 그러면서 우주허공과 같이 둥글고자 하니 자기 배꼽을 어떻게 자기 입으로 물 수 있으랴. 이 일은 궁극적 깨달음이라야 알 수 있는 것이다. 그렇게 깨닫고 나면 상대되는 두 번째 경계가 어디 있어 호응하겠는가.

■ **노래**

초명(蟭螟)은 좁은 모기 눈썹에 집을 짓지만 / 그 날개짓과 비상은 대붕과 다르지 않네 / 우주허공과 같아 빠진 것이 없다고 말한다면 / 눈을 떠도 여전히 겹겹의 담장에 빠진다네.[19]

【해설】

마음이라 하든, 지극한 도라 하든, 현묘한 뜻이라 하든, 바로 이것이지 다른 것이 아니다. 본래면목은 저절로 그러함을 특징으로 한다. 여기에는 더하고 빼는 조작행위가 필요 없다. 오직 바로 보기만 하면 비로자나의 진정한 법신이고, 나의 본래면목이다. 제불보살이 나의 본래면목이다. 제천신중이 나의 본래면목이다. 아수라, 마구니가 나의 본래면목이다. 그것은 늘거나 줄어드는 일이 없으므로 이를 오염될 수 없다고 말한다. 이 오염되지 않는다는 것은 불구부정의 의미이지 더러움과 상대되는 깨끗함을 뜻하지는 않는다. 요컨대 탐진치 번뇌가 일어나는 그것을 바로 아는 것이 계정혜이다. 그러니 번뇌를 내려놓아야 한다는 생각조차 내려놓아야 한다. 실로 내려놓을 것이 없다. 그 더할 것도 없고, 뺄 것도 없는 전체를 지금 바로 보는 일, 이것이 계정혜의 길이다.

그런데 실천의 차원에서 보면 닦음도 있고, 깨달음도 있다. 다만 여기에 추구할 대상과 버릴 물건을 따로 세워서는 안 된다. 그래서는 원래 이대로 완전한 본래면목을 보지 못하게 된다. 추구하는 마음이

---

19) 蟭螟巢結瘦蚊眉, 直與鯤鵬接翅飛. 若謂太虛無少欠, 依前開眼陷重圍.

일어나는 순간 전체로서 하나인 이것을 버리고 반쪽만을 취하는 일이 일어난다. 그것은 넓은 땅과 많은 일꾼들을 거느린 대지주의 모순된 마음과 같다. 지주는 일꾼들이 열심히 일하여 많은 수확을 거두게 되기를 바란다. 그러나 그들이 많은 식량을 축내는 것을 싫어한다. 그래서 일꾼들을 쫓아낸다. 대지주는 자신의 부유함이 많은 일꾼들의 소비와 생산을 포함하는 전체의 현상임을 몰랐다. 한쪽을 버리면 다른 한쪽도 함께 사라져 버린다는 것을 몰랐던 것이다. 언어와 이름이 바로 그렇다. 어느 한쪽을 택하여 거기에만 의미를 부여하기 때문이다. 따라서 말을 붙이는 순간 이미 하나인 이것에서 멀어지는 것이다.

진헐 선사는 선과 언어 간의 이러한 딜레마를 직시한다. 그러면서도 말을 해야 하는 것이 선사들의 운명이다. 있는 이대로의 이것을 표현하기 위해 승찬 스님은 오해를 무릅쓰고 우주허공을 내세웠다. 알 수 없는 이것을 표현하기 위해 진헐 선사는 나무에 뿔을 걸어 몸을 감추는 영양의 비유를 들었다. 그러나 어떤 경우라 해도 이것은 궁극적으로 깨닫고 체험하는 일로 귀결되어야 한다. 비유를 더하는 일로는 해결이 되지 않는 것이다.

중본 선사는 언어에 기대는 선객들의 허물에 대해 가차없이 몽둥이를 내린다. 깨달음은 이해와 말의 차원을 벗어나 있다. 그것을 자기 것으로 이해하여 말로 표현하고자 하는 것은 자기 입으로 자기 배꼽을 물려고 하는 일에 비유된다. 결국 상대적 분별이 없는 이것이 생생하게 현전해야 한다. 말하는 주체도 없고, 말할 대상도 없는 이 그 자체가 되어야 한다. 말을 따라다니며 앎과 견해를 내는 일은 수행도 아니고 깨달음도 아니다. 어떤 그럴싸한 말이라 해도 그것을 입 밖에 내놓는 순간 겹겹의 함정에 빠지게 된다. 이것을 아는 일이야말로 참선하는 이의 근본 미덕이다.

8. 생각해보면 취하고 버리는 것이 문제이다. 그로 인해 여여하지 못한 것이다.[20]

【진헐청료】

생각해보면 취하고 버리는 것이 문제이다. 그로 인해 여여하지 못한 것이다! 〔인용하고 말하였다〕 틀렸다. 〔다시 말하였다〕 본래 부족한 것이 없는데 무엇을 취한다는 것인가? 본래 남아도는 것이 없는데 무엇을 버린다는 것인가? 둥근 우주허공과 같아 모든 곳에 있다. 그러니 다시 취할 도리가 없다. 어디에도 없는 것이라 버릴 도리도 없다. 옛 사람의 말이 있다. 앞에 분명하고 뚜렷하나, 형상도 없고 그림자도 없는 것이 이 한 마음의 법이다. 사람들은 법을 가지고 법을 듣고, 마음으로 마음을 찾고 있다. 그러나 이대로 완성되어 있는 것인데, 또 무엇을 찾는단 말인가? 보통 투철하게 알지 못하는 이들은 금생에는 할 수 없다고 하면서 이 일을 내려놓는다. 그리고 형편에 따라 경을 보거나 조석예불을 하거나 한다.

그런데 이렇게 세월을 보내면서도 앉거나, 눕거나, 걷거나, 대변 · 소변을 보는 모든 일이 바로 이것과 함께 하고 있음을 전혀 알지 못한다. 경을 보거나, 예불을 하거나, 절을 하거나, 향을 태우는 모든 일이 이것과 함께 하고 있음을 전혀 알지 못한다. 이것을 어떻게 버린단 말인가? 다만 취할 수도 없고, 버릴 수도 없을 뿐이다. 얻을 수 없는 중에 이렇게 얻을 뿐이다. 조사를 보려 하는가? 이렇게 알아야 비로소 여여하게 하나로 만나게 될 것이다.

〔대중들에게 말하였다〕 무쇠를 자르는 과단성이 있어도 문 앞의

---

20) 良由取捨, 所以不如.

풀은 키를 덮는다. 둘을 쪼개 셋을 만든다면 평지에 죽어나가는 이 무수하리라. 이제 죽이기도 하고 살리기도 하는 주장자를 들어 온갖 풀 위에 마구 찌르며, 거꾸로 쓰고 가로로 들어 올리나니, 금을 찾는 여러 사람 중에 이것을 얻을 자 누구인가?

【중봉명본】

■ 뜻풀이

조사 스님은 생각해보면 취하고 버리는 것이 문제이다. 그로 인해 여여하지 못하다고 했다. 뜻으로 이해하는 자들은 말한다. 이 마음이 우주허공과 같이 원만하다. 그리하여 모든 형상을 다 갖추었으니 모든 것이 여여할 뿐이다. 오염되었거나 청정한 법에 대해 취하고 버리는 마음을 내는 순간 진여와 하나로 만나지 못하게 될 것이다.

■ 뜻풀이 허물기

본래면목과 함께 하고 있는 진짜 본격적인 수행자가 이렇게 말하는 사람을 만난다면 아무리 성질이 느긋해도 그 얼굴에 침을 뱉고 말 것이다. 가짜 용을 가지고는 비를 내릴 수 없기 때문이다.

■ 노래

취하는 것은 여여함이 아니다, 버리는 것은 여여함이 아니다 / 이 소를 누가 함부로 나귀가 부르는가 / 삼천대천 항하사 세계가 그대로 금강의 몸이라 해도 / 역시나 턱의 수염 뽑히는 일이지.[21]

【해설】

여여함이란 있는 이대로의 실상을 가리키는 말이다. 그것은 버릴

21) 取卽非如捨不如, 是牛誰敢喚爲驢. 大千沙界金剛體, 也是重栽頷下須.

것도 없고 취할 것도 없다. 아예 버리고 취하는 것이 성립하지 않는 자리이다. 형상에 따라 취하거나 버리지 않으면 여여하여 움직임이 없다. 그런데 우리의 삶은 취하고 버리기를 반복한다.

모든 공덕을 성취케 해주는 공덕천(功德天)이라는 천녀가 있다. 또 모든 것을 허물어 없음으로 돌아가는 대흑천(大黑天)이라는 천녀가 있다. 우리에게 선택권이 있다면 십중팔구 공덕천 천녀를 택할 것이다. 그러나 지혜 있는 자는 공덕천의 유위와 대흑천의 무위가 둘이 아님[22]을 안다. 실제로는 평등한 하나이다. 그렇지만 모양을 따라 구분하여 어느 한쪽에 집착하는 것이 우리의 살림이다. 이로 인해 여여하지 못하게 되는 것이다. 모든 의미화는 결국 여여함과 배리되는 길을 걷는다.

여기 금으로 된 그릇들이 있다. 그것은 똑같은 금이지만, 우리는 형상에 끌려 어떤 것은 취하고, 어떤 것은 버린다. 그렇다면 형상에 끌리지 않으면 될 것인가? 그 역시 취하고 버리는 마음이기는 마찬가지이다. 금은 개별적인 그릇을 통해 나타난다. 그 형상들을 무시하고 금을 찾을 길은 없다. 결국 다양한 형상에 눈감고 무조건 하나라고 고집하는 일도 여여하지 못한 일이다. 알고 보면 일체만상이 있는 이대로 여여함 아닌 것이 없다.

진헐 선사가 말하는 것은 이것이다. 말을 따라가는 사람들은 취하거나 버림이 없는 제3의 차원을 따로 설정한다. 진헐 선사는 승찬 스

22) 황룡혜남(黃龍慧南) 스님이 물었다. '한 사람은 아침에는 『화엄경』, 저녁에는 『반야경』을 읽으며 주야로 정진한다. 다른 한 사람은 참선도 하지 않고 법도 논하지 않는다. 대낮에 낡은 자리를 펴고 잠이 든다. 여기 두 사람이 함께 왔다. 한 사람은 유위이고, 한 사람은 무위이다. 어느 쪽이 옳은가?' 대중들이 말이 없자 황룡 스님이 말하였다. '공덕천이나 대흑천에서 하나를 고르라고? 지혜 있는 사람은 두 쪽 다 버린다.'

님의 말을 부정함으로써 제3의 차원을 세우려는 우리의 마음을 차단한다.

중봉 선사는 아예 이렇게 이해하고, 이렇게 말하는 일 자체를 문제 삼는다. 어떻게 말하고, 어떻게 이해하든 그것이 조사의 마당은 아니기 때문이다. 조사가 어떤 말을 하고, 어떤 몸짓을 보여줘도, 그것을 이해하는 차원이 되어서는 안 된다. 모든 조사공안들은 우리를 의심의 늪 속으로 끌고 들어가 간절함으로 채우게 한다. 그렇지만 그로 인해 없던 사실을 새로 얻게 되는 일은 없다. 설사 삼천대천세계가 하나의 금강체라 해도 그것이 이해의 차원에 있는 한, 말과 생각의 허물은 여전하다.

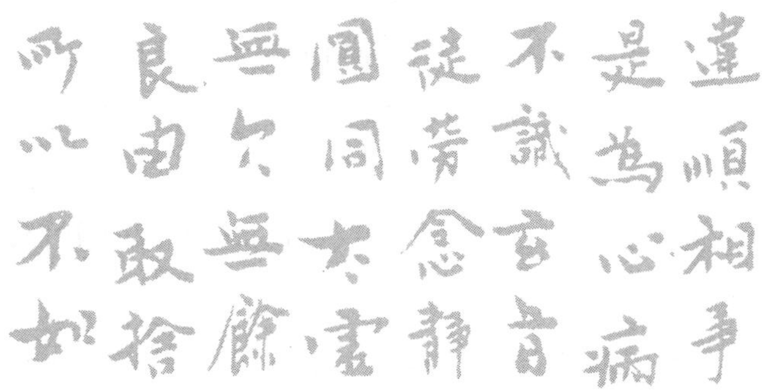

9. 현상의 인연을 따르지 말라. 아무 것도 없는 선정에도 머물지도 말라.[23]

【진헐청료】

현상의 인연을 따르지 말라. 아무 것도 없는 선정에도 머물지도 말라고?〔인용하고 말하였다〕 눈먼 사람이여! 어디로 가는가? 그대를 구덩이에 떨어뜨리고, 함정에 빠뜨리는 자 누구인가? 현상의 인연이 무엇인지 아는가? 그것은 무량겁을 내려온 그대 생사업의 뿌리이고, 전도된 의식이다. 그것이 어물어물 뼛속으로, 그리고 가죽부대 안으로 들어와 앉아 밤낮으로 인연에 끌려 다니며 쉬지 못하게 하고 있는 것이다. 그대는 이것을 알아차리지 못하고 그것을 좇아다니며 탐내고, 사랑하며, 취하고, 버리기를 계속해왔다. 업을 지어 과보를 받으며 생사윤회의 바다에 부침하기를 계속해왔다. 이제 현상의 인연을 좇기를 그만두고자 하는가? 의식의 뿌리를 끊어내라. 그리하여 드러난 이대로 청정하여 눈앞의 모든 대상경계가 일시에 쉬어지면 자연히 안락한 자리가 나타나리라.

보통 사람들은 이러한 말을 들으면 다시 육진(六塵) 경계의 제반 형상을 버리고 공적함에 머물고자 한다. 공겁 속에 앉아 바위 앞 고목같은 자리, 오직 죽은 듯한 자리를 지키면서 이것을 쉬고 쉬는 자리라고 말한다. 또한 뒤섞이거나 걸리는 일 없음을 좋아하기도 한다. 그러면서 그 마음이 견성하였다는 관념에 머물러 있어 맹독의 바다에 떨어져 버렸음을 알지 못하는 것이다. 설사 8만겁을 지속하는 대선정이라 해도, 혼이 흩어지지 않았을 뿐이지 죽은 사람과 같다. 공의 허망함에

---

23) 莫逐有緣, 勿住空忍.

빠진 외도인 것이다.

동안(同安) 선사의 말에 '아득한 공겁에도 깃들이지 않는데, 어떻게 현상의 틀에 묶여 머물겠는가'[24] 하는 말이 있다. 현상의 번뇌에도 물들지 않고, 청정함과 오묘함도 고집하지 않아야 한다. 현상의 인연과 공의 선정을 모두 완전히 벗어나야 한다. 그 때 비로소 법신조차 뛰어넘는 일이 있음을 알게 될 것이다. 어떠한 것이 이 법신조차 뛰어넘는 일인가? 캄캄한 쪽으로 치면 혀뿌리를 뽑는 일이고, 훤한 쪽으로 치면 혀끝에 앉는 일이다.

【중봉명본】

■ 뜻풀이

조사 스님은 현상의 인연을 따르지 말라. 아무 것도 없는 선정에도 머물지도 말라고 했다. 생각으로 이해하는 자들은 이렇게 말한다. 공과 현상의 두 가지가 모두 허망한 것이다. 그런데 마음을 가지고 집착하여 취사심이 어지럽게 일어난다. 한 생각도 일어나지 않아 항상 중도에 거주해야 해탈한 도인이라 할 수 있다.

■ 뜻풀이 허물기

틀렸다! 해탈이라고 아는 순간 이미 허망함에 빠진 것이다. 만약 진실하게

---

24) 동안상찰(同安常察) 선사의 『십현담(十玄談)』 중 「현기(玄機)」의 구절이다. 그 내용과 문장은 다음과 같다. 아득한 공겁에도 깃들이지 않으니. 어찌 현상의 틀에 묶여 머물겠는가? 오묘한 본체는 본래 일정한 장소가 없으니, 전체 몸이 바로 그것이니 무슨 시간적 자취가 있겠는가? 생생한 말 한 마디 모든 모양을 벗어나니, 삼승을 훌쩍 넘어 닦을 일이 없도다. 손을 뿌리치면 천 명의 성인을 벗어난 저곳이요, 세속으로 돌아오면 속진 속의 소나 양도 마다않네. 迢迢空劫勿能收. 豈爲塵機作繫留. 妙體本來無處所. 通身何更有蹤由. 靈然一句超群象. 迥出三乘不假修. 撒手那邊千聖外. 迴程堪作火中牛. 同安常察, 『十玄談』(「玄機」)

마음을 깨달은 이라면 현상적 인연과 공의 선정이 어찌 해탈의 밖에 있겠는가?

■ **노래**

현상의 인연을 좇지 않는 것은 그래도 쉬운 일이고 / 텅 빈 선정에 머물지 말라는 것은 어려운 일이다 / 어려움과 쉬움의 두 극단을 함께 잘라내도 / 여전히 조사의 뜻과는 상관없는 일이라네.[25]

【해설】

현상의 인연이란 가까이로는 갖가지 욕망의 대상을 가리킨다. 멀리로는 인지되는 모든 일들을 가리킨다. 사람들은 그 현상의 인연에 휩쓸린다. 그런데 모든 드러난 현상은 다 허망하다. 그렇다면 그것들과 절연하여 아무런 상호작용도 없는 자리는 어떨까? 승찬 스님은 이것을 공의 선정에 머무는 일이라 하여 똑같이 배척했다. 경론에서 이것을 고집스러운 공〔頑空〕, 혹은 텅빈 공〔斷滅空〕이라 말한다. 그것은 마음을 억압하는 일로서 무거운 돌로 풀을 눌러놓는 일과 같다. 돌이 아무리 크고 무거워도 번뇌의 풀은 어떻게든 살아나게 마련이다. 공의 선정에 머무는 일 역시 그러하다. 번뇌가 사라진 것 같지만 공에 대한 집착 자체가 장애가 되어 눈을 뜨지 못하게 하는 것이다. 심지어 취사심을 버리고자 하는 마음도 취사심이다.

따라서 진정한 이와 같음〔如是〕은 이치상의 평등성과 개별적 일의 차별상을 둘 아니게 보는 데에서 성취된다. 세간 살림에는 분명히 취함도 있고 버림도 있다. 선도 있고 악도 있다. 따라서 세간의 문법에 맞게 행하되, 둘 아닌 청정심으로 걸어가는 것이 참선하는 사람의 살림이다.

---

25) 有緣莫逐還成易, 空忍教他勿住難. 難易兩頭俱斬斷, 祖庭依舊不相干.

진헐 선사는 현상적 인연과 공의 선정에 머무는 일이 결국은 취사심이라는 것을 곡진하게 설명한다. 그러면서 언어적 표현 이전과 표현 이후의 공존에 대해 묘한 구절을 남긴다. 캄캄한 쪽으로 치면 혀뿌리를 뽑는 일이고, 훤한 쪽으로 치면 혀끝에 앉는 일이다. 여기에서 혀뿌리는 말이 일어나기 전이고, 혀끝은 말로 드러난 이후이다. 여기에서는 그것이 둘이 아닌 자리를 제시한 것이다. 진공묘유의 반야중도에 대한 절묘한 비유인 것이다.

이에 비해 중봉 선사는 그렇게 설명할 수밖에 없다고 인정하면서도 비타협적 허물기를 계속한다. 수행자들이 그 말에 걸리지 않도록 하기 위해서이다. 그 비판의 칼날은 달마와 임제의 방편설에 대해서도 양보하는 법이 없다. 달마의 골수니 껍질이니 하는 말, 임제의 손님이니 주인이니 하는 말들로 인해 후학들이 깨달음의 본 마당에 들어가지 못하고 풀밭을 헤매게 되었다는 것이다. 심지어 취사심을 끊은 자리라 해도 조사의 마음이 드러나는 현장 그 자체가 될 수는 없다는 부정에 이르면 우리는 아연 입을 닫게 된다. 이것이 중봉 선사가 우리에게 바라는 바인 것이다.

10. 하나인 이것으로 분별없는 마음이 되어보라. 말끔히 사라져 저절로 다하리라.[26]

【진헐청료】

하나인 이것으로 분별없는 마음이 되어보라. 말끔히 사라져 저절로 다하리라! 〔인용하고 말하였다〕 겉껍질이 다 떨어지고 나면 오직 하나의 진실만 남는다. 그것은 옛날에도 빛났고, 지금도 펄떡펄떡하다. 옛날에도 빛나는 해와 같았고, 지금도 바로 앞에 송두리째 드러나 있다. 보이는가? 이것을 평상심이라 부른다. 그렇지만 평상으로 돌아와 도에 합치되는 것이므로 따지고 생각할 자리가 없다. 이렇게 해도 참선이고, 저렇게 해도 참선이다. 따라서 부처와 조사도 입을 댈 수 없는 자리에 이르게 된다. 그것은 조용한 고양이, 순한 흰 소, 이 서방, 김 서방과 같아서 없음과 있음의 상대적 측면이 저절로 말끔하게 사라진 자리이다. 이 경지에 이르면 눈은 눈썹과 같고, 입은 콧구멍과 같다. 그 때 비로소 편안하게 하나로 만난 줄 알라. 그대들은 어떻게 이것과 하나로 만날 것인가?

〔한참 있다가 말하였다〕 가랑비 내린 뒤에 피리소리 끊어질 듯 이어지고, 석양의 마을을 저녁연기가 쓸고 간다.[27]

【중봉명본】

■ **뜻풀이**

조사 스님은 하나인 이것으로 분별없는 마음이 되어보라. 말끔히

26) 一種平懷, 泯然自盡.

27) 羌笛數聲疏雨後, 冒煙吹過夕陽村.

사라져 저절로 다하리라고 했다. 뜻으로 이해하는 자들은 이렇게 말한다. 취하고 버리는 생각이 모두 사라지면 성인이니 범부니 하는 인식과 견해들이 기댈 곳이 없게 된다. 그러면 저절로 모든 자리에서 평등하게 될 것이다. 모든 자리에서 완전히 멸진하게 될 것이다.

■ 뜻풀이 허물기

백주대낮에 잠꼬대 좀 하지 마라. 지금 당장 눈으로 모양을 보고, 귀로 소리를 듣고 있는데 뭘 가지고 평등한 마음이니 평등하지 않은 마음이니 하는 것이냐?

■ 노래

말끔하게 멸진해도 일은 끝이 없어 / 백가지 풀들에서 바른 안목이 열린다 / 생사와 열반을 모두 찢어발겼으니 / 평등한 마음이 붙을 자리 어디인가.[28]

【해설】

평등한 마음이 곧 한 마음이고, 여여한 마음이고, 곧바른 마음이다. 그것은 시비선악을 떠나 말로 표현할 수도 없고, 생각으로 이해할 수 없는 본래면목의 자리를 가리키는 말이다. 시비분별을 떠나 있으므로 형상에 걸리는 일이 없고, 여여하여 움직이는 일이 없다. 여기에 망념은 발붙일 곳이 없다. 아니 망념조차 오직 청정할 뿐이다. 이처럼 본래 평등하고, 본래 청정한 마음을 믿는 것이 진정한 신심이다.

또한 한 가지로 평등한 마음은 간택심, 증애심, 취사심을 버린 마음을 가리킨다. 그것은 자성에 맡겨두는 마음이다. 스스로를 묶지 않는 마음이다. 인연이 오는 대로 수용하는 마음이다. 둘로 나누는 함정에 빠지지 않는 마음이다. 따로 성인의 경지를 구하지 않는 마음이다.

---

28) 泯然盡處事無涯, 百草頭邊正眼開. 生死涅槃俱捏碎, 不知何處著平懷.

이 평등한 마음을 어떻게 얻는가? 한 마디로 말하자면 얻을 수 없고, 알 수 없다. 다만 흰 구름이 떠다니든, 비구름이 몰려오든, 허공은 간여하지 않는다. 이렇게 맡겨두는 일이 수행이다.

진헐 선사는 둘 아닌 평등함에 대해 거듭 말한다. 이를 위해 언어의 모든 가능성을 다 끌어낸다. 조용한 고양이, 순한 흰 소 등은 존재하지 않는 것 같지만 분명히 작용하고 있는 이 한 마음에 대한 비유이다. 하나인 이것의 자리에서는 눈과 눈썹이 같다. 입과 콧구멍이 같다. 그것은 형상으로 나누거나 이름으로 구분하기 전, 전체로서 하나인 이것에 대한 비유로 적절하다. 그러나 이렇게 이해하고 끝난다면 그것은 조사의 말을 듣지 않은 것보다 못하다. 톱니가 들어맞듯 딱 맞아떨어지는 일이 있어야 하는 것이다. 진헐 선사는 이것을 생각이 붙을 자리가 없는 전원풍경에 대한 노래로 보여주었다. 가랑비 뒤의 피리 소리, 저녁연기가 피어오르는 석양녘 마을 풍경은 전체를 드러낸다.

그러나 어떤 말도 중봉 선사에게는 백주대낮의 잠꼬대이다. 평등한 마음이라고 말하면 벌써 문제가 된다. 그것을 이해했다고 생각하면 벌써 틀렸다. 평등한 마음조차 붙을 수 없는 자리, 모든 논리와 비논리가 모순 없이 하나 되는 자리, 그 움직임 없는 무생법인의 도량에 우리는 지금도 살고 있기 때문이다.

11. 움직임을 그쳐 멈춤으로 돌아가 보라. 멈춤이 다시 더 큰 움직임이 되리라.[29]

【진헐청료】

움직임을 그쳐 멈춤으로 돌아가 보라. 멈춤이 다시 더 큰 움직임이 되리라! 〔인용하고 말하였다〕 말이 상대적 언설이 되어 버렸다. 넘치는 업식에 빠져 자기 머리가 원래 자리에 있음을 잊고, 엉뚱한 그림자를 따라다니면서 무엇을 하고 있는가? 움직임이란 무엇이고, 고요함이란 무엇인가? 그것은 두 물건일 수 없다. 이 일은 오직 하나일 뿐 둘은 없다. 움직임을 그쳐 고요함으로 돌아가고자 한다면 깨달음과 상관이 없게 될 것이다.

행주좌와(行住坐臥), 견문각지(見聞覺知), 어묵동정(語默動靜)이 모두 있는 그대로 진여이다. 형태도 없고, 모양도 없으며, 흔적도 없고, 자취도 없다. 그러니 움직이되 움직임의 모양이 따로 없이 전체 그대로 멈춤이다. 멈추면 고요해진다. 이것은 형태도 없고, 모양도 없으며, 흔적도 없고, 자취도 없다. 그렇지만 항상 분명하고 뚜렷하게 견문각지, 어묵동정의 작용하는 자리에 있다. 밝게 빛나 추호도 어둡지 않으니, 고요함 전체가 그대로 움직임인 것이다. 지금 그 움직이는 작용을 멈춰 오직 고요한 자리로 돌아가고자 한다면, 그것은 고요함이 한 바퀴 구르면 움직임이 된다는 것을 모르는 것이다.

참선하는 이들이여! 고요함이 그대로 움직임이다. 그것을 멈춰 무엇을 할 것인가? 그래서 성인은 가슴을 비워 앎이 없는 것이다. 움직임의 작용 속에 있더라도 항상 조작적 행위가 없는 차원에 머무는 것

---

29) 止動歸止, 止更彌動.

이다. 오직 움직임과 고요함과 상관없는 이 한 마디는 어떻게 말할 것인가? 〔선상을 치고 말하였다〕 산산조각이 났다.

【중봉명본】

■ 뜻풀이

조사 스님은 움직임을 그쳐 멈춤으로 돌아가 보라. 멈춤이 다시 더 큰 움직임이 되리라고 했다. 일부 교학승들은 이렇게 말한다. 진여로서의 마음은 맑고 맑아 움직이는 일 없이 항상 이 자리에 있다. 시작 없는 윤회는 모두 망녕된 견해로 인한 것이다. 움직임에 움직임의 실체가 없고, 멈춤에 멈춤의 실체가 없다. 실체 없는 이것으로 실체 없는 저것을 멈추게 하려는가? 그것은 땔감을 지고 불을 끄려는 것과 같아서 불길을 키우는 꼴이 될 뿐이다.

그리고는 승조(僧肇) 스님의 말을 인용한다. '움직임 없는 일을 찾는다 하면서 움직임을 버리고 고요함을 추구해서는 안 된다. 오직 모든 움직임 속에서 고요함을 구해야 하는 것이다. 그러면 움직이고 있지만 항상 고요하다. 움직임을 버리고 고요함을 구하지 말라. 그러면 고요하지만 움직임을 떠나지 않는다.'[30]

이렇게 움직이되 움직임의 모양이 따로 없고, 고요하되 고요함의 모양이 따로 없음을 알아야 한다. 교학에서 말하는 것처럼 움직임과 고요함의 두 개념이 생기지 않아야 전체가 환한 것이다. 대체로 움직임과 고요함이 모두 실체 없는 인연임을 분명히 알면 모든 허망함이 다 사라지고, 두 개념 역시 남지 않게 되는 것이다.

---

30) 僧肇, 『肇論·物不遷論』

■ 뜻풀이 허물기

어허! 움직임은 은으로 된 산이고, 고요함은 쇠로 된 절벽이다. 그것을 부수어 가루로 낼 것도 없다. 두 개념을 일어나지 못하게 하려 한다면 그것은 천만 리 밖, 어림없는 세계이다.

■ 노래

불꽃 속에 모기가 살 수 있을까? / 칼 날에 맨 몸을 기댈 수 있을까? / 소림의 방은 들어가는 문이 따로 없는데 / 서로 손잡고 찾아올 이 누구냐?[31]

【해설】

움직임을 멈춰 고요함을 성취한다는 것은 전적으로 불법에 대한 오해에서 비롯된다. 번뇌망상이 일어나지 않는다는 것은 지금 분주한 자리 이대로 적정하다는 뜻이다. 분주한 움직임에 상대되는 고요한 멈춤을 따로 설정하면 결코 진정한 고요함의 자리에 이를 수 없다. 사실 움직임을 멈추고자 하는 마음은 그 자체로 이미 분주한 움직임이다. 그러니까 고요하고자 하는 마음 때문에 고요함이 무너지는 역설이 성립하는 것이다. 이 때문에 깨달음의 역사에서 움직임 없는 선정은 그리 높이 평가되지 못했다. 심지어 여인을 품에 안고서도 바위의 고목처럼, 냉랭한 겨울처럼, 움직이지 않은 스님이 존경을 받지 못하고 쫓겨나는 것이 선문의 일이었다. 요체는 움직임과 고요함이라는 상대적 관념에 휩쓸리지 않는데 있다. 어떤 특별한 고요함을 만드는 일이 아닌 것이다.

그래서 진헐 선사는 움직임이 전체 그대로 고요함이라는 것을 거듭 설한다. 진여는 움직임이나 고요함의 양쪽에 걸리지 않는 이것이다. 그저 후려치면 깨지고, 끌어안으면 온전한 일 외에 다른 일이 없다.

31) 火焰那容蚊蚋泊, 劍鋒寧許赤身挨. 少林堂奥無門限, 把手相牽孰肯來.

중봉 선사는 시끄러움과 고요함이 있는 이대로 은산철벽임을 말한다. 물론 그것이 박살나고 봉황처럼 날아오르는 날이 없는 것은 아니다. 그렇지만 은산철벽 그대로 나쁠 것이 없다. 강호의 검객처럼 모든 것을 일도양단하다가도 이렇게 훈풍처럼 북돋우는 것이 중봉 선사이다. 소림의 방은 원래 담도 없고 문도 없다. 들어가고 나갈 일이 없다. 그저 훌쩍 내려놓으면 지금 이 자리가 통째로 조사의 뜰이다.

12. 그저 상대적 차원에만 머물러 있다면, 하나인 이것을 어떻게 알 것인가?[32]

【진헐청료】

그저 상대적 차원에만 머물러 있다면, 하나인 이것을 어떻게 알 것인가! 〔선사가 후려치고 말하였다〕 이렇게 몸뚱이를 가지고 내 방망이를 맞는구나. 이렇게 해서는 아픈지 가려운지도 모르고 맞기만 하다가 죽어버릴 것이다. 모두들 움직임에 집착하거나 고요함에 집착한다. 자기를 잃고 사물들을 따라다닌다. 세상의 있음과 없음, 감각기관과 대상사물에 휩쓸려 다니고 있다. 이래서 어느 시절에 하나인 이 일이 있음을 알 것인가? 알겠는가?

〔한 중이 말하려 하자 선사가 말했다〕 백 대, 천 대, 만 대를 두들긴다 한들 무슨 소용이 있겠는가?

【중봉명본】

■ 뜻풀이

조사 스님은 그저 상대적 차원에만 머물러 있다면, 하나인 이것을 어떻게 알 것인가라고 했다. 뜻으로 이해하는 이들은 이렇게 말한다. 상대적 차원은 움직임과 고요함의 두 개념이다. 하나인 이것이란 보는 마음과 보이는 모습이 둘이 아니라서 추호의 다름도 없음을 말한다. 이 구절은 앞에서 말한 움직임과 고요함에 대한 해석이다. 움직임과 고요함의 두 측면을 허망하다고 보면 모두 허망할 뿐이다. 그러나 진실하다고 보면 남김없이 진실일 뿐임을 알아야 한

32) 唯滯兩邊, 寧知一種.

다. 둘이 따로 있을 수 없는 것이다.

■ 뜻풀이 허물기

조용히 좀 해라. 쓸데없는 학문을 가지고 해석하다가 조사 스님의 마음을 매장시킬라. 그래서 노래로 말하겠다.

■ 노래

하나인 이것이여, 하나가 아니로다 / 시비를 가리는 생각이 사라지는 것을 앎이라 여긴다면 / 이끼 낀 돌을 눈으로 덮어놓고 /강변의 흰 백로새라 말하는 격이지.[33]

【해설】

선문에서는 흔히 양변(兩邊)과 삼제(三際)를 잊으라는 말을 한다. 양변은 분별적 사유를 구성하는 모든 상대적 개념들이다. 움직임과 고요함, 번뇌와 열반, 중생과 부처 등 상대되는 개념들이 그것이다. 삼제는 과거, 현재, 미래의 시간이다. 분별적 사유와 상대적 시간에 지배되는 한 중도는 꿈에도 모르는 일이 된다. 상대적 차원의 양변이란 무엇인가? 두 마리 호랑이가 싸우는데 한 쪽 편을 드는 것이 양변에 쏠린 일이다. 그냥 싸우는 이대로 볼 뿐이면 둘 아닌 이것이 된다. 그러니 하나인 이것을 안다는 것은 어떤 쪽에도 편들지 않는다는 뜻이 된다.

진헐 선사의 설법은 시작과 끝이 자못 격렬하다. 사실 중도실상의 입장에서 보면 말하는 것도 실상이고, 몽둥이를 휘두르는 것도 실상이다. 모든 형상 가진 것은 허망하다. 그렇지만 모든 형상은 그대로 실상이기도 하다. 다양한 금 그릇들이 금으로 만든 것임을 아는 사람은 그 모양을 버리지 않고 금을 본다. 그런데 분별적 사유의 결과물인 말을 통해 그것을 초월해야 하는 선사의 언어행위는 처음부터 절망적

---

33) 是一種兮非一種, 是非情盡若爲知. 休將雪裏葛苔石, 喚作溪邊白鷺鷥.

이다. 그렇다고 말하지 않을 수도 없다. 이 때 방망이를 드는 것이다. 그런데 주장자를 휘두르는 일조차 분별하여 헤아리는 대상이 된다. 그러니 그것을 휘두를 일조차 없다. 진헐 선사의 짧은 설명과 탄식 속에는 후학의 앞날을 위해 입을 닫는 스승의 심경이 고스란히 드러나 있다.

한편 중봉 선사는 상대적 차원을 버리라는 이 말 자체가 생각으로 이해하는 일이라 보고 이를 부정한다. 거듭 확인하는 바이지만 말에는 잘못이 없다. 중봉선사에게 꾸짖음의 대상이 되는 교학승들의 해석에도 잘못이 없다. 그렇다면 중봉 선사는 무엇을 거듭 꾸짖고 부정하는 것인가? 그것은 언제나 지금, 여기의 우리를 겨냥하고 있다.

다시 말해 중봉 선사의 모든 가르침은 지금 여기에서 설법을 듣고 있는 우리를 위한 것이다. 우리는 그 말을 듣고, 지금 당장 이것을 돌이켜 비추어보아야 한다. 생각으로 이해하려 해서는 안 된다. 생각과 이해가 일어나는 순간 조사 스님의 마음에서 천리만리 벗어나게 되기 때문이다. 이처럼 언어적 표현과 이성적 이해는 언제나 실상에서 벗어나 있다. 눈 덮인 돌을 백로라고 말하는 억지를 면할 수 없는 것이다.

13. 하나인 이것에 통해야 한다. 그렇지 않으면 상대적 차원에도 되는 일이 없으리라.[34]

【진헐청료】

하나인 이것에 통해야 한다. 그렇지 않으면 상대적 차원에도 되는 일이 없으리라! 〔인용한 뒤 말하였다〕 정말 울타리와 벽을 더듬느라 손발을 허둥대는구나. 움직임 전체가 고요함이다. 고요함 전체가 움직임이다. 오직 하나일 뿐, 둘이 없다. 어리석고 둔한 사람들은 이것을 분명히 알지 못한다. 움직임을 지향하여 공부를 짓는다면, 그것은 도둑을 아들로 여기는 짓이다. 고요함을 지향하여 공부를 짓는다면, 목을 자르면서 살기를 바라는 일과 같다. 그래서는 구덩이에 빠지고, 절벽에 떨어질 뿐이다. 하나에 통하지 못하므로 양쪽에 모두 틀리게 되는 것이다. 견해가 메마르고 마음경계가 줄줄 새게 되는 것이다. 그러니 양쪽에 공덕을 잃는 정도이겠는가? 하는 일마다 온통 빗나가게 되는 것이다. 만약 한 자리에 분명하면 천 곳, 만 곳이 일시에 분명해질 것이다. 그런데 말해보라. 한 자리란 무엇인가? 〔한참 있다가 말하였다〕 꽃도 있고 술도 있는 길, 이 하나인 길을 둘로 나누어 걸을 거냐.[35]

【중봉명본】

■ 뜻풀이

조사 스님은 하나인 이것에 통해야 한다. 그렇지 않으면 상대적 차원에도 되는 일이 없으리라고 했다. 이리저리 꾸미는데 일등인 스

34) 一種不通, 兩處失功.

35) 路上有花兼有酒, 一程分作兩程行.

님들은 이렇게 말한다. 이 두 구절은 앞의 내용을 결론짓고, 뒤의 내용을 새로 여는 말이다. 앞의 내용을 결론짓는다는 것은 하나인 이것의 참된 이치를 드러내어 보여주고 있다는 말이다. 뒤의 내용을 새롭게 연다는 것은 없음과 있음의 허망한 인연을 심도 있게 경책하고 있다는 뜻이다.

■ **뜻풀이 허물기**

정말로 하나인 이것과 상대적 차원에 대해 이렇게 말하는 스님이 있어서 구절구절이 종지에 부합한다 하자. 모든 박자가 노래에 어울린다 하자. 그래도 안하느니만 못하다. 하나인 이것이라 말하는 순간 벌써 틀에 빠진 것인데 하물며 상대적 차원이야 어떻겠는가?

■ **노래**

하나인 이것조차 붙일 곳이 없는데 / 상대적 차원의 어느 자리에 공훈을 세울 건가 / 노파심으로 끝없이 당부하다보니 / 그 허물로 인해 완전히 견문에 떨어지게 되었다네.[36]

【해설】

하나인 이것이란 한 마음을 가리킨다. 불교의 수행은 모든 현상이 오직 이 한 마음의 현현임을 확인하는 일이다. 만 가지 현상이 본래 평등함을 거듭 확인하는 일이다. 있음과 없음, 움직임과 고요함 등의 상대적 차원이 모두 한 마음의 현현이다. 그러므로 진정한 수행자는 이것을 알아 자재하게 수용할 뿐, 좋아하고 싫어하는 마음을 내지 않는다. 이렇게 되면 상대적 차원이 아니라 팔만사천의 다양한 현상에 오직 완전한 공덕만이 있게 된다. 반대로 이 하나에 통하지 못하면 상대되는 양쪽을 오가며 온갖 번뇌를 키우게 된다. 양쪽에서 모두 공덕

---

36) 一種出來無地著, 二邊何處立功勳. 老婆只爲頻叮囑, 累及渾家落見聞.

을 잃게 되는 것이다.

하나에 통한다는 것은 양쪽을 내려놓은 무위의 도와 상응한다는 말이다. 움직임과 고요함이 있는 이대로 마음이고, 자성이고, 진여이다. 그러니 오직 오는 이대로 일없이 맞이할 뿐인 것이다. 그저 낙관적으로 수용하고 향유하는 것이다. 이처럼 모든 일이 한 마음이 드러난 것임을 알면 만 가지 일이 저절로 마쳐진다. 진제와 속제가 동시에 성취되는 것이다. 하나인 이것에 완전히 상응하는 것이 여래의 자리이다. 진공이자 묘유인 자리이다.

다만 이렇게 생각하거나 이렇게 추구하는 일은 문제가 된다. 이미 상대적 차원을 세웠기 때문이다. 추구할 대상으로서의 도와 추구하는 주체로서의 나가 별도로 세워졌기 때문이다. 양쪽을 나누는 분별적 사유가 작동하고 있기 때문이다.

그렇다면 불도를 추구하지 않아야 한다는 것인가? 추구하지 않으면 성취할 길도 없다. 불법의 성취를 서원하고, 최고의 간절함으로 채워지지 않는 한 견성은 일어나지 않는다. 여기에 바로 『신심명』이 말하는 신심의 중요성이 있다. 이 신심은 나라는 주체가 부처라는 별도의 대상을 믿는 일이 아니다. 우주법계, 삼라만상이 오직 이 한 마음일 뿐이고, 부처가 드러난 일일 뿐임을 믿어 의심치 않는 일이다. 모든 수행방편은 이것을 어떻게 효과적으로 믿게 하느냐에 집중되어 있다.

그러니까 믿음은 깨달음의 전체 길에 있어서 시작과 과정과 끝을 관통하는 핵심이 되는 것이다. 이처럼 모든 것은 하나인 이것에 통하는 일로 귀착된다. 도대체 어떻게 하면 하나인 이것에 통할 것인가? 참으로 분명한 이것인데, 이것이라 말하는 순간 오해가 일어난다.

진헐 선사는 움직임 전체가 고요함이고, 고요함 전체가 움직임이라 표현했다. 이것에 확실하면 우주 법계가 일시에 분명해진다. 찾아다닐 필요도 없고, 이해할 필요도 없다. 우주법계와 삼라만상이 이미 완전히 이 일이다. 이것을 몰라 움직임을 버리고, 고요함을 취한다면 둘 아닌 이것은 없다. 나아가 진헐 선사는 재삼 경고한다. 둘 아닌 이것을 별도로 존재하는 무엇이라 생각하지 말라는 것이다. 꽃을 버리고 술을 택하거나, 술을 버리고 꽃을 택하는 것은 옹색한 살림이다. 진정한 풍류객은 서슴없이 꽃 아래 술 자리를 펴는 법이다.

중봉 선사는 하나인 이것에 집중하는 일의 위험성을 강조한다. 그것은 양쪽으로 나누어 생각하는 일만큼이나 위험하다. 하나인 이것이 따로 있다고 생각하면 도와 상응할 수 없다. 그것은 말에 있어서도 마찬가지이다. 선사들의 천만 마디 언설은 결국 손자를 걱정하는 할머니의 마음에서 나온 것이다. 그러니까 그 마음을 알고 받아들여야지 말 자체를 기억할 필요는 없다. 어떤 훌륭한 말이든 그것에 움직여서는 안 된다. 그것은 분별의 차원에 떨어지는 일이기 때문이다.

14. 있음을 버리려 하면 있음에 빠지게 된다. 없음을 추구하면 없음을 등지게 된다.[37]

【진헐청료】

있음을 버리려 하면 있음에 빠지게 된다. 없음을 추구하면 없음을 등지게 된다. 〔이렇게 인용한 뒤 말하였다〕 추구할 것이 어디 있는가? 그게 무슨 물건이라도 되는가? 따르고 버리게! 그거 한번 나에게 털끝이라도 좀 가져와 봐라. 건곤대지가 온통 주인공이라서 오직 수행자가 받아서 쓸 뿐인 살림이다. 이것을 오묘한 작용, 오묘한 있음이라 부른다. 그런데 이것을 어떻게 버린단 말인가? 모든 형상을 뽑아버리겠다는 것인가? 모든 육진경계를 떠나고, 모든 있음을 버리겠다는 것인가? 그러면 오묘한 존재성을 상실하고, 단멸의 견해에 떨어지게 될 것이다.

참선하는 이들이여! 가만히 생각해보라. 모든 형상을 뽑아버리고 육진경계를 떠나 공에 떨어진다면 그것은 진정한 공을 등지는 일이다. 만법이 있는 그대로 바로 진공임을 알지 못하는 것이다. 우리가 만나는 물건들은 본래 별도의 모양이 없다. 그러니 이렇게 잡고 저렇게 쓴들 무슨 걸림이 있겠는가? 대체로 마음의 바탕을 밝게 알지 못하여 만 가지 현상을 버리려다 오묘한 존재성을 상실하고 만다. 단멸의 공을 따르려다 진정한 공을 등지고 만다. 움직임을 멈추려는 것은 곧 있음을 버린다는 뜻이다. 고요함으로 돌아가고자 한다는 것은 곧 공을 추구한다는 뜻이다. 여기에서는 있음과 공에 대해 말하고 있고, 앞에서는 움직임과 고요함에 대해 말하였다. 움직임이 곧 멈춤이고,

---

37) 遣有沒有, 從空背空.

있음이 곧 공이다. 명칭은 다르지만 본질은 같다. 그러니 별도의 다른 법이 없는 것이다. 자! 말해보라. 잘못은 무엇인가?

하늘의 달을 보느라, 손에 쥔 구슬을 잃는구나.[38]

【중봉명본】

■ 뜻풀이

조사 스님은 있음을 버리려 하면 있음에 빠지게 된다, 없음을 추구하면 없음을 등지게 된다고 말했다. 말과 글을 따라다니는 이들은 이렇게 말한다. 있음이라는 것은 본래 허망한 것이라, 있음을 버리려 하면 도리어 그로 인해 거기에 빠지게 된다. 없음이란 본래 그대로 없는 것이라, 없음을 추구하면 도리어 그로 인해 그것을 등지게 된다. 있음이란 없음 속의 있음이다. 없음이란 있음 속의 없음이다. 없음은 있음이 있기 때문에 드러난다. 있음은 없음이 있어 드러난다. 그렇게 드러나는 것이므로 없음은 전체 그대로 있음이다. 그렇게 드러나므로 있음은 전체 그대로 없음이다. 둘은 상호간에 녹아들고 결합하여 틈이 없다. 상대 속에 존재하고, 서로에게 들어가 있어 다름이 없다. 그러므로 있음을 버리느니 없음을 따르느니 하는 것이야말로 허망함을 좇는 일이 아니겠는가?

■ 뜻풀이 허물기

사람을 무는 사자가 흙덩이를 좇아가는 개와 함께할 수 있겠는가? 글에 의지하여 뜻을 해석하는 이들은 흙덩이를 좇는 개만도 못하다. 흙덩이를 던진 자를 포효하며 물어버리는 사자와 같고자 하나 그것이 가능하겠는가?

---

38) 貪觀天上月, 失卻手中珠.

■ 노래

벽사진경의 부적을 높이 달아두었더니 / 이제는 귀신들이 대낮에 문을 두드리네 / 무슨 말인가, 키 낮은 초가집 처마 아래 / 구름과 달, 시내와 산이 적적한 삶의 짝이라네.[39]

【해설】

우리는 불법의 핵심이 공에 있다고 생각한다. 아주 틀린 말은 아니다. 이 공은 있음에 대한 집착의 병을 다스리기 위한 방편이다. 그런데 약도 독이다. 오직 병을 다스리는데 써야지 그것이 궁극적 목적이 되면 안 된다. 공을 추구하는 마음이 강력한 유위적 행위가 되고, 편견적 개념이 되기 때문이다. 이로 인해 진정한 공과 반대로 멀어지게 된다. 일체의 망상과 번뇌를 버리고자 하는 일도 마찬가지이다. 그러한 의도가 바로 그 망상번뇌이기 때문이다. 있음과 없음에 걸리는 순간 이것일까, 저것일까? 하는 의심의 널뛰기를 하는 여우의 종족이 된다. 이로 인해 중생은 인과에 묶이는 여우의 길을 걷는 것이다.

벌써 인연→결과라는 생각 자체가 구속이다. 이에 비해 가장 수승한 인연법은 청정함을 핵심으로 한다. 일체의 분별집착을 떠나 지금 이대로 여여하게 현전하고 있음을 아는 것이다. 그것이 청정함으로서 당장 이 자리에 부처를 구현하는 일이다. 이 점을 강조하기 위해 육조 스님은 '본래 한 물건조차 없음(本來無一物)'을 말했다. 현상과 공이 모두 별도의 다른 것이 아니라는 것이다. 그러니 한 물건이 따로 있을 수 없고, 더더구나 닦아낼 때가 있을 수 없다는 것이다.

진헐 선사는 건곤대지가 온통 주인공일 뿐이라서 버리고 추구할 것 없다고 말한다. 있는 그대로 수행자의 살림살이다. 사실 둘로 나뉜

---

39) 只爲桃符釘得高, 鬼神白日把門敲. 如何三尺茅簷下, 雲月溪山伴寂寥.

상대적 개념은 명칭만을 달리한 것일 뿐이다. 원래 전체로서 둘 아닌 이것이라는 점에서 다를 것이 없다. 그러니 현상이니 본질이니, 번뇌니 보리니 하는 말이 언어적 방편임을 분명히 알아야 한다. 심지어 진헐 선사는 달과 손가락의 비유조차 부정한다. 달이 나의 밖에 따로 있는 것이라는 오해를 불러올 수 있기 때문이다.

한편 부정의 명수인 중봉 선사는 번뇌망상을 버리고자 하는 일을 흙덩이를 좇아가는 개에 비유한다. 흙덩이를 좇는 것으로는 영원히 개의 신세를 면할 수 없다. 또 귀신을 막으려는 마음 때문에 귀신이 더 들끓게 된다고도 말한다. 중요한 것은 이 상대적인 차원에 말려들지 않는 일이다. 번뇌망상과 보리열반이 차별 없는 둘 아닌 자리에 머물러야 한다. 그것이 역동적 멈춤이다. 그 때는 구름과 달, 산과 물은 물론 폭풍과 소나기가 있는 그대로 모두 진여가 된다.

15. 말이 많고 생각이 많은 것이 문제이다. 때문에 갈수록 더 하나로 만나지 못한다.[40]

【진헐청료】

말이 많고 생각이 많은 것이 문제이다. 때문에 갈수록 더 하나로 만나지 못한다. 〔인용하고 말하였다〕 소리 낮춰라. 입을 여는 순간 멀어지게 된다. 손잡이 없는 철추를 휘두르니 온 땅이 가루가 된다. 몸이 부서지고 목숨이 끊어진다. 그러하지 못하고 갈등의 소굴에 자리 잡으면 마치 발 부러진 자라와 눈먼 거북이가 텅 빈 골짜기에 들어간 것과 같게 된다. 나올 기약이 없는 것이다.

참선하는 이들이여! 이 일이 말에 있다면 전체 대장경의 가르침이 다 말이 아니겠는가? 하필 꽃을 들고 미소를 보여 정법안장을 전할 필요가 있었겠는가? 이를 알고자 하는가? 듣고 보는 이 자리에서 바로 취하고 잡으라. 앞뒤를 생각하거나 재지 말라. 생각을 내는 순간 귀신 굴에 들어가게 된다. 뜻이 일어나면 지혜가 막히게 된다. 생각을 굴리면 본체를 잃게 된다. 그러므로 말로 표현할 길을 끊고, 마음이 갈 곳이 없게 하라. 결국엔 어떠한 일인가?

밤 동안의 비에 꽃이 떨어져 / 온 성에 흐르는 물 향기롭구나.[41]

【중봉명본】

■ 뜻풀이

말이 많고 생각이 많은 것이 문제이다. 때문에 갈수록 더 하나로 만

---

40) 多言多慮, 轉不相應.

41) 一夜落花雨, 滿城流水香.

나지 못한다. 뜻으로 이해하는 자들은 이에 대해서 말이 많으면 도에서 더 멀어진다고 설명한다. 또 밝은 마음으로 환히 비추고, 성스러운 침묵으로 핵심을 삼아야 한다고도 말한다. 나아가 밖으로는 모든 인연을 끊고, 안으로는 마음에 헐떡이는 일이 없도록 하라는 달마의 말을 인용하기도 한다. 밖으로 모든 인연을 끊으면 그 말을 잊게 된다. 또 안으로 마음에 헐떡임이 없으면 그 생각을 끊게 된다.

■ **뜻풀이 허물기**

이렇게 인용하고, 이렇게 증명하고 있는데, 과연 그대는 딱 맞아 떨어져 하나로 만났는가? 그렇지 못하다면 웬 말을 그리 하는가?

■ **노래**

말로 인해 진리가 드러나지만 진리는 말을 잊는데 있으니 / 말없음도 잊고 전하는 일도 잊었다네 / 옳고 그름, 말과 형상의 밖으로 구속 없이 벗어나니 / 허공은 입이 없어 선(禪)을 이해하지도 말하지도 않네.[42]

【해설】

달마 조사는 혜가 선사에게 밖으로는 모든 인연을 끊고, 안으로는 마음에 헐떡거림이 없도록 하라 했다. 이렇게 말과 생각이 끊긴 자리라야 도에 딱 맞아 떨어질 수 있다. 뛰어난 선지식들은 단번에 말과 생각이 끊긴 자리로 이끄는 실력이 있었다. 그러나 실력 있는 선지식이 항상 있는 것은 아니다. 그래서 화두나 염불이나 진언 수행과 같은 정형화된 수행법들이 나타나게 된다. 이 수행법들은 하나에 집중하게 함으로써 그것을 제외한 일체의 말과 생각을 잊게 만든다는 공통점을 갖는다. 다만 유감스럽게도 단번에 말과 생각을 끊게 하지는

---

42) 因言顯道道忘言, 忘到無言亦忘傳. 脫略是非言象外, 虛空無口解談禪.

못하므로 이것은 차선책에 해당한다. 그럼에도 불구하고 이 수행방편들은 말과 생각이 없는 길을 걸어, 말과 생각이 없는 자리에 도착하게 한다. 방법과 도달점이 통일되어 있는 뛰어난 길인 것이다. 이것이 잘 안될 경우 오직 한 가지의 메시지만을 전달하는 가장 간략한 가르침에 평생을 의지하는 길이 제시된다. 『반야심경』은 260자, 『신심명』은 580자에 불과하다. 『금강경』 역시 시간 날 때마다 독송할 수 있는 간략함을 특징으로 하고 있다. 더구나 주요 경전에는 전체 내용을 요약한 『약찬게』가 있어서 전체 경전의 독송을 대신하도록 하고 있다. 모두 간략화의 길을 통해 말의 길, 생각의 길이 끊어진 자리에 이르고자 하는 것이다.

말로 설해진 경전의 가르침에 의지하는 경우도 비슷하다. 불교의 대승경전은 하나의 진리를 거듭 설하는 특징이 있다. 그래서 이것을 수지독송한다는 것은 오로지 하나로 만나는 입장이 된다는 뜻이다. 이 길을 벗어나 많은 경전을 경력 쌓듯이 정복해나가는 일은 말 잘하는 앵무새가 될 뿐이라는 말로 비판받았다. 넓은 견문, 많은 지식, 깊은 이해는 학문에서 높이 평가하는 바이지만 선가에서는 독약처럼 미워한다. 진정한 불법은 듣고 보는 이 자리에서 바로 잡는데 있다. 아니 잡는다는 말조차 오해의 여지가 있다. 그저 둘 아님을 확인하여 다시 의심하지 않는 일이기 때문이다. 그것은 공기를 호흡하는 것과 같아 의식이 개입할 여지가 없다. 이를 하나로 만난다고 말한다. 그것은 바로 이 자리의 일이라서 어려울 것이 없다. 그렇지만 주체를 세워 대상을 이해하는 방식으로는 절대 하나로 만날 수 없으므로 참으로 어려운 일이기도 하다. 그래서 그것은 우주에 가득 차 있되 모르는 눈으로는 볼 수 없는 길 없는 길이라고 표현되기도 한다.

진헐 선사는 손잡이 끼울 구멍이 없는 쇠 철추의 비유를 든다. 손으로 들 수 없는 이것을 들어 휘두르는 것이 참선이고 깨달음이다. 이 쇠 철추에 쪼개져 흩어지는 항하사 모래 하나하나가 그대로 우주법계가 된다. 불이중도를 허무는 것이 말이고 생각이지만 결국 말과 생각의 자리로 돌아오는 것이 조사의 자비방편이다. 밤새 내린 비에 꽃이 진다. 그렇지만 그 꽃은 온 마을을 덮는 향기로 남는다. 이것이 모든 것을 내려놓은 자리에 모든 것이 되살아나는 경계이다. 이 진헐 선사의 게송은 언어 밖의 소식을 담고 있지만 그 표현이 절묘하여 그림과 같다.

중봉 선사는 당사자인 나를 닦달한다. 이렇게 말하고 이렇게 증명하는 너는 그 진여와 하나로 만났냐는 것이다. 중도를 실제로 체화하고 있느냐는 것이다. 오직 이것과 하나로 만나는 일에는 시간이 필요하지 않다. 새로운 지식도 필요 없다. 지금 당장 이 몸짓 하나, 이 기침소리 하나가 모두 부처님의 염화미소임을 알면 된다. 지금 마시는 차 한 모금이 뜰 앞의 잣나무임을 알면 된다. 그렇지 못해서 지금 당장 이것에 어두우면 팔만대장경의 성스러운 언설들도 모두 휴지조각이 된다. 그러니까 지금 당장 바로 보아야 한다. 허공은 만물을 담고 있을 뿐이다. 이것은 산이고, 저것은 물이라고 말하지 않는다. 이것은 허망하고 저것은 진실하다고 구별하지 않는다. 더구나 좋고 싫음을 판단하지 않는다. 중봉 선사의 게송이 우리에게 보여주고자 하는 자리이다.

16. 말이 끊어지고 생각이 끊어져야 한다. 그러면 통하지 않는 곳이 없다.[43]

【진헐청료】

말이 끊어지고 생각이 끊어져야 한다. 그러면 통하지 않는 곳이 없다.〔인용하고 말하였다〕 어디에서 이러한 소식을 얻었는가?〔한참 있다가 말하였다〕 혀를 자를지언정 황제의 이름에 쓰인 글자를 함부로 범할 수는 없는 법이다.〔다시 말하였다〕 이것은 만 가지 할 일을 일시에 잊고, 천 명의 성인을 떠나는 일이다. 자기를 원수같이 보고, 부처와 조사를 학생같이 보라. 여기에서는 덕산의 고함과 임제의 몽둥이도 쓸데없다. 입을 열고, 눈을 부릅뜨는 일도 쓸 곳이 없다. 그렇지만 찬 바위에 기이한 푸른 풀 귀하게 여겨 지키지 말고, 어떤 기묘한 모습도 유지함 없는 흰 구름의 본모습을 한가히 앉아 보도록 하라.[44]

【중봉명본】

■ 뜻풀이

조사 스님은 말이 끊어지고 생각이 끊어져야 한다, 그러면 통하지 않는 곳이 없다고 말했다. 문구에 의지하여 뜻을 푸는 자들은 이렇게 말한다. 말을 끊으면 말의 길이 끊어진다. 생각을 끊으면 마음이 갈 곳이 없어진다. 말의 길이 끊어지면, 고요하되 밝게 비춘다. 마음이 갈 곳이 없으면, 밝게 비추되 고요하다. 여기에 이르면 여래선과 조사선을 하나로 꿸 수 있다. 또 옛 어른들은 이 일에 대해 입가

43) 絶言絶慮, 無處不通.

44) 莫守寒岩異草靑, 坐看白雲宗不妙.

에 곰팡이 피도록 쉬라 했다. 혀 위에 풀이 나도록 쉬고 또 쉬라고 했다. 바로 이 이치가 아니겠는가?

■ **뜻풀이 허물기**

이렇게 안다면 땅땅한 얼음을 뜨거운 불 위에 올려놓는 것과 똑같다. 오직 자기 역량을 모르고 있음을 드러낼 뿐이다. 이렇게 말한다면 어떻게 조사를 만날 수 있겠는가?

■ **노래**

생각 끊고 말 끊으면 나무 인형과 같으니 / 어느 때 성불하리요, 영가(永嘉)도 틀렸도다 / 소리 일어나기 전에 현묘한 뜻 깨달아 통하지 못한다면 / 털끝 하나 집어 올려도 철위산(鐵圍山)에 막히리라.[45]

【해설】

우리는 이미 그 자리에 도달해 있다. 어떠한 경계, 어떠한 마음 씀도 이것 아닌 것이 없다. 이것은 눈으로 사물을 보는 일과 같다. 만물의 형상은 그 자체로 눈이 있다는 사실을 증명한다. 형상들이 이렇게 감지되는 한 우리는 눈이 있다는 사실을 의심하지 않는다. 마찬가지로 법계와 허공계는 그 자체로 진리를 드러내고 있으며, 이 마음이 작용하고 있다는 것을 증명한다. 우리는 진리 속에 있으며, 모든 이것이 진리 그 자체이다. 그러니까 눈을 찾을 필요가 없듯 마음을 찾을 필요가 없다. 이미 전체가 마음의 작용인데, 어디에서 따로 마음을 찾을 것인가? 이미 전체가 진리의 드러남인데, 어디 가서 따로 진리를 찾을 것인가? 오직 하나로 만나는 일만 있을 뿐이다. 이것은 말로 표현할 길이 없고, 생각으로 도달할 수 없다. 물론 언어와 말을 끊었다는 것이 말 한 마디 하지 않고, 아무 생각도 하지 않는다는 뜻은 아니다. 나

45) 絶慮絶言同木偶, 何時成佛永嘉非. 聲前未領通玄旨, 拈起毛端隔鐵圍山.

무나 돌처럼 되는 일이 아닌 것이다. 다만 생각하고 말하는 행위 이대로가 실상임을 확인하는 일이다. 그러므로 밝고 영민하다. 이것이 바로 말과 생각이 끊어진 자리이다. 통하지 않는 곳이 없다고 했는데, 이대로 실상인 이것과 하나가 된다는 뜻이다. 그러면 오직 이 일일 뿐이므로 49년 설법을 했지만 한 마디도 하지 않았다는 말이 성립한다. 아니, 한 마디가 무엇인가? 악! 하는 한 소리조차 시작 없고, 지속 없고, 소멸 없다. 생각이 개입하지 않은 자리이기 때문이다.

결국 말과 생각을 끊어야겠다는 생각 그 자체가 깨달음의 장애임을 알아야 한다. 생각에는 주체가 있고 대상이 있다. 내가 있고 말과 생각을 끊고자 하는 지향이 있다. 수행자에게는 자아가 원수이다. 부처라는 생각, 조사라는 생각이 남아 있어, 그것을 지향할 목적지로 설정하는 순간, 거기에 자아도 있고 대상도 있게 된다. 이처럼 생각으로 이해하면 끝없는 꼬리물기식 사변이 일어난다. 생멸이 일어난다. 그러므로 어떤 기이한 경계도 자기의 것으로 집착하지 않아야 한다. 어떤 모양도 지키지 않는 구름처럼 한가할 뿐이라야 한다. 이것이 진헐 선사의 당부이다.

중봉 선사는 이러한 설명조차 부정한다. 아무리 수준 높게 알고, 아무리 오묘하게 말한다 해도 결국 용광로에 얼음을 올려놓는 일과 같다는 것이다. 그것이 말이고 생각인 한, 긍정의 방식을 택하든 부정의 구조를 따르든 결국 진여와 어긋나는 일이라는 것이다. 그러므로 말이 일어나기 전에 밝게 알아야 한다. 그러면 말이 쏟아지거나, 말이 끝나거나에 상관이 없다. 오직 밝게 알고 한가하게 하나로 만나라. 추호의 틈도 없이 하나로 나아가라. 이것이 중봉 선사의 게송이 하는 말이다.

17. 근본으로 돌아가면 종지를 얻게 되리라. 비춤을 따라가면 종지를 잃게 되리라.[46]

【진헐청료】

근본으로 돌아가면 종지를 얻게 되리라. 비춤을 따라가면 종지를 잃게 되리라! 〔인용하고 말하였다〕 이렇게 말해 나가다간 삼세제불과 6대조사와 천하 노스님들의 입이 멜대와 같이 오르락내리락하기만 하겠다. 종지를 밝히고 득실시비를 가린다? 근본을 논하고 비춤과 작용을 설한다? 그렇다면 어느 때 쉬게 될 것인가? 참선하는 이들이여! 지금 입을 열어 말로 이해하고자 한다면 언어와 문구에 떨어지리라. 그러니 천착이 오묘할수록 종취를 상실하여 선적 안목이 온통 어둡게 될 것이다. 이것을 언어의 누수라 한다. 비춤을 따라가다 종취를 잃는다고 한다. 이래서는 말과 소리와 형상에 끌려갈 뿐이다. 보고, 듣고, 알고, 이해하는 일에 휘둘릴 뿐이다. 옛 어른들은 낙엽이 뿌리로 돌아간다는 말을 했다. 그러면 올 때는 입이 없으니 어떻게 말을 할 것인가?

수미산 꼭대기에 뿌리 없는 나무는, 봄바람이 없어도 꽃이 저절로 핀다네.[47]

【중봉명본】

■ 뜻풀이

근본으로 돌아가면 종지를 얻게 되리라, 비춤을 따라가면 종지를

---

46) 歸根得旨, 隨照失宗.

47) 須彌頂上無根樹, 不犯春風花自開.

잃게 되리라고 말하지 않았던가? 따지고 헤아리는데 교묘하기로 일등인 사람들은 이렇게 말한다. 말을 끊고 생각을 끊는 것이 뿌리로 돌아가는 일이다. 통하지 않는 곳 없는 것이 종지를 얻는 일이다. 이렇게 뿌리로 돌아가서 종지를 얻으려는 일을 의도적으로 하지 말라. 비춤을 따라가다 오히려 종지를 잃게 될 것이다. 돌아갈 근본이 따로 없고, 얻을 수 있는 종지 또한 따로 없다. 이것을 깨닫지 못하고, 스스로 허망하게 생각하고 집착한다. 그것이 바로 비춤을 따라가는 모습이다. 그것이 구차하게 잡는 모습이다. 그래서는 부처와 조사의 마음과 종지를 잃지 않을 길이 없는 것이다.

■ **뜻풀이 허물기**

정말 그렇게 말하고 그렇게 실천한다면 옛날 부처와 조사를 불러온다 해도 염라대왕의 쇠몽둥이에 당하게 될 것이다. 이렇게 해서는 근본으로 돌아가 종지를 얻을 길이 없는 것이다.

■ **노래**

비춤을 따라가는 일이나 뿌리로 돌아가는 일은 한 가지다 / 특별하게 가풍을 펼칠 것도 없다 / 경계에 흔들리는 마음이 깨닫는 마음으로 향하기도 전에 죽고 마니 / 종지를 얻는 것이 종지를 상실함과 다를 게 무엇인가.[48]

【해설】

뿌리로 돌아간다는 것은 중생과 부처가 다르지 않은 불이의 자리로 돌아간다는 말이다. 돌아갈 뿌리가 따로 있는 것은 아니다. 법계의 모든 것 이대로 뿌리이다. 그것을 마음이라 하고, 자성이라 하고, 진여라 한다. 참선이란 이것을 확인하고, 이것과 하나 되는 일이다. 비춤을 따라간다는 것은 주체적으로 비추고 지향하는 일이 있다는 뜻이

48) 隨照歸根事一同, 不須特地展家風. 偸心未向機前死, 得旨何曾異失宗.

다. 공의 도리에 머물고자 하는 지향이 그것이다. 공을 추구하는 일이나 관조를 통해 자성이라는 특정한 물건을 찾고자 하는 일이 그것이다. 경계체험에 집착하여 따라다니는 일이 그것이다. 따라가면 안 된다. 법이라고 할 특정한 어떤 독립된 것이 따로 있는 것은 아니기 때문이다. 그러니 불법의 뿌리나 근원을 따로 묻지 말라. 지금 이 마음작용 이대로 뿌리이기 때문이다.

더구나 뿌리니 비춤이니 하는 것은 모두 방편적 언어이다. 실상에서는 뿌리가 비춤이고, 비춤이 뿌리이다. 언어행위는 태생적으로 전체로서 하나인 이것을 둘로 쪼개어 말할 수밖에 없다. 이 때 모든 병이 함께 들어오게 된다. 그래서 본체니 활용이니, 종지니 시비니 하는 분별이 있게 된다. 이것만 해도 큰 병이다. 그런데 다시 이것을 정밀하게 논의하고 천착한다면 어떻겠는가? 결국 헤어 나올 수 없는 말의 늪, 생각의 진창에 빠져 불이중도에서 멀어지고 마는 것이다.

진헐 선사는 이것을 언어로 인한 누수로 규정한다. 지금 이 숲에서 오직 나무를 보고 꽃을 보는 것이 전부이다. 그런데 말은 이것을 둘로 나눠 버린다. 나무와 뿌리의 연관을 생각하고, 봄바람과 꽃의 인과관계를 생각한다. 그것은 실상을 보지 못하게 하는 사량분별의 행위이다. 근본이 어디 있고, 종지가 어디 따로 있겠는가? 오직 둘 아닌 이것일 뿐이다.

중봉 선사는 여전히 이렇게 말하고, 이렇게 알아듣는 행위 자체를 문제 삼는다. 그물로 바람을 잡을 수 없다. 젖은 종이로 호랑이를 쌀 수 없다. 말은 그렇게 실속이 없다. 모든 말이 방편임을 알 때 비로소 종지에 가까워질 수 있다. 경계에 흔들리는 마음이란 것이 별도로 있는 것이 아니다. 그것을 죽이고 살리고 할 길조차 없다. 중봉 선사는 종지니 근본이니 하는 말에 속지 말라고 한다. 지금 이 자리의 이 실상을 바로 보도록 다그친다. 이렇게 들어갈 곳 없이 닫아 버리면서, 동시에 활짝 열어주는 중봉 선사의 수단은 참으로 고명한 바가 있다.

18. 잠깐 돌이켜 비춰보라. 그것이 공을 추구하는 것보다 나으리라.[49]

【진헐청료】

잠깐 돌이켜 비춰보라, 그것이 공을 추구하는 것보다 나으리라. 〔인용하고 말하였다〕 그대들은 무엇을 찾는가? 앞에서는 있음을 버리려다 있음에 빠지게 되고, 공을 추구하다가 공을 등지게 됨을 말했다. 그런데 여기에서는 반대로 잠깐 돌이켜 비춰보면 공을 추구하는 것보다 낫다는 것을 말하고 있다. 여러분은 눈이 캄캄하여 보지 못하고 있다. 그래서 앞에서는 모든 현상 전체가 그대로 진여임을 알지 못했다. 있음을 버리려다 있음에 빠졌다. 여기에서는 이제 모든 현상이 있는 그대로 진여임을 알게 되었다. 그러니 더 이상 있음을 버리고자 하지 않을 것이다. 모든 현상이 바로 자기라서 그 어떤 것도 생각으로 헤아릴 수 없음을 깨달은 것이다. 무수한 차별적 현상들을 밝게 비추어 보면 당장 이 자리가 그것이다. 잠깐 사이에 현상에서 진여로 돌아가게 되는 것이다. 나아가 현상을 떠나지 않고, 그대로 공을 확인하게 된다. 그러면 있는 그대로일 뿐 별도의 모양이 따로 없다. 그래서 현상을 보는 것이 바로 마음을 보는 일이 되는 것이다. 공을 추구하는 일보다 나은 이유이다. 이 경계를 참구하여 빗장이 열린다. 그렇기만 하면 삶의 모든 현장에서 팽팽 돌아가 피할 곳이 없게 될 것이다. 그러나 설사 그렇다 해도 이미 스스로를 파묻는 일이다.

---

49) 須臾返照, 勝卻前空. 須臾返色으로 되어 있는 판본도 있다. 잠시 형상으로 돌아오는 것이 앞의 공보다 낫다는 뜻이 형성되어 혼동의 여지가 있다.

【중봉명본】

■ 뜻풀이

조사 스님은 잠깐 돌이켜 비춰보라, 그것이 공을 추구하는 것보다 나으리라고 말했다. 이치에 대해 억지로 논하는데 일등인 자들은 이렇게 말한다. 밝음과 어두움, 현상과 공을 나누지 않고 자기에게 돌아가는 것을 돌이켜 비춘다고 말한다. 공에 별도의 공이 있는 것이 아니라, 마음으로 인해 공이다. 현상이 별도의 현상이 아니라, 마음으로 인한 현상이다. 이것을 항상 알아야 한다. 그러므로 마음을 떠나 공이 따로 없다. 마음을 떠나 현상이 따로 없다. 중생들은 자기 마음을 등지고 공과 현상을 나누어본다. 그래서 어떤 것은 따르려 하고, 어떤 것은 버리려 한다. 어느 경우나 거꾸로 된 망상인 것이다.

■ 뜻풀이 허물기

이름과 말을 내려놓는다는 것도 잘못 되었다. 소림의 문하에서는 마음을 찾는 일조차 불가능한데 어떤 것이 거꾸로 된 망상이라는 것이냐.

■ 노래

본래 비춤이 아니니 뭐 하러 수고롭게 비출 건가 / 잠시니 오래이니 하는 것이 다 무슨 말이냐 / 다만 형상을 초월하기만을 바라다가 / 두 아들이 함께 양을 잃어버릴 줄은 몰랐던 거지.[50]

【해설】

돌이켜 비추어 본다는 것은 무엇인가? 정말 뭔가가 안에 있어 눈을 돌이켜 내부를 살펴본다는 것인가? 실제로 많은 사람들이 이렇게 생각한다. 그래서 밖으로 향하는 눈을 닫고 내면을 돌이켜 보려고 한다.

---

50) 本來非照何勞照, 說甚須臾與久長. 但見一期超象外, 不知二子共亡羊.

나의 내부에 무엇인가 본질이 있어 그것을 발견해야 한다는 또 다른 편견이 작동한 것이다. 벌써 안팎을 나누는 분별적 사유에 빠져버린 것이다. 우리는 돌이켜 본다는 말에 대한 오해를 불식할 필요가 있다. 흔히 회광반조라고 말하는 이것은 어두움과 밝음, 현상과 공의 분별을 내려놓는 일 자체를 가리킨다. 나와 대상의 구별이 사라지면 반조는 저절로 일어난다. 그것은 현상을 버리고, 공에 머문다는 뜻이 아니다. 불교에서 말하는 마음은 어떤 심리활동을 가리키는 것이 아니다. 마음은 개인의 경계선을 뛰어넘어 모든 작용으로 나타난다. 삼라만상으로 나타난다. 그러니까 삼라만상, 행주좌와가 마음의 다른 이름이다. 이것을 '나' 혹은 '자기'라 표현해도 된다. 다만 그것이 안과 밖이 없는 '한 마음'의 다양한 표현임을 알면 된다. 그러니 차 마시고 밥 먹는 이 일을 그대로 알면, 이것이 돌이켜 비추는 일이다. 도를 찾겠다고 길은 떠나는 이 일을 바로 알면, 이것이 돌이켜 비추는 일이다. 혹은 아무리 해도 모르겠다고 막막해하는 이 일을 지금 알면, 이것이 돌이켜 비추는 일이다. 봄볕 따뜻하고, 가을바람 시원하다. 이것을 있는 그대로 받아들이는 것이 돌이켜 비추는 일이다.

이에 비해 공을 추구한다는 것은 현상과 상대되는 공이라는 것이 따로 있으며 그것을 성취해야겠다고 생각하는 일이다. 이렇게 공을 추구하면 도리어 그것에서 갈수록 멀어지게 된다. 공관(空觀) 수행이나 그렇게 이해하는 일을 통해서 공에 이르고자 하는 수행의 길이 있다. 그것은 중도실상의 직접 체험과 실천을 주장하는 『신심명』의 입장과 배리된다. 무엇보다 공을 추구의 대상으로 삼는다는 것이 문제이다. 마음의 본원 자리는 모든 상대적 이원사유가 멈춘 자리이다. 돌이켜 비추어 본다는 것은 바로 그 마음의 본원 자리로 되돌아간다는 뜻이다. 있음에 상대되는 공을 따로 세워 그것을 추구한다는 말이 아닌 것이다. 흔히 수행자들은 지금 이것을 제쳐놓고 달마가 서쪽에서 온 뜻을 묻는다. 달마가 서쪽에서 올 때 '왜?'는 없었다. 그저 산을 만나면 '산!'이고, 물을 만나면 '물!'인 바로 이 '한 걸음', 이 '한 눈길'만 있었을 뿐이다.

진헐 선사는 현상 이대로 진여임을 보는 것이 돌이켜 비추어 보는 일임을 강조한다. 버려야 할 현상과 추구해야 할 공이 따로 있는 것이 아니라는 것이다. 이렇게 바로 보면 당장 이 자리가 그것이다. 버리거나 취할 것이 없는 것이다.

한편 중봉 선사는 그 언어적 표현 자체를 문제 삼는다. 현상 이대로 진여라고? 현상을 보는 일이 바로 마음을 보는 일이라고? 그러한 언어를 통한 이해 자체가 망상이다. 알아들을 무슨 일이 있는 것이 아니기 때문이다. 이렇게 생각하는 누가 있어서 그것을 이해하는 일이 되면 안 된다. 여러 갈래의 길 때문에 양을 잃어버린다는 말이 있다. 중봉 선사가 보기에 사람들은 눈앞에 분명히 드러난 양을 던져두고 사방으로 양을 찾아다니고 있다. 그것은 만물을 분명히 보고 있으면서 자기의 눈을 찾아다니는 일에 속한다. 사람들은 이것을 찾기 위해 마음을 집중한다. 집중할수록 볼 수 없다. 이미 만물이 그것인데 그 밖에서 찾고 있기 때문이다. 마음을 일으켜 찾고자 하는 순간 양은 종적이 없게 되고 마는 것이다.

19. 추구한 공이 거듭 달라지는 것은, 모두 허망한 견해 때문이다.[51]

【진헐청료】

추구한 공이 거듭 달라지는 것은 모두 허망한 견해 때문이다. 〔인용하고 말하였다〕 스스로 알아야 바로 얻을 수 있다. 앞에서는 오직 경계를 버리고 공을 관하며, 생멸을 떠나 깨끗함만을 추구하고자 하였다. 마음과 몸을 아예 보지 않고, 오직 상하사방이 텅 비어 있다는 느낌에 집착하였던 것이다. 그리고는 이를 뛰어나다고 생각한다. 그것이 자기 마음과 생각의 현현임을 까맣게 몰랐던 것이다. 만약 생각과 마음을 떠난다면 이 공 또한 소멸하게 될 것이다. 그것이 바로 의식하는 마음이기 때문이다. 이는 비록 현상에 집착하지는 않지만, 오히려 공에 집착하는 일이 된다. 공이라는 생각을 뜻에 담으면, 그것 또한 망상의 현현이다. 그래서 까마득하여 인과조차 없다고 보게 되는 것이다. 이처럼 현상을 버리고 공에 집착하면, 물에 빠지지 않으려다가 불길에 뛰어드는 격이 되는 것이다. 그러니 잘 생각해 보라. 하나인 이것을 통째로 받아들여야 하는 것이다.

【중봉명본】

■ 뜻풀이

조사 스님은 추구한 공이 거듭 달라지는 것은, 모두 허망한 견해 때문이라고 말했다. 뜻으로 이해하는 자들은 이렇게 말한다. 현상은 허망한 것이다. 공 역시 허망한 것이다. 공과 현상은 인연을 따라

---

51) 前空轉變, 皆由妄見.

끝없이 변화한다. 허망함을 떠나고자 한다면 두 가지를 모두 버려야 한다.

■ **뜻풀이 허물기**

어허! 버리려 하면 바로 그것을 집착하는 꼴이 된다. 버리는 대상이나 버리는 마음이 모두 허망함에서 벗어나지 못하는 것이다. 그 버리는 일 자체를 함께 버려야 한다. 그렇지 않고 허망한 인연을 벗어나려고만 한다면 쉴 날이 없게 될 것이다. 그렇다면 어떤 방편으로 버리는 일 자체를 함께 버릴 것인가?

■ **노래**

공은 어찌하여 공 아님으로 변하는가 / 산하대지를 눈 속에 집착하지 말라 / 물 속 파도로 헛되이 전광석화를 끄려 하다가 / 황금 새는 바다의 문 동쪽으로 날아오르네.[52]

【해설】

불법에서 말하는 공은 현상의 상대적 개념이 아니다. 그것은 공이라고 생각하는 일까지 공으로 보는 역동적 되비춤의 연속이다. 공을 실재하는 무엇으로 보고 이를 추구하고 집착한다면 그것 자체가 집착이다. 공에 대한 집착이 되는 것이다. 공을 추구의 대상으로 보는 경우도 마찬가지다. 외도에서는 지각의 소멸을 지향한다. 소승에서는 모든 것에 실체가 없음을 분석하는 관법을 닦기도 한다. 나아가 있는 이대로 공임을 보고자 하는 대승적 공관도 있다. 이 관점들은 기본적으로 공을 지향한다는 점에서 공통점을 갖는다. 여기에서 말하는 공의 추구(前空)란 이러한 것들을 가리킨다. 그것은 수행을 인연으로 하여 얻는 과보에 해당한다. 따라서 노력하는 주체와 얻는 대상이 세워져 있다. 이처럼 상대가 세워지는 분별적 사유는 갈등의 새끼줄을 꼬

52) 空何有變變非空, 莫把山河著眼中. 水底波欺吹石火, 金鳥飛上海門東.

게 되어 있다. 수행을 통해 공을 체험하는 일은 나쁠 것이 없다. 그러나 그렇게 체험한 공에 대해 특별한 가치를 부여하고, 그것을 유지하거나 재현하고자 하는 일은 곤란하다. 그 순간 그것이 현상적 사실로 전환하여 우리를 구속하기 때문이다. 그래서 승찬 스님은 공의 선정에 머물지 말라 했다. 또 공을 추구하면 도리어 공에서 멀어지게 된다고 경계하였다. 모두 여기에서 말하는 공의 추구가 가리키는 바이다. 이러한 망상들을 내려놓고 바라보라. 이 물은 흘러가는가? 저 달은 차고 기우는가? 그저 이 물일 뿐이라 흘러간 적 없다. 저 달일 뿐! 차고 기운 적 없다.

반면 시간과 공간을 설정하는 모든 분별적 사유는 허망한 견해의 범주를 벗어날 수 없다. 수행 과정에서 체험하는 아무 것도 없는 듯한 텅 빈 경계는 결국은 의식의 차원에서 일어나는 일이다. 여기에 의미를 두면 새로운 집착이 일어난다. 그것은 현상에 대한 집착과 마찬가지로 장애가 된다. 진여실상과 하나로 만나지 못하게 하기 때문이다. 마음 밖에 따로 진리를 설정하면 진여와 하나로 만날 길은 아예 막혀버린다. 진헐 선사는 이 점을 지적하면서 현상과 공을 둘 아닌 하나로 보는 자리로 되돌아갈 것을 거듭 당부한다.

중봉 선사는 현상과 공을 모두 버린다는 그 생각 자체를 문제 삼는다. 그 선입관적 견해가 바로 장애가 된다는 것이다. 그렇다면 상대적 차원을 버린다는 이 생각은 어떻게 버릴 수 있을까? 어떤 경우이든 생각으로 따라가면 안 된다. 그 자체가 실상에 하나로 만날 수 없는 길이기 때문이다. 그래서 중봉 선사는 끝없는 몽둥이질과 고함으로 육박한다. 생각할 수 없도록 막아버리는 이 선사의 자비방편을 잘 수용해야 한다. 그러면 지금 당장 있는 그대로, 혹은 없는 이대로 바로 그것이다.

20. 진여를 따로 구할 필요 없다. 오직 견해를 쉬도록 하라.[53]

【진헐청료】

진여를 따로 구할 필요 없다. 오직 견해를 쉬도록 하라.〔인용하고 말하였다〕 있는 이대로가 공안이다. 왜 다른 것을 추구하는가? 보고 듣는 것이 진여이다. 소리와 형상이 진여이다. 움직임과 고요함이 모두 진여이다. 말과 침묵이 모두 진여이다. 바로 이렇게 보고, 듣고, 느끼고, 아는 이 순수한 진여를 지금 쓰고 있는 것이다. 그것은 영겁에 변함이 없다. 천지에 가득 차 모든 곳을 채우고 있다. 그러니 모든 차별, 모든 변화 그 자체가 하나의 진여일 뿐이다. 터럭 하나 움직이는 일 없이, 일시에 이대로 완전하여 더 부족할 것이 없다. 그러므로 있다는 견해, 공일뿐이라는 견해, 부처라는 견해, 불법이라는 견해를 모두 깨끗이 씻어내야 한다. 바로 이 자리에서 티끌 없이 깨끗하고, 어린 아이처럼 천진하라. 그리하면 저절로 움직임 없는 비밀스런 자리에 도달하게 될 것이다. 그 때 문득 석가 노인이 말하는 것이다. 내가 보지 못할 때, 왜 보지 못하는가? 내가 보지 못하는 자리란 또 어떠한 것인가?〔한참 있다 말하였다〕 그렇게 하는 것은 무슨 마음인가?

【중봉명본】

■ 뜻풀이

3조 큰 스님은 가볍게 말한다. 진여를 따로 구할 필요 없다, 오직 견해를 쉬도록 하라. 방편을 잘 알아야 한다. 뜻으로 공부하는데 일등

53) 不用求眞, 唯須息見.

인 자들은 이렇게 말한다. 62가지 견해와 숫자에 따른 설법의 해설을 모두 제시해보라. 그것은 결국 아무 것도 없다는 견해와 무엇인가 영원한 것이 있다는 견해로 귀납된다. 진여를 구하다가 없다는 견해에 떨어지고 만다, 허망함을 좇다가 영원한 것이 있다는 견해에 떨어지고 만다. 『능엄경』에 이런 말이 있다. 언어는 허망하지만 이를 통해 모든 진여를 드러낸다. 그런데 허망함과 진여는 둘 다 모두 허망한 것이다. 진여와 진여 아님을 나누면 이미 글러버린 것이다. 그렇다면 보는 주체와 보이는 대상은 또 무엇이란 말인가?[54] 다만 모든 견해를 떠날 수만 있다면, 전체가 그대로 진여라서 따로 구할 필요가 없다.

■ 뜻풀이 허물기

옳기는 옳다. 그런데 조사 스님이 오로지 견해를 쉬도록 하라고 했는데, 지금의 이 견해는 어떻게 쉴 것인가? 정말 그것을 쉬게 하는 도리가 있다면 꼬리에 꼬리를 무는 견해가 될 것이다.

■ 노래

마음먹고 진여를 추구하면 진여가 다시 숨는다 / 생각을 끊고 견해를 쉬려 하면 견해가 다시 생긴다 / 문 앞에 가시나무를 심은 것은 아니지만 / 길을 다니는 행인 저절로 없다네.[55]

【해설】

추구할 진여가 따로 있는 것이 아니라 그렇게 구하는 일 자체가 바로 진여이다. 따라서 별도의 진여를 보았다고 한다면 그것은 망상이다. 저 보이는 사물들이 모두 눈이 있다는 것을 증명한다. 법계의 모

---

54) 言妄顯諸眞. 妄眞同二妄. 猶非眞非眞. 云何見所見.

55) 蓄意求眞眞復隱, 盡情息見見還生. 當門雖不栽荊棘, 自是無人有路行.

든 현상이 마음이 있음을 증명한다. 그러니 눈으로 눈을 보고자 하는 것은 망상이다. 마음으로 마음을 알려는 것은 망상이다. 물속에 살면서 물을 보고자 하는 것은 망상이다. 벌써 특별한 무엇인 진여와 그것을 보는 주체라는 두 차원이 설정되는 이 일이 문제이다. 불교에서 진여를 말하지만 그것은 방편적 언어표현일 뿐이다. 견해는 대상경계를 분별하는 모든 분별적 사유와 가치판단을 가리킨다. 이것을 내려놓아야 한다. 추구할 별도의 진여가 있다는 생각이 망상이다. 비로자나의 정수리를 걷고자 하는가? 지금 당장의 발걸음이 바로 그 일이다. 그러므로 특별한 무엇이 있다는 생각을 내려놓아야 한다. 나아가 그 내려놓았다는 견해까지 내려놓아야 한다. 깨달음이라는 것이 따로 있어 자신이 그것에 도달했다는 견해까지 내려놓아야 한다. 요컨대 망상을 쉰다는 것은 모든 견해와 생각을 내려놓는다는 뜻이다. 악한 마음을 버리고 착한 사람이 된다는 뜻이 아닌 것이다. 어리석음을 버리고, 총명한 사람이 된다는 뜻이 아닌 것이다. 주체와 대상을 나누는 모든 견해를 내려놓고 보면 진여를 구한다는 것, 견해를 쉰다는 것이 따로 있는 것이 아니다. 만물의 천변만화와 이 몸의 행주좌와, 견문각지 전체가 바로 그것이다. 오직 이렇게 보는 것이 진여를 구하기를 그만두는 일인 동시에 모든 견해를 쉬는 일이다. 견해를 쉬는 일이 따로 있는 것이 아니라는 말이다.

진헐 선사는 있음과 없음의 견해를 쉬라 한다. 나아가 부처라는 견해, 불법이라는 견해조차 쉬어야 한다고 강조한다. 견해를 내려놓고자 하는 그 마음도 쉬라고 한다. 선사는 이 마음 자체를 문제 삼는다. 이를 통해 마음이 갈 곳을 끊어 버리는 것이다. 보는 주체와 보이는 대상이 남아있는 한, 그것은 의식의 차원을 벗어나지 못한다. 도대체 진여를 찾았다고 생각하는 일 자체가 문제이다. 그 순간 진여는 간 데

없기 때문이다. 견해를 내려놓았다고 생각하는 일 자체가 문제이다. 그 순간 바로 그것이 견해가 되어 버리기 때문이다.

오직 이것을 밝게 알 뿐이라야 한다. 그것은 표현하기에 따라 이대로 캄캄하게 모르는 일과 같다. 오직 모르는 자리에서 화두를 들고 염불할 뿐인 것이다. 심지어 화두, 염불하는 일이 따로 있으면 안 된다. 숨 쉬는 이것이 화두이고, 눈길 드는 이것이 염불이다. 수행은 군말 없이 사는 일이지 무엇인가 특별한 무엇을 하는 것이 아니다. 이것이 중봉 선사가 보여주고자 하는 바이다.

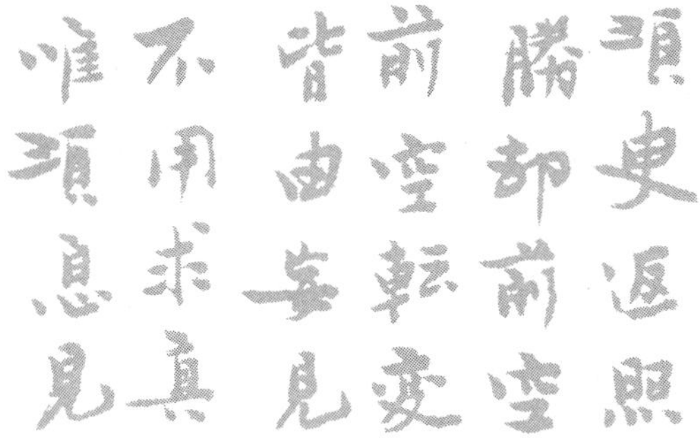

21. 상대적 견해에 머물지 말라. 특별한 무엇을 추구하거나 찾아다니지 않도록 조심하라.[56]

【진헐청료】

상대적 견해에 머물지 말라, 특별한 무엇을 추구하거나 찾아다니지 않도록 조심하라. 〔인용하고 말하였다〕 그래도 아직 입이 걸려있다. 여기에서는 현상에 대한 견해, 공에 대한 견해를 일시에 벗어나 완전히 일없는 사람이 될 것을 요구하고 있다. 지나간 일을 기억하지 말라. 앞으로의 것을 추구하지도 말라. 버리려 하면 가깝게 된다. 추구하면 멀어진다. 버리려 할수록 더욱 따라오기 때문이다. 설사 머리에 재를 뒤집어쓰고, 얼굴이 흙투성이가 된다 하자. 한 생각 분별없이 나아가며 다시 공양을 받지 않게 된다 하자. 그래도 이미 존귀함에 떨어진 것이다. 그렇다면 어떻게 해야 존귀한 자리에 떨어지지 않을 수 있을 것인가? 한 조각 달이 바다에서 떠오르니, 곳곳의 집에서 사람들이 누대에 오르누나.[57]

【중봉명본】

■ 뜻풀이

조사 스님은 상대적 견해에 머물지 말라, 특별한 무엇을 추구하거나 찾아다니지 않도록 조심하라 했다. 뜻으로 이해하는 자들은 이렇게 말한다. 허망함에도 머물지 말고, 진여에도 머물지 말라. 나아가 머물지 않는다는 것에조차 머물지 말라. 바로 이러한 때 큰 활용이 남김없이 일어난다. 들어 올리는 모든 것이 그대로 진여가 된다.

---

56) 二見不住, 愼莫追尋.

57) 一片月生海, 幾家人上樓.

이것을 떠나 따로 찾을 필요가 없는 것이다.

■ **뜻풀이 허물기**

아아! 이렇게 비슷한 말들에는 실속이 전혀 없어 조사 스님에게 다가가고자 하나 그러지 못한다.

■ **노래**

모든 법은 본래 머무는 곳이 없으니 / 머무는 곳 없는 것도 좇아가 찾지 말라 / 태양은 어제 저녁 서쪽 마루에 잠기더니 / 오늘도 변함없이 동쪽 숲에 떠오르네.[58]

【해설】

모든 상대적 견해를 내려놓는 일과 어느 한쪽에 집착하지 않는 일! 이것은 동일한 일이다. 머무는 바 없이, 그 마음을 내는 일이 그것이다. 무엇보다도 진여와 망상을 둘로 나누는 상대적 견해에 머물지 않아야 한다. 이렇게만 된다면 무엇을 추구하는 일은 애초 성립하지 못한다. 상대를 떠난 자리는 생각으로 이해할 수 없다. 지금 이것을 통째로 수용하는 일이기 때문이다. 그러니까 생각으로 이해하려 하면 어긋나게 된다. 그것은 또한 말로 표현할 수 있는 것이 아니다. 그래서 입을 여는 순간 틀리게 된다.

그렇다면 이 상대적 견해를 어떻게 내려놓을 것인가? 이렇게 추구하거나 찾는 일을 어떻게 쉴 것인가? 옛 조사 스님들의 회상에서는 한 마디 말을 듣고 바로 내려놓는 일이 드물지 않았다. 지금도 그것은 여전히 가능하다. 분명 깨달음이란 닦음을 통해서 도달하는 자리가 아니기 때문이다. 그러나 상대적 견해와 분별적 사유의 강력한 습관을 내려놓기가 말처럼 쉬운 것이 아니다. 그래서 비록 또 하나의 번뇌를 더하는 방식이기는 하지만 수행방편에 맡기는 길이 제시된다.

---

58) 法法本來無所住, 於無所住絕追尋. 陽烏昨夜沈西嶺, 今日依然上曉林.

화두, 염불, 진언 수행 등이 그 전형적인 예에 해당하다. 그런데 여기에도 상대적 견해를 내려놓으라는 숙제가 여전히 따라붙는다. 나는 깨닫지 못한 중생이라는 견해를 내려놓아야 한다. 수행을 통해 깨달음을 얻고자 하는 목적의식을 내려놓아야 한다. 그렇지 않으면 상대적 견해에 지배되어 진정한 수행의 궤도에 들어갈 수 없다. 효과적인 수행방편에는 거기에 맡겨두다 보면 저절로 이끌어나가는 힘이 있다. 간절한 마음으로 방편에 맡겨두고, 어떠한 호오의 마음도 개입시키지 않는 것이다. 그 때 삼라만상의 모든 작용이 있는 그대로 불법임을 알게 된다. 수행은 어떤 목적지를 향한 매진이 아니다. 오로지 끝없이 진여를 확인하고, 이것에 어둡지 않은 생활실천의 연속이 수행이다. 지금 당장 이 현장에서 있다거나 없다거나 하는 모든 상대적인 생각을 내려놓는 것이 수행이다. 그 알려고 하는 일 자체까지 내려놓는 것이다. 그것들이 모두 상대적 견해의 차원에서 일어나는 일이기 때문이다.

진헐 선사는 출세간의 홀가분한 길을 추구하는 것도 의식의 수작이라 보았다. 또한 세간으로 돌아와 말없이 흔적 없는 삶을 살고자 하는 것도 생각의 갈등을 벗어나지 못한 일이라 보았다.

중봉 선사는 상대적 견해를 벗어나기를 거듭 요구한다. 그렇지 않다면 어떠한 노력을 통해서도 깨달음에 이를 수 없다는 것이다. 중봉 선사는 임제종의 선사답게 지금 이 법을 듣는 당사자를 향해 육박한다. 그 치켜든 몽둥이는 말과 생각의 물결 속에 있는 우리를 향하고 있다. 말과 생각은 오만한 이성의 바벨탑이다. 따라서 말과 생각에 특별한 의미를 부여해서는 안 된다. 더구나 이를 통해 조사의 마음과 하나 되고자 한다면 나무 위에서 물고기를 잡으려는 일이 된다. 무엇보다 이것을 버리고 저것을 취하고자 하는 마음을 내려놓아야 한다. 그렇지 않으면 그 어떠한 노력도 헛수고가 될 뿐이기 때문이다.

22. 옳고 그름이 생기는 순간, 허둥지둥 본마음을 잃게 되리라.[59]

【진헐청료】

시비가 생기는 순간, 어지러이 본마음을 잃으리라. 〔선사가 소리를 내며 후려치고 다시 말하였다〕 어디 갔는가? 〔한참 있다가 말하였다〕 풀 향기로운 나루터에 아무리 찾아도 없더니, 밤 되니 변함없이 갈대꽃밭에 잠드네.[60] 〔대중들에게 말하였다〕 높고 높게 솟은 산봉에, 여기 저기 천하 수행자들의 해골이 걸려있다. 주인공만 잡고 있으면 천만 사람이 와도 그를 가둘 수 없다. 소의 머리를 눌러 억지로 풀을 먹게 할 필요 없다. 담요에 고양이를 억지로 끌어올릴 필요 없다. 그것은 호랑이 머리에 올라 타 눈이 멀게 되는 일과 같다. 그러니 찌꺼기 국과 상한 밥을 받지 않을 도리가 있겠는가?

【중봉명본】

■ 뜻풀이

조사 스님은 시비가 생기는 순간, 어지러이 본마음을 잃으리라고 말했다. 참선하는 사람들은 왕왕 이렇게들 말한다. 시방세계 전체가 모두 자기이다. 시방의 세존이 모두 옛 부처의 법신이다. 그래서 '떨어져 내린 장작이 바로 그것이고, 종횡의 먼지가 바로 부처이

---

59) 纔有是非, 紛然失心.

60) 수레는 여기 있는데 소는 어디 갔는가? 〔車在者裏. 牛在什麽處〕 하는 질문의 줄인 표현이다. 이에 대한 대답이 바로 뒤에 제시된다. 풀 향기로운 나루터에 아무리 찾아도 없더니, 밤 되니 변함없이 갈대꽃밭에 잠드네. 〔芳草渡頭尋不見, 夜來依舊宿蘆花下座〕의 구절이 그것이다.

다'[61]라 말한다. 옳은 것도 없고 틀린 것도 없다. 그저 하나하나가 모두 오묘하게 밝은 마음에서 흘러나오는 것이다.

■ 뜻풀이 허물기

참선하는 사람들은 이것을 평등한 실상적 사유라 한다. 또 차원을 뛰어넘는 말이라고들 한다. 그러면서 모두들 이 두 구절을 인용하여 증거로 삼곤 한다. 그런데 이것이 옛날부터 지금까지 얼마나 많은 청정한 땅을 더럽혔는지 모른다. 제대로 참선하는 수행자들은 이것을 잡된 독이라 배척한다. 사람을 미혹시키는 여우의 침[62]과 같다고 꾸짖는다. 그 마술에 홀리는 일을 많은 사람이 바라고 있다. 그러나 이것을 속히 토해 버리도록 하라.

■ 노래

옳고 그름이 있다고 말들 하지만 본래 옳고 그름은 없다 / 수 겹의 문을 높게 달고 누구 오길 기다리는가? / 하늘을 찌르는 가시나무 큰 길 가로막으니 / 어떤 행인이 옷 걸어두고 그만두지 않으랴.[63]

【해설】

옳다거나 그르다는 시비분별의 생각이 일어나는 순간 본래의 청정한 마음을 잃게 된다. 불교에는 시비분별이 일어나기 전의 자리를 청

61) 송(宋)대 석홍수(釋洪壽)라는 선사가 장작이 떨어지는 소리를 듣고 깨달음을 노래한 것이다. 전체 내용은 다음과 같다. 떨어진 것은 무슨 물건이 아니고, 이곳 저곳에 이것은 먼지가 아니로구나. 산과 강과 대지가 모두 법왕의 법신을 드러내고 있구나. 〔撲落非他物, 縱橫不是塵. 山河及大地, 全露法王身〕

62) 중국 남방에 여우의 침을 사람에게 먹여 짝사랑하는 사람의 마음을 홀리는 법이 있다. 고기를 주둥이가 작은 단지에 담아 들에 놓아두면 여우가 이것을 보고 먹으려고 하지만 입이 들어가지 않아 침이 떨어져 고기에 스며들게 된다. 이 고기를 잘 말려 가루로 만들어 음식에 넣어 사람에게 먹이면 짝사랑하는 사람의 마음을 잡을 수 있다는 것이다. 들여우의 침〔野狐涎〕이 사람을 미혹하게 한다는 뜻을 갖게 된 유래이다.

63) 說有是非無是非, 重門高啓待誰歸. 參天荊棘橫官路, 那個行人不掛衣.

정하다고 표현한다. 수행은 시비분별의 마음을 일으키지 않는 자리에 나아가는 일이다. 그것은 무지한 일과 비슷하다. 어리석은 일과 비슷하다. 그래서 전통적으로 이 현량(現量)의 자리를 '반야무지'라 불러왔다. 이것은 선과 악조차 나누지 않는다. 육조 스님이 '착함도 생각하지 않고, 악함도 생각하지 않기'를 요구한 것도 이 때문이다. 그러면서 모든 일을 한다. 스님은 예불하고, 농부는 밭을 갈고, 어부는 그물을 걷는다. 다만 여기에 걸리지만 않으면 이 모든 일이 부처의 일인 것이다.

진헐 선사가 '어디로 갔는가'하고 말한 것은 소가 어디로 갔는가를 묻는 말이다. 그 소가 바로 근본적 지혜이다. 풀숲에 숨은 소는 사라진 것 같지만, 실제로는 어디로 간 것이 아니다. 따라서 굳이 찾으려는 마음을 일으킬 필요가 없다. 밤이 되면 제가 알아서 잠자리로 돌아올 것이기 때문이다. 마찬가지로 소의 머리를 눌러 풀을 먹게 할 필요도 없다. 스스로 알아서 좋은 풀을 먹을 것이기 때문이다. 또 고양이를 담요 위로 끌어올릴 필요가 없다. 제가 알아서 올라올 것이기 때문이다. 여기에서 찾거나 조작하는 마음은 그 자체로 이미 장애이다. 시비가 일어나는 자리이기 때문이다. 그것은 이미 자기라는 주체가 나서서 진여를 찾는 일에 속한다. 추구하는 일에 속한다. 이 상태에서는 결코 진여와 하나로 만날 수 없다.

중봉 선사는 이에 대한 설득력 있는 언설조차 문제 삼는다. 그것이 사람을 미혹하게 하는 여우의 침이기 때문이다. 사실 중봉 선사가 일반적 해석을 인용하는 것은 비판하기 위해서가 아니다. 그것은 원칙적으로 틀린 해석이 아니다. 다만 그러한 설명을 듣고 이해심을 내는 일은 용인되어서는 안 된다. 그러니까 중봉 선사의 비판은 이해심을 내는 우리를 겨냥하고 있다. 이를 위해 선사는 먼저 말을 통해 이치의 길을 열어 보여준다. 그리고는 다시 몽둥이와 고함을 통해 꽉 막아 버리는 것이다. 긍정적으로 활짝 열어주고, 그와 동시에 꽝! 닫아버리는 것이다. 사실 진리에 들어가는 문은 활짝 열려 있어 들어갈 일조차 없다. 그렇지만 거기에 이르는 길은 처음부터 가시나무로 꽉 막혀 있기도 하다. 수행자는 오로지 꽉 막혀 모를 뿐인 자리에 말없이 맡겨두고 간절한 마음으로 서 있을 뿐인 사람이다.

二見不住
愼莫追尋
纔有是非
紛然失心

23. 상대적인 둘은 하나로 인해 있게 된다. 그러니 하나 또한 지키지 말라.[64]

【진헐청료】

상대적인 둘은 하나로 인해 있게 된다. 그러니 하나 또한 지키지 말라. 〔인용하고 말하였다〕 그대는 누구에게 말하는가? 알겠는가? 모든 모양과 모양 없음이 주인공이다. 움직임과 고요함이 주인공이다. 얻음과 상실, 취함과 버림이 주인공이다. 미움과 사랑, 옳음과 그름이 온통 주인공일 뿐이라 둘로 다르지 않다. 옛 사람들은 부득이하여 이것을 하나의 큰 일 인연이라 말했다. 열반문에 이르는 한 길, 오직 하나일 뿐인 법의 길이라 표현하였다. 또 한 마디의 말로 시방세계를 다 표현한다고 말하기도 하였다. 한 마디로 만 가지 형상을 뛰어넘는다고 말하였다. 천 마디 만 마디가 단지 한 마디이다, 천 가지 만 가지 법이 단지 하나의 법이다 는 등으로 말하기도 하였다.

그 하나인 자리를 얻었다면 그것을 다시 내려놓아야 한다. 만약 그 하나를 지키면, 바로 나귀를 잡아 묶는 고삐[65]가 되는 것이다. 그래서 운문대사가 말하였다. '설사 건곤대지에 추호의 허물이 없다 해도 여전히 과정으로서의 언어일 뿐이다. 하나조차 없다 해도 이제 겨우 반쯤 이른 것이다. 오직 이와 같게 되었다 해도 다시 완전하게 하나로 만날 때가 있다는 것을 알아야 하는 것이다.'

---

64) 二由一有, 一亦莫守.

65) 만약 그 하나를 지키면, 바로 나귀를 잡아 묶는 고삐가 된다〔一句合頭語, 萬劫繫驢橛〕는 말은 선종의 공안이기도 하다. 한문의 합두(合頭)는 이해한다는 뜻이다. 여기에서는 좋은 것이라 해서 여기에 집착하다보면 반대로 구속되는 길을 걷게 된다는 뜻으로 쓰였다.

참선하는 이들이여! 비밀의 뜻을 알고자 하는가? 만 길 절벽 끝에서 재주를 넘어야 한다. 당장 이 자리에서 생명의 뿌리를 끊어버릴 때, 비로소 그나마 조금이라도 하나로 만나는 체험을 할 수 있을 것이다.

【중봉명본】

■ 뜻풀이

조사 스님은 상대적인 둘은 하나로 인해 있게 된다, 그러니 하나 또한 지키지 말라고 하였다. 뜻으로 풀이하는 자들은 이렇게 말한다. 둘을 따라가는 순간 하나에 어둡게 된다. 하나를 지키는 순간 둘이 생긴다. 여기에서 둘이란 진여와 망상을 가리키고, 하나란 자성의 청정한 마음을 가리킨다. 진여와 망상의 둘을 버렸다면, 자성의 청정한 마음이라는 하나에도 머물지 말아야 한다. 그래야 해탈의 큰 길이라 할 수 있을 것이다.

■ 뜻풀이 허물기

이러한 말들을 가슴에 기억하는 것을 참선 공부라 하는가? 그렇다면 덕산의 몽둥이도 아깝고, 염라대왕이 든 쇠몽둥이조차 그대들의 몫은 없으리라.

■ 노래

하나의 법조차 지키지 말라 하니 / 지키지 않는 일도 아직 진짜 가난이 아님을 알지 못하는구나 / 꽃을 깔고 취해 누우니 어떠한가 / 내키는 대로 황금을 잡아 사람에게 던지네.[66]

【해설】

여기에서 둘은 시비분별, 주체와 대상을 나눈 상대적 자리를 가리킨다. 이 둘이 없는 자리에 하나로 만나는 일이 불교공부의 핵심이다.

---

66) 一法並教伊莫守, 不知莫守未爲貧. 何如醉臥花氈上, 亂把黃金擲向人.

그것이 하나인 이것이다. 그런데 이 하나를 체험하고 나면 거기에 편안하게 머물고자 하는 태도가 생긴다. 이것이 진리라고, 여기가 목적지라고 자신도 모르게 집착하는 것이다. 여기에는 스스로 눈치 채기 어려운 미세한 분별의식이 남아 있다. 그것이 뿌리와 같으므로 근본무명이라 한다. 사실은 그 하나라는 것 역시 의식의 작용에 의해 파악된 일이다. 결국 있지 않은 것을 있다고 집착하는 일에 해당한다.

수행의 실천에서 이 하나는 일정한 경계를 넘어섰다는 확신을 주는 자리이기도 하다. 그것은 큰 나로 불리기도 한다. 모든 사건, 모든 사물, 모든 작용이 이 한 마음에 속하는 것임을 확인하게 된다. 그래서 더 이상 나아갈 필요가 없다는 편안함을 느끼게 된다. 문제는 여기에 아직 '나'가 남아 있다는 것이다. 이것에 집착하는 순간 다시 둘이 일어나 번뇌의 새끼줄을 꼬게 된다. 아니 하나인 '나'에 대한 집착 자체가 이미 둘의 상대적 차원, 생사의 차원에 떨어진 일이라 해야 더 옳다. 이 때 무엇인가 마음을 둘 일을 만나면 그것을 내려놓고 지금 이것을 돌이켜보는 일이 필요하다. 이것을 선문에서는 '죽인다'고 표현한다. 조사를 만나면 조사를 죽이고, 부처를 만나면 부처를 죽인다는 것이다. 안팎으로 어떤 것이든 만나기만 하면 바로 죽이는 것이 참선이라 해도 무방하다.

진헐 선사는 하나에 실체성이 있다고 생각하여 그것을 잡고자 하면 거기에 불교는 없다는 것을 분명히 하고 있다. 혹은 한 물건이라 하고, 혹은 한 물건도 없다 하고, 혹은 건곤대지에 허물이 없다 한다. 여기에서 다시 한 걸음 더 나아가야 한다. 그 확실하게 잡았다고 생각되는 것을 다시 내려놓아야 한다. 이것을 백 척의 장대에서 다시 한 걸음 더 나아간다고 한다. 또 오직 위로 향할 뿐인 길을 걷는다고도 한다. 수행의 요체는 머물지 않는데 있다.

중봉 선사는 이러한 언설들에 대한 이해와, 그것을 기억하는 견해 자체를 공격한다. 송곳을 꽂을 땅이 없다느니, 송곳조차 없다느니 하는 말이 다 뭐냐? 그것을 특별하게 기억하는 거 아니냐? 그것에 기대어 자아를 세우는 거 아니냐? 이러한 혐의가 있기 때문이다. 자성이니, 청정한 마음이니, 움직이지 않는 마음이니 하는 말들은 표현되는 순간 특별한 무엇이 될 위험을 안고 있다. 그래서 자성청정심이라는 말조차 하나의 방편이고 약임을 잊어서는 안 된다. 그것은 병을 치료하는 작용을 하지만, 새로운 병을 낳는 독이 될 수도 있다. 따라서 이것을 모두 내려놓고 자재하게 하나로 만나는 일이 있어야 하는 것이다. 요컨대 선(禪)이란 하나조차 세우지 않는 불이의 길을 걷는 일이다. 진정으로 불이가 될 때, 집어 올리는 모든 것이 황금이고, 던지는 모든 것이 황금이 된다.

二由一有
一亦莫守

24. 한 마음만 일어나지 않아보라. 만 가지 현상에는 잘못이 없다.[67]

【진헐청료】

한 마음만 일어나지 않아보라. 만 가지 현상에는 잘못이 없다. 〔선사가 한참 있다가 말하였다〕 산은 산이고, 물은 물이다. 하늘은 하늘이고, 땅은 땅이다. 여기에 무슨 허물이 있겠는가? 옷 입고, 밥 먹는다. 마당 쓸고 차 끓인다. 동쪽에서 노닐고, 서쪽에서 즐긴다. 똥 누고, 오줌 눈다. 여기에 무슨 잘못이 있겠는가? 다만 그 마음의 병만 없애면 되는 것이지, 현상을 제거하려 해서는 안 된다. 원래의 사람을 바꾸는 것이 아니라, 이제까지의 마음가짐과 행동을 바꾸는 것이다. 그렇다면 어떤 것이 지금의 마음가짐이며 행동인가?

손바닥에 물을 뜨면 달이 손에 있고, 꽃을 가지고 놀면 향기가 옷에 가득하다.[68]

【중봉명본】

■ 뜻풀이

조사 스님은 한 마음만 일어나지 않아보라, 만 가지 현상에는 잘못

67) 一心不生, 萬法無咎.

68) 당(唐) 우량사(于良史)의 「춘산야월(春山夜月)」에 보이는 구절로서 전체 내용은 다음과 같다. 봄 산에 좋은 일 많아, 달 감상하느리 밤에 돌아가는 일조차 잊었노라. 물을 뜨면 달이 손에 있고, 꽃을 가지고 노니 향이 옷깃에 가득하다. 흥이 일면 멀고 가까움에 상관없이, 아름다운 꽃들을 사랑하노라. 남쪽으로 바라보니 울리는 종소리 저쪽, 누대에 가득한 봄날 초록이여〔春山多勝事, 賞玩夜忘歸. 掬水月在手, 弄花香滿衣. 興來無遠近, 欲去惜芳菲. 南望鳴鐘外, 樓台深翠微〕.

이 없다고 말하였다. 뜻으로 이해하는 자들은 여러 경론들을 인용하여 이렇게 말한다. 마음이 일어나면 다양한 현상들이 일어난다. 마음이 소멸하면 갖가지 현상들이 사라진다[69]. 모든 현상은 독자적으로 생겨나거나 소멸하지 않는다. 모두 한 마음의 변화에서 비롯되는 것이다. 한 마음이 일어나지 않으면, 모든 현상은 변함없이 머문다. 그래서 옛 사람은 말하였다. 무쇠 소는 사자의 포효를 두려워하지 않으니, 나무 인형이 꽃을 보고 새의 노래를 듣는 일과 같다. 바로 이러한 경우와 같은 것이다.

■ **뜻풀이 허물기**

그렇기는 하다. 그런데 영가(永嘉) 스님이 말했다. '생각이 없고, 태어남이 없는 사람 있는가? 만약 진실로 태어남이 없다면, 모든 것이 태어남이다. 기계로 움직이는 나무 인형을 잡고 물어보라. 부처를 추구하고 공덕 베푸는 일, 언제 성취할 것인가?' 앞의 글은 이것과 반대인 것 같기도 하다. 그렇다면 태어나지 않는 것이 옳은가? 모든 것에 태어나는 것이 옳은가? 한번 가만히 살펴보라.

■ **노래**

모든 현상은 본래 문제가 없는데 / 한 마음에 어찌하여 태어남의 인연이 있는가 / 거듭 말하는 것은 아무래도 할머니의 간절한 마음이겠지만 / 목동의 피리는 관현악과 합주하기 어렵다네.[70]

【해설】

한 마음이 태어나지 않는다는 말은 끝없는 오해를 달고 다니는 말이다. 한 마음은 허망한 분별적 견해가 없는 일을 가리키는 말이다.

---

69) 『대승기신론(大乘起信論)』에 보이는 구절이다. 心生則種種法生, 心滅則種種法滅.

70) 萬法本來無過咎, 一心何更有生緣. 叮嚀固是婆心切, 牧笛難教合管弦.

별도로 그런 마음이 따로 있는 것이 아니다. 그것은 체험을 통해 확인되는 마음이다. 그래도 이 한 마음을 '나'의 것으로 알고, 그것에 집착하는 일이 남아있을 수 있다. 그래서 한 마음이 태어나지 않는 자리가 제시된다. 그것은 모든 법이 평등하여 차별이 없는 자리이다. 어떻게 생각해도 차별 없는 생각이고, 어떻게 행동해도 차별 없는 행동인 자리이다.

흔히 안팎의 경계가 본래 마음을 흔든다고 말한다. 그러나 그것에 취사의 마음, 증애의 마음을 내는 이 일이 잘못된 것이지, 안팎의 경계에는 잘못이 없다. 형상가진 것이 모두 허망한 것이다. 그런데 사람들은 주체와 대상, 이 형상과 저 형상을 상대적으로 분별한다. 그리고는 저장된 인상과 개념에 따라 나쁜 것을 버리고, 좋은 것을 애착한다. 이 분별이 문제이다. 이 개념이 말썽이다. 이에 대한 집착을 내려놓으면 모든 형상 가진 것은 그대로 실상이 된다. 그러므로 만 가지 현상에 잘못이 없는 것이다. 그러나 의지적 실천으로 생각을 끊을 수는 없다. 말의 길, 생각의 길이 끊어지는 일은 직접적인 체험을 통해 일어난다. 생각의 길이 끊어진 자리에서 보면 허망한 망상이 일어나지 않는 것도 이 일이고, 업식이 사라지는 것도 이 일이며, 광겁 이래의 습기가 제거되는 것도 이 일이다.

진헐 선사는 산은 산이고, 물은 물인 여기에 어떤 잘못도 없다고 말한다. 옷 입고 밥 먹는 여기에 어떤 문제도 없음을 말한다. 수행이란 존재하고 있는 이것을 바꾸는 일이 아니다. 다만 둘로 나누는 견해와 그에 기초한 시비분별을 내려놓는 일일 뿐이다. 여기에서는 주체적 노력조차 내려놓아야 한다. 수행이란 마음가짐과 행위 전체를 법에 맡겨두는 일이기 때문이다. 삶의 현장성에 100% 맡겨두는 것이다. 이 때 진여실상이 어디 딴 데 있는 것이 아님을 분명히 확인하게 된다. 모든 물에 비치는 이것이 달이다. 이것을 밝히고 있는 진헐 선사의 설법은 전체가 한 수의 시에 가깝다.

중봉 선사도 6×6=36이라서 설명할 필요조차 없는 이 일을 밝히고 있다. 다만 한 마음이 생겨나지 않는 경계를 자칫 무생물의 무감각으로 오해할까 걱정한다. 그래서 나무 인형에 대한 비유를 든다. 나무인형은 꽃과 새의 노래에 반응하지 않는다. 그것은 한 마음 일어나기 전의 여여한 상태를 가리킨다. 문제는 이 말 자체가 하나의 방편이라는 데 있다. 다양한 마음이 드러난 현상과 움직이지 않는 여여함이 따로 구별되는 무엇이 아니기 때문이다. 현상 그대로 진여의 드러남이다. 생각이 일어나지 않는다는 점에서 나무 인형으로 비유되었지만, 수행은 나무 인형처럼 무감각해지는 일이 아니다. 경계에 휘둘려서도 안 되지만, 그것에 무감각해지는 일도 아닌 것이다. 중봉 선사는 또 하나의 비유로 목동의 피리소리를 든다. 한 마음이 일어나지 않는 일은 관현악의 합주에 어울리기 어려운 목동의 피리소리와 같다는 것이다. 목동의 피리소리는 규범화된 소리를 뚫고, 무엇이라 규정하기 어려운 자기 소리를 낸다. 우주법계의 모든 현상은 궁상각치우의 기준으로 비교판정할 수 없는 오직 이 일인 것이다.

25. 허물이 없으니 법이라 할 것이 없다. 태어남이 없으니 진실한 마음이라 할 것도 없다.[71]

【진헐청료】

허물이 없으니 법이라 할 것이 없다, 태어남이 없으니 진실한 마음이라 할 것도 없다. 〔인용한 뒤 말하였다〕 단번에 모두 꿰어버리고, 전체를 들어올렸다. 어느 하나 그것 아닌 것이 없다. 그래서 그 풍경에는 우열이 없다. 이에 3조 스님이 완전히 정체를 드러내고 말았다. 그대들은 이것의 가는 곳을 알겠는가?

가장 좋기로는 한 줄기 폭포가, 청산의 경계를 둘로 쪼개는 일이지[72].

【중봉명본】

■ 뜻풀이

조사 스님은 허물이 없으니 법이라 할 것이 없다, 태어남이 없으니 진실한 마음이라 할 것도 없다고 했다. 뜻으로 이해하는 자들은 이렇게 말한다. 이 두 구절은 앞의 두 구절을 뒤집어 말한 것이다. 허물이 없으니 만 가지 법이 스스로 사라진다. 태어남이 없으니 한 마음이 저절로 고요하다. 법이 사라지고 마음이 고요하면, 지극한 도의 본체가 우뚝하게 저절로 드러나는 것이다.

---

71) 無咎無法, 不生不心.

72) 서응(徐凝)의 시 「여산폭포(廬山瀑布)」에 보이는 구절이다. 전체 내용은 이러하다. 허공에서 떨어지는 물 곧바로 천 척, 우레처럼 강에 들어가 잠시도 멈추는 일 없네. 예나 지금이나 길고 길어 흰 비단이 날리는 듯, 한 가닥 물길이 청산의 경계를 나누었네〔虛空落泉千仞直, 雷奔入江不暫息. 今古長如白練飛, 一條界破青山色〕.

■ 뜻풀이 허물기

옛날에 한 중이 조주(趙州) 스님에게 물었다. "제가 이제 막 참선 공부를 시작하였으니 스승님께서 가르쳐 주십시오." "죽은 먹었는가?" "먹었습니다." "가서 발우를 씻게." 이에 중이 깨달았다. 그런데 말해보라. 이 중은 그 때 허물이 없음을 깨달았는가? 법이 없음을 깨달았는가? 태어남이 없음을 깨달았는가? 마음이 없음을 깨달았는가? 가만히 한번 살펴보라.

■ 노래

법이 법이 되는 것은 허물없는 것을 허물로 보기 때문 / 마음이 마음이 되는 것은 태어남 없는 것을 태어남으로 보기 때문 / 쓸쓸한 원숭이는 밤에 무산(巫山)의 달을 보며 울고 / 나그네 길은 원래 갈 수 없는 것.[73]

【해설】

앞에서 한 마음이 태어나지 않으면, 만 가지 현상에 잘못이 없음을 말하였다. 그런데 전체로 보자면 허물도 없고, 태어남도 없다. 법이라 할 것도 없고, 마음이라 할 것도 없다. 만 가지 현상에 잘못이 없다는 이 견해조차 없다. 견해가 있으면 그것이 바로 법집이다. 또 한 마음이 태어나느니 태어나지 않느니 말을 하였지만, 실제로는 태어남도 없고 한 마음도 없다. 이렇게 태어나는 한 마음이 있다고 하면 그것이 바로 아집이다. 그렇다면 어떻게 수행하고, 어떻게 생활할 것인가? 오로지 여기에 열려있는 일을 까맣게 모른다는 말로 표현할 수도 있다. 오직 까마득히 모르되, 이것만 생생하게 살아있는 자리에 나아가고 또 나아가는 것이다. 이것이 수행이다.

청정한 자성은 부모가 나를 낳기 전이나 지금이나 다른 것이 없다. 그런데도 움직임 없는 진여가 따로 있다고 생각하면, 그 순간 장애가 일어나고 번뇌가 무성해진다. 천고에 변함없는 것이 마음이지만, 소리

---

73) 法法只因無咎咎, 心心多爲不生生. 寒猿夜哭巫山月, 客路元來不可行.

로도 나타나고 모양으로도 현현한다. 산이 높지만 흰 구름 막지 않고, 대 숲 깊지만 시냇물 막지 않는 도리와 같다. 그래야 전체로서 멋진 산이 되고, 깊은 숲이 되는 것이다. 이것이 진헐 선사의 해설이다.

중봉 선사는 조주 스님과 중의 법 문답을 인용하여 우리를 지금 이 것일 뿐인 현장으로 끌고 나온다. 사실 이 삶을 나그네 길이라 할 때, 출발도 없고 도착도 없다. 그저 걷는 일일 뿐이다. 손오공은 서천 길을 가고 있지만, 도착할 서천이 따로 있지 않다. 무산의 달밤에는 원숭이가 울고, 주인공은 지금 이미 서천을 걷고 있는 중이다.

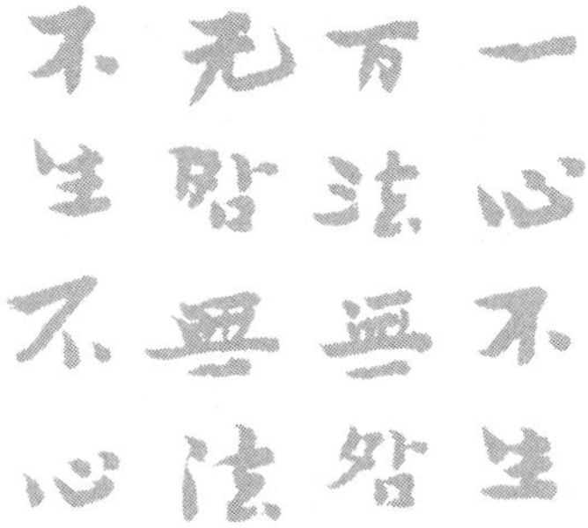

26. 주체는 대상을 따라 소멸한다. 대상은 주체를 따라 사라진다.[74]

【진헐청료】

주체는 대상을 따라 소멸한다, 대상은 주체를 따라 사라진다. 〔인용하고 말하였다〕 비춤과 경계를 함께 잊었다면 그것은 무엇인가? 알겠는가? 비추는 주체가 마음이고, 비추는 대상이 경계이다. 경계는 마음으로 인해 일어난다. 마음은 경계로 인해 생겨난다. 마음에 생각이 없으면 경계가 사라진다. 경계에 모양이 없으면 마음이 고요하다. 그래서 주체는 대상을 따라 소멸하고, 대상은 주체를 따라 사라진다고 한 것이다. 이치와 앎이 저절로 부합하면 사람과 소가 모두 사라진다. 복숭아꽃 모두 떨어지고, 영운(靈雲) 선사는 보이지 않는 것이다.

【중봉명본】

■ 뜻풀이

조사 스님은 주체는 대상을 따라 소멸한다. 대상은 주체를 따라 사라진다고 했다. 뜻으로 이해하는 자들은 바로 영가(永嘉) 스님의 말을 인용하여 말한다. '경계는 지혜가 아니면 깨달을 수 없다. 지혜는 경계가 아니면 생겨나지 않는다. 지혜는 경계에 대한 깨달음으로 생겨나는 것이다. 경계는 지혜의 생성으로 인해 깨닫게 되는 것이다.' 이를 통해 주체는 한 마음이고, 경계는 모든 현상을 가리킨다는 것을 알 수 있다. 주체는 지혜의 다른 이름이고, 경계는 현상의 다른 이름이다. 경계가 소멸하면 깨닫는 주체의 마음 역시 소멸

74) 能隨境滅, 境逐能沉. 能隨境滅을 能由境滅로 기록한 판본도 있다. 상호간 생멸의 원인이 된다는 의미를 전달한다는 점에 있어서 차이가 없다.

한다. 마음이 없으면 그 드러나는 대상경계 역시 사라진다. 상호간에 분리할 수 없고, 서로가 서로를 포함한다. 서로 잡고 있고, 서로 융합되어 있어 애초 그 사이에 간격이 없다. 이를 깨닫지 못하는 자를 가리켜 미혹하다 하는 것이다.

■ **뜻풀이 허물기**

이렇게 설명하는 것을 깨달음이라 해도 될까? 깨닫지 못했을 뿐만 아니라, 배가 고프다고 소금을 먹어 갈증까지 보태는 일과 같다고 할 수 있다.

■ **노래**

빛과 그림자는 등불 때문에 나타나는 것임을 모두 알고 있고 / 파도는 물에 기대에 일어나는 것이라고 모두들 말한다 / 등불 꺼져 그림자 사라지고, 물결이 잔잔하여 파도가 없어져도 / 문 밖에서 등나무 지팡이에 맞을 깜일 뿐이지.[75]

【해설】

주체와 대상의 상호관계성을 밝히는 설법이다. 주체는 지각하는 마음을 가리키고, 대상은 지각대상이 되는 제반 현상을 가리킨다. 삼계는 오직 마음이며, 만 가지 현상은 오직 의식일 뿐이라 한다. 그런데 이 말만 들으면 바로 마음과 의식이 근원이 아닐까 하고 생각하게 된다. 그러나 현상과 마음은 둘 아닌 관계에 있다. 주체 따로 있고, 대상 따로 있는 것이 아니다. 그러므로 마음이라 하든, 현상이라 하든, 한 가지가 사라지면 다른 하나도 사라지게 되어 있는 것이다. 그런데 왜 사라짐에 대해서만 말한 것일까? 단순히 마음과 경계의 상호관계를 말하기 위한 것이 아니기 때문이다. 이 법문은 한 마음도 일어나지 않는 차원을 설명하기 위한 것이다. 분별적 차원의 학문은 양적 풍부함을 통해 질적 탁월함을 추구한다. 그래서 자꾸 더해가는 방법〔爲學日益〕을 쓴

75) 共知光影因燈現, 咸謂波濤仗水興. 燈滅水沈波影盡, 政堪門外吃烏籐.

다. 반면 불이론의 수행에서는 둘을 지우고, 하나조차 비운 자리의 지혜를 추구한다. 그래서 끝없이 덜어내는 방법(爲道日損)을 쓴다. 그런데 불교에서는 이 말조차 방편이다. 불교의 있는 이대로 공임을 보는 길에서는 그 공조차 내려놓기 때문이다. 그러니 어떤 특별한 일이 있어 그것을 깨닫는 것이 아니다. 깨닫지 못해 깨닫고자 하는가? 선문에서는 한결같이 깨닫지 못한 이 일, 깨닫고자 하는 이 일을 바로 아는 것이 깨달음이라 말한다. 이 밖에 별도로 특별한 경계를 찾는다면 그것은 거북이에게서 털을 찾는 일과 같다. 토끼에게서 뿔을 찾는 일과 같다.

바로 그렇기 때문에 객관적 대상세계는 이 마음을 확인하는 현장이 된다. 영운 선사는 복숭아꽃이 떨어지는 것을 보고 마음을 깨달았다. 그것이 마음이 나타난 모습임을 보았다는 것이다. 그런데 이렇게 말하는 것도 방편이다. 그래서 진헐 선사는 근본으로 돌아가 질문한다. 정말 복숭아꽃이 있었고, 그것을 깨달은 영운 선사라는 이가 있었다고 말해도 되는 것일까? 그 자리에 깨달음의 주체와 대상이 있었던 것일까? 사실은 복숭아꽃도 없었고, 영운선사도 없었으며, 깨달음도 없었다. 그저 산은 그대로 푸르고, 구름은 일없이 오갈 뿐이었다. 거기에 배고프면 밥 먹고, 목 마르면 물 마시는 한 스님이 있었을 뿐인 것이다. 이러한 설명을 통해 진헐 선사는 깨달음을 얻었다는 말에 따라다니는 오해를 불식하고자 한다.

중봉 선사는 주체와 대상경계를 나누어 설명하는 부작용을 걱정한다. 물론 주체와 대상경계를 상즉상입(相卽相入)의 도리로 설명할 수는 있다. 그러나 이를 알아듣는다 해도 아직 깨달음은 아니다. 오히려 이것은 배고픈 사람에게 갈증까지 더하게 하는 일일 수 있다고 경고한다. 결국 언어와 생각의 길이 끊어진 자리에 지금 당장 들어가야 한다. 그렇지 않은 한 중봉 선사의 몽둥이를 피할 길은 없다.

27. 대상은 주체가 있기 때문에 대상이다. 주체는 대상이 있기 때문에 주체이다.[76]

【진헐청료】

대상은 주체가 있기 때문에 대상이다, 주체는 대상이 있기 때문에 주체이다.〔인용하고 말하였다〕누가 그렇게 한다는 것인가? 마음 전체가 대상이다. 그러므로 대상은 주체가 있기 때문에 대상이 된다고 하는 것이다. 대상 전체가 마음이다. 그러므로 주체는 대상이 있기 때문에 주체가 된다고 하는 것이다. 주체는 대상이 있기 때문에 주체가 된다. 그러므로 대상을 지우고 주체를 남겨두는 것이다. 대상은 주체가 있기 때문에 대상이다. 그러므로 주체를 지우고 대상을 남겨두는 것이다. 그러니까 대상에 있어서 전체가 대상이라면 그것을 지우지 않는다. 산은 푸르고 물은 초록이며, 하늘은 높고 땅은 두텁다. 있는 그대로 종횡무진이고, 천변만화인 것이다. 마음에 있어서 전체가 마음이라면 건곤대지가 주장자질 한 번에 수백으로 산산조각이 나는 것이다.

【중봉명본】

■ 뜻풀이

조사 스님은 대상은 주체가 있기 때문에 대상이고, 주체는 대상이 있기 때문에 주체라고 말했다. 말을 따라 이해하는 자들은 이렇게 말한다. 대상은 혼자 대상이 되는 것이 아니다. 주체가 있기 때문에 대상이 되는 것이다. 주체는 혼자 주체가 되는 것이 아니다. 대상

76) 境由能境, 能由境能

이 있기 때문에 주체가 되는 것이다. 주체는 대상에 의지하여 일어나는 것이고, 대상은 주체를 바탕으로 일어나는 것이다. 생성되었으나 실제 생성된 바 없다. 그러니 마음 밖에 별도의 현상이 없음을 알아야 한다. 일어났으나 실제 일어난 바 없다. 그러니 현상의 밖에 별도의 마음이 없음을 알아야 한다. 조사 스님은 여기에서 한 마음과 만 가지 현상을 꿀 과자로 동그랗게 빚어 우리가 웃고 이야기하는 중에 그것을 삼키게 한 것이다.

■ 뜻풀이 허물기

그렇다면 한번 거꾸로 물어보자. 너는 그것을 삼켰느냐? 그렇지 않다면 세상에 그것을 삼킨 자가 있느냐? 나중에 죽을 때 뜨거운 쇠구슬이나 삼키게 되겠지.

■ 노래

주체로 인해 대상이 생기고, 대상으로 인해 주체가 생긴다 / 주체와 대상을 함께 잊으면 생겨남이 실제 생겨남이 아니다 / 한 마리 조개는 고래가 노니는 바다의 물을 다 마셔버리고 / 산호 가지 위에는 한 밤중의 달이 뜬다.[77]

【해설】

모든 대상은 혼자 독립적으로 존재하는 것이 아니다. 그것은 주체의 아는 마음을 전제로 한 개념이다. 마찬가지로 주체의 아는 마음 역시 혼자 독립적으로 존재하는 것이 아니다. 그것은 대상을 전제로 한 것이다. 이것이 만법유식의 원리이다. 마음이 모든 현상을 생성하고, 모든 현상이 마음을 드러낸다. 이처럼 만법유식은 마음의 생멸과 현상의 생멸이 둘이 아님을 말한다. 나아가 우리의 허망한 생각이 현상의 경계에 기대고 있음을 말한다. 마음과 현상경계는 따로 구분

---

77) 因能生所所生能, 能所俱忘生不生. 老蚌吸乾鯨海水, 珊瑚枝上月三更.

되는 것이 아니라 서로 기대어 성립한다. 한 쪽이 없으면 다른 한 쪽이 저절로 사라지는 관계에 있는 것이다. 상호 의존적이라 할 수도 있고, 둘 아닌 관계에 있다고 할 수도 있다. 객관대상이라 하는 것이 그대로 마음이다. 마음이라 하는 것이 그대로 객관대상이다. 이것을 전통적으로는 본체(體)와 작용(用)의 관계로 설명한다. 여기 둘로 나뉘기 전의 청정한 본체로서의 자성의 마음이 있다. 그리고 다양한 현상들이 펼쳐져 있다. 이것을 마음과 대상경계로 나누어 말할 수도 있다. 또 아뢰야식과 여래장으로 나누어 말할 수도 있다. 그러나 어떤 이름도 언어적 방편일 뿐이지 본래 차별이 없다. 그것은 금 그릇의 비유로 설명할 수 있다. 모양은 다양하지만 모든 그릇은 금이라는 점에서 차별이 없다. 그런데 모양 없이 금만 취할 수 없고, 금 없이 모양만 취할 수도 없다. 그런 점에서 주체와 대상은 상호의존적 관계에 있다. 마음 밖에 현상이 따로 없다. 현상의 밖에 마음이 따로 없다. 이것을 둘로 보는 것이 망상이다. 반면 둘 사이에 어떠한 차별도 없음을 보면 이것이 그대로 실상인 것이다. 밝은 눈으로 보면 불교의 대도는 문 앞에 난 바로 이 길이고, 집 뒤에 난 바로 저 길이다.

진헐 선사는 주관과 객관대상이 상호의존적으로 성립할 뿐임을 밝힌다. 별도의 실체가 따로 있는 것이 아닌 것이다. 마음이 그대로 대상경계이다. 그러므로 마음을 쉬면 그것이 바로 대상경계에 대한 집착을 내려놓는 일이다. 대상경계가 그대로 마음이다. 그러므로 대상경계를 내려놓으면 그것이 바로 마음을 쉬는 일이다. 그런데 진헐 선사는 이렇게 쉬고 내려놓는다는 말에 수행자들이 속을까 걱정한다. 그래서 다시 그것을 뒤집어버린다. 산은 푸르고 물은 초록이지만, 지금 이 순간 천변만화의 조화 속에 있다. 행주좌와 · 어묵동정에 산하대지가 함께 움직이고, 함께 멈추고, 함께 고함치고, 함께 침묵한다.

진헐 선사의 설법은 이처럼 중도에 철저하여 모든 조사 스님들과 만나고 있다.

중봉 선사는 이 멋진 중도설법조차 부정한다. 대신 그렇게 말하고, 그렇게 이해하는 너는 지금 그 자리에 있는가 하는 것만을 묻는다. 3조 스님이 주체와 대상을 하나의 꿀 과자로 뭉쳐 먹게 했다면 너는 그걸 먹었느냐는 것이다. 3조 스님의 설법은 주체와 대상을 뭉친 꿀 과자임에 분명하다. 그 과자는 먹어야 맛이지, 백 천 마디 말은 아무 소용이 없다. 먹어본 사람은 이 불이의 과자에 대해 자유롭다. 달다고 해도 옳고, 쓰다고 해도 옳으며, 맛이 좋다고 해도 옳고, 아무 맛도 없다고 해도 옳다. 심지어 좋하한다고 해도 옳고, 싫어한다고 해도 옳다. 다만 먹지 않은 사람이라면 모든 말은 쓰레기에 불과하다. 일대장교가 모두 낡은 폐지에 불과하며, 1,700공안이 썩은 갈등의 새끼줄에 불과하다는 말이 그래서 성립하는 것이다.

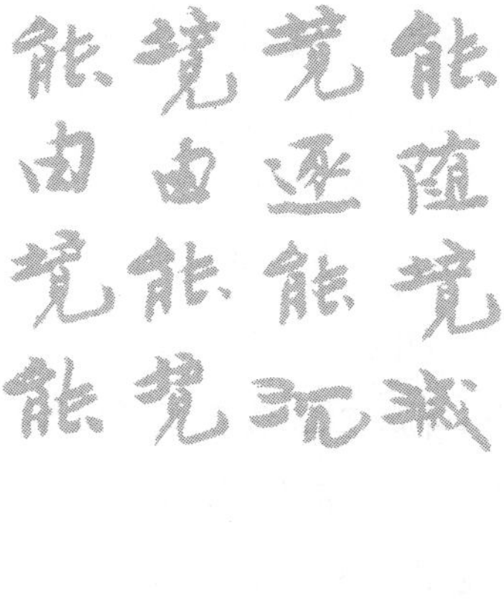

28. 상대적 양쪽을 알고자 하는가? 원래 하나의 공(空)일 뿐이다.[78]

【진헐청료】

상대적 양쪽을 알고자 하는가? 원래 하나의 공(空)일 뿐이다. 〔선사가 연달아 두드리며 말하였다〕 무슨 양 쪽, 무슨 세 쪽이 있다는 거냐? 한 몽둥이 맞기 딱 좋을 뿐이지! 조사 스님을 만나봐야겠다. 사람과 경계를 모두 부정한다느니, 성인과 범부에 차별이 없다느니, 사람도 없고 부처도 없다느니, 삼천대천세계가 바다 속 거품이라느니, 일체 성현이 번개가 지나는 일과 같다느니 하는 따위의 말들을 하기만 해봐라. 아무리 좋은 말이라도 내 몽둥이를 면할 길 없으리라.

【중봉명본】

■ 뜻풀이

상대적 양쪽을 알고자 하는가? 원래 하나의 공(空)일 뿐이라 했다. 뜻으로 이해하는 자들은 이렇게 논의한다. 양쪽이란 앞에서 말한 마음과 현상을 가리킨다. 하나의 공일 뿐이라 한 것은 허공 같은 텅 빈 공〔頑空〕을 가리키는 것이 아니다. 모든 것을 소멸한 소승의 공〔斷滅空〕도 아니다. 그것은 오로지 형상에 걸리지 않는 영민한 깨달음의 진정한 공〔眞空〕이다. 이 공은 모든 부처의 근원이며, 모든 신령스러움의 모체이다. 소리도 없고, 냄새도 없다. 그러나 모든 형상이 드러나기 이전에 밝고 또 밝다. 있음도 아니고, 없음도 아니다. 그렇지만 모든 대상경계의 위에서 밝고 환한 것이 이것이다.

---

78) 欲知兩段, 元是一空.

■ 뜻풀이 허물기

이 공에는 앎이 있을 수 없다. 앎이 있다면 공이라 할 수 없기 때문이다. 진실로 조사 스님과 손을 잡고, 직접 진정한 공의 바다에 도달해본 일이 없다면 이 많은 말들이 다 무슨 소용이겠는가?

■ 노래

꿈 속에 땅을 파서 황금 창고를 얻고 / 또 푸른 봉황새를 타고 보배 누대에 올랐네 / 온 밤 내내 기뻐서 어쩔 줄 모르다가 / 아침 되어 한 동안 멍하니 넋을 잃네.[79]

【해설】

우리는 분별적 사유의 세계에 살아간다. 모든 것에 상대를 세워 대비적으로 견줘보고 그것에 근거하여 이해한다. 이것을 비량(比量)이라 한다. 대비적으로 사유한다는 뜻이다. 이 대비적 사유는 형상과 이름을 전제로 한다. 전체로서 하나인 이것을 인위적으로 쪼개어 이름을 붙인다. 그렇게 쪼갠 것들은 관념적 조작의 결과물이다. 그런 의미에서 원래 공이라 하는 것이다. 이것을 분명히 알아 당장 이 자리에서 형상으로 쪼개고 이름 붙이는 일을 멈추는 것이 수행이다. 이를 통해 오직 하나로서 전체인 이것이 확인된다. 이것을 현량(現量)이라 한다. 있는 이대로 사유한다는 뜻이다. 이 때 그물의 중심 줄을 쥐는 입장이 되어 각각의 그물코를 자유롭게 활용하게 된다.

주관과 객관, 마음과 현상, 있음과 없음, 미움과 사랑, 옳음과 그름, 편안함과 불편함이 모두 비량적 사유에 속한다. 이렇게 쪼개어 사유하면 반쪽에 쏠려 실상을 보지 못한다. 그래서 그것을 관념적으로 나누기 이전, 그 둘 아닌 자리로 돌아가는 것이 중요하다. 대승에서 말하는 진정한 공은 이처럼 양쪽으로 나누는 비량적 사유를 멈춘 자리

79) 夢中钁得黃金藏, 又跨青鸞上寶台. 盡夜喜歡無著處, 天明只落得場呆.

를 가리킨다.

『반야심경』에서는 모든 현상이 독립적 실체가 없음을 말한다. 그리고 이것만 가지고도 충분하다. 그렇지만 공에 집착하는 사람들을 위해 다시 공은 모든 현상으로 나타남을 말한다. 이것이 분별적 사유를 멈춘 진정한 공이다. 진정한 불이중도이다. 그러니까 전체로서 하나인 이것을 바로 알아야 한다. 모든 차별적 형상 속에 평등의 이치가 관철되고 있음을 알아야 한다. 이를 통해 지금 당장 이것인 실상의 진리에 눈을 뜨게 된다. 또한 그 평등한 이치가 무수한 차별적 현상으로 나타남을 알게 된다. 이를 걸림 없이 수용하여 자재함을 얻게 된다고 말한다. 이것을 확인하는 일이 진정한 수행이 다. 자재함이란 무엇인가? 산은 푸르고, 물은 흐른다. 푸른 산, 흐르는 물에 유감이 없다. 그것이 수행이고, 오직 그러할 뿐인 것이 깨달음이다.

진헐 선사는 3조 스님의 가르침에 대한 감사함을 뒤집어 표현한다. 원래 하나의 공일 뿐이라면 무슨 양 쪽이 있겠는가? 그것은 방편의 언어일 뿐이라서 한 마음이라 해도 틀리고, 제반 현상이라 해도 틀린다. 그 순간 한 마음과 제반 현상이 갈라지기 때문이다. 이것이 방편의 언어임을 알리기 위해 진헐 선사는 몽둥이를 들고 그것을 말한 3조 스님을 찾아가겠다고 한다. 중도의 철저함은 언어의 방편을 떠날 때 진실하게 구현되기 때문이다.

이처럼 공이니, 현상이니 하는 것도 토끼의 뿔, 거북의 털과 같아서 실체가 없는 것이다. 그래서 중봉 선사는 텅 빈 공이니, 모든 것을 소멸시킨 공이니, 진실한 공이니 하는 논의들을 한번 보여주고 모두 내던져 버린다. 조사와 함께 하는 자리에는 그것을 아는 마음조차 설 곳이 없다. 그러니 진리를 알았다는 환희심이 생기거든 전체가 꿈속의 일인 줄 알아 남김없이 내려놓아야 한다는 것이다.

29. 하나의 공은 상대적 양쪽과 같다. 그리하여 삼라만상을 두루 다 포함한다.[80]

【진헐청료】

하나의 공은 상대적 양쪽과 같다. 그리하여 삼라만상을 두루 다 포함한다.〔인용하고 말하였다〕 시장에서는 결국 이익이 남거나, 이익이 없거나이다. 이렇게 하거나 저렇게 하거나, 모두 이 속에 있는 일이다. 모양의 본질은 없으나, 모양으로 드러난다. 별도의 형태가 없으나, 형태로 구별된다. 행위의 의도가 없으나, 행위로 나타난다. 짓는다는 마음이 없으나, 지음으로 표현된다. 주체인 동시에 대상이며, 경계인 동시에 마음이다. 비춤과 활용이 함께 나아가고, 사람과 경계가 모두 부정되지 않는다. 비록 그러하나 주장자가 하늘과 땅을 삼켜 버렸으니, 산하대지를 어떻게 얻겠는가? 모든 것 무너뜨리는 온통의 겁화(劫火)에 터럭 하나 남지 않고, 청산은 예와 같아 흰 구름 속에 잠겨있네.[81]

【중봉명본】

■ 뜻풀이

조사 스님은 하나의 공은 양 쪽과 같아, 삼라만상을 함께 다 포함한다고 말했다. 뜻으로 이해하는 자들은 이리저리 생각하여 이렇게 말한다. 마음과 현상이 다르지 않으니, 이것이 바로 하나의 공이 양쪽과 같다는 뜻이다. 현상이 마음과 다르지 않으니, 이것이 바로 삼라만상을 다 포함한다는 뜻이다. 그래서 옛 사람은 형상을 보는 것

---

80) 一空同兩, 齊含萬像.

81) 劫火洞然毫末盡, 青山依舊白雲中.

이 마음을 보는 것이며, 형상 없이 마음이 드러날 수 없다고 했던 것이다. 또 경전에서는 삼라만상이 한 마음의 찍힌 도장[82]이라고도 했다. 그래서 조사 스님이 이렇게 밝힌 것이다.

■ 뜻풀이 허물기

경전을 말하는 것이라면 그렇다고 하자. 그러나 이로써 조사의 뜻을 보려는 것은 남동쪽 정주(鄭州)로 가려고 하면서, 북동쪽 조문(曹門)으로 나가는 일[83]과 다를 바 없다.

■ 노래

하나라 해서 홀은 아니고, 둘이라 해서 쌍을 이루는 것은 아니다 / 밤 깊으니 찬 달이 장강에 비친다 / 끝없는 우주를 빛으로 모두 머금고서 / 다시 매화를 끌어다 낮은 창 위로 자라게 한다.[84]

【해설】

앞에서 모든 현상을 있는 이대로 보라 했다. 형상과 이름으로 나뉠 수 없는 하나를 보라 했다. 모든 현상이 독립적 실체가 없음을 보라 했다. 여기에서는 다시 전체로서 하나인 이것 또한 독립적 실체를 갖는 것이 아님을 말한다. 이 하나는 주체와 대상, 마음과 현상, 있음과 없음의 이원적 분별을 멈춘 자리를 가리킨다. 아니 불이중도는 우리의 분별적 사유행위조차 포함하는 무엇이다. 그래서 분별적 사유를 버리고자 한다면 이미 그것은 불이중도가 아니다. 불이적 사유방식을 지향코자 한다면 그것은 불이중도가 아니다. 그래서 깨달음을 기약하는 마음이 항상 문제가 된다. 그것 자체가 깨달음을 가로막는 장애가

---

82) 『법구경(法句經)』에 삼라만상이 한 법의 도장 자국〔森羅及萬象, 一法之所印〕이라는 말이 있다. 한 법은 한 마음의 다른 이름이다.

83) 송대의 수도인 개봉(開封)에는 북동문인 조문(曹門)과 남동문 송문(宋門)이 있다. 정주에 가려면 남동문인 송문으로 나가야 한다.

84) 一不成單兩不雙, 夜深寒月印長江. 無邊宇宙光呑盡 , 又引梅花上矮窗.

되기 때문이다. 이러한 마음을 갖고 수행하는 것은 서울로 간다면서 제주행 배를 타는 일과 같다. 그렇다면 깨달음을 기약하는 마음까지 내려놓으면 어떻게 되는가? 우주법계가 모두 이 마음이다. 마음의 맞추기 위해 활을 든다고 치면, 겨눌 필요 없이 모든 것이 마음이다.

이렇게 둘 아닌 입장에서 번뇌와 진여, 마음과 현상을 볼 때 비로소 형상에 집착하지 않게 된다. 여여하여 동요되는 일이 없게 된다. 어떤 일이 와도 칼로 봄바람을 베는 것과 같다. 이처럼 마음과 현상을 둘 아닌 것으로 볼 때 실상이 드러난다. 다만 이것을 말로 표현하고자 하고, 생각으로 이해하고자 할 때가 문제이다. 그 때는 하는 수 없이 한쪽으로 치우친 말을 할 수 밖에 없다. 그래서 중도실상을 말하려면 두 마디가 필요하다. 이치적 측면에서 한 번 말하고, 현상적 측면에서 한 번 더 말해야 하기 때문이다. 요컨대 상호 구분할 수 없이 한 몸을 이루고 있는 성상일여(性相一如), 이사명연(理事冥然)의 이치를 설명하려면 부정과 긍정의 동시적 구현이 필요한 것이다. 진헐 스님의 설법에는 그러한 선가의 언어전략이 뚜렷하게 드러난다. 이치적 측면에서는 오로지 공일 뿐이다. 어떠한 구별도 세울 수 없다. 그렇지만 현상적 측면에서는 푸른 산, 흰 구름이 그대로 진리이다. 소의 오줌, 말의 똥이 그대로 진여이다. 세상만사 버릴 것 없이 모두 진리가 되는 것이다.

또한 진리를 말하려면 전체로서 하나인 마음과 삼라만상의 현상적 드러남을 언급하지 않을 수 없다. 중봉 선사는 먼저 이러한 설명을 인용한다. 그리고는 그것을 단박에 부정해 버린다. 경전을 말로 설명하는 것이라면 그렇다고 인정해줄 수 있다. 그렇지만 그것은 깨달음 자체와는 천리만리 멀어지는 일이다. 중봉 선사의 게송은 각 구절이 앞의 구절을 부정하기를 반복하면서 법문을 듣는 우리들을 다그친다. 이치와 현상이 둘이 아님을 이 자리에서 지금 당장 확인하라는 것이다.

30. 세밀함과 거칢이 나뉘지 않는데, 어떻게 치우침과 편들기가 있겠는가?[85]

【진헐청료】

세밀함과 거칢도 나뉘지 않는데, 어떻게 치우침과 편들기가 있겠는가? 〔인용하고 말하였다〕 물이 평형을 찾으면 흐를 일이 없다. 그러면 주장자가 평형을 찾았을 때는 어떠할까? 치즈와 제호를 뒤섞으면 한 맛이 된다. 병과 접시, 비녀와 팔찌를 녹이면 똑같은 금이 된다. 하늘과 땅은 뿌리가 같고, 만물은 한 몸이라서 편드는 일도 없고, 치우치는 일도 없다. 세밀함도 없고, 거칢도 없다. 설사 그렇다 해도 신기하고 특별한 것은 없다. 그대들은 여기에서 어떤 것이 신기하고 특별한 일인가?

산에 꽃 피니 비단 같고, 시냇물 맑으니 쪽빛과 같다.[86]

〔대중들에게 말하였다〕 급류가 칼 날 위를 지나듯 빨라, 어미 닭은 밖에서 쪼고, 병아리는 안에서 쪼는 일이 동시에 일어난다. 전광석화처럼 빨라 죽이고 살리는 일이 자재하다. 닭은 추우면 나무에 올라가고, 오리는 추우면 물로 내려간다. 설사 그렇다 해도 벌써 몸이 죽고 목숨을 잃는 일이다. 그런데도 살고 죽는 일에 걸리지 않는 자 있는가? 그렇다면 한번 갈등의 소굴에서 나와 보도록 하라.

---

85) 不見精麤, 寧有偏黨.

86) 山花開似錦, 澗水湛如藍.

【중봉명본】

■ 뜻풀이

조사 스님은 세밀함과 거칢도 나뉘지 않는데, 어떻게 치우침과 편들기가 있겠는가? 라고 말했다. 뜻으로 이해하는 자들은 이렇게 말한다. 마음과 현상이 공하여 독립적 실체가 없고, 주관과 객관대상이 함께 소멸한다. 그러므로 중생과 부처가 같은 몸이고, 깨달음과 미혹함이 하나이다. 그리고는 『식심명(息心銘)』의 다음과 같은 구절을 인용하여 이를 증거로 삼는다. 귀천도 없고, 영예와 치욕도 없다. 득실도 없고, 경중도 없다. 한 길이 비어 고요하면, 만물이 모두 평등해지기 때문이다.

■ 뜻풀이 허물기

그렇게 증거를 대니 그럴듯하기는 하다. 그런데 이것을 증득했다고 하자니, 너무 그럴듯하여 오히려 아닌 것 같다. 그렇다면 어떠한 것이 비슷하지 않은 자리인가? 한번 가리켜 보라.

■ 노래

한 소리 고함은 우레처럼 신속하여 귀를 가릴 겨를이 없고 / 작은 초명(蟭螟)[87] 벌레가 바다를 지고 모기 눈썹으로 들어간다 / 진흙 속의 돼지와 게으른 개가 함께 눈을 뜨니 / 삼세의 여래도 전혀 알지 못하도다.[88]

【해설】

수행자들은 공의 차원은 정밀하다고 보고, 주체와 대상을 둘로 분별하는 차원은 거칠다고 본다. 그러나 공이 되었든, 분별이 되었든 모

87) 전설에 나오는 작은 벌레인데 갈홍(葛洪)의 『포박자(抱樸子)』에 '초명은 모기 눈썹 사이에 사는데, 하늘을 가득 채우는 대붕을 비웃는다〔蟭螟屯蚊眉之中. 而笑彌天之大鵬〕'는 구절이 보인다.

88) 一喝迅雷難掩耳, 蟭螟負海入蚊眉. 泥豬懶狗齊開眼, 三世如來總不知.

두 언어적 방편일 뿐이지 다르지 않은 이 일이다. 실상이 이러하므로 우리는 어느 쪽의 손을 들어줄 수가 없다. 그래서 치우침과 편들기, 즉 어느 한쪽을 차별적으로 좋아하는 일이 있을 수 없는 것이다. 바닷물은 똑같이 짜다. 어떤 것은 부드럽고, 어떤 것은 거칠다는 구분이 불가능하다. 전체 법이 차별 없이 평등하여, 높고 낮음이 없는 것이다.

앞에서 이름과 형상을 떠난 하나의 공에 대해 말하였다. 그것을 모습으로 볼 때는 삼라만상의 차별적 모습을 갖는다. 이 공과 만법 중에서 어떤 것이 뛰어나고 어떤 것이 열등하다고 말할 수 없다. 둘이 아니기 때문이다. 황금 잔을 두고 황금과 잔을 둘로 나눌 수 없는 이치와 같다. 심지어 모래와 황금은 다르지만 거기에도 우열을 둘 수 없다. 배고프면 밥 먹고, 목마르면 물 마시는데 우열이 없는 이치와 같다. 선사가 설법하고, 공양주가 밥하는데 우열이 없다. 염주를 들면 108배 절을 하고, 추우면 누더기를 걸친다. 여기에 아무런 우열이 없다.

이에 대해 진헐 선사는 닭은 추우면 나무에 올라가고, 오리는 추우면 물에 내려가는 비유를 든다. 모양에 끌려다니기를 멈추면 차별도 없고 우열도 없다. 우열이 없으므로, 좋아하고 싫어함은 더더구나 있을 수 없다. 치우침과 편들기가 없다는 것이다.

중봉 선사는 이에 대한 해석을 먼저 인용한다. 그런 뒤 그것을 버리도록 하는 전략을 쓴다. 그 중 『식심명』을 인용한 부분이 보인다. 이 짧은 글은 누가 썼는지 분명하지 않다. 그것은 『신심명』과 똑같이 한 마음을 일으키지 않는 도리를 거듭 강조한다. 무엇보다도 귀천, 영욕, 득실의 차별이 없는 평등한 길을 제시한다. 그런 점에서 『신심명』과 깊게 통하고 있다. 물론 중봉 선사는 그 언설조차 너무 설득력이 있다는 이유로 내던진다. 설득력이 있을수록 말에 움직이게 되기 때문이다. 이를 위해 모기눈썹을 전체 세계로 알고 살아가는 초명의 비유를 든다. 원래 포박자는 이 모기눈썹에 사는 벌레를 대붕과 비교하여 견해의 하찮음을 드러내는 비유로 썼다. 그러나 중봉 선사는 모기눈썹의 공간이나 구만리 창공에 우열이 없음을 밝힌다. 이렇게 애초에 우열이 없으니, 거기에 무슨 좋아하고 싫어함이 있겠느냐는 것이다. 나아가 이것은 알고 이해하는 일조차 벗어나 있는 것이라 삼세의 여래도 알 수 없다 한 것이다.

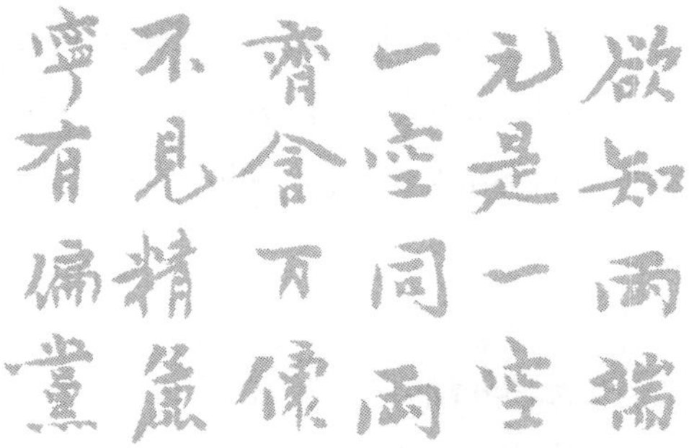

31. 큰 도는 본체가 넓다. 그러니 쉬움도 없고 어려움도 없다.[89]

【진헐청료】

큰 도는 본체가 넓다. 그러니 쉬움도 없고 어려움도 없다.〔인용한 뒤 말하였다〕 땅은 넓고 사람은 적어서 만나는 사람 적다.〔한참 뒤에 말하였다〕 진정으로 넓고 커서 그 속에서 시방허공이 생기거니와, 그것조차 큰 하늘에 일어나는 한 조각의 구름 정도에 불과하다. 대도의 진정한 본체를 알고 싶은가? 지공(志公) 화상은 그것이 소리와 모양, 말과 다른 것이 아니라 했다. 지금 당장 그대들은 말을 듣고, 이야기를 나누고, 형상을 보고, 소리를 듣고 있지 않은가? 대도의 진정한 본체는 어디 있는가? 이런 이야기를 들은 적이 있을 것이다. 한 중이 조주 스님에게 물었다.

중 : 바른 길은 무엇입니까?
조 주 : 길은 창밖에 있는 저것이다.
중 : 저것을 물은 것이 아닙니다.
조 주 : 그러면 무엇을 물은 것인가?
중 : 큰 도가 어디 있느냐는 말입니다.
조 주 : 큰 도는 장안으로 뚫려있지.

조주 노장의 말은 너무나 직설적이다. 3조 큰 스님은 입을 여는 순간 쓸개까지 내놓았다. 그리고 지공화상은 혀에 뼈가 없다. 굳이 찾아와서 옳고 그름을 말하는 그 사람이 바로 시비를 따지는 사람이다.

---

89) 大道體寬, 無易無難.

세 도둑의 약점을 동시에 잡았으니 어떻게 처리할까? 우리 고을의 공사판에나 보내버리자.

【중봉명본】

■ 뜻풀이

조사 스님은 큰 도는 본체가 넓어서, 쉬움도 없고 어려움도 없다고 말했다. 뜻으로 이해하는 자들은 이렇게 말한다. 본래 이 일은 해와 달을 안고, 허공 전체를 머금고 있는 것이다. 부처나 조사도 그 이름을 알지 못하며, 대지도 그것을 받칠 수 없다. 하늘이 전체를 덮고 있는 것과 같고, 땅이 전체를 받치고 있는 것과 같다. 모든 것이 부족함 없이 완전하고, 모든 사람이 다 갖추고 있다. 그러니 어렵다느니 쉽다느니 하는 말이 낄 자리가 어디 있겠는가? 쉽다거나 어렵다거나 하는 것은 사람이 그러는 것이지, 법이 그러한 것은 아니다. 자기의 마음이 부처임을 의심 없이 믿으면 쉬운 것이고, 믿지 않으면 어려운 것이다.

■ 뜻풀이 허물기

나는 사람들이 말하는 것과 다르다. 자신의 마음이 부처임을 의심 없이 믿으면 어렵고, 믿지 않으면 쉽다. 말해보라. 이 이야기는 잠시 미루고 방거사의 말을 보자.

방(龐) 거사 : 어렵고 어려워라. 열 섬의 참 깨를 나무 위에 펼치는 듯.
방 거사 아내 : 쉽고도 쉬워라. 온갖 풀끝의 조사 마음이여.
딸 영조(靈照) : 쉬울 것도 없고, 어려울 것도 없어라. 배고프면 밥 먹고, 피곤하면 잘 뿐이라.

여기에서 이 세 사람의 길고 짧은 혀를 막을 수 있다면, 그 어렵고 쉬움을 한

번 웃고 깨닫게 되리라. 그렇게 하지 못하면서 말에 따라 이해하여 쉽다느니 어렵다느니 말하지 말라. 눈먼 나귀가 큰 무리를 따라가는 것 같아서 발길이 삐끗하는 순간 갈 길이 없게 될 것이다.

■ 노래

나무 위에 참깨 널기라 하고, 피곤할 때 잠자기라 하네 / 조사의 마음 말하기 어렵다 하고, 온갖 풀 끝에 드러났다 하네[90] / 세 사람 모두 눈 없기는 마찬가지 / 울타리 잡고 벽 더듬는 짓 언제 그만두려나.[91]

【해설】

수행이란 진여, 불이를 실천하는 일을 가리킨다. 그것은 둘이 아니므로 크다고 할 수밖에 없다. 지금 바로 여기에 그것이 있으므로 쉽다고 말할 수밖에 없다. 그러나 분별적 이원사유로 알고 이해할 수 있는 것이 아니므로 어렵고 어려운 것이기도 하다. 그런데 불이중도의 대도는 쉽다거나 어렵다는 말 자체가 성립하지 않는 자리이다. 모두들 부처가 되고자 하지만, 지금 이것과 다른 존재가 되는 것이 아니다. 해탈하고자 하지만, 처음부터 얽매인 일이 없다. 이처럼 어렵다거나 쉽다거나 하는 말은 스스로의 집착에서 나온 것일 뿐, 대도와는 전혀 상관이 없는 것이다. 그러니 수행에 진척이 없다 하여 실망하거나, 수행이 순조롭다 하여 좋아할 일도 없다. 수행의 실천과정에는 분명 어떤 경계체험이 있다. 그렇지만 그것조차 큰 도 그 자체와는 상관없는 일이다.

---

90) 방거사와 방거사의 딸 영조(靈照) 사이에 이런 일이 있었다. 방거사: 분명하고 분명하여 온갖 풀끝이고, 분명하고 분명한 것 조사의 뜻이라네〔明明百草頭, 明明祖師意〕라는 옛 사람의 말이 있는데 무슨 뜻이냐? 영조: 그 나이가 되셔 가지고 아직도 이런 말을 물으십니까? 방거사: 그게 무슨 말이냐? 영조: 분명하고 분명하여 온갖 풀끝이고, 분명하고 분명한 것 조사의 뜻이라는 겁니다. 방거사가 듣고 흡족하게 웃었다.

91) 麻樹上困來睡, 祖意難言百草頭. 三個一般無眼孔, 扶籬摸壁幾時休.

온 삶이 신비체험으로 넘치더라도 그것을 자신의 것으로 기억하면 큰 도와 멀다. 벌레가 나무를 갉아먹을 때는 오직 한 입만 먹을 뿐이다. 그 갉아먹은 흔적이 호랑이 모양을 이루든, 용무늬를 이루든 상관하지 않는다. 미리 구상하는 일도 없고, 기억하는 일도 없는 것이다.

이 큰 도에 대해 3조 스님은 본체가 넓다 했고, 조주 스님은 장안으로 통하는 길이라 했고, 지공 화상은 소리와 모양과 말을 떠난 것이 아니라 했다. 진헐 선사는 이에 대해 혹은 쓸개와 간을 다 내놓았다, 혹은 너무 직설적이다, 혹은 혀에 뼈가 없다는 등의 비난투로 그 감탄과 존경의 뜻을 표현한다. 큰 도를 직접 확인하고 있는 진헐 선사의 입장에서 보면 이러한 옛 스승들의 말은 모두 말의 낭비에 가깝다. 그러면서도 자신은 수행자를 위해 빠져나갈 곳 없이 촘촘하게 낚시를 드리우고 있다. 미끼를 무는 고기가 드물지만 말이다.

중봉 선사는 우선 일반적 차원의 해석을 인용한다. 이 마음이 부처임을 믿는다면 쉽고, 믿지 않는다면 어렵다는 내용이다. 그리고는 바로 이것을 뒤집는다. 이 마음이 부처임을 믿으면 오히려 어렵고, 믿지 않는다면 오히려 쉽다는 것이다. 왜 이런 거꾸로 된 말을 하는 것일까? 여기에 인용된 일반적 해석은 논리적 설득력을 갖추고 있다. 더없이 정확한 말이다. 문제는 이처럼 설득력과 논리력을 갖춘 해석일수록 위험하다는데 있다. 말에 떨어져 큰 도와 멀어질 수 있기 때문이다. 어떠한 뛰어난 해석이나 언설도 모두 문을 두드리는 기왓장일 뿐이다. 그 기왓장을 버리는 때가 큰 도와 하나로 만나는 때인 것이다. 이를 위해서는 최고의 깨달음을 구현하고, 티끌만큼의 오류도 없이 살다간 방(龐) 거사 가족의 언행조차 버리고 또 버려야 한다. 중봉 선사는 항상 언설을 통한 해석의 한계를 분명히 지적하고 있다. 어떤 절묘한 비유, 뛰어난 해석이라도 결국은 우리를 눈멀게 할 수 있다는 것이다. 그렇다고 이것에 근거하여 중봉 선사가 방거사를 부정했다고 이해해서는 안 된다. 그 가르침은 항상 눈먼 우리를 겨냥하고 있다. 우리는 이미 활짝 열린 대도의 현장에 서 있다. 애초 어렵다거나 쉽다는 말조차 성립할 수 없는 것이다. 이미 들어와 있으면서 그곳에 들어갈 문을 찾는다고, 울타리와 담벼락을 더듬고 있는 것이 우리의 현실인 것이다.

32. 좁은 견해와 여우같은 의심 때문에, 서둘수록 더 늦어지게 된다.[92]

【진헐청료】

좁은 견해와 여우같은 의심으로는, 서둘수록 더 늦어지게 된다. 〔인용하고 말하였다〕 각자가 받아야 한다. 〔또 말하였다〕 누가 그대들을 바쁘게 하였는가? 그대들은 당장 이 자리여서 다른 일이 없다고 말한다. 그러면서 뱃속에 의심이 가득하다. 한 걸음 물러나 지금 당장 받아들이지 못하고 있는 것이다. 앞으로 나아가기만 하면서 몸과 마음을 고생시킬 뿐이다. 성공에 급급해 할 뿐이다. 급급할수록 더뎌진다는 것을 알라. 마음을 쓸수록 진리와 멀어지게 되는 것이다. 삼아승지겁을 닦는다 해도 인위적 수행공부가 될 뿐이다. 한 생각 무심하면 삼승의 방편적 학문을 단번에 뛰어넘게 된다는 것을 알라. 조주 스님 말이 있다. '내 보기에 백만 천만의 사람들이 모두 부처를 찾고, 부처가 되려는 인간들뿐이다. 그 중 무심하기를 구하는 사람 찾아보기 어렵다.' 참선하는 이들이여! 어떻게 하면 의심을 내려놓을 수 있을 것인가? 〔한참 있다가 말하였다〕

하늘은 흰 구름과 함께 밝고, 물은 밝은 달과 함께 흐른다.[93]

【중봉명본】

■ **뜻풀이**

조사 스님은 좁은 견해와 여우같은 의심으로는, 서둘수록 더 늦어

92) 小見狐疑, 轉急轉遲.

93) 天共白雲曉, 水和明月流.

지게 된다고 말했다. 뜻으로 이해하는 자들은 이렇게 말한다. 모든 중생들이 공겁(空劫) 이전에 삼세의 모든 부처님과 함께 무상의 정각을 이뤘다. 애초에 부족하게 빠진 것이 없다. 그런데 이 마음을 깨닫지 못하여 어리석은 미혹에 다시 떨어져, 그 사실을 자각하지 못하고 있다. 그래서 모든 부처님과 조사들이 백 천 가지 방편으로 인도하고 경책하여 깨달음에 들어가도록 하였던 것이다. 오직 한 가지 큰 인연의 일을 드러냈다고 하는 말이 이것을 가리킨다. 그러나 공부하는 사람들은 이 마음이 그대로 부처임을 믿지 않는다. 마음 밖에서 따로 그것을 구하고자 한다. 그래서 이것을 작은 견해라고 꾸짖은 것이다. 항상 이 마음이 본래 완전히 갖추어져 있음을 알라. 여기에는 보리를 빨리 성취할 수 있다는 말조차 벌써 쓸데없는 말이 되는 것이다. 그러니 무슨 늦고 빠름이 있겠는가?

■ **뜻풀이 허물기**

그렇다면 지금 무엇을 부처라 부르는 것이냐? 만약 짚어내지 못한다면 문제는 어디에 있는 것일까?

■ **노래**

우물 속에 앉아서 하늘을 봐도 되는 것일까? / 어떠한 견해, 어떠한 생각도 결국은 의심이 될 뿐이다 / 재주를 넘어 허공 밖으로 뛰어 나가야 하니 / 눈썹만 치켜 올려도 이미 늦은 것이다.[94]

【해설】

앞 구절에서 큰 도에 대해 말하였고, 여기에서는 좁은 견해에 대해 말한다. 좁은 견해란 이 마음이 부처임을 믿지 않고, 밖에서 따로 진리를 찾는 일을 가리킨다. 생각의 차원을 가리킨다. 좁은 견해의 차원

---

94) 天豈容伊坐井窺, 盡其見量總成疑. 翻身跳出虛空外, 剔起眉毛已是遲.

에서는 수행을 원인으로 하여 깨달음이라는 결과를 얻을 수 있다고 생각한다. 열심히 수행 정진하면 깨달음이 앞당겨진다고 생각한다. 그러나 이 수행이란 것이 십중팔구 지금 여기 있는 이것을 다른 데에서 찾는 일이다. 그래서 열심히 할수록 멀어지게 된다.

그렇다면 수행을 하지 않을 것인가? 수행과 간절한 발원이 없이 도를 성취할 길은 없다. 다만 진정한 깨달음은 수행하는 내가 있다는 생각, 깨달음이 있다는 생각, 그 깨달음을 나의 것으로 한다는 생각을 내려놓는데서 시작된다. 이것은 지독한 모순이 아닐 수 없다. 사람들은 일반적으로 분별적 이해에 도달한 뒤, 그것을 내려놓는 단계를 상정한다. 문제는 이 두 단계 사이의 간극이 하늘과 땅의 차이라는 점이다. 이 간극을 효과적으로 넘는 길로 수행방편에 온전히 맡기는 일이 제시되어 왔다. 그 수행방편은 다양할 수 있겠지만 모두 자신도 모르게 분별적 견해, 좁은 견해를 내려놓도록 한다는 공통점을 갖는다.

여기에서 좁은 견해라 했지만 사실 모든 견해는 다 좁은 견해이다. 큰 도를 통째로 받아들이지 못하고 둘로 쪼개고 있기 때문이다. 그것은 조개껍데기로 바닷물을 재려는 일이다. 있는 이대로의 진여에 하나로 만나지 못하므로 이것일까, 저것일까 여우의 마음으로 의심한다. 당장 일없는 이 자리에 하나로 만나지 못하는 모든 마음이 다 여우의 의심이다. 수행의 실천에도 여우의 의심이 있다. 자기가 부처라는 사실을 확신하지 않는 것이 여우의 의심이다. 수행의 방편이나 스승에 대해 믿음이 부족한 것이 여우의 의심이다. 믿음이 부족한 것은 거기에 생각이 개입되어 있다는 뜻이기도 하다. 결국 여우같은 의심은 이름과 모양에 대한 견해를 내려놓지 않는 모든 일을 가리킨다.

지금 들고 있는 이 볼펜을 볼펜이라 부르지 말라면 어떻게 이것을 말할 것인가? 만년필이라 말할 수 없지 않은가? 플라스틱 막대기라고 말할 수도 없지 않은가? 그런데 모양에 따라 이름을 붙이는 일을 쉬면 신기한 일이 일어난다. 물 잔을 들면 볼펜이 끌려온다. 뜰 앞에 잣나무를 보면 볼펜이 따라온다. 꽃잎을 들면 우주법계가 들려진다. 그러니 어떻게 말해도 볼펜을 부르는 일이 되는 것이다.

진헐 선사는 모든 견해를 내려놓도록 당부한다. 견해의 차원에서는 어떤 수행도 한계에 갇히게 된다는 것을 분명하게 밝히고 있다. 하늘 따로 있고, 구름 따로 있다고 생각한다면 아직 진짜 하늘을 보지 못한 사람이다. 물 따로 있고, 달 따로 있다고 생각한다면 아직 진짜 달밤을 체험하지 못한 사람이다. 원래 완전한 한 마음이다. 이것을 둘로 쪼개놓고, 한쪽에 서서 지금 이것이 완전한 자리가 아니라고 보는 이것이 항상 문제인 것이다.

중봉 스님은 이 마음이 그대로 부처라고 믿는 그 일은 견해가 아니냐고 되묻는다. 그렇게 아는 일 역시 부처로서 사는 일과는 거리가 멀다는 것이다. 우물 속에 앉아 시야에 잡히는 것만을 하늘이라고 이해하는 일과 같다. 이해하는 주체가 서 있는 한, 그 사람은 아직 밖에서 부처를 찾는 사람이다. 손가락을 들어 올리고, 눈썹을 치켜 올리는 멋진 솜씨를 부려봤자 한참 먼 자리에 서 있다. 중국의 속담에 '한 번의 삽질로는 우물을 팔 수 없고, 한 모금의 물로는 부침개 한 장을 다 먹을 수 없다'[95]는 말이 있다. 일정한 힘을 얻은 뒤에는 특별히 무엇을 한다는 생각이 없이 노력해야 한다. 다만 간절한 마음으로 생활 속에서 믿고 실천하는 수행이 필요한 것이다.

95) 一鍬挖不了一口井, 一口吃不了一張餅

33. 집착하면 중도를 잃게 된다. 그러면 틀림없이 삿된 길로 들어서게 되리라.[96]

【진헐청료】

집착하면 중도를 잃게 된다. 그러면 틀림없이 삿된 길로 들어서게 되리라.〔인용하고 말하였다〕 눈먼 사람들아! 내려놓아라. 이 일은 마치 큰 불덩이와 같아서 잡으려 하면 죽는다. 깃들일 곳도 없고, 걸어야 할 길도 없다. 기댈 곳도 없고, 나아갈 곳도 없다. 만약 그대에게 기댈 곳, 걸을 곳, 깃들일 곳, 나아갈 곳이 있다면 자아의 견해가 사라지지 않은 것이다. 그러면 일에 집착하며, 남과 나를 다투며, 승부를 겨루게 된다. 자만심이 하늘을 찔러 사람들을 인정하지 않으니 모두 치우친 견해일 뿐이다. 이러한 사람들에게는 참선의 길이 아무 소용이 없다. 그저 집착하여 만지작거리는 놀음이 될 뿐이다. 이제 어떻게 하면 삿된 길에 들어가지 않을 것인가?

작년에는 매화였고 올해는 버들인데, 색과 향기 여전하고 여전하다.[97]

【중봉명본】

■ 뜻풀이

조사 스님은 집착하면 중도를 잃어, 반드시 삿된 길로 들어서게 될 것이라 말하였다. 생각해보라. '옛 선지식의 말을 보며 공부를 짓되, 늘 부지런히 멈추지 말라. 짧은 시간도 아껴가며 자기의 일을

---

96) 執之失度, 必入邪路.

97) 去年梅今歲柳, 顔色馨香只依舊.

참구하라'고 말하는 사람이 있다고 하자. 이에 대해 최근에 스승을 자처했던 어떤 이는 항상 위의 두 구절을 인용하면서 집착하면 중도를 잃게 된다고 경책하였다. 불법에 무슨 그런 일이 있느냐는 것이다. 모든 것이 이대로 완성되어 있다는 것이다. 있는 그대로 받아들일 것이지 따로 억지로 모양을 지어서 무엇 하겠느냐는 것이다.

■ 뜻풀이 허물기

말이야 옳지. 그러나 마음의 근원을 참구해야 한다. 조사 스님이 깨달음 뒤의 집착을 꾸짖고 있다는 것을 알아야 한다. 불안(佛眼) 스님의 말이 있다. 어떤 사람들은 나귀를 타고 있으면서 나귀를 찾는다. 어떤 사람들은 자기가 타고 있는 것이 나귀임을 알면서도 나귀에서 내려오려 하지 않는다. 바로 깨달음의 이치에 집착하여 생각을 내려놓지 못하는 일을 말하는 것이다. 이렇게 하면 밖으로는 깨달을 대상으로서의 법이 존재하고, 안으로는 깨닫는 주체로서의 마음이 있게 된다. 이것을 옛 사람들은 법에 대한 집착〔法執〕이라 꾸짖었다. 견해의 가시〔見刺〕라 비판하였다. 그래서 약산(藥山) 스님은 조금이라도 중시하는 일이 있으면 그것이 소굴이 된다고 말하였다. 깨달음의 이치에 집착하는 이들을 꾸짖는 말이다. 깨달음을 집착하여 실제로 그러한 일이 있다고 말하지 말라. 만약 그렇다면 법이 원래 그대로 완전함을 보지 못하는 외도의 생각이 되는 것이다. 따라서 미혹함에서 깨달음으로 가는 것은 쉽지만, 깨달은 뒤에 그것을 잊기는 어려운 것이다. 스스로 진정한 스승을 만나지 못하고서 되는 대로 도리깨질, 몽둥이질을 해대며, 깊게 찌르고, 아프게 때리는 스승노릇을 계속한다면 끝내 자기에게 돌아가지 못할 것이다. 그런데도 이러한 말에 기뻐하겠는가?

■ 노래

집착하는 마음이 다하지 않으면 꽃만 항상 번화할 뿐이지만 / 번뇌를 제거하면 열매가 멀지 않다 / 다만 이제까지의 삿된 길 위에서 / 일없이 고개만 돌리면 남김없이 드러나 있다네.[98]

---

98) 執心未盡花常贅, 結使還除果不遙. 只就從前邪路上, 等閒回首赤條條.

【해설】

어떠한 것이든 집착하면 중도를 잃게 된다. 부처에 집착하면 사도이고, 불법에 집착하면 외도이다. 오로지 수행자는 항상 지금 이것에 밝아야 한다. 만약 어떤 것에 기대고 있다면 집착이다. 그래서는 중도와 하나로 만나지 못한다. 갈수록 잘못된 길로 들어서게 될 뿐이다.

선종에서는 소의경전이라는 말을 비웃는다. 기대는 일이기 때문이다. 『화엄경』이 최고의 경전이라서 이것에 의지한다? 화엄에 기대면 지금 당장의 이것이 화엄법계의 일임을 알지 못한다. 지금 당장의 이 일을 모른다면 배고픈데 밥 이야기하는 격이 된다. 배고프면 밥을 먹어야지, 밥에 대해 이야기만 하는 것은 아무 소용이 없는 것이다.

큰 도라 하거나, 진여라 하거나, 중도라 하거나 그렇게 언어화할 수는 있다. 그런데 그것을 추구할 목적으로 세우면 그게 바로 집착이다. 별도의 무엇이 있어 거기에 도착하고자 한다면, 그것이 견해이다. 나무를 파먹는 벌레는 오직 지금 이 한 입만 먹는다. 그 파먹은 자리에 용의 그림, 호랑이의 무늬가 그려지는 것은 저절로 되는 일이다. 그러니까 우리는 지금 이 한 입의 무심만 먹으면 된다. 그 밖에 용의 무늬, 호랑이 무늬 등을 구상하는 것은 집착이고 번뇌이다. 요컨대 지향하거나 지킬 것이 따로 있다고 생각하면 그 자체가 집착이다. 이로 인해 시비분별의 바다에 다시 빠지게 되는 것이다. 내려놓는다는 일, 참선한다는 일이 도리어 집착이 되고 구속이 되는 것이다. 이것이 진헐 선사가 밝히고자 하는 바이다.

전체적으로 진헐 선사는 나아가지 못하게 막고, 중봉 선사는 머물지 못하게 몰아붙인다. 그러다 보니 서로 반대되는 말을 하는 것처럼 보이기도 한다. 여기에서만 해도 중봉 선사는 옛 선지식을 부정하는 것처럼 보인다. 그러나 선사의 모든 관심은 이 가르침을 듣는 우리의 마음을 공략하는데 집중되어 있다. 머물지 말라는 것이다. 따라서 표면적으로 정반대의 말을 하는 것처럼 보이지만, 실제로는 같은 말을 하고 있는 것이다. 중봉 선사는 더 나아갈 것 없는 이 자리를 지키려는 일을 법에 대한 집착, 견해의 가시로 비판한다. 그렇게 하나를 고집하는 순간, 바로 외도의 길에 들어선다는 것이다. 그러므로 훌륭한 가르침을 듣고 잘 이해했다 해도, 그것을 금과옥조로 잡고 있어서는 안 된다. 그 이해조차 결국은 분별적 지해의 차원에 속한다는 것을 알고 툭 내려놓아야 한다. 바른 노력이란 집착 없이 내려놓고 되돌아 비춰보는 일 외에 다른 것이 될 수 없는 것이다.

34. 내려놓으면 저절로 그렇게 된다. 본체는 가거나 머무는 일이 없기 때문이다.[99]

【진헐청료】

내려놓으면 저절로 그렇게 된다. 본체는 가거나 머무는 일이 없기 때문이다. 〔인용하고 말하였다〕 무엇을 내려놓으라는 거냐? 눈 밝은 사람이라야 비로소 가능한 일이다. 여기에서는 어떤 특별한 참선의 길, 현묘한 불교의 가르침도 전혀 쓸데가 없다. 그저 잠이나 자고, 때에 따라 대중을 만나고, 반찬을 집고, 차를 마시고, 이야기를 나눌 뿐이다. 이렇게 살아가면 온 세상의 노스님들이 몽둥이를 들어 올리고, 먼지떨이를 세우는 일조차 다 꿈속의 일일 뿐이다. 선을 말하고, 도를 말하는 것도 모두 잠꼬대가 될 뿐이다. 그대는 어떤 도리에 근거하느냐고 말한다. 그런데 무엇이라고 할 도리라는 게 있기나 한 것이냐?

【중봉명본】

■ 뜻풀이

뜻으로 이해하는 자들은 이렇게 말한다. 집착하는 마음을 버리면 저절로 그렇게 된다. 가는대로 맡기면 걸림이 없고, 구속도 없고, 얽매임도 없다. 움직이면 흘러가는 구름과 같고, 멈추면 형상 없는 계곡의 신〔谷神〕[100]과 같다. 이것과 저것에 무심하니, 가고 오는 일의

---

99) 放之自然, 體無去住.

100) 『노자』에 '계곡의 신은 죽지 않는다〔谷神不死〕'는 말이 있고, 또 '신은 하나를 얻어 신령스러워지고, 계곡은 하나를 얻어 채워진다〔神得一以靈, 谷得一以盈〕'는 말이 있다. 일반적으로 곡신은 형체가 없으면서 항상 작용하고 있는 도에 대한 묘사라고 이해된다.

구분이 있을 리가 없다. 『원각경』의 말이 있다. '언제나 망상을 일으키지 않으며, 모든 망상을 쉬거나 소멸하지도 않는다. 망상의 차원에 살면서, 그것을 밝게 알고자 하지 않는다. 밝게 알지 못하는 차원에서 있으면서, 진실을 구별하지도 않는다.' 이 말이 비교적 가까울 듯하다. 범부니 성인이니 하는 생각이 사라지면 그 진실하고 영원한 본체가 드러난다. 허망한 인연을 깨끗이 끊으면 그것이 바로 여여한 부처이다.

■ **뜻풀이 허물기**

끝없이 욕하고, 물 퍼붓듯 침을 튀기는 그것[101]이 조사의 마음이겠는가? 그렇다면 전체 대장경의 가르침을 하나로 녹여 쏟아놓는다 해도 넘치는 업식이 될 뿐이다.

■ **노래**

보고, 듣고, 알고, 느끼는 일을 모두 버리니 / 본래 기약한 바 없이 저절로 그러하네 / 그대는 서쪽 진(秦) 땅으로 들어가고 나는 동쪽 노(魯) 땅으로 가지만 / 머리 위로 모두 푸른 하늘 이고 있기는 마찬가지네.[102]

【해설】

앞 구절에서 별도의 법이 따로 있다고 생각하는 집착의 위험성을 말했다. 여기에서는 법에 대한 집착을 내려놓는 일의 공덕을 말하고 있다. 집착하고 추구하는 일을 내려놓으라는 것이다. 그러면 저절로 그렇게 되어 행주좌와에 인위적 조작이 없게 된다. 이 때 이 드러난 법계 전체가 그대로 마음의 본체임을 알게 된다. 그것은 고정된 무엇이

---

101) 송(宋) 나라 석도안(釋道顏)의 다음과 같은 송고시(頌古詩)에 나오는 말이다. '끝없이 욕을 하고, 물 뿌리듯 침을 뱉어 봐라. 나는 한가하게 뱀의 머리나 만지고, 손뼉 치며 흥얼거리기나 하겠다.〔相罵饒汝接嘴, 相唾饒汝潑水. 等閒摸著蛇頭, 拍手囉囉哩哩.〕

102) 見聞知覺盡皆捐, 本不期然卻自然. 君入西秦我東魯, 頂門誰不戴靑天.

아니다. 둘로 나뉜 무엇도 아니다. 삼천대천세계와 그대로 하나인 이것은 오직 클 뿐이다. 어디에서 새롭게 생겨나는 것도 아니고, 여기에서 떠나 가버리는 것도 아니다.

진여의 이치가 이러하므로, 그것과 하나로 만나기 위한 수행의 노력까지 내려놓는 길이라야 한다. 수행을 통해 얻은 경계체험까지 내려놓아야 한다. 모두 툭 내려놓을 때 비로소 무위의 자성청정심이 현전한다. 그것은 여여한 부처의 경계로서, 가고 오는 일이 없다. 오염되거나 청정해지는 일도 없다. 생성되는 일도 없고, 소멸되는 일도 없다. 더러워지는 일도 없고, 깨끗해지는 일도 없다. 늘어나는 일도 없고, 줄어드는 일도 없다. 이는 오직 내려놓음만이 있을 때 현전하는 경계인 것이다. 봄을 밖에서 찾아다니지 말라는 얘기이다. 봄은 이미 정원의 매화나무에 꽃송이로 가득하기 때문이다.

진헐 선사는 이 내려놓는다는 말조차 위험하다고 보았다. 내려놓을 것이 따로 없기 때문이다. 내려놓는다는 그 생각 자체가 이미 집착에 해당하기 때문이다. 오직 법대로 살아가는 길, 혹은 법 그 자체가 되어 살아가는 삶이 있을 뿐이다. 도니, 법이니, 진여니 하는 말을 아예 잊어 버려라. 그저 밥이 오면 밥을 먹고, 물이 오면 물을 마신다. 밥을 먹되 오로지 밥을 먹는 이 일이 바로 그것임을 안다. 물을 마시되 물 마시는 이 일이 바로 그것임을 안다.

중봉 선사는 가르침을 접하는 우리의 자리 자체를 문제 삼는다. 『원각경』에 모든 인위적 추구를 내려놓으라는 가르침이 있다고 하자. 그것을 인용하는 당신의 마음이 바로 그러하냐는 것이다. 그 설법을 듣는 당신이 바로 그 여여한 자리에 살고 있느냐는 것이다. 그렇지 못하다면 대장경의 가르침을 아무리 늘어놓는다 해도 소용이 없다. 그저 넘치는 업식이 될 뿐이라는 것이 중봉 선사의 할이 뜻하는 바이다.

35. 저절로 그러함에 맡기면 도에 합치된다. 있는 그대로 노닐면 번뇌가 끊긴다.[103]

【진헐청료】

저절로 그러함에 맡기면 도에 합치된다. 있는 그대로 노닐면 번뇌가 끊긴다.〔인용한 뒤 말하였다〕 크게 일 없는 사람이라야 크게 일없는 차원을 자기 것으로 할 수 있다. 옛 사람들은 이것을 잘 길러 갓난아이와 같이 순수하였다. 동쪽과 서쪽도 가리지 않았고, 남쪽과 북쪽도 나누지 않았다. 여섯 감각기관의 입구에서 단번에 쉬고 또 쉬어 저절로 그러하였다. 허공 같은 밝음으로 스스로를 비추었다. 밝고 밝아 모든 분별적 생각이 없었다. 자성에 맡기고 인연을 따랐다. 불법과 세간법에 걸리는 일이 없었다. 감각기관과 감각대상, 지수화풍의 물질요소, 어묵동정의 활용을 모두 내려놓았다. 추호의 얽매임이 없었다. 하루 종일 한가하게 빈자리만을 지킬 뿐이었다. 그렇다면 말해보라. 이것은 어떤 차원의 일을 성취한 것인가?〔한참 있다가 말하였다〕

머리 위에 겨울밤의 달은, 가만히 놔둬도 앞의 시내에 떨어지네.[104]

103) 任性合道, 逍遙絶惱.

104) 법안(法眼) 선사의 게송에 나오는 구절로서 전체 시는 다음과 같다. 궁극의 이치에 들어가면 생각도 없고 말도 없으니, 어떤 비유로 그것을 표현하랴. 머리 위의 겨울 달은, 그냥 두어도 앞의 시내에 떨어지네. 과일 익고 원숭이까지 매달려 가지는 무겁고, 산 길은 끝이 없어 길을 잊은 . 고개 드니 달빛 남아 있는데, 원래부터 서방에 있었던 것일세.〔理極忘情謂, 如何有喩齊, 到頭霜夜月, 任運落前溪. 果熟兼猿重, 山長似路迷. 擧頭殘照在, 元是住居西.〕

【중봉명본】

■ 뜻풀이

조사 스님은 저절로 그러함에 맡기면 도에 합치된다. 있는 그대로 노닐면 번뇌가 끊긴다고 말했다. 뜻으로 이해하는 자들은 이렇게 말한다. 마음이 공하여 부처에 장원급제한 이들은 맡긴다는 생각 없이 맡긴다. 도에 합치한다는 생각 없이 합치된다. 있는 그대로여서 산골짜기를 벗어난 구름과 같다. 번뇌를 끊어 허공을 운행하는 달과 같다. 크고 완전한 대원경지에서는 그렇지 않은 이 있을 수 없다.

■ 뜻풀이 허물기

불인요원(佛印了元) 화상이 한 말이 있다. 깨닫지 못한 사람에게 깨달은 경계를 말해줄 수 없다. 그것은 마치 갓난아기에게 날씨를 이야기하는 것과 같다. 비록 듣기는 하지만, 무슨 뜻인지 알지 못하는 것이다. 까마득한 절벽에서 두 손을 놓아야 한다. 그렇지 못하고서 자성에 맡기느니, 도에 합치되느니, 하는 식의 말만 인용한다면 배고픈 사람에게 음식 얘기하는 것과 같다. 사람들을 잘못된 길로 이끌어서는 안 되는 것이다.

■ 노래

법성에 맡겨 막힘없이 흐르도록 했다지만 / 다시 보니 마음 왕(心王)의 병은 치료되지 않았네 / 그런데도 자재하게 도에 합치되고자 한다면 / 쇠 채찍 300대 가지고는 가벼운 대접도 안 되겠네.[105]

【해설】

자성은 분별하고, 비교하고, 판단하기를 내려놓은 차원에서 확인되는 오직 그러할 뿐인 이것에 대해 붙인 이름이다. 자성에 맡긴다는 것은 중도를 실천한다는 뜻이다. 이것을 자기의 천성대로 산다거나, 개성에 따라 산다는 말로 오해해서는 안 된다. 노닌다는 말 역시 수행

105) 任地法性自周流, 轉見心王病不療. 更欲逍遙求合道, 鐵鞭三百未輕酬.

하지 않는다는 뜻이 아니다. 차라리 크게 안심하여, 오는 대로 받아들이는 일이라고 하면 좋겠다. 지혜가 따로 없고, 얻을 것이 별도로 없다. 이렇게 아는 것이 반야지혜를 실천하는 진정한 수행이 된다.

번뇌로 넘치는 우리의 삶이 있는 이대로 진여이다. 이것을 남김없이 보는 것이 견성이다. 있는 이대로와 하나로 만나서 자재하게 사는 것이 해탈이다. 3조 스님은 있는 이대로의 자리에 노닌다고 표현하였다. 번뇌의 끊김이라 말했다. 있는 이대로의 자리에 노니는 일이 어째서 번뇌를 끊는 일이 될까? 일마다 진리 아닌 것이 없기 때문이다. 어떻게 해도 마음의 근원과 만나는 일이 되기 때문이다. 따라서 별도의 진리를 찾으면 이미 틀린 것이다. 깨닫고 보면 코는 세로로 나 있고, 비구니는 여자가 하는 것이다.

진헐 선사는 이것을 잘 성숙시키려면 동서남북을 가리는 일이 없어야 한다고 하였다. 그 구체적인 방법으로 쉬고 또 쉬는 길을 제시한다. 순간순간 돌이켜 비추어보기를 요구한다. 이것은 추구할 것이 아니다. 그래서 허공과 같은 빈 자리를 지키는 일없는 일로 묘사된다. 달은 맑은 하늘에도 있고, 구름 속에도 있고, 물방울 속에도 있다. 그것을 보기 위해 특별히 해야 할 일이 따로 없는 것이다.

중봉 선사는 자성에 맡긴다는 생각조차 없도록 하라는 해설을 인용한다. 그런 뒤 바로 이것을 허물어 버린다. 핵심은 지금 당장 깨닫고 있느냐에 있다. 허다한 설명과 이해는 오히려 그것을 가로막는 장애가 될 뿐이다. 태중의 아이에게 날씨가 맑으니 흐리니 아무리 친절하게 설명을 해봐야 소용이 없다. 그럼에도 불구하고 깨달은 사람은 중생을 위해 무슨 일이든 하게 된다. 있는 이대로의 진리를 허무는 일조차 마다하지 않는다. 스스로 지옥에 떨어지는 일을 사양하지 않는다. 중봉 선사 역시 언설을 통한 해석의 위험성을 거듭 지적하면서도, 끝없이 입을 열어 설명하고, 해석하고, 당부한다. 손자를 보살피는 할머니와 같은 보살심이 여실하게 드러나 있다.

36. 생각에 묶이면 진여에 어긋난다. 그렇다고 혼침도 좋지 않다.[106]

【진헐청료】

생각에 묶이면 진여에 어긋난다. 그렇다고 혼침도 좋지 않다. 〔인용하고 말하였다〕 잠자는 눈먼 작자로구나. 지금 해골 속, 가죽 부대 안에서 흐리멍덩하구나. 그렇게 생각생각 흘러들고, 생각생각 나타난다면 천진한 도와 어긋날 수밖에 없다. 이것을 가리켜 무명의 술을 마신다고 한다. 소리와 모양의 번뇌 굴에서 취해있다고 한다. 어둡고 멍청하게 큰 법신을 생사의 긴긴 밤 내내 재우고 있으니, 언제 깨어나 깨달을 수 있겠는가? 나귀의 해가 온다 해도 꿈도 못 꿀 일이다.

【중봉명본】

■ 뜻풀이

조사 스님은 생각에 묶이면 진여에 어긋나고, 혼침도 좋지 않다고 말했다. 뜻으로 이해하는 자들은 경전을 인용하여 이렇게 말한다. '마음이 도에 묶이지도 않고, 업에 결박되지도 않는 것'[107]이 도를 얻

106) 繫念乖眞, 昏沉不好. 昏沉不好를 沈惛不好로 기록한 판본도 있다. 글자만 다를 뿐 뜻의 차이는 없다.

107) 『불설사십이장경』에 보이는 말이다. 그 전체 문맥은 다음과 같다. 출가한 사문은 욕망을 끊고 애착을 버려 자기 마음의 근원을 알아차린다. 이를 통해 부처의 깊은 이치에 통달하며, 조작적 행위함이 없는 법을 깨닫는다. 안으로 얻는 것이 없고, 밖으로 구하는 바가 없다. 마음이 도에 묶이지도 않고, 업에 결박되지도 않는다. 생각도 없고 인위적 지음도 없으며, 닦음도 없고 깨달음도 없다. 제반 지위 점차를 밟는 일 없이 있는 그대로 높고 완전하니 이것을 도라 한다. 〔出家沙門者, 斷欲去愛, 識自心源, 達佛深理, 悟無爲法. 內無所得, 外無所求, 心不繫道,

은 사람이다. 또 '추호라도 생각에 묶인다면, 삼도를 윤회하는 업의 원인이 된다'[108]는 덕산(德山)의 말을 인용하여 증거로 삼기도 한다. 도를 체득한 사람에게 범인이니, 성인이니, 깨달았느니, 미혹하니 하는 마음이 추호라도 남아 있으면 혼침하게 된다. 조금이라도 생각에 묶이면 혼침하게 된다. 범인이니, 성인이니, 깨달았느니, 미혹하니 하는 견해 때문이다. 한 물건조차 마음에 상관하는 일이 없고, 모든 인연이 완전하게 사라져야 저 옛 선지식의 견성한 자리에 합치될 수 있을 것이다.

■ 뜻풀이 허물기

옛 선지식이 바르게 말한 것을 비방하지 말라. 옛 선지식은 생각에 묶이면 진여에 어긋나게 된다는 것을 그대들에게 말했다. 그런데 한 물건조차 마음에 상관하는 일이 없다는 이 말 자체가 벌써 생각에 묶인 것이다.

■ 노래

생각에 묶이면 진여에 어긋난다고? 진여에 어긋나는 일이란 없다 / 혼침하면 좋지 않다고? 좋은 것은 또 어디에서 오는가 / 갇혀 있던 캄캄한 통속에서 남김없이 벗어나 / 뿔 달고 털가죽 걸치고 재앙의 태중으로 들어가네.[109]

亦不結業. 無念無作, 非修非證, 不歷諸位, 而自崇最, 名之爲道〕

108) 덕산(德山) 선사에게 다음과 같은 말이 있다. 추호라도 생각에 묶이면 삼도윤회의 업을 낳는 원인이 된다. 문득 감정이 생기면 만겁 동안 얽매이게 된다. 그러므로 형상을 좇는 마음이 꿈틀하는 순간 해골이 산처럼 쌓이게 됨을 알아야 한다. 밖으로 평화롭고자 하는가? 오직 안으로 평안하고 고요하도록 하라. 형체를 구부리면 그림자가 굽게 되고, 소리가 나면 메아리게 따르게 되는 이치와 같다. 거듭 말하노니 조심하고 조심하라. 깊게 권유하고 계책하노라.〔毫釐繫念. 三塗業因. 瞥爾情生. 萬劫羈鎖. 則知色心纔動. 骸骨如山. 欲外安和. 但內寧靜. 此形灣影曲. 聲和響順之理. 再言愼勿. 勸誡深矣〕

109) 系念乖眞眞不乖, 昏沈不好好何來. 上牢漆桶連箍脫, 戴角披毛入禍胎.

【해설】

수행에 두 가지 위험이 있다. 한 생각에 집중하여 깨달으려는 위험이 그 하나이고, 아예 무지각의 상태에 머물려 하는 위험이 다른 하나이다. 정신을 집중하여 망상을 누르려 하면 안 된다. 그것이 망상을 더 키워 산란에 빠지게 되기 때문이다. 머무는 바 없이 내는 마음이라야 진여와 하나로 만날 수 있다. 따라서 어떤 고정된 자리에 생각을 묶어 두려는 조작적 행위는 진여에서 멀어지는 일이다. 그렇다고 그 반대의 흐리멍덩하여 지각이 없는 상태를 지향해서도 안 된다.

진여의 마음은 텅 빈 것 같지만 신령스럽게 알아차리는 일이다. 사과를 먹으면 사과 먹는 이것이 그 일임을 안다. 일상의 일거수 일투족이 그 일임을 밝게 안다. 이것이 머무는 바 없이 내는 마음이고, 이것이 일행삼매이다. 하루 24시간을 마음을 쓰면서도 24시간에도 묶이지 않고 마음 씀에도 묶이지 않는 것이다.

진헐 선사는 생각의 강물에 대해 말한다. 그것이 끝없이 흘러들어 실체 없는 환영을 투사하는 것이 범부중생의 삶이라는 것이다. 비유하자면 우리는 주정꾼이다. 생각의 강물이 바로 무명의 술이다. 이 술에 취하여 취생몽사의 삶을 살고 있다. 이 술을 끊어야 한다. 그렇지 않는 한 산란과 혼침에 빠질 수밖에 없다. 생각의 술, 언어의 술에 취한 상태로는 지금 이것이 바로 진여임을 알 길이 없다. 진헐 선사가 말하는 나귀의 해는 토끼의 뿔, 거북의 털과 함께 선사들이 자주 쓰는 말이다. 열두 가지의 동물로 각각의 해를 나타내는데 있어서 나귀의 몫은 애초 없다. 생각의 차원을 벗어나지 않는 한 깨달음은 결코 일어날 수 없다는 것을 비유한 것이다.

37. 좋아하고 좋아하지 않는 일이 정신을 힘들게 한다. 그러니 멀리하고 가까이 할 일 무엇인가?[110]

【진헐청료】

좋아하고 좋아하지 않는 일이 정신을 힘들게 한다. 그러니 멀리하고 가까이 할 일 무엇인가? 〔인용한 뒤 말하였다〕 머리를 잃어버리고 그림자를 따라 다니며 뭐 하고 있는가? 생각하는 순간 틀어진다. 멀리하고 가까이 하거나, 가려서 선택하는 일이 있는 경우는 말할 것도 없다. 거꾸로 된 앎과 견해의 경우는 말할 것도 없다. 이것을 취하고 저것을 버리는 이해의 경우는 말할 것도 없다. 생각의 방식으로 찾고, 의식의 차원에서 잡으려 해보라. 깨달음과 아무 상관없는 일이 될 것이다. 이 일은 오로지 생각을 잊어 본체를 깨닫는데 있다. 그러므로 마음을 쓸 수 없는 자리를 분별없이 관조하도록 하라. 마음을 수고롭게 하고, 정신을 괴롭게 하지 말라. 하루 종일 혼침 속에 지내지 말라. 그러다가는 미륵불이 출현할 때까지 참선한다 해도 배에 한가득 망상만 담게 될 것이다. 추구하는 일을 뭐라 하는 것이 아니다. 잘못 추구하는 것이 문제임을 알라는 것이다. 옛 사람은 '생각으로 현묘한 종지를 배우려 하는 것은, 서쪽으로 간다면서 동쪽으로 향하는 일과 같다'[111]고 하였다.

---

110) 不好勞神, 何用疏親.

111) 擬將心意學玄宗, 狀似西行卻向東.

【중봉명본】

■ 뜻풀이

조사 스님은 좋아하고 좋아하지 않는 일이 정신을 힘들게 한다. 그러니 멀리하고 가까이 할 일 무엇인가라고 하였다. 뜻으로 이해하는 자들은 이렇게 말한다. 마음에 묶이는 순간 진여에 어긋나고, 진여에 어긋나면 정신이 수고롭다. 정신이 수고로우면, 멀리 하고 가까이 함이 있다. 그러므로 생각에 묶이는 것이 바로 멀리 하고 가까이 함의 원인이라는 것을 알아야 한다. 또 멀리 하고 가까이함은 생각에 묶인 일의 결과라는 것을 알아야 한다. 조사 스님은 어디에 쓰겠는가라고 물었다. 자기 배꼽을 어떻게 입으로 물 수 있겠느냐는 말이다.

■ 뜻풀이 허물기

이런 말들은 고양이의 형상을 그리는 것과 같다. 아무리 비슷하게 그려도 죽은 쥐 한 마리 잡을 수 없다. 그러니 살아있는 쥐를 어떻게 잡겠는가? 실로 생명의 뿌리를 한 칼에 잘라내는 일이 아니라면 그저 이야기꺼리나 될 뿐이다.

■ 노래

정신을 수고롭게 하는 것이 좋지 않음을 알았다고 / 애써 정신을 없애고자 하면 더욱 가깝지 못하게 된다 / 좋기로야 작은 벽촌 마을 농사꾼처럼 / 배 불리 먹고 실컷 자며 천진한 본모습과 하나로 만나는 일이지.[112]

【해설】

좋아하지 않음이란 호불호를 줄인 말이다. 이것은 생각을 집중하여 도를 성취하고자 하는 수행계획을 가리키는 말이기도 하다. 수행

---

112) 旣知不好復勞神, 役盡精神愈不親. 何似三家村裡漢, 飽喫高臥契天眞.

은 생각으로 하는 것도 아니고, 어떤 계획을 세워 성취해나가는 것도 아니다. 그렇게 하면 정신만 수고롭게 할 뿐이다. 멀리하고 가까이 한다 함은 취사선택의 상대적 차원에 빠졌다는 말이다. 특히 여기에서는 육진번뇌를 멀리하고, 진여불성에 가까이 하겠다는 생각을 문제 삼는다. 애초 진여불성은 밖이나 안의 어떤 특정한 곳에 있는 것이 아니다. 그것은 모든 현상 그 자체를 통해 드러나 있다. 그러므로 이것을 따로 찾아내어 자신의 것으로 하려는 어떠한 노력도 헛수고일 수밖에 없다. 산란과 혼침 사이를 오가는 일이 될 뿐이다.

깨달음은 지금 당장 이 자리에서 일어나야 한다. 길을 걷는 이 일, 꽃을 보는 이 일에서 일어나야 한다. 글을 읽는 이 자리에서 일어나야 한다. 이것이 지금 당장 이 자리에서 대열반을 실천하는 길이다. 그래서 이 일은 가장 시급한 일인 동시에 가장 느긋한 일이다. 지금 당장의 이 일이지 나중의 기약이 없으므로 시급하다. 지금 이 일일 뿐이라 따로 찾을 필요가 없으므로 느긋하다.

진헐 선사는 생각하고 이해하는 일이 깨달음과 아무 상관이 없음을 강조한다. 수행의 핵심은 생각하고 이해하기를 멈추는데 있다. 그것에 철저하면 바로 진여와 함께 하게 된다는 것이다. 깨달음을 추구하는 일이 잘못이기는 하다. 그렇지만 실제로는 깨달음을 추구한다면서 그 반대인 생각의 길을 걷는 것이 더 문제인 것이다.

중봉 선사는 이러한 훌륭한 해석의 한계를 지적한다. 그림 속의 고양이는 아무리 진짜 같아도 죽은 쥐 한 마리 잡지 못한다. 그러니까 지금 당장 생사의 뿌리인 한 생각을 잘라내야 한다. 그래야 있는 이대로 진여인 이 자리에 일없이 살 수 있다. 배고프면 밥 먹고, 목마르면 물 마신다. 이 일 말고 다른 어떤 훌륭한 생각도 진여를 두 쪽 내는 일임을 거듭 말하고 있는 것이다.

38. 오직 하나일 뿐인 법으로 나아가고자 가는가? 모든 감각 대상을 미워하지 말라.[113]

【진헐청료】

오직 하나일 뿐인 법으로 나아가고자 가는가? 모든 감각 대상을 미워하지 말라. 〔인용하고 말하였다〕. 무엇을 미워한다는 말인가? 모든 부처님 땅에 오직 하나일 뿐인 법이 있다. 어디에 감각대상의 차원이 있단 말인가? 터럭 하나라도 가져와 봐라. 이 몸과 외적 경계, 그리고 허공과 대지가 모두 오묘하게 밝은 진여마음의 현현이다. 한 알 한 알의 먼지, 하나하나의 생각, 그 어디에도 별도의 본체는 없다. 그러니 어디에서 소리를 듣고 형상을 볼 수 있겠는가? 오로지 밖으로는 세계를 버리고, 안으로는 마음과 몸의 구속에서 벗어나라. 당장 이 자리에서 완전히 하나로 녹아 그 경계가 없음을 비추어 보라. 그러면 자연스럽게 대해탈을 얻게 될 것이다. 여러분이여! 조사를 보고자 하는가?

산에 사람 없는데 바람은 돌 위로 불고, 누대 고요한데 달이 문으로 들어온다.[114]

〔대중들에게 설법하였다〕 도에는 선정과 어지러움이 따로 없다. 법은 견해와 앎을 떠나 있다. 아무리 딱 맞아 떨어지는 말들이라 해도 실제로 그 일이 있는 것은 아니다. 예로부터 성인들의 마음은 밝은 달과 같았고, 입은 주정꾼과 같았다. 특별한 뜻도 없는 말을 가지고, 사람들의 입을 막고 끊었다. 금강의 보검을 들어 갈등의 새끼줄을 단번에 끊어 버렸다. 깨달음의 바로 그 자리를 말하면서 사람들에게 그것

---

113) 欲趣一乘, 勿惡六塵. 欲取一乘으로 된 판본도 있다.

114) 山虛風落石, 樓靜月侵門.

을 잡도록 요구하였다. 이것을 믿는 자 있는가?

【중봉명본】

■ 뜻풀이

조사 스님은 오직 하나일 뿐인 법으로 나아가고자 가는가? 모든 감각 대상을 미워하지 말라고 하였다. 뜻으로 이해하는 자들은 이렇게 말한다. 오직 하나일 뿐인 법이란 바로 자기 마음의 다른 이름이다. 여섯 가지 감각기관, 여섯 가지 감각대상, 여섯 가지 인식내용을 합한 열여덟 영역(十八界)이 바로 이 마음의 다른 호칭이다. 그러니 무슨 오직 하나일 뿐인 법이 있어 그것을 취하겠는가? 무슨 미워할 여섯 가지 감각대상이 따로 있겠는가? 손과 발을 아끼느라 어깨와 등을 잊어버리는 격이 되는 것이다. 이 마음을 깨달으면 여섯 가지 감각대상이 바로 오직 하나일 뿐인 법이다. 이 마음을 깨닫지 못하면 오직 하나일 뿐인 법이 모두 감각 대상이 된다. 이것을 알아야 하는 것이다.

당나라 정승 배휴(裵休)는 '이것을 등지면 범부요, 이것을 따르면 성인'이라 말했다. 또 『능엄경』에서는 이렇게 말하였다. '아난이여! 태어나면서 가지고 나온 어두움을 알고 싶은가? 그대로 하여금 여섯 가지 삶의 길을 윤회하게 하는 생사의 뿌리는, 오직 그대의 여섯 가지 감각기관일 뿐이지 다른 것이 없다. 또한 그대는 무상의 보리를 알고자 하는가? 그대로 하여금 편안하고 행복한 해탈을 증득하게 하고, 고요하고 움직임 없으며, 오묘하되 변함없는 진리를 증득하게 하는 것도 그대의 여섯 가지 감각기관일 뿐이지 다른 것이 없다.'

■ 뜻풀이 허물기

이해한 내용이 참 그럴 듯하다. 그러나 오직 하나일 뿐인 법이라 해도 허망하고, 여섯 가지 감각대상이라 해도 비방이 된다는 것을 알아야 한다. 어떻게 이 두 길을 떠나 허망함과 비방함이 되지 않을 수 있을 것인가?

■ 노래

형상과 소리, 냄새와 맛, 감촉과 인식 / 이 여섯 가지는 애초 오직 하나일 뿐인 길과 하나로 만나 있네 / 취하고 버리는 마음이 생기는 순간 / 다시 평지 위에 높은 산이 솟아난다네.[115]

【해설】

앞에서 마음을 하나에 묶어놓는 일이나 혼침이 모두 생각의 차원에서 일어나는 것으로서 깨달음의 장애가 된다는 것을 밝혔다. 오직 하나일 뿐인 법(一乘)은 『법화경』, 『화엄경』 등에서 궁극적 불법을 가리키는 말로 쓰였다. 불이중도의 입장에서 보자면 진정한 불법은 오직 하나일 뿐이다. 두 가지 법이나 세 가지 법은 말하는 입장과 듣는 대상을 고려한 방편설에 해당하는 것이다. 그 뿐이겠는가? 오직 하나일 뿐인 법과 여섯 가지 대상은 서로 둘 아닌 관계에 있다. 진공과 묘유가 둘이 아닌 이치와 같다. '형상, 소리, 냄새, 맛, 촉감, 존재에 모두 실체가 없다'는 『반야심경』의 말이 바로 묘유와 진공이 둘 아님을 가리키는 것이다.

그러므로 오직 하나일 뿐인 법이라고 표현되는 최고의 진리가 따로 있는 것이 아니다. 여섯 가지 감각 대상이라고 표현되는 번뇌가 따로 있는 것이 아니다. 그렇게 나눈다면 그것은 이미 선문의 일이 아니다. 그러니 번뇌를 미워하는 이 마음을 내려놓는 것이 수행의 요체가

115) 色聲香味與觸法, 六處從來契一乘. 取捨之情猶未瞥, 又於平地起稜層.

된다. 그러면 여기 이 한 포기, 한 포기의 풀이 모두 부처님의 법신임을 확인하게 된다. 바로 그렇게 확인하는 것이 여래의 일이다.

진헐 선사는 오직 하나일 뿐인 법과 여섯 가지 감각대상을 나누는 이 언어표현 자체를 문제 삼는다. 산하대지가 모두 진여마음의 현현일 뿐이다. 이 자리에서는 소리와 모양의 구별조차 설 곳이 없다. 그것을 나누는 것은 분별적 사유의 장난일 뿐이다. 그래서 선사들의 모든 가르침은 견해와 앎을 떠나 바로 이 자리에 돌아오도록 하는데 집중된다. 이를 위해 혹은 간곡하게 설명하거나, 혹은 한 마디의 말도 세우지 않는 방법을 쓴다. 그 모든 것은 표현의 차이일 뿐, 우열이 있을 수 없는 것이다. 진헐 선사는 여섯 가지 감각대상이 사실은 오직 하나일 뿐인 법이라고 강조한다. 결국 오직 하나일 뿐인 법이라는 이 말은 경전의 전통적 설법방식과 통한다.

중봉 선사는 오직 하나일 뿐인 법과 감각 대상이 다르지 않다는 설법을 인용한다. 그리고는 바로 그 뜻풀이를 허물어 버린다. 오직 하나일 뿐인 법이므로 감각 대상이니 하는 식의 말이 성립할 수 없다는 것이다. 이를 통해 중봉 선사의 전체 설법은 윽박지름 그 자체가 된다. 우리는 그것에 밀려 오직 모를 뿐인 이것에 몸을 던질 수밖에 없다. 그것이 바른 수행이다.

39. 모든 감각대상을 미워하지 말라. 그것이 바른 깨달음이다.[116]

【진헐청료】

모든 감각대상을 미워하지 말라. 그것이 바른 깨달음이다. 〔인용한 뒤 말하였다〕 이 한 마디로 할 말 다 했다. 옛날과 지금을 박살내 버렸다. 밖으로는 산하대지가 사라졌다. 안으로는 네 가지 물질요소와 다섯 가지 집적물(형상, 느낌, 생각, 마음의 작용, 이해분별)이 드러나지 않는다. 그래서 모양은 모양이 아니고, 소리는 소리가 아니다. 들음은 들음이 아니고, 봄은 봄이 아니다.

〔먼지떨이를 세우며 말하였다〕 이것을 보는가? 설두(雪竇)가 말했다. 주장자가 모든 감각 대상이다. 거기에 무슨 문제가 있는가. 문제가 없으므로 분별하는 주체와 하나가 되는 것이다. 그러니까 거름더미니, 부처님 몸이니[117] 하는 말은 우선 제쳐두자. 발가숭이 몸뚱이 위의 일 없는 진짜 사람이나, 천 길 절벽[118]도 일단 그렇다 치자. 설사 사방팔방 발 딛는 곳 모두 부처라 해도 도리깨질 당하기 안성맞춤이다.

〔그리고는 먼지떨이를 던지며 말하였다〕 나도 이렇게 함부로 도리깨 휘두르고 몽둥이질해서는 안 되는데 말이지.

---

116) 六塵不惡, 還同正覺.

117) 송나라 석수탁(釋守卓)의 다음과 같은 게송에 보이는 구절이다. 거름덩이가 바로 부처님 몸이고, 진흙탕에 헤엄치는 것이 출가인이다. 대장부는 바르게 통하는 안목을 갖추었으니, 진귀함을 인정할 때는 진귀함이 아니라네. 〔糞掃堆頭丈六身, 入泥入水出家人. 丈夫自有通方眼, 認著珍時不是珍〕

118) 남원혜옹(南院慧顒) 선사가 설법 중에 한 말로서 발가숭이 몸뚱이 위의 일 없는 진짜 사람〔赤肉團上〕이나 천 길 절벽〔壁立千仞〕은 모두 분별적 사유를 떠나 불이중도를 실천하고 있는 상태를 가리킨다.

【중봉명본】

■ 뜻풀이

조사 스님은 모든 감각대상을 미워하지 않는 것, 그것이 바른 깨달음이라 말했다. 뜻으로 이해하는 자들은 이렇게 말한다. 모듬 감각 대상이란 것도 없고, 바른 깨달음이란 것도 없다. 언제나 그저 오묘하게 밝은 마음 바탕일 뿐이다. 이것을 모든 감각 대상이라 해도 되고, 진정한 깨달음이라 해도 된다. 만약 이 오묘하게 밝은 마음 바탕을 깨닫지 못했다면 모든 감각 대상이라 해도 틀리고, 바른 깨달음이라 해도 틀리다. 중요한 것은 깨달았느냐 깨닫지 못했느냐에 있다. 저 부처님과 조사의 입 거품이나 침방울을 가져다가 좋고 나쁨을 무수하게 나누지 말라. 하나같이 스스로 대장부가 되지 못하고 남이 시키는 대로 움직이는 일이다.

■ 뜻풀이 허물기

옛날에 과거에 계속 떨어지는 선비가 있었다. 그래서 붓을 태우고 벼루를 내던지면서 전원에 돌아가겠다는 시를 한 편 지었다. 부귀공명을 콧물이나 침방울과 같다고 풍자한 시였다. 그런데 다음 해 과거시험이 열리자 전과 같이 시험에 응시하였다. 말로 이러쿵저러쿵 하는 행위가 바로 이와 같다.

■ 노래

모든 감각 대상을 미워하지 않는 것이 바른 깨달음과 같다고? / 소림의 본채, 깊은 안방과는 천지의 차이인 걸 / 반드시 허공을 쥔 손을 내밀어 / 부처와 중생을 한 구덩이에 묻어 버려야 하리.[119]

【해설】

모든 감각 대상은 감각기관으로 감지되는 외부대상이다. 그런데 그 자체가 마음의 현현이다. 따라서 감지되는 그대로 마음이고, 있는 그

119) 不惡六塵同正覺, 少林堂奧隔天涯. 會須伸出拏空手, 佛與衆生一窖埋.

대로 진여이다. 싫고 좋고를 나눌 수가 없다. 그런데 우리는 이에 대해 시비분별, 취사선택의 마음을 낸다. 자아에게 유리한지 여부가 그 기준이 된다. 반면 호오의 감정이 없으면, 모든 감각 대상 그대로 청정한 마음이다. 따라서 바른 깨달음이 따로 있는 것이 아니다. 오직 번뇌망상을 버려야 한다는 생각조차 없는 이 일이 바른 깨달음인 것이다.

옛날 동산(洞山) 스님이 한 수행자에게 물었다. '그대는 여색을 사랑하는가?' 이 질문에 수행자는 깜짝 놀랐다. 자신이 무슨 잘못을 했나 해서 얼른 자리를 피하기까지 하였다. 그리고 결백을 주장하듯 말하였다. '절대 사랑하지 않습니다.' 동산 스님으로서는 유감인 대답이었다. 여색을 대하여 놀라고, 피하고, 도망가는 것이 수행인 것은 아니기 때문이다. 사랑과 미움을 둘로 나누는 한 그것은 분별망상일 뿐 수행이 아니다.

진헐 선사는 산하대지, 행주좌와가 구별되지 않는 자리를 제시한다. 이것을 선문에서는 똥 덩이 이대로 부처님 몸이라 표현한다. 진헐 선사는 한편으로 이러한 언어표현이 안고 있는 위험성을 설파한다. 사방팔방 발 딛는 곳이 모두 불국토라는 말은 맞다. 그렇지만 이렇게 말하고, 이렇게 이해하는 것은 깨달음이 아니다. 깨달음이란 진여와 딱 맞물려 살아가는 일일 수는 있어도, 알고 이해하는 차원의 일은 아니다. 이미 이해하는 주체가 세워지고 나면 불법과 거리가 멀다. 나아가 진헐 선사는 학인들을 경책하는 자신의 행위에도 생각의 찌꺼기들이 개입되어 있을 수 있다고 경계한다. 진실로 철저함의 끝을 보여주고 있는 것이다.

중봉 선사는 이러한 설법조차 언어와 생각의 차원에서 일어나는 일임을 지적한다. 이것을 입신양명을 꿈꾸는 사람들을 풍자하던 선비가 다음 해 과거에 응시한 일로 비유한다. 언어와 생각에 대한 부정이 일견 철저해 보이지만 역시 언어와 생각의 차원에 갇혀 있다는 것이다. 조사의 마음은 생각하고 설명하는 순간 놓치고 만다. 따라서 부처니 조사니 하는 말과 생각을 끝없이 내려놓고, 내려놓고, 또 내려놓아야 한다. 그리하여 항상 머물지 않는 무심의 자리에 머물러 있을 뿐이라야 한다.

40. 지혜로운 이는 의식적 행위가 없고, 어리석은 사람은 스스로를 속박한다.[120]

【진헐청료】

지혜로운 이는 의식적 행위가 없고, 어리석은 사람은 스스로를 속박한다.〔인용한 뒤 말하였다〕 통째로 수용하라.〔또 말하였다〕 그렇다고 대충 해서는 안 된다. 형상과 냄새와 맛과 감촉 등 외적인 대상 경계는 본래 별도의 본체가 없다. 그러면서 모든 것이 수행자의 몸을 바꾸는 자리이다. 깨달아 밝히는 자리이다. 도를 완성하는 자리이다. 눈 밝은 사람은 종일 끊임없이 받아쓰면서 새는 일도 없고, 의식적으로 행위 하는 일도 없다. 그러니 무슨 잘못이 있겠는가? 그것을 모르는 자는 마음 밖에서 법을 찾는다. 소리로 들리고 형상으로 보이는 눈앞의 온갖 경계에 단번에 묶여 버린다. 만 가지 법이 본래 실체가 없음을 알지 못하고 스스로 시끄러운 것이다.

참선하는 이들이여! 범부와 성인, 여자와 남자를 나누어 보는가? 이것이 모두 오염된 마음의 허망하고 전도된 일임을 알라. 실상의 자리에서 보면 상대다, 인연이다 할 것이 전혀 없다. 사람들은 없는 일을 스스로 만들고, 해골을 앞에 두고 저 혼자 귀신을 본다. 이렇게 허다한 일을 불러일으키니, 마치 누에가 자기 몸에서 실을 뽑아 스스로 묶어 가두는 이치와 같은 것이다. 도신스님이 구속에서 벗어날 해탈의 길을 물었다. 그러자 3조 스님이 물었다. '누가 너를 묶었느냐?' 참선하는 이들이여! 어떻게 하면 깨달아 그대를 묶고 있는 것이 누구인지 대답할 수 있겠는가?

---

120) 智者無爲, 愚人自縛.

〔한참 있다가 말하였다〕 물건의 무게를 재는 것이 목적이다, 저울의 기준 점에 매달리지 말라[121].

【중봉명본】

■ 뜻풀이

조사 스님은 지혜로운 이는 의식적 행위가 없고, 어리석은 사람은 스스로를 속박한다고 말했다. 뜻으로 이해하는 자들은 이렇게 말한다. 지혜가 따로 있는 것이 아니라, 깨달음으로 인해 지혜롭다. 어리석음이 따로 있는 것이 아니라, 미혹함으로 인해 어리석다. 지혜로운 이는 이 마음을 깨닫는다. 마음을 깨닫고 보면 본래 조작적 행위가 없다. 어리석은 자는 이 마음에 어둡다. 마음에 어두우므로 스스로 속박하게 된다. 그러므로 깨달은 사람에게는 조작적 행위가 없어서 하늘과 땅, 그리고 귀신들도 그를 어찌하지 못한다. 또 미혹한 사람이 스스로를 속박하면 수 천 수 만의 성현들도 그 속박을 풀어줄 수 없다. 지혜와 어리석음은 모두 자기 마음이 변한 것일 뿐, 바깥의 무엇이 그렇게 만든 것이 아니다.

■ 뜻풀이 허물기

송곳의 끝 날카로운 것만 알고, 자귀의 끝 네모난 것은 모르는구나. 무슨 말인가? 조작적 행위가 없는 것이 그대로 스스로 속박하는 일임을 알아야 한다는 말이다. 스스로 속박하는 것이 그대로 조작적 행위가 없는 일임을 알

---

121) 막대 저울의 기준눈금〔定盤星〕은 저울추를 다는 첫 번째 눈금이다. 『벽암록(碧巖錄)』에서는 그 기준점이 저울추를 다는 자리를 표시하는 것이지 무게를 알려주는 것이 아니라는 점을 알아야 한다는 뜻으로 이것을 언급하였다. 그러니까 기준눈금은 살아 움직이는 현장성을 잃고 관념에 집착하는 비유로 쓰인 것이다. 이 領取鉤頭意, 莫認定盤星은 선가의 관용적 표현으로서 손가락을 보지 말고 달을 보라는 뜻을 갖는다.

아야 한다는 말이다. 만약 정말로 두 가지 길이 따로 있다고 한다면 조사의 뜻에서 멀리 벗어나게 될 것이다.

■ **노래**

어리석은 사람이 스스로를 속박하면 그래도 풀어줄 수 있지만 / 지혜로운 사람의 조작적 행위 없음은 지독한 속박이다 / 칼 조각 하나 쓰지 않아도 모두 끊어지는 것인데 / 불쌍하다, 평지풍파로 본래의 진여를 잃는구나 /[122]

【해설】

지금 당장의 이것을 있는 이대로 기꺼이 받아들여 활용하는 여기에 조작적 행위가 있을 수 없다. 어떤 환경에도 있는 이대로 자유롭게 된다. 어떠한 일에도 눈 떠있게 된다. 이 마음이 있는 그대로 부처의 마음임을 믿지 않는 사람은 지금 이것을 버리고 어떤 궁극의 실체를 찾고자 한다. 그것은 자기 몸에서 실을 뽑아 스스로를 묶는 누에의 자승자박과 같다. 결국 이 마음 이대로 부처임을 믿는가가 핵심이다. 그 여부에 따라 지혜로움과 어리석음이 갈린다.

무엇보다도 스스로를 속박하는 이 자승자박의 악순환에 대해 성찰할 필요가 있다. 우리는 수행을 한다 하면서 이 몸과 영혼이 영속하기를 바란다. 위대한 초월자가 되고자 한다. 해탈을 얻고자 하면서, 실제로는 스스로를 가두고 속박하는 길을 걷고 있는 것이다. 견성, 혹은 해탈은 어떤 조작적 행위를 통해 성취되는 아니다. 그것은 오로지 지금 이것이 있는 이대로 진여임을 알고 수용하는데서 온다.

일본의 택암(澤庵) 선사를 떠보기 위해 여자의 속옷을 보낸 사람이 있었다. 아름다운 자수가 들어있고, 여인의 살 냄새가 물씬한 속옷이었다. 선사는 찬탄했다. '야! 정말 멋진 자수가 든 속옷이로구나.' 밤마

122) 愚人自縛還須解, 智者無爲縛殺人. 寸刃不施俱截斷, 爲憐平地喪天眞.

다 밝은 달이 연못을 비추지만, 달그림자를 남기지 않는다. 지혜로운 이는 오직 이러함을 알 뿐이다. 그러므로 지혜와 어리석음이 따로 있는 것이 아니다. 다만 지혜와 어리석음을 나누어 말할 수밖에 없는 것이 우리의 살림이 유감스러울 뿐이다.

진헐 선사는 이러한 분별적 차원의 말을 잘 알아듣기를 요구한다. 말을 하고 말을 듣는 것은 괜찮다. 다만 둘이 아닌 자리에서 말하고, 둘이 아닌 자리에서 들어야 한다. 지혜와 어리석음은 상대적인 말이지만 그 말이 일어나는 자리는 다르지 않다. 마찬가지로 지혜와 어리석음에 대한 생각이 일어나는 자리는 다르지 않다. 이것이 둘이 아님을 아는 것이 수행이다. 이렇게 수행할 때 모든 분별적 사유와 다양한 현상들이 있는 이대로 진여임을 확인하게 된다.

중봉 선사는 지혜와 어리석음이 둘이 아니라는 해석을 인용한다. 조작적 행위를 내려놓고, 스스로를 속박하는 일이 없어야 한다는 것이다. 그래놓고는 바로 이 말을 허물어 버린다. 도대체 조작적 행위가 없도록 하라는 이 말 자체가 속박이 아니냐는 것이다. 결국 속박의 길, 해탈의 길이 따로 있다는 생각이 문제이다. 그렇게 따로 나누어 보기 시작하면 조사의 마음과는 천리만리로 멀어지는 일이 되어 버리는 것이다.

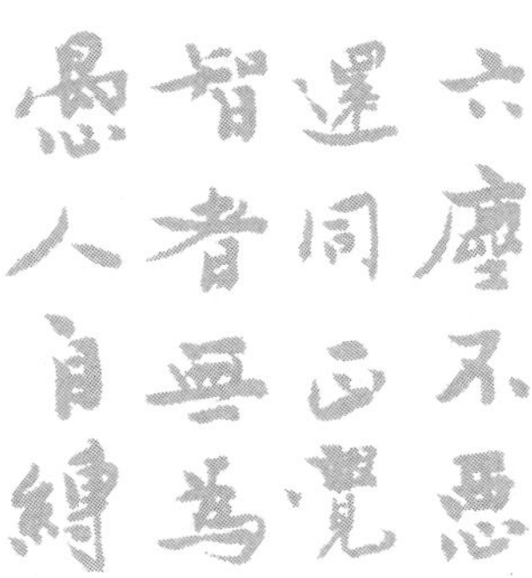

41. 법에는 다른 법이 없다. 그런데 허망하게 혼자 애착하고 있는 것이다.[123]

【진헐청료】

법에는 다른 법이 없다. 그런데 허망하게 혼자 애착하고 있는 것이다.〔인용하고 말하였다〕어떻게 다른 사람을 탓할 수 있겠는가? 태어나서 죽을 때까지 오직 이것일 뿐이다. 천 가지 법, 만 가지 법이 단지 이 한 법일 뿐이다. 무슨 다른 것이 또 있겠는가? 단지 이것을 좋아하고 저것을 싫어하는 것이 문제일 뿐이다. 이것에 집착하고 저것을 버리려는 것이 문제이다. 애착이 있으므로 한 쪽을 취하게 된다. 그것은 헛되이 꿈의 경계를 더하는 일일 뿐이다. 자성으로 자성을 걸러내려다 오히려 진정한 본원을 상실하고 마는 것이다. 모두 스스로 택한 허망하고 전도된 일인 것이다. 참선하는 이들이여! 어떻게 하면 법에 다른 법이 없음을 알 것인가?

〔한참 있다가 말하였다〕한 마디로 시방을 다 말했으나, 털끝만큼도 말을 한 적이 없다.[124]

【중봉명본】

■ 뜻풀이

조사 스님은 법에는 다른 법이 없는데, 허망하게 혼자 애착하고 있는 것이라 말하였다. 뜻으로 이해하는 자들은 이렇게 말한다. 푸른 대나무가 모두 진여이다. 향기 넘치는 노란 꽃이 모두 반야이다. 먼

---

123) 法無異法, 妄自愛着.

124) 一言盡十方, 絲毫未擧揚.

지알갱이처럼 많은 법계 안의 모든 소리와 모양을 다 찾아보라. 그 중에 하나라도 같은 모양 찾을 수 없고, 하나라도 다른 모양 찾을 수 없다. 이 같음과 다름을 떠나는 일 또한 불가능하다. 아아! 이것을 깨닫지 못하고서 부처에 집착하면 부처에 막힌다. 법에 집착하면 법에 막힌다. 부처와 법도 집착하면 장애가 되어 막히게 되는데, 그 밖의 집착이야 말할 것이 있겠는가?

■ 뜻풀이 허물기

법에 다른 법이 있다면 애착에도 다른 것이 있을 것이다. 법에 다른 법이 없다면 애착에도 다른 것이 없을 것이다. 그런데 어찌하여 허망하게 스스로 애착한다고 말하는 것인가? 여기에서 조사의 마음을 간파하지 못한다면 앞에서 말한 것은 모두 헛된 논의가 되고 말 것이다.

■ 노래

법에 둘이 없고 본체 또한 같다 / 같은 본체에서 변화의 작용을 펼치는 것이다 / 달마는 9년간 면벽만 하느라 / 이것을 가지고 진실한 바람을 뿌릴 줄 몰랐다.[125]

【해설】

둘로 나누지 않는다면 모든 현상에 차별이 없다. 모든 현상은 한가지로 다름이 없다. 법은 모든 현상을 가리키기도 하고, 진리로서의 법을 가리키기도 한다. 의미의 범주가 다른 것처럼 보이지만 만법과 진리로서의 법은 같은 것이다. 이를 금으로 만든 그릇에 비유할 수 있다. 금 그릇을 형상의 측면에서 보면 만 가지로 다르다. 그렇지만 금이라는 측면에서 보면 차별 없이 하나이다. 이 다양한 모양과 하나의 금은 둘로 나누어 말할 수 없다. 요컨대 이 하나의 금그릇에서 본성과

---

125) 法無異致體還同, 同體如何展化功. 少室九年惟面壁, 不知將底播眞風.

모양은 둘이 아니다. 여래는 이러한 진여의 이치와 함께 하는 이를 가리킨다. 여래란 모든 법에 다름이 없다는 뜻이기 때문이다. 이것을 모르면 눈앞에 보이는 차별적 모양에 휩쓸려 버린다. 이것은 취하고 저것은 버리는 일이 일어난다.

법은 별도의 모양을 갖지 않는다. 그러면서 또한 법은 모양 아닌 것이 없다. 그런데도 사람들은 무엇인가 이 일 말고 다른 특별한 일이 있다고 생각한다. 마음의 밖에, 혹은 마음의 안에 초월적인 무엇이 있다고 생각한다. 모든 것이 금이라는 것을 잊고, 어디에 따로 특별한 모양을 가진 금이 있다고 찾아다니는 것이다. 그 자체가 착각이다. 그래서 이것을 헛된 애착이라 부른다. 공에 대한 애착 역시 마찬가지이다. 불법을 처음 접하는 사람들은 공이 따로 있다고 생각한다. 그래서 묻는 것이다. 모든 것이 공일뿐이라면 우리는 왜 사는 것인가? 그러나 공이란 별도의 무엇에 집착하지 않는 그 일 자체를 가리킨다. 그러면 지금의 이 맑은 바람과 밝은 달이 전체로 그것이다. 이렇게 출근하고 이렇게 퇴근하는 것이 전부 그 일이다. 당장의 이 일이 삼천대천세계이고, 부처의 마음이다. 그것은 극히 다채로우며 풍부한 삶에 대한 눈뜸으로 귀결된다. 그런데 우리는 모든 것을 둘로 나누어 하나를 버리고 하나를 취한다. 이 일을 멈추어야 한다. 둘로 나누어 사고하기를 멈추면 애착이란 것이 아예 성립하지 않는다는 것을 알게 된다.

진헐 선사는 천만가지로 다양한 법이 오직 하나의 법일 뿐임을 거듭 밝힌다. 문제는 시비호오와 그에 기초한 취사선택에서 일어난다. 모든 취사선택은 꿈속에 꿈을 꾸는 일이다. 그런데 시비호오와 취사선택을 떠나는 일이 쉽지 않다. 오직 이 둘 아닌 법에 하나로 만나는 체험이 있어야 하는 것이다. 한 마디로 시방을 다 말했으나, 털끝만큼도 말을 한 적이 없다는 진헐 선사의 게송은 벌써 두 번 나오는 것이다. 이것을 동문이었던 굉지(宏智)선사도 자주 쓰고 있는 것을 보면 그 스승 단하자순(丹霞子淳) 회상에서 유행하던 구절로 보인다. 오직 한 법일 뿐이므로, 한 마디 말이 시방세계 전체를 가리키는 말이 된다. 나아가 오직 한 법인 자리로 돌아와서 보면 천만 마디의 말이 그대로 한 마디 말일 뿐이다. 심지어 한 마디도 하지 않은 원래 그 자리일 뿐이다. 이것이 그 게송이 가리키는 바이다.

중봉 선사는 모든 다양한 사물이 진여의 현현으로서 서로 다르지 않다고 밝힌 옛 해석을 인용한다. 물론 중봉 선사는 이러한 해석조차 허물어 버린다. 애착 때문에 하나인 법을 다르게 분별하여 본다는 말은 옳다. 그런데 이 말 자체를 문제 삼는 것이다. 법에 다르고 같음이 없는데, 애착이 붙을 자리가 어디냐는 것이다. 이처럼 중봉 선사는 어떠한 설득력 있는 해석도 일단 허물고 본다. 이를 통해 법을 듣는 우리로 하여금 둘로 나누어 생각하는 차원을 벗어나게 하는 것이다.

중봉 선사의 게송은 본체와 현상의 불이적 관계를 노래한다. 중봉 선사의 노래는 뒷 구절이 앞 구절을 부정하는 구조로 이루어져 있다. 그래서 둘 아님→ 다양한 작용→ 달마의 움직임 없는 자리로 부정의 운동을 계속한다. 이 부정은 한 곳에 머물지 못하게 한다. 여기에는 언어나 생각이 붙지 못한다. 오직 당장 이 자리에 하나로 만나도록 밀어붙이는 활기만이 남게 되는 것이다.

42. 마음을 가지고 마음을 쓰는구나. 그것이야말로 크게 잘못된 일 아닌가?[126]

【진헐청료】

마음을 가지고 마음을 쓰는구나. 그것이야말로 크게 잘못된 일 아닌가? 〔인용하고 말하였다〕 어떻게 다른 사람을 탓하랴. 지수화풍의 몸이 법을 이해하고 들을 수 있을까? 몸뚱이가 법을 이해하지 못하고 듣지 못한다면, 법을 듣는 이것은 또 무슨 물건인가? 지금 법을 가지고 법을 듣고, 마음을 가지고 마음을 찾으며, 선(禪)을 가지고 선을 찾고 있다. 불법을 한 짐 가득 지고 있으면서, 또 여기에 와서 불법을 듣고자 한다. 그것이야말로 큰 잘못이 아닌가? 그렇다고 말하기는 어렵겠지. 그래도 부끄러운 줄은 알아야 한다. 소를 타고 있으면서 소가 어디에 있느냐고 묻고 있으니까 말이다. 조사 스님의 마음을 저버리지 말라.

【중봉명본】

■ 뜻풀이

마음을 가지고 마음을 쓰는구나. 그것이야말로 크게 잘못된 일 아닌가? 뜻으로 이해하는 자들은 이렇게 말한다. 부처가 되려는 것이 마음을 가지고 마음을 쓰는 일이다. 조사가 되려는 것이 마음을 가지고 마음을 쓰는 일이다. 또한 생사를 초월하고, 열반에 머물며, 보리를 증득하고, 번뇌를 끊으려는 일이 모두 마음을 가지고 마음을 쓰는 일에 속한다.

---

126) 將心用心, 豈非大錯.

■ 뜻풀이 허물기

그렇기는 하지만 역시 절반만 말한 것이다. 마음의 본체가 넓고 커서 한량이 없다는 것을 알아야 한다. 있는 그대로 큰 불덩이와 같아 그 속에 들어가면 타버리고, 닿기만 해도 그슬린다. 설사 부처되고 조사되는 일을 하지 않으려 해도 그것 역시 마음으로 마음을 쓰는 일에서 벗어날 수 없다.

■ 노래

부처가 바로 마음이고 마음이 바로 부처지만 / 자기 것으로 하려는 순간 벌써 어긋나 멀어져 버린다 / 가섭존자는 부처님이 든 꽃을 보고 활짝 미소 짓는 바람에 / 평지풍파 일으켜 쓸데없이 본을 세우고 말았네.[127]

【해설】

마음을 가지고 마음을 쓴다는 것은 마음을 가지고 마음을 찾는다는 말과 같은 뜻이다. 모든 현상은 있는 그대로 전체가 마음이다. 그런데 거기에 분별적 사유를 적용하여 마음과 마음 아닌 것을 나눈다. 그리고는 마음을 찾아 나서는 것이다. 지금의 이 만사만물, 이 모든 행위가 바로 마음인데 말이다. 이 일은 수행현장의 비극이기도 하다. 지금 이것을 제쳐두고 엉뚱한 곳에서 마음을 찾아다니고 있기 때문이다. 수행자는 번뇌를 끊고, 보리를 증득하려 한다. 그런데 번뇌라는 것, 그것이 바로 마음이다. 보리를 증득하려 하는 것, 그것이 바로 마음이다. 나아가 모두 마음이라고 이렇게 말하고, 이렇게 알아듣는 이것이 바로 마음이다. 오직 이것을 알고 확인해나가야 한다. 그것이 진정한 수행이고 깨달음이다. 그런데 그게 쉽지 않다. 그래서 마음을 가지고 마음을 찾는 일이 일어난다. 들끓는 마음을 멈춰 보기도 하고, 호흡을 관찰하기도 하고, 화두를 들기도 한다. 엄격하게 말해 화두와 같은 수행방편을 쓰는 일 또한 마음을 가지고 마음을 찾는 행위이다.

127) 卽佛是心心是佛, 擬承當處早乖疏. 飮光眉向花前展, 平地無端起范模.

그래서 집중을 유도하는 수행방편은 약과 독의 기능을 함께 갖고 있다. 이것을 바로 다루려면 집중하되 집착하지 않아야 한다. 그것은 마치 펄펄 끓는 기름 솥을 이고 외길을 걷는 죄수와 같다. 그 뒤에는 칼을 든 형 집행인이 뒤따르고 있다. 기름이 한 방울이라도 밖으로 떨어지는 날에는 바로 목에 칼이 들어온다. 여기에서 자아니 기름이니 하는 생각이 일어날 수 있겠는가? 오직 전 존재를 바쳐 걸어갈 뿐이다. 이 때 집중하되 집착하지 않는 일이 일어난다.

진헐 선사는 참선을 통해 마음을 찾는다는 말의 모순을 지적한다. 자성을 찾는다는 생각의 문제점을 지적한다. 지금 이렇게 드러난 전체가 마음이고 자성이다. 그런데 이것을 제쳐두고 어디에서 무엇을 찾고 있느냐는 것이다. 소를 타고 있으면서 소를 찾는 일은 비웃음을 받을 일이다. 우리는 수행을 한다면서 그 일을 하고 있는 것이다.

중봉 선사는 먼저 의미적 차원의 해석을 인용한다. 수행을 통해 부처가 되고, 조사가 되려 하는 그 일이 마음으로 마음을 찾는 일이라는 해석이다. 그래놓고는 이것을 허물어 버린다. 그렇다면 부처가 되지 않겠다고 마음먹는다면 괜찮겠느냐는 것이다. 이 역시 부처가 되려는 일과 마찬가지로 마음으로 마음을 찾는 일 아니냐는 것이다. 문제는 생각이다. 의식적 지향이 일어나는 순간 도에서 멀어진다. 그래서 무엇인가 지향하면서 마음을 쓰는 모든 조작적 행위가 문제가 된다. 심지어 꽃을 들어 대중에게 보여준 석가세존도 욕을 먹는다. 그것을 보고 미소를 지은 가섭존자도 욕을 먹는다. 단번에 모든 것을 내려놓도록 윽박지르는 조사의 가풍이 역력하다. 중봉 선사의 매력은 우리를 윽박지르는데 있다. 적당히 놓아주는 법이 없다. 우리는 그 앞에서 숨쉬기조차 벅차다. 무엇을 어떻게 해볼 도리가 없기 때문이다. 그 막연함과 간절함이 바로 도에 들어가는 문이다.

43. 미혹하면 고요함과 산란함이 나뉜다. 밝게 깨치면 좋아하고 싫어함이 없어진다.[128]

【진헐청료】

미혹하면 고요함과 산란함이 나뉜다. 밝게 깨치면 좋아하고 싫어함이 없어진다. 〔인용하고 말하였다〕 미혹하다느니 깨쳤다느니 하는 말 좀 그만해라. 별도의 모양이 없으나 변함이 없는 이 본체를 사람들은 모두 갖추고 있다. 이것은 위와 아래를 남김없이 밝게 비추고 있다. 고요한 것도 아니고, 산란한 것도 아니다. 견해로는 알 수 없다. 앎과 이해로는 알 수 없다. 이것은 범부와 성인을 뛰어넘어 있고, 느낌과 생각을 벗어나 있다. 한 생각 미혹하면 그 순간, 모양 없고 변함이 없는 이 본체를 등지게 된다. 산란한 마음이 그것을 가려 눈앞에 드러나지 못하게 된다. 한 생각 일어나지 않고, 앞뒤가 끊어져 보라. 별도의 모양이 없지만 변함없는 이 본체를 깨닫게 될 것이다. 실상의 이치로 보자면 한 톨의 먼지도 일어나는 일이 없다[129]. 하나조차 없으니 무슨 좋아하고 싫어함이 있겠는가? 다만 미혹과 깨달음에 걸리지 않으려면 어떻게 할 것인가?

언제나 기억하나니, 강남 땅 삼월에는, 자고새 우는 곳에 백가지

128) 迷生寂亂, 悟無好惡.

129) 위산영우(潙山靈祐) 선사의 설법에 보이는 말이다. 그 내용은 다음과 같다. 실상의 이치 자리에서는 한 톨의 먼지도 없다. 만 가지 실천의 길에서는 하나의 법도 버리지 않는다. 단도직입하라. 그러면 범인이니 성인이니 하는 생각이 떨어지고 진실하고 영원한 본체가 드러날 것이다. 이 때 이치와 현상이 둘이 아니니 그것이 바로 여여한 부처님이다. 〔實際理地, 不受一塵, 萬行門中, 不捨一法. 若也單刀直入, 則凡聖情盡, 體露眞常, 理事不二, 卽如如佛〕

꽃 향기롭다.[130]

【중봉명본】

■ 뜻풀이

조사 스님은 미혹하면 고요함과 산란함이 나뉘지만, 밝게 깨치면 좋아하고 싫어함이 없어진다고 말하였다. 뜻으로 이해하는 자들은 이렇게 말한다. 진실로 고요한 본체에는 어떤 것도 남아있지 않다. 『능엄경』에 '새지 않고 진실하며 청정하나니 어찌 이 속에 다시 다른 것이 있겠는가?' 하는 말이 있다. 이 이치를 깨닫지 못하였기 때문에, 고요하다거나 어지럽다고 보는 것이다. 깨닫지 못하였기 때문에, 움직인다거나 조용하다고 보는 것이다. 움직임과 어지러움이 미혹함이다. 조용함과 고요함도 미혹함이다. 나아가 자기를 보아 그 자리에서 성불한다는 것도 미혹함이다. 이 미혹한 마음을 깨달으면 그 자리에서 해탈하게 될 것이다. 그 때는 하나하나가 모두 천진함이며, 하나하나가 모두 밝고 오묘함일 뿐이다. 어지러움이니, 고요함이니 하는 것을 볼 수도 없고 알 수도 없다. 상대적 분별의 두 측면을 떠나고, 중도조차 성립하지 않는다. 그러니 무슨 좋아하고 싫어하는 마음이 있어 다시 장애가 될 것인가?

■ 뜻풀이 허물기

말은 근사하다. 그런데 미혹은 어디에서 오는 것인가? 깨달음은 어디에서 일어나는 것인가? 지금 당장 그것이 오고 일어난 곳을 알 수 있겠는가? 그렇다면 미혹함을 버릴 것도 없고, 이 깨달음이라는 것도 깃들일 자리가 없게 될 것이다. 그렇지 못한 입장에서 미혹이니 깨달음이니 하면서 자성을 취하여 분별하면 결국엔 견해의 병만 더하는 일이 될 뿐이다.

---

130) 常憶江南三月裏, 鷓鴣啼處百花香.

■ 노래

고금천지에 누가 깨달았는가 / 깨달음이란 없다, 미혹함도 없다 / 가만히 생각하면 온주(溫州) 땅 영가(永嘉) 스님이 / 조계의 회상에서 하룻밤을 묵은 것도 쓸데없는 일이었다.[131]

【해설】

미혹하면 고요함과 어지러움이 나뉜다. 이 말을 뒤집어 고요함과 어지러움을 구분하는 것 자체가 미혹함이라 할 수도 있다. 깨달으면 좋아하고 싫어함이 없다. 좋아하고 싫어함이 없는 일 그 자체가 깨달음이라 할 수도 있다. 일체의 현상은 차별이 없어 본래 평등하다. 그런데 이것을 분별하여 좋은 것을 애착하고, 나쁜 것을 싫어하는 것이 미혹함이다. 그러니까 수행을 통해 고요함을 성취하고자 한다면 그것은 미혹에 미혹을 더하는 일이다. 진정한 고요함이란 고요함과 어지러움을 나누지 않는 일을 가리키기 때문이다.

물론 수행을 통해 고요한 마음을 성취할 수 있다. 그러나 그것은 없던 것을 만든 것으로서 대승에서는 이를 높게 보지 않는다. 심지어 그것을 무위의 함정(無爲坑)이라 부르기까지 한다. 그것은 깨달음과는 상관없는 일이다. 조건이 변하면 다시 시끄러워지기 때문이다. 요컨대 그것은 시끄러움을 전제로 한 상대적인 고요함이다. 반면 본래 청정한 마음은 고요한 선정을 필요로 하지 않는다. 지금 이 시끄러운 자리 그대로 본래 청정한 마음이다. 지금 이렇게 밥 먹고, 이렇게 사람 만나는 일 이대로 본래 청정한 마음이다.

이렇게 확인된다면 그것을 진정한 눈뜸이라고 할 수 있다. 지금 이것일 뿐인 자리에서는 제거해야 할 산란함이 따로 없다. 마찬가지로

131) 古今天地誰曾悟, 無悟何曾更有迷. 翻憶溫州老眞覺, 無端一宿憩曹溪.

추구해야 할 고요함도 따로 없다. 성스러운 것을 좋아하고, 범속한 것은 싫어한다면 도에서 멀다. 무엇이든 좋아하고 싫어함이 있으면 도에서 멀다. 중국 근대의 홍일(弘一) 법사는 소금으로 반찬을 대신하고, 맹물로 차를 대신하였다. 문단에서 가깝게 지내던 하개존(夏丏尊)이 물었다.

하개존 : 소금이 짜지 않습니까?
홍 일 : 그 짠 맛으로 먹는 거지요?
하개존 : 맹물이 싱겁지 않습니까?
홍 일 : 싱거운 맛으로 먹는 거지요.

좋고 싫음이 없으면 그대로 도이다. 그런데 왜 우리는 이것에 어두운가? 나와 대상을 둘로 나누어 보기 때문이다. 생각이 일어나는 순간, 세계는 둘로 쪼개진다. 하나일 뿐인 법계가 좋고 나쁨으로 나뉜다. 옳고 그름으로 나뉜다. 고요함과 시끄러움으로 나뉜다. 미혹함과 깨침으로 나뉜다.

진헐 선사는 미혹함과 깨침을 나누는 그 일이 바로 분별적 사유의 산물임을 지적한다. 생각을 일으켜 미혹함을 벗어나려 하는 것은 더 심각하다. 좋아하고 싫어하는 마음이 일어났기 때문이다. 결국 수행은 한 생각 일어나지 않는 자리에 머무는 일이다. 앞과 뒤가 끊어지는 일이다. 문제는 어떻게 그렇게 할 수 있느냐는 것이다. 그래서 이렇게 아는 그 일조차 내려놓는 일이 필요하다. 게송에서 노래한 것처럼 지금 여기 자고새가 운다. 이 밖에 다른 법이 없다. 백가지 꽃이 향기롭다. 이 밖에 다른 마음이 없다. 우리는 그 소리와 향기로 마음을 확인할 뿐이다. 이 밖에 무엇을 더 붙이면 그것은 미혹인 것이다.

중봉 선사는 중도조차 성립하지 않는다는 문장을 인용한다. 그리고는 이를 허물어 버린다. 미혹과 깨달음이 어디 따로 있느냐는 것이다. 진정한 깨달음이란 미혹과 깨달음을 나누지 않는 데서 일어난다. 그러니 미혹이 일어나는 자리, 깨달음이 오는 자리가 따로 있는 것이 아니다. 더 과격하게 말하자면 깨달음도 없고 미혹함도 없다. 영가 스님이 온주에서 조계까지 찾아가 하룻밤을 묵은 것은 이 도리에 위배된다. 어제와 오늘을 분별하고, 미혹함과 깨달음을 분별하였기 때문이다. 온주와 조계를 분별하였기 때문이다. 물론 이것은 철저한 깨달음에서 물러서지 않도록 다그치는 선가의 어투일 뿐이다. 실제로 영가 스님은 조계가 가서 깨닫는다. 그렇게 깨닫고 보니 생사가 둘이 아니었던 것이다.

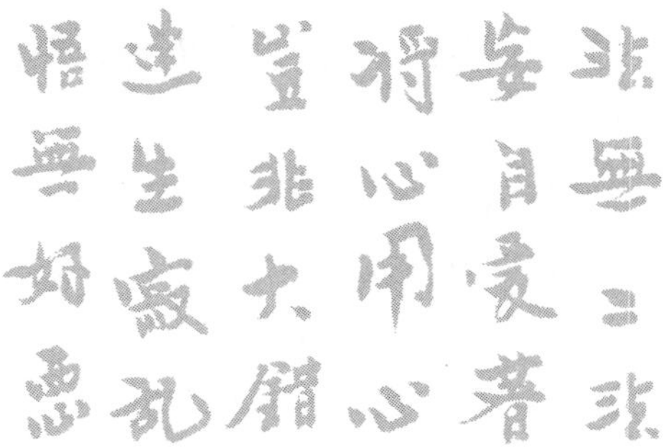

44. 모든 상대적인 두 견해는, 실로 이런저런 헤아림에서 생긴다.[132]

【진헐청료】

모든 상대적인 두 견해는, 실로 이런저런 헤아림에서 생긴다.〔인용한 뒤 말하였다〕 누가 이렇게 함부로 하라 말했는가? 다들 성인과 범부, 미혹과 깨달음을 이야기한다. 좋아함과 싫어함, 있음과 없음을 말한다. 선정과 산란을 말하고, 마음과 대상을 말한다. 얻음과 잃음을 이야기하고, 옳음과 그름을 이야기한다. 이렇게 상대되는 현상은 모두 이원적인 것이다. 그런데 만약 이렇게 분별적 사유로 헤아리고 함부로 짐작한다면 모든 것이 온통 어지럽게 되고 말 것이다. 마음으로 생각하려 하는 순간 이미 도와 상관없는 일이 되어 버린다. 그러니 입을 열어 말하는 자리야 어떻겠는가? 말이 있는 곳에는 모두 실상의 뜻이 없는 것이다. 알겠는가?

전설의 큰 거북이는 강과 호수에 있지 않은데, 사람들은 낚싯대를 들고 그것을 낚으려 하니 우습구나.[133]

【중봉명본】

■ 뜻풀이

조사 스님은 모든 상대적인 두 견해는, 실로 이런저런 헤아림에서 생긴다고 말했다. 가짜 암행어사 같은 사람들은 이렇게 설명하고 해석한다. 산란이 있다고 보는 순간, 고요함이 있게 된다. 산란은

132) 一切二邊, 良由斟酌.

133) 巨鼇不在江湖裏, 堪笑時人把釣竿.

혼자 산란한 것이 아니다. 고요함의 상대로서 산란인 것이다. 고요함은 혼자 고요한 것이 아니다. 산란의 상대로서 고요함인 것이다. 이처럼 무수한 현상들은 모두 상대적으로 서로 기대어 있다. 여기의 짐작한다는 말은 첫 구절의 간택한다는 말과 거의 비슷하다. 간택하는 의식이 사라지지 않았기 때문에, 고요함과 산란함 등의 두 측면에서 짐작하는 생각이 일어난 것이다. 그것을 없애지 않으면 모든 것에서 불이를 성취할 수 없을 것이다.

■ 뜻풀이 허물기

그렇다면 헤아리는 생각을 없앨 수 있는 방편은 무엇인가? 이 방편을 알지 못한다면 그렇게 말하는 것 역시 모두 짐작에서 나왔다고 할 수밖에 없다.

■ 노래

상대적인 분별을 하지 않는다면서 수시로 헤아리니 / 하나의 길에 모두 평등하다는 말 역시 허망한 가르침일세 / 본체를 보아 말과 모양을 벗어나지 못하면서 / 부처 · 조사와 같음을 보려는 것, 가련한 일일 뿐이네.[134]

【해설】

헤아림은 분별적 망상의 다른 말이다. 그것은 실상의 핵심을 바로 짚지 못하고, 주변을 더듬는 경향이 있다. 헤아리는 순간 상대적 두 측면, 즉 양변이 세워진다. 어떤 것이든 상대적 두 측면이 설정되면 그 순간 중도는 무너진다. 진정한 중도는 중도라는 생각조차 세워질 수 없는 자리이다. 중도라는 생각이 세워지는 순간, 그렇지 않은 것이 세워지기 때문이다. 그렇다면 어떤 것이 양변을 세우지 않는 일일까? 옛날 한 수행자가 조주 스님에게 물었다.

---

134) 二邊不用頻斟酌, 一道齊平亦妄傳. 覰體未超言象外, 見同佛祖正堪憐.

수행자 : 두 마리의 용이 싸우면 누가 구슬을 얻을까요?
조 주 : 나야 보고만 있을 뿐이지.

모든 사물과 사건이 오고 감을 바라만 볼 뿐이다. 심지어 시비호오를 일으키는 일이 있다면 이것도 볼 뿐이다. 이것이 수행이다. 이것이 바로 양변을 떠나는 길이다. 실상을 보는 길이고, 부처를 보는 길인 것이다.

진헐 선사는 생각하는 일이 바로 짐작하는 일이라고 밝힌다. 게송에서는 더 분명히 말한다. 전설의 거북이는 분명히 있다. 그것은 우주에 가득 차도록 크고, 먼지 속에 들어가도록 작다. 그런데 사람들은 이것을 강과 연못이라는 특정한 장소에서 잡으려 한다. 여기 분명히 드러나 있는 이것을 놓치고 엉뚱한 곳에서 찾는 그 일이 성공할 수 없다는 것은 자명하다.

중봉 스님은 헤아리고 간택하는 생각을 없애는 일이 생각의 차원에서 가능한 것이지를 묻는다. 무엇을 없애겠다고 하는 그 자체가 헤아리는 일이고 간택하는 일이기 때문이다. 중요한 것은 진여와 하나로 만나는 진실한 체험이다. 깨달음은 천지가 개벽하듯 전체 존재가 바뀌는 체험을 동반한다. 그렇지 않고 말만 따라가면 끝내 헤아림의 차원에 머물게 된다. 우리는 중봉 선사의 게송을 읽으면 환히 풀리는 대신 더 답답해짐을 느낀다. 그래야 한다. 우리는 가르침을 듣고 통 밑이 빠지듯 시원해지지 않으면 더 답답해져야 한다. 그리고 이렇게 숨도 못 쉬도록 답답하게 만드는 것이 임제선의 특기이기도 하다. 이를 통해 극도로 절실해지고 간절해진 마음으로 밀고나가는 수행이 시작되는 것이다.

45. 꿈속의 환영과 허공의 꽃 아닌가? 어째서 애써 잡으려 하는가?[135]

【진헐청료】

꿈속의 환영과 허공의 꽃 아닌가? 어째서 애써 잡으려 하는가? 〔인용하고 말하였다〕 내려놓아라. 한 터럭의 일도 없는데 그처럼 많은 생각을 해서 무엇 하겠는가? 일체의 무수한 경계가 꿈이고, 일체의 무수한 모양이 환영이다. 일체의 무수한 현상이 허공의 꽃이라서 털끝만큼도 잡을 수 없다. 다만 우리의 업식이 끝이 없어, 지수화풍 몸뚱이의 냄새나는 뼛조각과 생명 없는 해골을 나 자신으로 집착하는 것일 뿐이다. 그로 인해 어지러운 일이 끝없이 일어난다. 종일토록 눈앞의 무수한 경계를 좇아 다니고, 꿈속에서 휩쓸리고 구르는 것이다. 참선하는 이들이여! 어떻게 하면 또렷또렷할 수 있을 것인가? 〔한참 있다가 말하였다〕 푸른 하늘에 밝은 해라네.

【중봉명본】

■ 뜻풀이

조사 스님은 꿈 속의 환영과 허공의 꽃을, 어째서 애써 잡으려는가 하고 말했다. 뜻으로 이해하는 자들은 경전을 인용하여 이렇게 말한다. '인지되는 모든 현상은 꿈같고, 환영 같다. 물거품 같고, 그림자 같다. 이슬과 같고, 또 번개와 같다. 마땅히 이와 같이 보도록 하라.'[136] 또 영가스님의 말을 인용하여 이렇게 말한다. '지수화풍의 육

135) 夢幻空華, 何勞把捉. 夢幻空華는 夢幻虛華로 되어 있는 판본도 있다. 뜻은 동일하다.

136) 一切有爲法如夢幻泡影, 如露亦如電應作如是觀.

신을 내려놓고, 집착하지 말라. 적멸한 본성 따라 그대로 마시고 먹을 뿐이다. 모든 인식내용은 영원하지 않아 일체가 비어있다. 이것이 바로 여래의 크고 완전한 깨달음이다.'[137] 그러면서 곧 마음가는 대로 대상을 상대한다. 하고 싶은 대로 행동하면서 계율을 범하고 깨뜨린다. 그리고는 모두들 이 말을 가지고 증거를 삼는 것이다.

■ **뜻풀이 허물기**

내가 알고 싶은 건 이렇게 마음 가는 대로, 하고 싶은 대로, 편안하게, 마음대로 할 때의 상황이다. 정말로 모든 대상경계가 꿈속의 환영과 같은가? 허공의 꽃과 같은가? 만약 정말로 허공의 꽃과 같이 본다면 그것을 따라 좇아갈 일이 없다. 가슴 속에 약간이라도 대상을 따라 좇아가는 마음이 남아 있다면, 꿈속의 환영이니 허공 꽃이니 말할 수 없게 될 것이다. 부처가 되고 조사가 되는 일 역시 꿈속의 환영이고 허공의 꽃이다. 이 점을 알아야 한다. 그 밖의 일이야 꿈속의 환영 아닌 것이 있겠는가? 더구나 헛되이 집착하지 말라는 말을 하는 순간 벌써 꿈속의 환영에 떨어져 버렸다는 것을 알아야 한다. 이 일은 직접 깨닫고 실제로 도달해야 한다. 만약 그렇지 못하고 말을 따라 이해하고자 한다면 어리석은 사람이라 할 수밖에 없다.

■ **노래**

설산에서 부처님이 한 밤중에 샛별 보는 자리이고 / 업경대(業鏡台) 앞에서 모습을 비추는 때이다 / 하나인 이것이 거꾸로 뒤집힌 꿈이 되니 / 이로 인해 이익 얻는 자는 누구인가.[138]

【해설】

우리가 분별적 차원에서 보고 아는 일들은 모두 환영이고 허공 꽃이다. 허공에 꽃이 있을 리 없다. 그것은 우리의 눈에 장애물이 끼었기 때문이다. 정신적 비문증(飛蚊症)이 있는 것이다. 이로 인해 실체가 없

137) 放四大莫把捉, 寂滅性中隨飮啄. 諸行無常一切空, 卽是如來大圓覺.

138) 雪山午夜觀星處, 業鏡台前照影時. 一種做成顚倒夢 , 不知誰是得便宜.

는 무수한 환영이 일어나는 것이다. 분별하는 마음이 바로 허공 꽃을 만들어내는 눈 속의 티끌이다. 모든 현상은 깊은 산사의 동종과 같다. 사람이 와서 울리면 소리를 낸다. 그러나 그 소리는 머물지 않는다. 인연이 오면 일어나고, 인연이 가면 사라진다. 이 소리에는 실체가 없다. 따라다닐 일이 없는 것이다. 중생은 꿈속의 환영이고, 부처는 허공의 꽃이다. 애면글면 잡을 일이 아닌 것이다. 나아가 이렇게 집착하지 말라고 말하는 행위도 꿈속의 일이다. 그래서 말을 따라가지 말고 말이 일어나는 자리를 보라 하는 것이다.

그럼에도 불구하고 진헐 선사가 지적하는 것처럼 우리는 끝없는 업식의 작용 때문에 환영을 따라 다닌다. 특히 이 몸과 마음을 자기로 착각하여 대상경계와 결연을 맺어가며 꿈속의 놀이를 멈추지 못한다. 그래서 진헐 선사는 한 마디 한다. 지금 당장 여기에 또렷또렷 하라는 것이다. 밖에서 찾아다니지 말라는 것이다. 그 도가 있는 자리를 진헐 선사는 푸른 하늘의 밝은 해라고 말했다.

중봉 선사는 우리가 지금 당장 대상경계를 환영처럼 보고 있는가를 묻는다. 만약 어느 것에 추호라도 지향하는 바가 있다면 그것 자체가 환영이다. 불법을 추구한다 해도 환영이라는 점에 있어서는 다르지 않다. 심지어 헛되이 집착하지 말라는 이 가르침을 추구한다 해도 그 역시 환영이다. 중봉 선사의 거듭된 가르침은 지금 이 자리에서 직접 깨달으라는 것이다. 그렇지 않고 어떤 고매한 내용이 있다고 생각하여 언설을 따라가는 한 미혹에 빠진 어리석은 사람이라는 것이다. 게송에서는 부처의 깨달음과 삶을 마감하는 시간조차 환영임을 말한다. 생각은 고도의 사기꾼이다. 항상 차별이 없이 오직 이것일 뿐인 일을 둘로 나누어 갈등의 새끼줄을 꼬고 있다. 이것에 속지 말라는 것이다.

46. 얻음과 잃음, 옳음과 그름을 당장 놓아 버려라.[139]

【진헐청료】

얻음과 잃음, 옳음과 그름을 당장 놓아 버려라. 〔인용하고 말하였다〕 어디에 놓으라는 것이냐? 놓아 버릴 물건이 있다면 앞에서 꿈속의 환영 같고, 허공의 꽃과 같다고 한 것은 또 뭐냐? 참선하는 이들이여! 여기에서 득실시비를 놓아버리라 하는데, 그것이 바로 헛된 노력이다. 깨달음조차 놓아버릴 것 없이 그대로 한바탕 꿈속의 환영임을 깨달아야 하는 것이다. 마음에 아무 것도 없으면 모든 현상이 한 가지로 같다. 그렇지만 눈앞의 득실시비에 마음이 움찔거린다면 저 당장 놓아버리라는 도리를 어떻게 알겠는가? 〔한참 있다가 말하였다〕

눈만 녹으면, 봄은 저절로 오는 법이지.[140]

〔대중에게 설법하여 말하였다〕 하늘과 땅을 함께 보는 눈은 끝없이 이어져 한 터럭도 새는 일이 없다. 견해를 떠나 생각을 일으키면 완전히 맑아 한 점 티끌도 없다. 생각하려 하면 바로 틀리고, 입을 열면 바로 추락한다. 눈을 깜빡이고, 눈썹을 치켜 올리기만 해도 만 리 밖 구름처럼 어긋난다. 이 자리에서 어떻게 하면 몸을 돌리고 숨을 내쉴 것인가?

【중봉명본】

■ 뜻풀이

조사 스님은 얻음과 잃음, 옳음과 그름을 당장 놓아 버리라고 말했다. 뜻으로 이해하는 자들은 이렇게 말한다. 하나로서 진실한 법계

---

139) 得失是非, 一時放卻.

140) 但得雪消去, 自然春到來.

에는 얻음도 없고, 잃음도 없다. 옳음도 없고, 그름도 없다. 그런데 허망한 생각이 갑자기 일어나, 분별하는 견해가 마구 생겨난다. 그래서 옳고 그름이 없는데, 옳고 그름이 불길처럼 일어난다. 시비가 없는데, 어지럽게 시비가 엇갈린다. 조사 스님은 그것을 당장 내던져 버리라 하였다. 그런데 이 일조차 이미 칼끝에 손을 베는 일이다. 평지에 풍파를 일으키는 꼴이다. 알겠는가? 본래 그것이 없는데 무엇을 놓아버리라는 것인가? 만약 놓아버릴 수 있는 도리가 있다고 한다면 득실시비를 어디에 놓아버릴 것인가?

■ **뜻풀이 허물기**

억! 놓아버릴 것이 있다 해도 몽둥이 깜이고, 놓아버릴 것이 없다 해도 몽둥이 깜이다. 그대여! 어떻게 하면 저 득실시비에서 벗어날 것인가?

■ **노래**

두 손을 떨치고 할 일이 없어 / 득실시비를 모두 다 버렸도다 / 이렇게 하여 생사를 초월하고자 한다면 / 발아래 꿈틀대는 뱀이 똬리 틀고 있다네.[141]

【해설】

득실시비를 놓아버리라 했지만 둘 아닌 자리에는 아예 놓을 것이 없다. 엄밀히 말해 득실시비가 있는 그대로 법성의 드러남이다. 그러니까 의도적으로 득실시비를 놓아버리려 한다면 법성과 하나로 만날 수 없다. 둘 아닌 입장에서 보면 모든 득실시비가 오로지 실상이다. 따라서 둘 아닌 이것에 안착하는 일이 필요하다. 득실시비를 놓아버린 자리에 안착하고 보면 모든 것이 마음이다. 우주법계 어느 것이나 법신 아닌 것이 없다.

여기 마조 스님이 침 뱉은 얘기가 있다. 마조 스님이 참선을 하다

---

141) 兩手撒開無一事, 是非得失盡皆捐. 擬將這個超生死, 脚下騰蛇正繞纏.

가 불상에 침을 뱉었다. 시자들이 그 까닭을 따져 묻자 마조 스님이 말했다. '도처에 부처의 법신이 있다. 나는 지금 침을 뱉어야 한다. 그러니 여기 말고 어디다 침을 뱉으란 거냐.' 득실시비를 놓아버린 선사의 삶이 그러했다.

그럼에도 불구하고 득실시비를 가리는 마음을 놓아버리라는 『신심명』의 가르침은 여전히 참되다. 놓아버린다는 그 생각 역시 내려놓을 수 있다면 말이다. 진헐 선사는 이 말을 받아 놓아버리라니 도대체 어디에 놓아버리라는 거냐고 반문한다. 공간조차 성립하지 않는 것이 둘 아닌 이것이다. 그런데 무엇을 누가 어디에 놓아버리느냐는 것이다. 놓아버릴 무엇이 따로 있다면, 놓아버릴 주체도 따로 있어야 한다. 벌써 나와 대상의 두 상대가 세워지는 것이다.

물론 그렇다고 지각의 작용을 완전히 멈추라는 말은 아니다. 뚜렷하게 지각하되 견해가 일어나는 일 없이 그것일 뿐인 자리가 있기 때문이다. 그것은 밝되 움직이지 않는 자리이다. 은으로 된 산, 철로 된 절벽과 같아 나아갈 수도 없고 물러날 수도 없다. 여기에서 수행자가 할 일이 하나 있다면, 오직 알고자 하는 간절함에 온 몸을 맡기는 일일 뿐이다.

중봉 선사는 이 놓아버릴 것이 없다는 말을 다시 문제 삼는다. 놓아버릴 것이 없다는 말도 결국은 분별의 차원을 벗어나지 못하였다고 본 것이다. 그래서 득실시비를 버렸다는 생각을 문제 삼는 것이다. 그 생각을 하는 한 이미 번뇌의 뱀이 득실거리는 분별망상의 현장이 열리기 때문이다.

47. 잠을 자지 않는다면, 모든 꿈은 저절로 사라진다.[142]

【진헐청료】

만약 잠을 자지 않으면, 모든 꿈은 저절로 사라진다. 〔인용하고 말하였다〕 잠꼬대를 어디에 쓰겠는가? 삼세의 모든 부처님이 잠꼬대를 하였고, 6대 조사가 잠꼬대를 하였으며, 천하의 큰스님들이 잠꼬대를 하였다. 눈썹을 치켜 올리고, 눈을 깜빡이며, 몽둥이를 들어 올리고, 먼지떨이를 세워 보이는 일이 모두 잠꼬대이다. 이 일은 누구로 인해 일어난 일인가? 오직 모든 중생들이 시작 없는 영겁의 세월 동안 생사의 긴긴 밤에 큰 법신을 눕히고 꿈속에서 육도의 생사윤회를 받아들이고 있기 때문이다.

비유하자면 깊은 잠 속에서 눈 · 귀 · 코 · 혀 · 몸의 다섯 감각기관이 다섯 가지로 움직이면 제6의식이 허망한 착각을 일으켜 이러저러한 꿈의 세계가 일어나도록 하는 것과 같다. 이 세계는 실체가 없다. 단지 의식의 변환된 모습일 뿐이기 때문이다. 꿈을 꿀 때는 없다고 할 수 없지만, 잠에서 깨고 나면 마음과 경계가 모두 사라져 아무 것도 없게 되는 것이다. 그래서 꿈속에 분명한 육도윤회가 있더니, 깨고 보니 텅 비어 큰 우주조차 없더라[143]고 말한 것이다. 분명히 알아야 할 것은 깨어남이 바로 꿈이라는 사실이다. 눈을 뜨고 잠을 자지 않으면 꿈의 세계가 없을 것이다. 마음이 일어나지 않으면 태어남과 죽음이 없을 것이다. 육도윤회라는 것이 모두 마음이 짓는 일이다. 3조 큰

142) 眼若不睡, 諸夢自除. 眼若不睡는 眼若不眠, 眼若不寐로 되어 있는 판본도 있다. 모두 뜻은 다르지 않다.

143) 夢裡明明有六趣. 覺後空空無大千

스님이 이렇게 말하였고, 나 또한 이렇게 말한다. 여러분은 이와 같이 듣고서는 다시 이 꿈과 이 깨달음을 말하는구나. 〔고함을 치고 말하였다〕 깨어 있어라.

【중봉명본】

■ 뜻풀이

조사 스님은 만약 잠을 자지 않으면, 모든 꿈은 저절로 사라진다고 말했다. 뜻으로 이해하는 자들은 이렇게 말한다. 이 두 구절에서는 먼저 비유를 제시한 뒤 그에 부합되는 도리를 말하고 있다. 사람이 두 눈을 크게 또렷이 뜨고 잠을 자지 않으면, 혼침이 저절로 사라지는 것과 같다. 혼침에 머물지 않는데, 꿈의 경계가 있을 수 있겠는가?

■ 뜻풀이 허물기

비유로 이런 말을 한다면 괜찮다. 그렇지만 그것이 비유가 아니라면 조사 스님도 몽둥이 깜이다. 왜 그러한가? 눈을 떠보라. 이제까지 꿈이 아니었던 것이 어디 있겠는가?

■ 노래

금강의 바른 눈이 잠든 적 있으랴만 / 큰 꿈에서 깨어 본 적이 없음을 알아야 한다 / 조사 스님 문하의 참선하는 이들에게 당부하노니 / 학 울음 소리를 꾀꼬리 우는 소리로 착각하지 마라.[144]

【해설】

지금 당장 이것을 아는 것이 잠을 자지 않는 일이다. 육체적으로 잠을 자는 일을 가리키는 것이 아니다. 오직 지금 이것을 밝게 알고,

144) 金剛正眼何曾睡, 大夢須知沒覺時. 寄語祖師門下客, 休將鶴唳當鶯啼.

오직 이것에 맡겨두어야 한다. 이것이 수행이라면 수행이다. 그래서 옛날 스님들도 망념이 일어난다고 신경 쓰지 말라고 가르쳤다. 오히려 망념이 일어나면 그것이 딱 이 일임을 알라고 가르쳤다. 이렇게 하면 항상 지금 이것일 뿐이므로 모든 것이 수행이 된다. 참선도 수행이고, 휴식도 수행이며, 밥 먹고 차 마시는 일도 수행이다.

심지어 죽은 고양이를 아는 것이 수행이다. 조동종의 종조인 조산(曹山) 스님이 길을 가다가 죽은 고양이를 보았다. 한 중이 물었다.

중 : 수행에 가장 중요한 것은 무엇입니까?
조산 : 죽은 고양이 대가리가 제일 중요하지.

조산 스님은 마음을 보는 일이 가장 중요하다 말하지 않았다. 그러면 마음이 따로 있는 줄 알게 될 것이기 때문이다. 죽은 고양이를 바로 보는 것이 마음을 보는 일이다.

결국 생각과 분별이 그대로 잠에 빠지는 일이다. 그러니까 수행과 생각은 남과 북으로 다르다. 생각으로 애쓰다 보면 산란과 혼침을 오가게 된다. 오직 모든 현상이 있는 그대로 진여의 드러남임을 알아야 한다. 그것은 분별적 차원의 노력을 내려놓는 일이기도 한다. 일체의 인위적 추구를 내려놓고, 이 큰 앎에 맡기는 것이다.

진헐 선사는 꿈이 의식의 변환으로 일어난다는 점을 설명한다. 조금 긴 꿈이라 할 삶의 다양한 사건들 역시 의식의 작용이다. 결국 한 생각 일어나지 않으면 생사가 없다. 생사니 윤회니 하는 것도 마음이 짓는 일이기 때문이다. 그런데 우리는 이 긴 꿈속에서 깨어났느니 잠들었느니 분별한다. 그러니 모든 것이 잠꼬대일 수밖에 없다. 우리가 소중하게 듣는 부처님과 조사들의 언설이 다 잠꼬대라는 것이다. 이 모든 문제점과 숙제를 묶어 진헐 선사는 깨어 있으라고 외친다. 옛날

서암(瑞岩) 선사는 항상 자신과 자문자답하는 수행을 하였다.

'주인공아!'
'예!'
'깨어 있어라! 나중에 다른 사람들에게 속지 말고!'

진헐 선사는 자기가 한 말들에 수행자들이 끌려다니는 일이 없기를 바랬다. 그래서 '깨어 있어라!'고 외친 것이다.

한편 중봉 선사는 어두운 잠이 없으면 꿈이 저절로 사라진다는 이 말 자체를 뒤집는다. 금강의 바른 눈으로 보면 잠든 일조차 없다. 따라서 꿈이라는 말도 성립하지 못한다. 그러니 조사 스님의 이러한 말들은 하는 수 없어서 내놓은 것임을 알고 들어야 한다.

48. 마음만 다르지 않다면, 무수한 현상이 한 가지로 같다.[145]

【진헐청료】

마음만 다르지 않다면, 무수한 현상이 한 가지로 같다. 〔인용하고 말하였다〕 단번에 다 말해 버렸다. 이것을 알아야 한다. 지금 움직임 이대로 고요함이다. 말하고 침묵함이 한 가지로 같다. 듣고 봄이 한 가지로 같다. 미혹함과 깨달음, 성인과 범부가 한 가지로 같다. 그래서 인연으로 나타나는 무수한 경계가 전체 그대로 하나의 진실한 법계임을 알아야 한다. 마음의 밖에 별도의 현상이 없으며, 현상의 밖에 따로 마음이 없다. 이렇게 알아야 비로소 여여함과 하나로 만나게 된다.

여러분! 잠을 자면 꿈의 세계가 있는데, 마음이 그것에 집착하면 그것이 바로 윤회이다. 잠을 자지 않으면 꿈의 세계가 저절로 사라진다. 마음이 둘로 다르지 않으면, 모든 인연 대상이 고요히 비게 된다. 애초 한 물건도 없어 꽃은 붉고, 버들은 푸를 뿐이다. 그러니 제비의 지저귐, 꾀꼬리의 노래가 모두 도 닦는 사람의 살림인 것이다. 그것은 마치 경치 속에 있는 봄기운이 깃들어 있는 것과 아주 흡사하다. 억!

【중봉명본】

■ 뜻풀이

조사 스님은 마음만 다르지 않다면, 무수한 현상이 한 가지로 같다고 말했다. 뜻으로 이해하는 자들은 이렇게 말한다. 무수한 현상은

145) 心若不異, 萬法一如.

본래 한 가지로 같으나 마음으로 인해 다르게 된다. 산은 스스로 높다 하지 않는다. 마음이 이것을 다르게 보아 높다고 여기는 것이다. 또 물은 스스로 깊다 하지 않는다. 마음이 다르게 보아 깊게 여기는 것이다. 그러니까 이 마음이 달라지면 천 가지의 차이가 분잡하게 일어나고, 만 가지의 분별이 걷잡을 수 없이 생겨나는 것이다. 목과 등은 같은 몸이지만, 그것을 보기에 따라 초나라와 월나라의 차이가 난다. 형제는 같은 기운이지만 보기에 따라 하늘과 땅보다 더 차이가 난다. 그것이 다르다고 보기 때문이다. 가장 가까운 것이 이러할진대 성인과 범부, 사물과 나가 한 가지로서 차이가 없다고 보는 일이 가능하겠는가? 나와 타인에 대해 미워하고 좋아함이 없이 평등하게 보는 일이 가능하겠는가?

경전에 '통달하기 이전의 차원에서는 마음에 갖가지 분별이 일어난다'[146]는 말이 있다. 그것은 여러 맹인들이 코끼리를 더듬는 일과 같고, 악광(樂廣)의 손님이 활 그림자를 뱀으로 착각한 일[147]과 같다. 같거나 다름이 없는데 같으니 다르니 하는 생각이 걷잡을 수 없이

---

146) 楞伽云未達境惟心起種種分別. 達境惟心已, 分別卽不生.『楞伽經』

147) 서진(西晉) 시대 상서령(尙書令)을 지낸 악광(樂廣)의 전기에 보이는 일화이다. 악광을 늘 찾아오는 친구가 있었는데 발길을 끊고 찾아오지 않는 일이 있었다. 악광이 그 까닭을 묻자 대답이 이러하였다. 전에 찾아왔을 때 술자리가 있었는데 술을 마시려 할 때 잔 속에 뱀이 있는 것을 보게 되었다. 징그러웠지만 그냥 마시고 나니 병이 나게 되었다는 것이었다. 악광의 집무실 벽에 뱀을 그린 활이 걸려 있었는데 그 뱀의 그림자가 술잔에 비친 것이었다. 악광이 이렇게 짐작하고 다시 친구를 불러 그 자리에 앉히고 술을 따르고는 뱀이 보이는지 물었다. 친구가 여전히 뱀이 보인다고 대답하였다. 악광이 그 까닭을 알려 주자 손님은 의혹이 풀려 병이 낫게 되었다. 이후 착각으로 인해 일의 진상을 제대로 보지 못한다는 뜻으로 악객사영(樂客蛇影), 사영배궁(蛇影杯弓) 등의 고사성어가 널리 쓰이게 되었다.

일어나는 것이다. 어떻게 하면 눈의 망막을 헤쳐 어지러운 허공 꽃을 만드는 티끌을 제거할 것인가?

법계를 하나로 녹여 이 한 마음으로 돌아오게 하는 것은 거울을 가지고 거울을 비추는 것과 같다. 산하를 돌려 자기에게 들어오게 하는 것은 허공에 허공을 합하는 일과 같다. 이 자리에 이르면 모든 대상이 고요해지고, 무수한 사려분별이 사라지게 될 것이다. 분별적 견해가 일어나지 않고 하나의 실상법에 안주하게 것이다. 그 때 진실로 멀리 조사의 신표에 부합하고 부처의 마음과 하나로 만난 사람이라 할 수 있을 것이다.

■ **뜻풀이 허물기**

잠깐 멈추어라. 지금 어두움과 밝음이 서로 통한다. 형성–유지–붕괴–소멸의 모든 경계가 구분할 것 없이 하나이다. 다르지 않은 마음이란 것은 또 무엇인가? 당장 이것을 가리켜 보이지 못하는 사람들은 앞에 펼쳐진 현상 그대로 맡겨두라고 한다. 이 다르지 않다는 이치를 가지고 비추는 일만 해도 문제가 있다. 이와 같이 핵심을 짚지 못하여 그 다름을 극복하지 못하게 되는 것이다.

■ **노래**

마음은 다르지 않아 다양한 현상과 한 가지이다 / 빈주먹을 쥐어 보이는 것은 오로지 어린 아이를 달래기 위한 것 / 모양에 본을 대고 그리도록 한다면 / 사람들 속이는 일 벗어날 날 없으리.[148]

【해설】

마음이 다르지 않다는 것은 상대를 나눠 생각하는 분별적 사유를 벗어났다는 말이다. 이 불이중도의 자리에서는 인연으로 나타나는 모든 경계가 그대로 하나의 진실한 법계이다. 이것은 없던 것을 새로 만

---

148) 心不異兮同萬法, 空拳惟把小兒欺. 擬教依樣描將去, 脫賺平人沒了時.

드는 것이 아니라 원래 그러함을 확인하는 일이다. 그래서 이것을 본래적 깨달음이라 한다. 마음은 현상과 다르지 않다. 또 일체의 현상은 마음과 다르지 않다. 그러니 만법일여인 것이다. 불생불멸인 것이다. 그렇기 때문에 만 가지 경계가 하나의 법계이다. 분별적 사유를 내려놓으면 어떤 상황에서나 이것이 주인공이 된다. 내가 대상을 지배하는 의미에서의 그런 주인공이 아니다. 지금 있는 이대로 아는 이 일을 주인공 노릇한다고 말한다. 설암(雪巖) 선사가 제자 고봉(高峰)에게 물었다.

설 암 : 활동하고 있을 때 그대는 주인공 노릇을 하고 있는가?
고 봉 : 예!
설 암 : 잠을 잘 때 그대는 주인공 노릇을 하고 있는가?
고 봉 : 예!
설 암 : 꿈도 없고, 생각도 없고, 보고 듣는 일도 없는 깊은 잠을 잘 때 주인공은 어디에 있는가?

고봉은 이 질문에 꽉 막혀 지내다가 도반의 목침이 떨어지는 소리를 듣고 마음이 밝아졌다. 마음이 다르지 않은 것이 주인공 노릇하는 일이다. 여기에는 보고 듣는 인식의 주체도 없고, 목침소리라는 대상도 없다. 오로지 목침 떨어지는 소리를 듣기 전과 그것을 들은 이후가 다르지 않다. 그것은 한가지로 여여한 것이다.

진헐 선사는 이것을 잠을 자지 않으면 꿈의 세계가 저절로 사라진다는 앞 구절과 연결한다. 마음이 둘로 다르지 않은 것이 잠을 자지 않는 일이다. 만 가지 현상이 한 가지로 같은 것이 꿈이 저절로 사라지는 일이다. 이 자리에서는 제비의 지저귐, 봄풀의 푸르름이 진여를 노래한다. 모든 일, 모든 물건이 다 진리를 설하고 있는 중인 것이다.

중봉 선사는 뜻에 기초한 해설을 인용한 뒤 바로 허물어 버린다.

깨달은 입장에서는 우주법계가 둘이 아니다. 그러니 '다르지 않은 마음'이라는 것이 어디 따로 있느냐는 것이다. 다르지 않은 마음은 '다른 마음'을 전제로 한다. 결국 다르지 않다는 이치를 기억하는 일 자체가 분별이고 망상이 되는 것이다. 모든 이해 가능한 언설은 상대 분별적 사유에 기초하고 있다. 따라서 그것이 불가피한 방편으로 설해진 것임을 이해할 필요가 있다. 말을 떠나 지금 당장 이것과 하나로 만나는 자리로 돌아와야 한다. 중봉 선사의 끝없는 외침은 이것을 말하고자 하는 것이다.

49. 하나로서 같은 이것은 본체가 현묘하니, 고요하여 인연을 벗어나 있다.[149]

【진헐청료】

하나로서 같은 이것은 본체가 현묘하니, 고요하여 인연을 벗어나 있다.〔인용하고 말하였다〕통째로 잡아라.〔한참 있다가 말하였다〕설사 잠방이에 가랑이가 없고, 바지에 구멍이 없으며, 머리에 검은 재를 네댓 말 뒤집어쓴다 해도 꿈에도 알 수 없는 일이다. 설사 동서남북을 구분하지 않아 눈이 눈썹과 같고, 입이 콧구멍과 같아 어린아이와 같이 순수하게 닦는다 해도 꿈에서조차 알 수 없는 일이다. 알겠는가?

바람이 자도 꽃은 떨어지고, 새가 울면 산은 더욱 조용해진다.[150]

【중봉명본】

■ 뜻풀이

조사 스님은 하나로서 같은 이것은 본체가 현묘하니, 고요하여 인연을 벗어나있다고 말하였다. 뜻으로 이해하는 자들은 이렇게 말한다. 하나로서 같은 이것의 본체는 현묘하고 또 현묘하니 인연으로 해서 있는 것도 아니다. 자연적으로 그리 된 것도 아니다. 이것은 모든 게송과 모든 논리에서 멀리 벗어나 있다. 부처의 안목으로도 엿볼 수 없고, 성인의 마음으로도 추측할 수 없다. 삼천 대천 세계를 영역의 밖으로 던져 버리며, 법계를 털끝에 말아 들인다. 하나

---

149) 一如體玄, 兀爾忘緣. 一如體玄은 如如體玄으로 되어 있는 판본도 있다. 또 一如體玄의 玄을 元으로 표기한 경우도 있다. 모두 뜻은 달라지지 않는다.

150) 風定花猶落, 鳥啼山更幽.

가 공하니 모든 것이 공하여 더 잘라낼 수 없다. 하나가 있으니 모든 것이 있는 것이다. 여기에 더할 것이 있겠는가? 먼지와 모래로도 그 많음을 비유할 수 없고, 털끝으로도 그 작음을 비유할 수 없다. 그래야 하나로서 같은 이것은 본체가 현묘하다고 할 수 있다. 대상을 잊고 상대가 끊어졌다고 말할 수 있다.

■ 뜻풀이 허물기

말은 그럴싸하다. 만약 이 말을 마음에 기억하여 하나로서 같은 현묘한 본체와 하나로 만나고자 한다면, 가슴에 불을 안고 불에 타지 않기를 바라는 일과 다를 바 없다.

■ 노래

하나로 같다 하니 같음의 밖에 또 무슨 같음이 있는가 / 첩첩의 시내와 산, 숨은 옛 집 / 해가 중천에 뜰 때까지 잠을 자고는 / 나귀 거꾸로 타는 반랑(潘閬)을 비웃네.[151]

【해설】

하나로서 같은 이것은 생각으로 알 수 없다. 주체와 대상을 나눌 수 없으므로 하나로서 같다고 말한다. 여여하다고 표현한다. 그런데 이것을 안다고 하면 벌써 아는 주체가 세워져 이와 배치되어 버린다. 이것은 아는 차원의 일이 아니다. 이것을 둘 아님이라는 말로도 표현하고, 생각으로 알 수 없다고도 표현한다. 이것은 모든 상대가 사라진 자리이다. 따라서 인연의 작용으로 생성되는 것이 아니다. 그렇다고 스스로 존재하는 유일자도 아니다. 이것은 그저 이와 같을 뿐인 이 현장이다. 그래서 현묘하다고 하고, 또 인연을 벗어났다고 하는 것이다.

그런데 인연을 벗어났다는 말을 잘못 이해하면 항상 위험하다. 부

151) 一如如外更何如, 重疊溪山隱故盧. 睡到三竿紅日上, 笑看潘閬倒騎驢.

처님 시대에 한 장자가 인연을 잊으라는 부처님의 설법을 듣게 되었다. 장자는 이 말을 잘못 이해하여 자신이 실천하고 있던 일체의 보시 행위를 끊어 버렸다. 그것이 바로 인연을 잊는 일이라 생각한 것이다. 그러자 사람들 사이에 불법에 대한 비난이 일어났다. 자비로운 보시를 부정하는 것이 불법의 가르침이냐는 것이다. 인연을 잊고 쉰다는 것은 인연으로 생성된 현상에 끌려 다니는 마음을 쉰다는 뜻이다. 그렇게 되면 보시를 해도 보시하는 주체와 보시를 받는 대상이 둘이 아니게 된다. 나아가 보시되는 물건조차 주고받음의 분별이 없게 된다. 모든 일에 이와 같은 삼륜공적의 일이 일어나면 진여의 현묘한 본체가 저절로 눈앞에 드러나는 것이다.

진헐 선사는 나가 없는 자리를 예로 든다. 그런 뒤 깨달음은 그러한 경계에서도 알 수 없는 것임을 거듭 말한다. 잠방이에 가랑이가 없고, 바지에 구멍이 없으며, 머리에 검은 재를 뒤집어쓰는 살림은 조주(趙州) 선사의 검소하면서도 걸림 없는 삶에 대한 표현이다. 이것은 분별없는 수행자적 삶의 묘사이다. 그런데 진헐 선사의 눈에는 이러한 삶이 훌륭하기는 하지만, 진여와 하나로 만나는 일과는 천양지차가 된다. 심지어 분별적 사유가 정지하여 동서남북조차 가리지 않는 어린아이처럼 되었다 해도 그 일과는 거리가 멀다. 아는 차원의 일이 아니기 때문이다. 어떤 기특한 체험이라 해도 이것을 아는 차원으로 가져오는 한 이미 하나로서 같은 이것은 아닌 것이다.

중봉 선사는 대상을 잊고 상대가 끊어진 자리를 강조하는 논의를 인용한다. 그래야 하나로서 같은 이것과 하나로 만날 수 있다는 것이다. 그리고는 바로 이러한 언설을 이해하고 기억하는 일 자체를 문제 삼는다. 설법을 듣고 이해하는 일과 깨닫는 일은 전혀 다른 차원이다. 생각으로 지향하는 일과 직접 수행을 실천하는 것은 전혀 다른 차원이다. 생각으로 생각을 없애려는 시도는 섶을 지고 불길에 뛰어들면서 타지 않기를 기대하는 일과 같다. 생각을 없애려는 그 생각이 바로 번뇌를 더하고 있기 때문이다.

중봉 선사의 게송은 지금 있는 이대로 사는 삶, 노력하는 일조차 없이 사는 삶을 노래한다. 마지막 구절에 보이는 반랑(潘閬)은 송나라 때의 은사로서 자유로운 정신의 소유자였다. 나귀를 거꾸로 탄 사연은 이렇다. 화산에 은거하여 도를 닦고 있는 그를 조정에서 찾았다. 이에 반랑은 나귀를 타고 길을 떠났는데 조정으로 나아가고 싶지 않은 마음을 나귀를 거꾸로 타는 일을 통해 표현하였다. 그러나 이 일도 중봉 선사에게는 어림없는 일이다. 그저 우스울 뿐이다. 조정으로 나아가는 것은 싫고, 화산에 은거하는 일은 좋다는 생각 자체가 이미 진여와는 멀고 먼 분별차원의 일이기 때문이다.

50. 모든 현상을 같게 보면 저절로 그러함으로 돌아가리라.[152]

【진헐청료】

모든 현상을 같게 보면 저절로 그러함으로 돌아가리라. 〔인용하고 말하였다〕 분명하게 깨닫고 보면 한 물건도 없어서, 하늘과 땅이 한 손가락과 같다. 만물과 한 마리 말이 다르지 않다.[153] 우주를 가슴에 품고도 신령스러운 비춤에는 남음이 있다. 만 가지 사물을 마음으로 비추면서도 그 정신은 항상 비어있다. 털끝 하나 움직일 것 없이 지금 당장 이대로 완전하게 드러나 있다. 오직 한 가지 밝음만이 홀로 비추되 영겁의 세월을 거치면서도 흔들림이 없다. 근본 원천에 돌아가고, 본성으로 복귀한다. 이렇게 되면 비로소 자연의 원래 그러한 도리에 합치될 수 있을 것이다. 이렇게 할 수만 있다면 진짜 출가했다 할 수 있겠다.

【중봉명본】

■ 뜻풀이

조사 스님은 모든 현상을 같게 보면, 저절로 그러함으로 돌아가리라고 말했다. 뜻으로 이해하는 자들은 교학자의 말을 인용하여 이

---

152) 萬法齊觀, 歸復自然. 萬法齊觀을 萬緣齊觀으로 표기한 판본도 있다. 법이나 인연은 모두 인연에 따라 나타나는 다양한 현상들을 가리키는 말이므로 뜻에는 차이가 없다. 歸復自然을 復歸自然으로 표기한 판본도 있다. 글자의 순서를 바꾸었을 뿐 뜻에는 차이가 없다.

153) 『장자』(제물론)에 보이는 말이다. 장자는 마음과 사물을 일원적으로 보고 있다. 만물이 한 마리 말과 같다는 것은 무슨 뜻인가? 천지만물의 관계가 한 마리의 말을 구성하는 말의 머리, 발, 꼬리, 털 등과 같다는 것이다.

렇게 말한다. 인연을 따르기 때문에 진여가 모든 현상이다. 변하지 않기 때문에 모든 현상이 진여이다. 그리고는 또 말한다. 마음 밖에 법이 따로 있어서 마음과 만나는 것이 아니다. 모두 자기 마음에서 생겨나고, 또 마음과 함께 모양을 이루는 것이다. 이 말은 조사 스님이 말한 모든 현상을 같게 본다는 이치와 비슷할 듯하다. 또 같게 본다는 것 역시 간택하지 않음의 그림자이다. 만약 간택함이 남아 있으면 모든 현상을 같게 볼 수 없다.

■ 뜻풀이 허물기

인용을 통해 증명되는 바가 있기는 하다. 그런데 해가 뜨면 달이 지고, 밤은 어둡고, 낮은 밝다. 이것은 뚜렷이 나뉘어 뒤섞일 수 없는데 어떻게 같게 볼 것인가? 말해보라. 말을 떠나 소식을 보여 봐라.

■ 노래

모든 현상을 어떻게 같게 볼 것이며 / 저절로 그러함에 돌아갈 때는 어떻게 할 것인가? / 소리 알아주는 이 원래부터 적은 법인데 / 헛되이 황금으로 종자기(鍾子期)를 만드누나.[154]

【해설】

모든 현상을 같게 본다는 것은 시비, 호오의 분별이 없이 평등하게 본다는 뜻이다. 청정하고 평등한 입장이 되면 모든 현상은 있는 이대로의 자리에 돌아온다. 이것으로 확인될 뿐인 본래면목의 자리가 그것이다. 여기에는 조작적 행위나 지향이 필요 없다. 오는 인연을 오는 대로 완전히 수용할 뿐이다. 이것이 진정한 자유이다. 그것은 개인적 선택의 문제가 아니다. 하늘과 땅이 나와 뿌리가 같고, 만물이 나와 한 몸인 차원으로 돌아가 맡겨두는 일이기 때문이다.

---

154) 萬法如何類得齊, 那堪歸復自然時. 知音自是從來少, 徒把黃金鑄子期.

모든 현상을 평등하게 보는 청정한 마음은 크게 죽는 일에 속한다. 이에 비해 저절로 그러함으로 돌아가는 것은 크게 되살아나는 일이다. 선사들은 크게 죽는 일이 곧 크게 되살아나는 일이라고 거듭 말해 왔다. 이것일 뿐인 불이의 입장에서 보면 모든 현상에 차별이 없다. 그런데 여기에 분별적 사유가 작동하면 형상이 나뉘고 이름이 붙게 된다. 이것이 우리 삶의 현주소이다. 스승들은 이 분별이 일어나는 지점을 공략한다. 상탄(常坦)이라는 선승이 약산(藥山) 스님에게 법을 묻기 위해 찾아왔다. 전에 이어 두 번째의 방문이었다. 약산 스님이 물었다.

약　산 : 그대의 이름은 무엇인가?
상　탄 : 상탄입니다.
약　산 : 전에 왔을 때도 상탄이더니, 지금도 상탄이구나!

전이나 지금이나 이 중의 이름은 상탄이다. 마찬가지로 전이나 지금이나 법계는 이것으로 둘이 아니다. 모양이 다르고 이름이 다르지만 한결같이 지금, 여기, 이것이다. 그래서 같다고 말한다. 현상을 보되 이렇게 둘 아님을 본다면 도를 호흡하며 사는 사람이다.

진헐 선사는 형상과 이름에 대한 조작적 사유를 쉬라고 가르친다. 자아라는 심신의 울타리를 벗어난 눈으로 보라. 그 때 무수한 차별적 모습 그대로 진여법계의 실상이라는 것을 저절로 알게 될 것이다. 이렇게 저절로 아는 일은 개체의 인지작용과는 무관하다. 옛 위음왕 부처님 때도 오직 밝았고, 미래의 시간이 다한다 해도 오직 밝을 뿐이다. 진헐 선사는 이렇게 주체도 없고 대상도 없는 비춤을 오직 한 가지 밝음(孤明)이라 했다. 이 때 우리는 한 물건조차 없는 근원에 도달하였음을 알게 된다. 이 자리에서는 노력할 것 없이 모든 것이 이대로 불법이다. 이것이 3조 스님이 말하는 저절로 그러함으로 돌아간다는 뜻이다.

중봉 선사는 먼저 뜻풀이 차원의 해석을 인용한다. 인연의 입장에서 보면 만 가지 차별상이 나타나지만, 변하지 않는 입장에서 보면 모든 현상이 하나로 돌아간다. 그리고는 바로 그 뜻풀이를 허물어 버린다. 이러한 언어적, 논리적 차원을 떠나 실제로 지금 당장 그러하냐 이 말이다. 이처럼 임제종의 몽둥이와 고함은 지금, 당장 우리가 서 있는 자리를 묻는다. 진리가 따로 있다고 생각하는 한 우리는 살아날 길이 없다. 중봉 선사의 게송에도 지금 당장 그러한지를 윽박지르는 가르침이 여전하다. 만법을 같게 본다, 저절로 그러함에 돌아간다고 하고 있는데, 실제로 지금 당장 우리의 경계가 그러한지를 묻고 있는 것이다. 그것은 말로 표현할 수 없고, 뜻으로 이해할 수 없다. 설사 말없이 아는 최고의 음악평론가 종자기의 귀라 해도 이미 그 자리는 아니다. 말은 없었지만 마음이 움직인 흔적이 역력하기 때문이다. 중봉 선사가 말하는 진짜 음악은 그 음악을 알아듣는 종자기는 물론 연주하는 주체인 백아조차 사라진 무엇이다. 아니 사라졌다는 말도 옳지 않다. 종자기와 백아의 낱낱의 수작까지 남김없이 포함하는 거대한 허공성 그 자체이다.

51. 그 처음의 하나조차 없애보라. 견주어 비유할 것이 없으리라.[155]

【진헐청료】

그 처음의 하나조차 없애보라. 견주어 비유할 것이 없으리라. 〔인용하고 말하였다〕 말을 더 한다고 또 무엇을 할 수 있을까? 그래서 만 가지 형상이 사라지면 온전한 본체가 드러난다고 하는 것이다. 이때에는 한 물건이라 해도 맞지 않다. 한 물건이라 말하면 안 되는 이유가 있다. 나눌 수 없기 때문이다. 잘라낼 수 없기 때문이다. 뒤섞을 수 없기 때문이다. 옛날부터 지금까지 변함이 없기 때문이다. 그것은 마치 물을 마셔서 차갑고 따뜻함을 스스로 아는 일과 같다. 그러니 다른 사람에게 말해줄 수 가 없는 것이다. 여러분은 이것을 알고 싶은가?

눈 위에 백로가 서 있어도 색이 다르고, 밝은 달과 갈대꽃은 서로 같지 않네.[156]

【중봉명본】

■ 뜻풀이

조사 스님은 어째서 그 처음의 하나조차 없애면, 견주어 비교할 것이 없으리라고 했을까? 뜻으로 이해하는 자들은 이렇게 말한다. 반

---

155) 泯其所以, 不可方比.

156) 鷺鷥立雪非同色, 明月蘆花不似它. 体未同一. 所謂鷺鷥立雪非同色. 明月芦花不似他. 当去彼取此以求眞性. 意不在言. 表机亦赴. 到此者獲自然智慧. 不求言其言自至.

야경에서는 100가지 비유로 반야를 설하고, 다른 경전에서는 100가지의 비유로 해탈을 설하며, 또 어떤 경전에서는 100가지의 비유로 보리심을 설한다. 모두 경전에 있는 것이니 틀린 비유는 아닐 것이다. 이렇게 반야, 해탈, 보리와 같은 것은 비유할 수 있다. 그런데 이름과 모양이 모두 떨어지고, 한 마음조차 모두 사라져 보라. 이럴 때 무슨 비유를 세울 수 있겠는가? 혹은 옛 사람의 말을 인용하여 이렇게 말하기도 한다.

눈 위에 백로가 서 있어도 색이 분명 다르고, 밝은 달과 갈대꽃은 서로 같지 않네.

이러한 것은 견주어 비유할 수 없는 것 아니겠는가?

■ 뜻풀이 허물기

흰 눈이나 갈대꽃에서 찾을 생각이라면, 온주(溫州)의 귤껍질을 불꽃이라고 생각하는 것과 다를 것 없다.

■ 노래

사슴의 뿔에 비교하자니 세 자(尺)가 길고 / 거북의 털에 비유하자니 한 치가 짧다 / 물론 이것과 완전히 어울리는 것이 있기는 하지만 / 눈으로 보기 어렵고, 귀로 듣기 어렵다.[157]

【해설】

선도 생각하지 않고 악도 생각하지 않아 분별적 사유를 멈춘다고 할 때 거기에 무엇이 있을까? 혹 거기에 절대의 하나가 있다고 생각할 수 있다. 힌두교는 그 자리에 아트만이라는 한 점을 설정한다. 그리고 그것은 다시 브라만이라는 궁극의 유일자로 귀납된다. 그러나 불교에서는 이 궁극의 하나에 동의하지 않는다. 『금강경』의 아상(我相)

---

157) 方之鹿角長三尺, 比較龜毛短一分. 卻有一般渾廝稱, 眼睛難見耳難聞.

부정이 바로 아트만의 부정이라는 것을 우리는 잘 알고 있다. 그러니까 근본이 되는 자리에 하나의 궁극적 실체가 있다고 보는 일은 불교적으로 볼 때 위험한 일이 된다.

육조스님은 본래 한 물건도 없음을 말했다. 최초의 한 점, 혹은 궁극의 한 점이 따로 없는데 어디에서 먼지가 일어나겠느냐는 것이다. 이후 육조 스님은 대중들에게 이렇게 묻곤 했다. '나에게 한 물건이 있는데, 이름도 없고 모양도 없다. 이것이 무엇이냐?' 이것을 불성, 진여, 중도 등 무엇이라 대답해도 된다. 그렇지만 그렇게 말하는 순간 살아 움직이는 '한 물건'이 그림의 떡이 되고 만다. 배고픈데 밥은 먹지 않고 밥 얘기를 하는 격이 된다. 실제로 이 질문에 대해 신회스님은 '한 물건은 모든 부처님의 근본이요, 신회의 불성입니다.'라고 대답했다. 육조 스님의 살아있는 질문에 죽은 대답을 하고 만 것이다. 선문에서는 그래서 신회를 앎과 이해로 불법을 대한 사람이라고 말한다. 이 동일한 질문에 대해 남악회양 선사는 8년을 대답을 미루다가 진여와 하나로 만나는 체험을 한 뒤 '설사 한 물건이라 해도 적절하지 않다'고 말했다.

수행도 있고, 깨달음이라 할 어떤 사건도 있다. 그렇기는 하지만 이 한 물건은 새로 생겨나거나 소멸하는 것이 아니다. 허공과 같이 이 자리에 현전하고 있을 뿐이다. 이렇게 주체와 대상이 사라지고, 궁극의 한 점조차 없으므로 비유가 성립할 수 없게 된다. 비교할 상대가 없고, 말을 떠나 있는데 무슨 비유가 성립할 것인가?

진헐 선사는 바로 이 한 물건조차 세워질 수 없는 자리에 주목한다. 그 최초의 점이 사라지면 어떻게 되겠느냐는 것이다. 흔히 만 가지 현상은 하나로 돌아간다고 말한다. 그런데 그 하나라는 것이 알고 보면 방편이다. 한 물건도 세울 수 없기 때문이다. 그러니 하나로 같다거나, 끊어낸다거나, 하나로 녹인다거나 하는 말의 위험성을 잘 이해할 필요가 있다. 제2선에 떨어지기 십상이기 때문이다.

시원한 물을 꿀꺽! 하고 마셨을 때 '물, 시원함, 마심'이라는 모양에 따른 분별과 호명행위가 없는 자리가 먼저 있다. 이것을 제일선의 자리이다. 이에 비해 '물, 시원함, 마심'의 인지작용이 일어나고, 다시 '좋음, 혹은 나쁨' 등의 판단작용이 일어난다. 이것을 제이선, 제삼선의 자리라 할 수 있다. 수행은 제일선으로 거듭 나아가는 일이다. 이것을 육조스님은 차가움과 따듯함을 저절로 아는 일이라 했다. 이 때 그것은 상대적인 차원의 따뜻함과 차가움을 안다는 뜻은 아니다. 따뜻함과 하나 되고, 시원함과 하나가 되는 일이라면 좀 근접한 표현이 될 수도 있겠다.

중봉 선사는 주로 비유의 무력함을 말한다. 우리는 생각할 수 없는 차원에 접근할 때 비유를 빌리게 된다. 불교에 비유가 많은 것도 생각으로 이해할 수 없고, 말로 전달할 수 없는 실상을 드러내기 위해서였다. 그런데 비유는 또 다른 위험성을 안고 있다. 비유를 통한 이해는 비슷할 수는 있어도 바로 그것은 아니기 때문이다. 딱 맞는 비유는 원래 없다. 사슴의 뿔에 대보면 좀 길고, 거북의 털에 비교해보면 좀 짧다. 그것은 비유의 불가능성에 대한 비유적 표현이다. 거북의 털은 있지도 않다. 또한 있지도 않은 거북 털과 비교해도 짧은 그것이 사슴뿔보다 길수는 없다. 결국 불경에서 쏟아지는 백 가지의 비유는 알 수 없는 이 일에 대한 암호일 뿐이다. 양귀비의 입은 시녀 소옥(小玉)을 부르고 있지만, 마음은 안록산에게 있다. 실체는 말에 있지 않고, 비유에 있지 않은 것이다.

52. 움직임을 그치려 하지만 움직임이라는 것이 따로 없다. 움직임이 그친다지만 그침이라는 것이 따로 없다.[158]

【진헐청료】

움직임을 그치려 하지만 움직임이라는 것이 따로 없다. 움직임이 그친다지만 그침이라는 것이 따로 없다. 〔인용하고 말하였다〕 이것은 큰 불덩이와 같아 건드리기만 해도 죽게 된다. 그러니 어떻게 재고 헤아릴 것인가? 이를 알고자 하는가? 그침이 바로 움직임이다. 고요할 때 그 고요함 전체가 움직임이다. 그러니까 움직임에 별도의 움직인다는 모양이 없다. 움직일 때에는 그 움직임 전체가 고요함이다. 따라서 고요함에 별도의 고요하다는 모양이 없다. 그렇다면 지금 이렇게 작용하고, 보고, 듣고, 천 가지 만 가지의 다른 일을 짓는 이것은 무엇인가? 있는 이대로 형상도 없고 흔적도 없는 본체를 볼 수 있겠는가? 그것이 바로 움직임에 별도의 움직인다는 모양이 없는 일이다. 또한 이것은 항상 작용하고 있으면서 하늘을 받치고 땅을 딛고 있다. 그것이 바로 고요함에 별도의 고요하다는 모양이 없는 것이다. 움직임의 측면에서 보면 그것은 무쇠 소의 상황[159]과 같다. 고요함의 측면에서

---

158) 止動無動, 動止無止.

159) 『벽암록』(38칙)에 풍혈(風穴)화상의 무쇠소의 작용에 대한 공안이 있다. 풍혈선사가 영주(郢州)의 관아에서 설법을 하면서 이렇게 말하였다. 조사의 마음 도장은 그 상황이 무쇠소의 작용과 유사하다. 도장을 떼면 도장자국이 남고, 도장을 그대로 두면 도장자국이 깨진다. 떼지도 않고, 그대로 두지도 않는다면 도장의 자국이 남겠는가, 깨지겠는가? 그 때 노파(盧陂) 장로가 나와서 말했다. 저에게 무쇠소의 작용이 있으니 선사께서는 도장을 찍지 마십시오. 풍혈: 고래를 낚아 큰 파도를 쉬게 하는 것은 내가 좀 하지만, 개구리 뜀으로 진흙탕을 걷는 것은 싫다. 장로가 가만히 생각하자 풍혈이 고함쳤다. 장로는 왜 말이 없는가? 장로가

보면 사물을 따라 모양을 드러낸다. 그러므로 움직임과 고요함에 대한 말을 가지고 이원적 측면에서 헤아려서는 안 된다. 옛날 석존이 깨달은 뒤 방문을 닫고 한 마디도 하지 않았던 것[160]도 이 때문이다. 만약 숨소리라도 낸다면 흰 구름 만 리 밖으로 멀어지는 일인 것이다.

【중봉명본】

■ 뜻풀이

조사 스님은 움직임을 그치려 하지만 움직임이라는 것이 따로 없고, 움직임이 그친다지만 그침이라는 것이 따로 없다고 말했다. 뜻으로 이해하는 자들은 이렇게 말한다. 조사 스님은 멈춤과 움직임을 맷돌에 갈아 한 덩이로 만들어 사람들에게 설파하였다. 할머니 같은 간절한 마음이었던 것이다. 이것은 고요하면서 움직이고, 움직이면서 고요하다고 한 승조(僧肇) 법사의 설법과 대체로 같은 뜻이다. 만법을 한 가지로 같게 본다는 뜻이기도 하다. 움직임과 멈춤만 그런 것이 아니다. 모든 대상 경계가 다 그렇다. 멈춤 그대로 움직임이니, 꽃이 떨어지는 것이 봄바람 때문이라는 이치와 같다. 움

말하려 하자 풍혈이 불자로 때리며 말하였다. 아직 말이 남았는가? 장로가 입을 열려 하자 풍혈이 또 불자로 때렸다. 영주의 지사가 말하였다. 불법은 왕법과 같군요. 풍혈이 말하였다. 무슨 도리를 보셨습니까? 지사가 말하였다. 끊어야 할 때 끊지 않으면 오히려 난리를 자초하게 되더군요. 풍혈이 자리에서 내려갔다.

160) 석가모니가 마가다국에서 방문을 잠갔다는 말이 있다. 석가모니는 깨달은 후 그 깨달음을 표현할 길이 없다고 생각하였다. 그 경계를 말로 표현할 수 없을뿐더러, 대중들이 그것을 이해할 수 없을 것이라 생각했던 것이다. 그래서 21일동안 방문을 걸어잠그고 기척도 내지 않고 있으면서 바로 열반에 들어가고자 하였다. 나중에 제석천왕의 간청으로 위대한 가르침을 펼쳐 중생제도의 길을 걷게 되었다.

직임 그대로 멈춤이니, 두꺼운 얼음도 해가 뜨면 모두 물로 돌아가는 이치와 같은 것이다. 도에 통달한 사람은 크게 보기 때문에 본래 차별이 없다. 그런데 몽매한 사람은 여기에서 거꾸로 된 망상을 일으키는 것이다.

■ **뜻풀이 허물기**

이 말은 우선 제쳐두자. 움직이지도 않고 멈추지도 않는다면, 이 때도 생각할 것이 있을까? 머뭇거리지 말고 빨리 말해보라.

■ **노래**

움직일 때에는 먼지가 일어나고 멈추면 얼음이 언다 / 손을 잡고 서로 이끌어 불구덩이로 들어가니 / 코끼리의 몸체는 본래 덮거나 가린 일 없건만 / 씁쓸하도다, 전도망상의 눈먼 무리들이여.[161]

【해설】

상대적 차원에서 보면 그침도 있고 움직임도 있다. 그렇지만 불이중도의 자리에서 보면 그침과 움직임은 둘 아닌 관계에 있다. 이 자리에서는 움직임이라는 것이 모양을 따로 있지 않다. 그침이라는 것이 별도로 있는 것도 아니다. 움직임과 그침이라는 상대가 세워지지 않는 것이다. 이것은 본래 그러한 것이기 때문에 얻을 수 있는 것이 아니다. 또한 본래 그러해서 잃을 수도 없다. 문제는 직접적인 체험이 없이는 이것을 알 수 없다는데 있다. 분별적 사유를 통해 그침과 움직임이 둘이 아니라고 이해하는 일은 아무 소용이 없는 것이다.

수행하고 깨닫는다는 것은 모든 현상과 전체 삼라만상이 있는 이대로 나와 둘이 아님을 직접 확인하는 일이다. 그런 뒤 그것에 안심하여 맡겨두는 것이다. 오는 대로 그 유일한 현장을 수용하는 것이다.

---

161) 動時塵起靜冰生. 把手相牽入火坑. 象體自來無蓋覆, 苦哉顚倒是群盲.

여기에는 생각하고 말하는 이 일조차 포함된다. 바로 그렇기 때문에 생각으로 이해하고자 하는 일은 땅강아지가 지구를 알려고 하는 일과 같다. 땅강아지는 지구에 속한 것이라 할 수 있고, 지구와 하나라 할 수도 있다. 요컨대 땅강아지는 지구에 깃들일 수도 있고, 내맡길 수도 있다. 그렇지만 땅강아지가 지구를 알 수는 없다.

사람들은 흔히 스스로를 속박에 묶인 존재로 이해하고 그것에서 벗어나고자 한다. 그것을 해탈이라 부르면서 불교의 목적이라고 말한다. 그러나 선사들은 묻는다. 언제 묶인 일이 있느냐? 너를 누가 묶었느냐? 묶고 있는 무엇이 있기나 하냐? 묶인 일이 없으니 풀 일 또한 없는 것이다. 한 수행자가 선사에게 물었다. '번뇌는 어떻게 내려놓습니까?' 선사가 말했다. '그걸 왜 내려놓으려는 거냐?' 내려놓을 번뇌가 따로 없는 것이다.

진헐 선사는 이 상황에서 생각이 갈 길을 모두 차단해 놓고 '이것을 알고자 하는가' 하고 묻는다. 수행자는 이 말 앞에 이해하기를 포기하고 모두 내려놓아야 한다. 그 때 실상과 철컥 하고 톱니가 물리게 된다. 그것은 상자의 몸통과 뚜껑이 딱 맞아떨어지는 일과 같다. 이 일을 확인하고 나면 고요한 멈춤과 활발한 움직임이 둘이 아니다. 고요함 전체가 그대로 움직임이다. 활발한 움직임 전체가 그대로 고요함이다. 고요함과 움직임에 별도로 구별되는 모양이 따로 있지 않다. 진헐 선사는 그것이 말로 표현할 수 없다는 점을 강조한다. 아무리 석가세존이라 해도 입을 열어 말하려는 순간 천만리 멀어진다는 것이다.

중봉 선사는 움직임과 멈춤에 대한 설득력 있는 언설들을 인용한다. 둘 아닌 이것의 자리에서 보면 움직임과 멈춤은 둘이 아니다. 뿐만 아니라 모든 현상이 별도의 자기 모습을 가지고 있지 않다. 같은 봄바람이지만 꽃이 피게도 하고 꽃이 지게도 한다. 같은 물이지만 물도 되고 얼음도 된다. 이렇게 둘 아닌 자리에서 보면 여기에 본래 차별이 없는 것이다. 그러나 중봉스님에게 문제는 이 다음이다. 움직임과 멈춤이 차별 없는 자리에서 당신은 지금 당장 무엇인가를 묻는 것이다. 머뭇거리지 말고 대답하라는 것이다. 머뭇대는 것은 생각하고 있다는 뜻이다. 말의 차원, 생각의 차원에 머물러 있다는 뜻이다. 여기에서 나오는 대답은 영원히 정곡을 찌르지 못한다. 이에 비해 이것일 뿐인 실상의 자리에서는 모든 언설과 모든 침묵이 다 진여를 증명한다.

53. 상대적 둘이 없어보라, 하나가 어떻게 있을 수 있겠는가.[162]

【진헐청료】

상대적 둘이 없어보라, 하나가 어떻게 있을 수 있겠는가. 〔스님이 말했다〕 인용은 치워 버리자. 움직임과 멈춤이 둘이라 해도 도와 상관이 없고, 하나라 해도 도와 상관이 없다. 수산주(修山主)가 말했다. 둘을 깨트리면 하나조차 성립하지 않으니, 하나의 법은 안정되어 영원하도다. 만약 하나니, 둘이니 하고 이해한다면 영겁이 지나도록 헤어나지 못하리라. 이 일은 논리를 벗어나 있어 입을 댈 곳이 없다는 것을 알아야 한다. 분명하고 명백하여 이 몸뚱이 위의 일이고, 천길 절벽 위의 일로서 분별을 떠나 있다. 이것을 알겠는가?

〔한참 뒤에 말하였다〕 이 산 속에 있기는 하지만, 구름 깊어 있는 곳을 모르겠네.[163]

〔대중들에게 설법하였다〕 완전히 느긋한 차원에 이른 사람은 마치 영양이 나무에 뿔을 걸쳐놓은 듯 자취를 남기지 않는다. 신통으로 노니는 사람은 고목에 꽃이 핀 것처럼 다시 봄 경치를 맞이한다. 또 하늘을 가득 덮는 그물을 펼친 것 같고, 호랑이를 잡는 덫을 설치한 것 같되, 문득 산산조각으로 쪼개짐을 본다. 가시나무 숲을 뚫을 이 있는가?

162) 兩旣不成, 一何有爾.

163) 只在此山中, 雲深不知處.

【중봉명본】

■ 뜻풀이

조사 스님은 상대적 둘이 없어보라, 하나가 어떻게 있을 수 있겠는가라고 하였다. 뜻으로 이해하는 자들은 이렇게 말한다. 옳음은 모두 그대로 그름이다. 그름은 모두 그대로 그름이 아니다. 옳음이 있다고 보는 순간, 먼저 그름이 있다. 그름이 있다고 보는 순간, 먼저 옳음이 있다. 그러므로 단독으로 옳음만 성립할 수 없고, 그름 역시 단독으로 존재할 수 없다. 그름은 옳음의 뿌리이고, 옳음은 그름의 근본이 된다. 진여와 망상, 깨달음과 미혹함 등도 또한 이와 같다. 이처럼 옳고 그름의 둘이 없으니, 하나의 중도가 어떻게 있을 수 있겠는가? 조사 스님은 여기에서 간과 심장을 모두 드러내어보였다. 할머니 같은 간절함이 넘치고 넘친다.

■ 뜻풀이 허물기

둘이 성립하지 않으면 하나 또한 있을 수 없다고 했다고? 그런데 이렇게 아는 그 자가 있지 않은가? 이렇게 아는 주체가 따로 없다고 말할 텐가? 그렇다면 그 없음을 아는 것은 누구인가? 아는 주체가 있다고 말할 텐가? 그렇다면 없음을 얻는다는 것인가? 조사 스님도 여기에서는 입을 닫았을 뿐이다.

■ 노래

봄에게 오라 하지 않아도 봄은 저절로 돌아와 / 정원 숲 곳곳에 초록이 일렁인다 / 천 만 송이 붉은 꽃은 어디 있는가 / 한 마리 남은 나비만 팔랑이고 있다.[164]

---

164) 不放春歸春自歸, 園林處處綠成畦. 萬紅千紫知何處, 剩得一隻蝴蝶飛.

【해설】

여기에서 둘은 움직임과 그침 등의 상대를 말한다. 이 둘을 양쪽의 치우친 견해라는 뜻에서 변견(邊見)이라 부르기도 한다. 그렇다면 이러한 상대가 끊어지고 나면 절대가 성립하는 것일까? 그런데 절대 자체가 상대를 설정해야 성립하는 말이다. 이미 상대적 개념이다. 둘이 성립하지 않으므로 엄밀한 의미에서 절대 또한 성립할 수 없는 것이다. 그러니까 일심이니 일진법계니 하는 말들은 모두 방편적 언어에 해당한다. 시끄러운 마음의 밖에 일심이 따로 있는 것이 아니기 때문이다. 만 가지 현상세계의 밖에 일진법계가 따로 세워지는 것이 아니기 때문이다. 불교의 가장 큰 특징은 상대적 차원을 부정함과 동시에 궁극적 유일자를 인정하지 않는다는데 있다. 그것이 분별적 사유의 작동을 멈추고 망상을 쉬는 일의 핵심이기도 하다.

그러니 어느 한 쪽에 떨어지면 안 된다. 덕산 스님이 몽둥이를 들고 말했다. '질문을 하면 잘못이고, 질문을 하지 않으면 참선의 길과 어긋난다.' 한 중이 말과 침묵의 위험을 피해 절을 하였다. 그러자 덕산 스님이 중을 때렸다. 중이 따졌다.

중　: 저는 절을 했을 뿐인데 왜 때리시는 겁니까?
덕 산 : 입을 열 때까지 기다릴 것 뭐 있겠어?

이미 중은 말과 침묵의 다른 쪽에 절하는 일을 세웠다. 상대되는 둘을 벗어나려다 셋을 세운 것이다.

그래서 진헐 선사는 하나라 해도 이미 진여가 아니라 말한다. 둘을 버리기 위해 별도로 하나를 세웠기 때문이다. 실상을 말하자면 가까이로는 이 몸뚱이에서 벌어지는 일들이 그대로 진여실상이다. 멀리로는 저 언덕의 초월적 세계가 진여실상이다. 거기에 차별은 없다. 깨달음의 자리에 노니는 사람은 어떠한 흔적도 남기지 않는다. 이 자리에서는 가장 치졸한 언설도 모두 사자후이다. 생각과 언설의 가시 숲을 베어낼 필요조차 없다. 그 가시 숲 자체가 바로 청정함의 다른 표현이다.

중봉 선사는 진정한 중도를 설명하는 해설을 인용한다. 중도라는 생각조차 벗어나 있는 것이 진정한 중도라는 것이다. 그리고는 바로 그것을 허물어 버린다. 중도조차 말할 수 없다고 아는 그것은 누구냐는 것이다. 그렇게 말하는 너는 누구냐는 것이다. 중봉 선사의 말은 공연한 시비처럼 들릴 수도 있다. 그러나 선은 그럴듯하게 말하고 이해하는 일이 아니다. 따라서 수행과 깨달음을 말로 표현하는 당사자의 멱살을 잡고 몰아붙이는 일은 참으로 선문에서만 볼 수 있는 통쾌한 시비이다. 적어도 이 순간 봄이니 여름이니, 꽃이니 신록이니, 벌이니 나비니 하는 모든 분별이 쫓겨나 자리 잡을 수 없기 때문이다.

54. 궁극의 끝에는, 규칙이나 궤범이 따로 없다.[165]

【진헐청료】

궁극의 끝에는, 규칙이나 궤범이 따로 없다. 〔인용하고 말하였다〕 백 척의 장대 끝에서 한 걸음 나아가라지만 어떻게 나아가는가? 궁극의 자리에 가면 말도 궁하고, 이치도 끝나며, 몸은 사라지고, 힘도 다한다. 심오함의 끝에는 터럭만큼의 현묘함, 터럭만큼의 특별함, 터럭만큼의 불법도리도 남아 있지 않다. 전체로서의 큰 작용이 눈앞에 드러나 있는데 무슨 별도의 법칙이 있겠는가? 마당 쓸고, 차 끓이고, 바늘을 들어 낡은 옷을 꿰맬 뿐이다. 나의 몫으로 옷 입고, 밥 먹을 뿐이다. 설법하라면 설법할 뿐이다. 이 밖에 무슨 참구할 선이 있을 것이며, 공부를 배울 일이 있을 것인가? 비록 그렇기는 하지만 반드시 이 자리에 실제로 도달하여야 된다.

【중봉명본】

■ 뜻풀이

조사 스님은 궁극의 끝에는, 규칙이나 궤범이 따로 없다고 말했다. 뜻으로 이해하는 자들은 이렇게 말한다. 시방세계의 모든 허공과 형상, 크고 작은 모든 것이 다 나 자신이다. 되는대로 나아가도 조사 스님의 자리에서 벗어나지 않는다. 나오는 대로 말해도 모든 것이 옛 부처님의 진정한 가르침이다. 심지어 여인을 끌어안고, 부처를 욕하며, 술에 취해 미륵불을 두들겨 패도, 한결같이 전체가 그대로 삼매이다. 그러니 무슨 계율이 따로 있어 허용하니, 금지하니,

165) 究竟窮極, 不存軌則.

지키니, 범하니 할 것인가? 그래서 영가 스님도 '큰 깨달음은 작은 예절에 구속되지 않는다'고 한 것이다.

■ **뜻풀이 허물기**

잠깐만! 말을 해도 너무 분명하게 말하고 있다. 염라대왕은 바로 이렇게 말하는 사람들을 잡아다 쇠몽둥이를 안기고 싶어 한다. 말해보라. 문제는 어디에 있는가? 각자 집으로 돌아가 점검해보라.

■ **노래**

입에서 나오는 대로 인용하고 입에서 나오는 대로 말하여 / 종횡으로 튀어도 항상 방향이 틀리지 않네 / 다만 일정한 법칙이 없다는 것을 생각에 담기만 하면 / 움직이는 순간 여전히 둘, 셋의 자리에 떨어지리라.[166]

【해설】

제법실상에 철저하면 일체의 견해가 붙을 수 없다. 이것이 진리이고, 이것이 가치의 기준이라는 식의 어떤 견해도 붙을 수 없게 된다. 공자는 70살이 되자 마음이 하고자 하는 대로 해도 법칙을 벗어나는 일이 없었다. 전체 현상이 그대로 진리이고, 전체 행위가 그대로 진여와 하나로 만났던 것이다. 이 자리에는 규범이라 할 것이 따로 없다. 모든 것이 진리이고, 모든 것이 규범이다. 사실 지켜야 할 규칙이나 궤범이 따로 있다고 한다면 곤란하다. 그것은 이제까지 부정해온 하나를 다시 세우는 일이 된다. 하나를 세우는 순간 자동적으로 둘의 상대적 차원이 다시 열리게 된다. 특히 성스러움에 대한 지향은 구경의 깨달음을 가로막는 장애가 된다. 성스러움을 세우는 순간, 속됨이 함께 나타나 갈등의 새끼줄을 꼬게 되기 때문이다.

그렇다고 이것이 사회적 규범의 파괴를 의미하지는 않는다. 밥상

---

166) 信口拈來信口談, 縱橫放肆總司南. 不存軌則如留念, 動轍依前落二三.

에 똥을 싸는 일도 아니고, 비상식적, 반사회적 행위를 권장하는 일도 아니다. 그런 점에서 구경의 깨달음을 증득한 사람은 특별하지 않다. 추우면 불을 쬐고, 더우면 부채를 부친다. 배가 고프면 밥을 먹고, 목이 마르면 물을 마신다. 그것은 마치 달이 물을 만나면 함께 흐르고, 구름이 바람을 만나면 흩어져 사라지는 이치와 같다. 고집하는 일이 없는 것이다.

더구나 본질과 현상이 둘이 아니므로 궁극의 끝이라 할 것이 없다. 그 끝에 무엇인가 별도의 법이 기다리고 있는 것도 아니다. 진실한 법은 이 작용하는 자리에서 끝없이 확인되는 규정할 수 없는 무엇이다. 그러니까 이 몸과 마음, 법계 전체가 그대로 법당이다. 약산 스님이 열반하기 전 대중들에게 외쳤다. "법당이 무너지려 한다." 대중들이 법당을 받칠 기둥을 가지고 달려왔다. 그들에게는 높이 세운 신성한 건물만이 법당이었다. 보고, 듣고, 느끼고, 아는 몸과 마음의 법당에서 법을 확인하지 못한 그들은 스승의 마지막 법문을 알아듣지 못했다.

진헐 선사는 먼저 법을 규정할 수 없는 무엇이라 설명한다. 말로 표현할 수 없고, 생각으로 이해할 수 없다. 오직 이것일 뿐, 나도 없고 대상세계도 없다. 그러니 다시 누가 있어 장대 끝에서 나아가겠는가? 지금 여기 이것 외에 다른 무슨 증득할 법이 있겠는가? 이 모든 말은 깨달음의 실제적 체험을 전제로 한 말이다. 그렇지 않으면 모든 것에 걸려 넘어지면서 말만 그럴듯한 문자선이 될 뿐이다.

중봉 선사는 이 전체가 삼매이고 진여라는 설득력 있는 해설을 먼저 인용한다. 법이라고 따로 말할 것이 없이 전체가 그대로 법이다. 그리고는 바로 그렇게 말하고, 그렇게 알아듣는 당사자인 우리를 두들긴다. 그렇게 말하는 너는 알고 이해하는 차원을 벗어나 있느냐는 것이다. 그러면서 말만 통쾌한 문자선은 염라대왕의 쇠몽둥이 깜이라고 단언한다. 중봉 선사는 언설의 논리적 진실성 여부에는 관심이 없다. 닥달의 모든 몽둥이질은 지금 당장 우리의 머리를 향하고 있다. 우리가 이러한 해설을 보면서 이해했다고 생각하는 순간, 몽둥이가 떨어지는 것이다. 어떤 기특한 체험이라 해도 이해하는 내가 있고, 이해되는 법이 있다면 그것은 깨달음과 상관없는 분별적 사유의 살림이기 때문이다.

55. 마음과 하나로 만나 평등하면. 유위적 행위가 모두 쉬게 되리라.[167]

【진헐청료】

마음과 하나로 만나 평등하면. 유위적 행위가 모두 쉬게 되리라. 〔인용하고 말하였다〕 강이 길면 배가 높아지고, 진흙이 많으면 불상이 커지는 법이다. 어느 자리가 평등하지 못하다는 거냐. 걸림 없이 통과하고, 철저하게 볼 수 있어야 한다. 그러면 이 마음을 운용하되 평등하게 받아쓸 수 있을 것이다. 시작 없는 겁의 세월 동안 끝이 없는 거꾸로 된 허망한 생각들이 저절로 쉬고 사라지게 될 것이다. 그것은 말하거나, 침묵하거나, 움직이거나, 멈추거나 간에 끊어짐이 없다. 생각 생각이 거기에 있고, 생각 생각이 언제나 어둡지 않다. 짓는 일, 행위하는 일이 모두 일순간에 쉬어지리라. 만 가지 경계, 만 가지 차별이 일시에 끊어지리라. 하나하나가 되돌아가면 모든 것이 저절로 그러한 조작 없는 오묘한 작용의 힘인 것이다. 그대들이 이것을 잡아낼 수 있다면 실로 남에게 미안함이 없으니라. 그렇지 못하다면 이후 고생 좀 해야 할 것이다.

【중봉명본】

■ 뜻풀이

조사 스님은 마음과 하나로 만나 평등하면 유위적 행위가 모두 쉬

167) 契心平等, 所作俱息. 契心平等은 啓心平等으로 표기된 판본도 있다. 마음을 평등하게 여는 일(啓心)과 마음을 평등함에 계합하는 일(契心)는 의미상 통하는 표현으로 이해된다.

게 되리라고 말했다. 뜻으로 이해하는 자들은 경전을 인용하여 이렇게 말한다. 이 법은 평등하여 높고 낮음이 없다. 비유하자면 수은이 땅에 떨어지면 큰 것은 큰 방울이 되고, 작은 것은 작은 방울이 되는 이치와 같다. 전체 세계에 자기 마음과 상응하지 않는 현상이란 애초 없다. 여래가 도를 성취하였을 때에 돌이켜 보니 지난 생애 무수한 겁의 세월 동안 닦은 수행들이 모두 꿈같고 환영 같은 것이었다. 유위적 행위도 없었지만, 유위적 행위 아닌 일도 없었다. 그래서 '허공 꽃과 같은 청정한 실천을 닦고, 수월도량(水月道場)에 한가히 앉는다. 거울 속의 악마군대를 항복시키고, 꿈속의 부처 일을 성취한다'[168]고 말한 것이다. 실로 이 마음을 깨닫지 못하면 평등한 것을 평등하지 않다고 보는 것이다. 또 평등하지 못한데서 일체의 작위가 일어나는 것이다.

■ 뜻풀이 허물기

『원각경』에 '본래 성품은 그대로 평등한 것이지, 그것을 사람이 평등하게 하는 것은 아니다'고 말했다. 그러니 평등을 말하는 일만 해도 몽둥이 삼십 방 깜이다. 무수한 견해들을 인용한다면 도리어 평등하지 못하게 될 것이다.

■ 노래

길 묻기를 그만 두고 손을 털고 돌아와 / 한 칸 암자에 높게 누워 맑은 풍광을 마주한다 / 백 천 가지 현묘한 도리 모두 잊어버리고 / 종일토록 사람 없어 대나무 문은 잠겨있다.[169]

【해설】

하나로 만난다는 것은 본체와 뚜껑이 딸깍! 하고 딱 맞아 들어가

---

168) 청량징관의 『능엄의소주(楞嚴義疏注)』에 보이는 말이다.

169) 罷問程途撤手歸, 一庵高臥對晴暉. 百千玄妙俱忘卻, 整日無人扣竹扉.

는 일에 비유할 수 있다. 마음과 경계가 둘이 아님을 체험하는 것이다. 이렇게 확인하는 자리에서는 가장 하찮은 현상조차 어김없이 있는 그대로 불법이다. 일체의 유위적 행위를 쉰다는 것은 아무 일도 하지 않는다는 뜻이 아니다. 행위하되 그것에 묶이거나 집착하지 않는다는 뜻이다. 육바라밀을 행하되 내가 이것을 실천한다, 나는 이것을 하는 사람이다, 내가 이것을 통해 성취하였다는 분별망상과 집착을 쉬는 것이다. 이것을 오묘한 실천이라 한다. 요컨대 오묘한 실천에는 내(能)가 무엇(所)을 한다는 분별의식이 없다. 집착하고 머무는 일이 없다.

그래서 보살은 어떤 법에도 머무는 바 없이 보시를 실천한다[170]. 이렇게 청정한 마음, 평등한 마음, 무위의 마음으로 실천하므로 큰 휴식과 같다. 그래서 진정한 보살행에는 피곤할 일이 없다. 행위함도 없고, 마음이라 할 것도 없으며, 일이라 할 별도의 무엇도 없는데 무슨 피곤할 일이 있겠는가? 모든 것이 다리 뻗고 쉬는 일에 해당한다. 육조스님은 이것을 '미움과 사랑에 걸리는 마음이 없으니, 두 다리 쭉 뻗고 눕는다'[171]고 표현했다.

분별적 사유는 우리를 겉돌게 한다. 지금 이대로인 실상의 자리에서 벗어나 망상의 무대에서 환영의 연극을 하게 한다. 그래서 분별망상을 쉬고 마음의 실상과 하나로 만나 평등한 자리로 돌아가야 한다. 평등이란 이원적 분별을 멈춘 자리를 가리킨다. 그것은 진여의 마음과 하나로 만나는 일이기도 하다. 이 때 마음과 부처와 중생의 셋이 다른 것이 아님을 알게 된다. 뿐만 아니라 일체의 현상이 다르지 않아 청정하고 평등하다. 그러니 일부러 하는 수행할 필요조차 없게 된다.

170) 菩薩於法, 應無所住, 行於布施.

171) 憎愛不關心, 長伸兩脚臥.

이 자리에서 수행은 머리 위에 머리를 하나 더 얹는 일이다. 불필요할 뿐더러 장애가 된다. 더구나 수행을 통해 특별한 무엇을 성취한다는 생각은 더 큰 문제가 된다. 덕산 스님이 늙어서 병이 들자 중이 물었다.

> 중　: 스님도 병이 드시는군요. 혹 병이 들지 않는 사람은 없습니까?
> 덕산 : 있지!
> 중　: 병이 들지 않는 사람은 어떤 사람입니까?
> 덕산 : 아이고! 아야!

몸이 아프면 아이고! 아야! 하는 이것이 평등한 자리이다. 이것은 병이 들지 않는다. 생멸을 벗어나 있다. 덕산 스님은 물론 모든 선사들이 생애를 바쳐 설법을 한 것이 이것이다.

그래서 진헐 선사는 다시 묻는다. 지금까지 경험한 모든 것에 평등하지 않은 자리가 있었느냐는 것이다. 산은 높고, 물은 길다. 그 전체는 마음의 현현으로서 산이니 물이니, 높으니 낮으니 하는 분별이 붙기 전에 본래 평등하다. 이것을 확인하는 입장이 되면 허망한 생각에 기초한 조작적 행위들이 성립할 수 없게 된다.

중봉 선사는 본래 평등한 이치를 말하는 해석을 인용한다. 그리고는 바로 평등함을 지향하는 유위적 행위를 향해 몽둥이를 내린다. 이 존재, 이 행위, 이 생각 이대로 이미 평등하다. 실상이 이러한데 여기에서 다시 평등하고자 한다면 그것이 망상이라는 것이다. 중봉 선사의 이 일관된 윽박지름은 마지막 한 자락 남은 생각에 속고 있는 수행자를 겨냥한다. 뭔가 체험했다거나 전체를 꿰뚫는 견해를 갖추었다고 자부하는 수행자를 치유하기 위한 마지막 강력처방인 것이다.

56. 여우같은 의심이 완전히 사라지면, 바른 믿음이 곧아지리라.[172]

【진헐청료】

여우같은 의심이 깨끗이 사라지면, 바른 믿음이 곧아지리라. 〔인용하고 말하였다〕 얼굴을 깨뜨려야 알아보겠는가? 명백하게 말해주는데도 그 가리키는 바를 왜 모르는 것일까? 가슴속에 참선한다는 생각이 들어 있기 때문에 시원하게 풀리지 않는 것이다. 지금 여러분은 옛 사람들의 말과 현묘한 공안들을 뱃속에 넣어놓고는 평생 참구하던 공부를 마쳤다고들 한다. 그것이 모두 더러운 침이고, 콧물이라는 것을 모르고 있는 것이다. 옛 사람들은 이것을 똥물을 길어다 마음의 밭을 더럽히는 일이라 했다. 분명하게 말하자면 한 점의 먹자국도 있을 수 없다. 그러니 만약 글자의 한 획이라도 기억한다면 만겁의 세월 동안 여우 귀신 노릇을 하게 될 것이다.

영리한 사람이라면 설법을 듣는 순간 토해버리고, 어머니에게 받은 입을 깨끗하게 씻어낼 것이다. 그렇게 마음을 텅 비게 하면 자연히 의심이 없게 되어 입을 열면 그대로 속을 모두 드러내게 되리라. 여러분들은 항상 믿기는 하지만 아직 깨닫지는 못했다고들 말한다. 그러나 그것은 바른 믿음이 아니다. 알겠는가?

저녁 무렵 강물은 그림 같은데, 도롱이 걸친 어부는 집으로 돌아가네.[173]

---

172) 狐疑淨盡, 正信調直. 狐疑淨盡을 狐疑盡淨으로 표기한 판본도 있다. 여우같은 의심이 깨끗이 사라지는 일〔淨盡〕과 여우같은 의심이 모두 청정해지는 일〔盡淨〕은 같은 차원의 일을 가리킨다.

173) 江上晚來堪畫處, 漁人披得一蓑歸.

【중봉명본】

■ 뜻풀이

조사 스님은 여우같은 의심이 깨끗이 사라지면, 바른 믿음이 곧아지리라고 했다. 뜻으로 이해하는 자들은 이렇게 말한다. 믿음에는 두 가지가 있으니 바른 믿음이 그 하나이고, 삿된 믿음이 다른 하나이다. 자기 마음이 부처임을 믿어 밖에서 구하지 않는 것이 바른 믿음이다. 자기 마음이 부처라는 것을 믿지 않고, 마음을 일으켜 밖으로 찾아다니는 것이 삿된 믿음이다. 유위적 추구를 하는 것이 삿된 믿음이다.

물론 바른 믿음에도 의심은 있다. 바른 믿음이 있지만 직접 깨닫지 못한 것이 있을 때 의심이 일어나게 된다. 이 의심하는 생각이 더욱 깊어지고 오랫동안 물러나지 않으면 문득 환해진다. 한 생각이 밝게 열리는 것이다. 그래서 큰 의심이 있으면 반드시 큰 깨달음이 있다고 말하는 것이다. 깨달음은 믿음의 결과이며, 믿음은 깨달음의 원인이라고 알고 있을 것이다.

그런데 승조 법사는 결과가 일어나면 인연은 이미 없지만, 인연으로 인해서 결과가 있는 것이기도 하다고 말했다. 이렇게 성찰하면 믿는 때가 바로 깨닫는 때이다. 깨닫는 때가 믿는 때와 다르지 않다. 조사 스님의 노래를 '믿는 마음의 노래'라 한 것이 이런 이유에서이다. 상근기의 수행자는 설법을 한번 들으면 옛날 잃었던 물건을 되찾은 것과 같이 마음에 분명해진다. 그러고 나면 옷 입고 밥 먹는 것을 잊거나 생명을 버리는 일이 있을 수는 있어도, 그 바른 믿음을 버릴 수는 없다. 그래서 설사 뜨거운 쇠 바퀴를 내 머리 위에 씌운다 해도 결코 그 고통 때문에 보리심을 잃거나 퇴보하는 일은 없다는 옛 말이 있는 것이다. 그렇게 바로 믿는 마음이 견고하고 빈틈이 없다면 직접 깨닫지 못할 일이 있겠는가? 그 밖의 삿된 믿음에서 생기는 의심은 그것이 계속될수록 거꾸로 된 견해가 마구 생겨나게 된다. 결국 필연적으로 허망한 인연을 좇아다니다가 무간지옥으로 흘러들고 마는 것이다.

■ 뜻풀이 허물기

그렇기는 하다. 다만 이처럼 믿음이 바로 깨달음이라고 한다면, 그 깨달음이 바로 마음의 근원과 뒤섞이게 될 것이다. 그렇게 근원과 뒤섞이고 나면 이 믿음이라는 글자를 어디에 놓을 것인가? 따로 놓을 자리가 있다면 한번 가리켜 보라. 만약 따로 둘 곳이 없다면 조사라는 말도 벌써 쓸데없는 것이 되고 말 것이다.

■ 노래

믿음의 뿌리가 바르지 못하면 여우같은 의심이 일어나고 / 의심이 얼음처럼 녹아버리면 믿음은 저절로 갖추어진다 / 말로 아무리 분명하고 근사해봤자 / 조사의 마당과는 하늘 밖의 일보다 더 멀다.[174]

【해설】

여우같은 의심은 생각으로 헤아리는 모든 일을 가리킨다. 여우는 생각이 많고 의심이 많다. 그래서 생각으로 일을 그르치는 수행자에 대한 비유로 자주 쓰인다. 여우에게는 먹이를 숨겨놓고 자꾸 파보는 습관이 있는데, 그 때문에 다른 동물들에게 들켜서 빼앗기는 경우가 많다. 얼음을 건널 때도 의심이 많아 오가기를 반복하다가 얼음이 깨져 빠지게 되는 일도 있다. 중국에는 여우의 이런 의심을 이용하는 사람들도 있었다. 황하의 상류에 얼음이 어는 한 겨울이 되면 말과 수레

174) 信根不正起狐疑, 疑念冰消信自持. 說得宛然相似了, 祖庭何翅隔天涯.

의 통행이 가능하다. 이 얼음이 안전한지를 보기 위해 먼저 여우를 풀어놓는 것이다. 꾀 많은 여우가 얼음 아래에 물이 흐르는 소리가 들리는지를 보고 안전하다고 판단되면 강을 건넌다. 사람들은 여우가 얼음을 건너는 것을 보고 말과 수레를 통행하는 시기를 정했다는 것[175]이다.

수행을 한다는 것은 이 여우같은 의심을 쉬는 일이다. 이것과 저것 사이를 끝없이 오가는 분별적 사유를 쉬는 일이다. 의심이 사라진 자리에는 지금 이것을 남김없이 바로 보는 밝고 또렷한 인지작용이 남게 된다. 이것을 바른 믿음이라 한다. 이 마음이 바로 부처임을 믿어 의심치 않는 것이다. 그 바른 믿음은 자성에 대한 깨달음에서 일어나는 믿음이기도 하다. 하나로 만나는 체험을 통해 진정한 바른 믿음이 저절로 곧게 세워지는 것이다. 둘이 아니므로 바르고 곧다고 표현한다. 이 곧바른 마음이 바른 수행의 자리이기도 한다.

진헐 선사는 참선한다. 깨달았다는 생각도 여우같은 의심에 해당한다고 경고한다. 무수한 사람들이 부처가 되는 길에 들어섰지만, 어째서 실제로 깨친 사람은 많지 않은 것일까? 내가 주체가 되어 깨닫고자 하기 때문이다. 공안을 참구하는 것도 내가 하는 일이고, 공부를 마친 것도 내가 얻은 일이라 여기기 때문이다. 그래서 진헐 선사는 불법이라는 생각조차 담지 말기를 요구한다. 오직 비우고 내려놓아 법이 스스로 말하게 하라는 것이다. 강가의 노을이 불법을 그린다. 도롱

---

175) 『술정기(述征記)』에 보이는 기록이다. 맹진(盟津)과 하진(河津)이라는 황하의 나루터는 항상 탁한데 강폭이 장강보다는 좁고 회하(淮河)나 제수(濟水)보다는 넓다. 날씨가 추워지면 몇 길의 얼음이 언다. 처음 얼음이 얼 때에는 수레와 말이 통행하기 어려워 여우가 건너는지를 보아야 한다. 여우는 귀가 밝아 얼음 밑에 물이 흐르지 않음을 확인하고 강을 건넌다는 것이다. 사람들은 여우가 오가는 것을 보고 강을 건넌다.

이 걸친 어부가 진여를 노래한다. 이것이 바른 믿음의 길이라는 것이다.

중봉 선사는 믿음과 깨달음이 둘이 아님을 설하는 문장을 인용한다. 바른 믿음이란 이 마음이 그대로 부처임을 믿는 일이라는 내용이다. 물론 중봉 선사는 바로 이 말을 허물어 버린다. 말을 이해하는 것이 공부는 아니기 때문이다. 말은 원칙적으로 옳다. 그렇지만 그것을 듣고 이해하는 일에는 항상 문제가 있다. 마음이 부처라는 말을 듣고 그것을 이해한다. 그렇지만 십중팔구 그것은 생각의 차원에서 일어난 일이다. 마음이 부처임을 확인하기 위해서는 생각을 떠난 자리에 대한 체험을 전제로 하는 것인데 말이다.

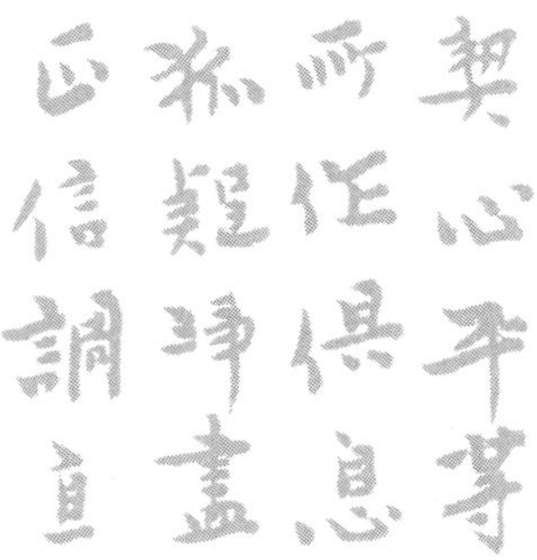

57. 어떤 것도 남겨두지 말라. 기억할 만한 것이 따로 없다.[176]

【진헐청료】

어떤 것도 남겨두지 말라. 기억할 만한 것이 따로 없다. 〔인용하고 말하였다〕 쌓이는 것이 산이 될 지경인데 무엇을 남겨두지 않는단 말인가? 그 가리키는 바를 알아야 한다. 오직 마음을 텅 비우고, 인식도 없고, 앎도 없게 하라. 마음을 장벽과 같이, 기왓장과 같이, 벽돌조각과 같이 하라. 완전히 죽은 사람같이 하라. 한결같이 생각을 끊고 털끝만큼의 움직임도 없게 하라. 그렇게 하여 생명의 뿌리를 끊어내면 종일을 부지런히 움직이는 속에 있다 해도 저절로 행위 없는 무위의 경계에 거처하게 되리라. 〔한참 있다가 말하였다〕 이렇게 말하는 것도 적절한 것은 아니다.

【중봉명본】

■ 뜻풀이

어떤 것도 남겨두지 말라. 기억할 만한 것이 따로 없다고 했다. 뜻으로 이해하는 자들은 이렇게 말한다. 마음이 갈 곳이 없으므로 어떤 것도 남지 않는다. 말로 표현할 길이 없으므로 기억할 것이 없다. 밖으로 버릴 현상이 없으므로 어떤 것도 남지 않는다. 안으로 무심하여 할 일이 없으므로 기억할 것이 없다. 밝게 보면 한 물건도 없고, 사람도 없고, 부처도 없다. 삼천대천세계가 바다 속의 거품이

---

176) 一切不留, 無可記憶. 一切不留를 一切莫留로 표기한 판본도 있다. 뜻은 차이가 없다.

고, 일체의 성현이 번개처럼 덧없다. 이것이 바로 어떤 것도 남겨두지 않는 일이다.

남산에 일없이 앉아 향이나 피우고, 하루 종일 꿈쩍 않고 모든 생각 잊고 산다. 일부러 마음을 쉬는 것도 아니고 망상을 없애는 것도 아니라, 단지 생각할 일이 전혀 없기 때문이다.[177]

기억할 것이 없음을 말하는 시이다.

■ 뜻풀이 허물기

참 그럴듯하게 인용하고 증명하고 있다. 아무리 부처님과 조사의 가르침을 널리 인용하여 물샐틈없이 증명해봐라. 기억에 버겁게 그 양만 늘어갈 뿐이다. 그래서는 아무 것도 남겨두지 않고자 하는 일은 할 수 없다.

■ 노래

어떤 것도 남겨두지 않는다는 그 견해가 아직 남아 있고 / 환하게 깨달아 기억할 것 없다는 그 앎이 아직 남아 있다 / 고향집 땅에 직접 도달하지 못했으니 / 그림 속의 떡으로는 배고픔을 다스릴 수 없다.[178]

【해설】

진여실상은 어떤 대상이 아니다. 나와 대상, 과거와 현재, 이곳과 저곳의 상대를 세우지 않은 이 현장 그 자체를 확인하는 일이다. 수행이란 둘 아닌 이것 자체가 되는 일이고, 우주법계를 꽉 채운 소소영영한 앎에 맡기는 일이다.

이것이 잘 안되므로 화두를 들거나 다양한 수행 방편을 쓴다. 이 수행은 마음이 갈 곳이 없게 하는 것이 요체이다. 법과 마음이 둘이

177) 남대수안(南臺守安) 선사의 시이다. 남악형산(南岳衡山)에 주석하였으며 나한계침(羅漢桂琛)의 제자이고, 법안문익(法眼文益)의 사형이다. 시의 원문은 다음과 같다. 南台靜坐一爐香, 終日凝然萬慮忘. 不是息心除妄想, 都緣無事可思量.

178) 一切不留還有見, 了無可記尙存知. 故家田地非親到, 畫餠何曾療得饑.

아니기 때문이다. 둘이 아니므로 마음→법, 나→대상으로 가는 방향이 성립할 수 없다. 그러니 갈 곳이 없고, 머물 곳이 없는 것이다. 법이 따로 없는데 법에 머물겠는가? 마음이 따로 없는데 마음을 지향하겠는가? 오직 지금 이것일 뿐이라서 완전히 수용하고, 완전히 맡기는 일만 있을 뿐이다. 『금강경』에서는 이 도리를 '과거의 마음 잡을 수 없고, 현재의 마음 잡을 수 없으며, 미래의 마음도 잡을 수 없다'고 했다. 드러나는 전체가 그대로 모두 마음이다. 그러니까 그 중 어떤 특정한 것 하나를 잡아 마음이라 할 수 없는 것이다. 그래서 그 어떤 것에도 머물 수 없다.

이치가 이러하므로 우리는 공중에 흔적을 남기지 않는 새처럼 마음을 써야 한다. 날아다니는 새가 공중에 흔적을 남긴다면 큰일 날 일이다. 그 거미줄 같은 흔적에 걸려 제대로 날 수 없게 될 것이다. 마찬가지로 수행자가 특정한 법에 집착한다면 이미 해탈의 반대길로 들어섰다고 해야 한다.

진여실상은 말로 표현할 길이 없다. 생각으로 헤아릴 수 없다. 기억할 것이 따로 없다. 그러니까 특정한 어디에 머물고자 하는 그 자체가 잘못된 일이다. 특별한 체험을 기억하는 그것이 장애이다. 머물고 기억하는 마음은 분별망상의 핵심이다. 따라서 이러한 마음으로 참선을 하고 염불을 하는 것은 망상을 키우는 일에 속한다. 그것은 세속의 재산축적과 다를 바 없어서 탐진치를 증장시키는 일이 될 뿐이다.

기억할 것이 없다는 말은 그것에 묶이지 않는다는 뜻이다. 수행을 하는데 있어서 옛날에 보고 들은 불법지식이나 일시적 체험을 기억하고, 그것에 기대는 일을 하지 말라는 것이다. 일체의 형상을 비추되, 그것이 지나가면 영상이 남지 않는 거울과 같이 하라는 것이다. 그러면 대나무는 푸르고, 꽃은 붉을 뿐이다. 법계의 실상이 왜곡 없이 드러난다. 이처럼 이 공부는 덜어내고 내려놓는데 요체가 있다.

진헐 선사는 모든 것을 내려놓을 것을 설한다. 가장 좋은 것은 모든 것을 단번에 내려놓는 일이다. 그게 어렵다면 적어도 모든 것을 지금 당장 내려놓는다는 자세를 가져야 한다. 수행에 있어 나중은 없다. 오직 지금 여기에서 수행할 뿐 미래를 기약하고, 무엇을 지향하면 안 된다. 과거의 어떤 기특한 체험을 재현하려 해서도 안 된다. 타인에게 들은 경계체험을 모델로 삼아서도 안 된다. 오로지 지금 · 여기 · 이것에 환할 뿐이다. 기꺼이 수용하여 맡겨둘 뿐이다. 그런 의미에서 수행은 오직 돈수이고 돈오일 뿐이다. 더 좋기로는 닦음이 곧 깨달음임을 확인하는 일이다.

이 과정을 나중에 말로 설명하자면 돈오점수니 점수점오니 하는 말들이 성립할 수 있다. 분별적 사유에는 시간이 개입한다. 그러니까 거기에 일정한 발전의 곡선이 그려질 수 있다. 그렇지만 수행 당사자에게는 과정이라는 생각 자체가 없다. 아예 시간과 공간의 개념이 없다. 이 일을 전체로 수용하는 것이 수행이기 때문이다. 무수한 행위를 하면서도 아무런 행위도 하지 않는다는 말이 성립하는 이유이다.

중봉 선사는 논리적 문장을 먼저 인용한다. 그런 뒤 바로 그것이 지금 당장 우리의 머물지 않는 실천으로 직결되고 있는지를 묻는다. 이렇게 치밀한 논리의 가르침을 듣고 이해하는 것이라면 문제가 있다. 잘 해봐야 기억할 일만 더 늘어날 뿐이다. 말만 많아질 뿐이다. 결국 도장이 딱 들어맞듯, 신표가 꼭 맞물리듯, 아래위의 맷돌이 착 들어맞듯 하나로 만나는 일이 일어나지 않는다면 모두 소용이 없다. 어떤 훌륭한 설법도 그림의 떡일 수밖에 없다. 진정한 수행은 지금 당장 떡을 먹는 일이다.

중봉 선사의 이 허물기 전략을 보면 선사들의 혀끝이 무엇을 겨냥하고 있는가를 알게 된다. 그것은 세상을 둘로 나눠 이해하는 나와 당신, 무수한 우리들을 향하고 있다. 수백 년 전의 스승이 지금 이 자리에 현현하여 우리를 두들기고 있는 것이다. 우리가 진정 수행을 하고 있다면 이 몽둥이질에 아파해야 한다. 삶의 모든 현장에서 정신적 따귀를 맞고 있어야 한다. 이를 통해 남겨두거나 기억할 것이 없이 지금 당장 깨달아야 하는 것이다.

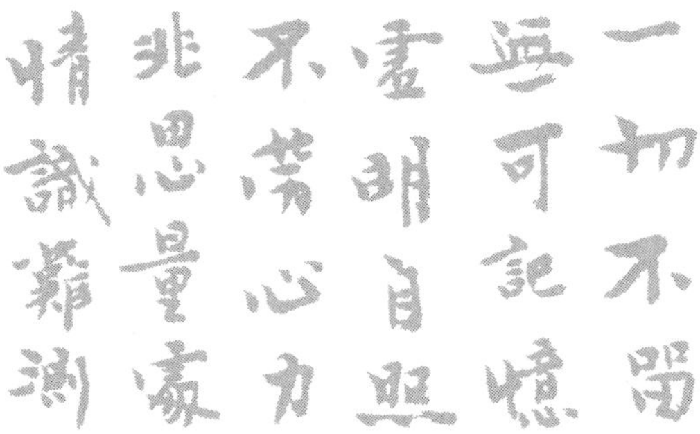

58. 텅 비고 밝아 저절로 비추는 것이다. 그러니 애써 마음을 쓸 일이 아니다.[179]

【진헐청료】

텅 비고 밝아 저절로 비추는 것이다. 그러니 애써 마음을 쓸 일이 아니다. 〔인용하고 말하였다〕 혓바닥 들이밀고 꺼내 보이지 말라. 〔한참 있다가 말하였다〕 이 경계는 알 수 있는 일이 아니다. 한 순간 이치로 이해했다고 하여 바로 이 일이라고 여겨서는 안 된다. 옛 사람들은 쉬고 또 쉬어 그 입을 한 겨울의 부채와 같이 하였다. 그 마음을 마른 나무나 식은 재와 같이 하였다. 열 번 말하려 하다가도 아홉 번 쉬곤 하였다. 대중들이여! 이 일은 억지로 하는 것이 아니라 저절로 그렇게 되는 것이다. 그러니 어려울 것이 뭐 있겠는가?

강에는 달, 솔숲엔 바람, 긴긴 밤 맑은 하늘, 할 일이 무어냐.[180]

【중봉명본】

■ 뜻풀이

조사 스님은 텅 비고 밝아 저절로 비추는 것이니, 애써 마음을 쓸 일이 아니라고 말했다. 뜻으로 이해하는 자들은 이렇게 말한다. 청정함만 가득할 뿐, 다른 어떤 것도 없는 것을 비었다고 한다. 밝은 구슬이 홀로 빛나듯, 달이 홀로 비추듯 하니 이를 밝다 한다. 텅 비고 밝아 사물이 오는 대로 비춘다. 여기에서는 저절로 비춘다는 말조차 군더더기이다. 터럭만큼의 의식적 노력도 가하지 말라. 그 순

179) 虛明自照, 不勞心力.

180) 江月照松風吹, 永夜淸霄何所爲.

간 텅 비고 밝아 저절로 비추는 일이 있게 될 것이다.

■ **뜻풀이 허물기**

인용과 비유가 이치적으로 그럴듯하다. 그런데 그대는 모양 없는 허공을 보았는가? 허공이 스스로 자신은 모양이 없다고 말했다는 것을 들어본 적이 없다. 만약 허공이 말을 한다면 허공이라 할 수 없을 것이다. 조사 스님이 그 때 이 비유를 알았을까? 그렇다면 네 마리의 말도 혀의 빠름을 따라갈 수 없는 법이니 이 허물을 면할 길이 없을 것이다.

■ **노래**

부처님의 황금 도장 / 당당히 이 자리에서 바르게 받으라. / 몰래 주워오면 쓸 데가 없으니 / 구멍 사이로 엿보는 일 하지 말라.[181]

【해설】

남겨두고 기억할 일이 없으니 텅 빈 것이다. 주체와 대상이 없으니 텅 빈 것이다. 이 텅 빔이 바로 청정한 마음, 평등한 마음의 내용물이다. 진정한 수행은 일부러 애쓰는 일이 아니다. 그저 남겨두고 기억하는 일을 멈추는 것이다. 그렇게 둘로 분별하지 않는 청정한 마음에서 저절로 된 관조가 일어난다. 저절로 된 관조라는 말에는 원래부터 그렇다는 뜻도 포함된다. 그 밝음은 원래부터 변함없는 것이라서 새로 성취하는 일이 아니다. 저절로 그러하므로 애쓰는 일이 아니다.

이것이 바로 진정한 의미에서의 무심이다. 감각기관의 인지작용은 분명하지만, 그 인지된 일에 대해 분별하고 판정하는 제이선, 제삼선으로 물러나지 않는다. 텅 빈 비춤, 둘이 없는 관조가 되면 모든 외적 경계는 문제가 되지 않는다. 외적 경계는 벗어나야 할 장애가 아니다. 그것은 오히려 진여의 드러남이다. 따라서 지금 이것 아닌 엉뚱한 것에 마음 쓸 일이 없다. 지금 차려진 당장의 이 밥상을 잘 받으면 되는

181) 輪王一顆黃金印, 須是當陽正受之. 暗地拾來無用處, 那堪穴隙去傍窺.

것이다. 이것을 일부러 걸인의 밥상으로 바꿀 필요도 없고, 왕후장상의 밥상을 기약할 필요도 없다. 그래서 이 텅 빈 비춤은 지금 이 일을 유보 없이 기꺼이 수용하는 일인 동시에, 그것에 툭! 맡기는 일이기도 하다.

진헐 선사는 이 텅 빈 비춤을 동짓달의 부채, 마른 나무, 식은 재에 비유한다. 말로 표현하고, 뜻으로 이해하는 한 이 일과는 거리가 멀다. 그런데 모든 실상을 저절로 비추는 이 일은 쉬어본 적이 없다. 강에는 달이 비친다. 솔숲에는 바람이 분다. 달밤을 아는데 햇볕을 가져다 견주어볼 이유가 없다. 솔바람을 느끼는데 대숲을 상상하여 비교해볼 이유가 없다. 나아가 일부러 눈을 크게 뜨거나 귀를 가까이 들이댈 이유도 없다. 진헐 선사가 인용한 이 노래는 『증도가』에서 따온 것이다. 이 노래 속의 한가한 도인은 의식적으로 하는 일이 없다. 그래서 모든 일을 하고 있는 중이다.

중봉 선사는 텅 빈 밝음에 대한 논리적 설법을 인용한다. 그래놓고는 이것을 허문다. 텅 빈 허공을 직접 체험했느냐는 것이다. 지금도 그것이 변함없이 현전하고 있느냐는 것이다. 중봉 선사의 입장에서는 그것을 설명하는 순간, 그 자체가 망상이 된다. 십중팔구 분별적 생각이 일어나고 있기 때문이다. 따라서 설명과 이해에 급급할 필요가 없다고 말하는 것이다. 다만 그 텅 빈 밝음과 완전히 하나 되어 사는 길을 걸으라는 것이다.

게송에서 말하는 부처님의 마음 도장은 비밀이 없다. 햇빛 환한 대명천지에 남김없이 드러나 있다. 이것을 있는 이대로 수용해야 한다. 분별적 사유로 측량하는 것은 훔쳐보기에 해당한다. 분별적 사유로는 그 절대적 큼을 쪼개어 반만 수용한다. 부처님의 마음 도장을 통째로 받았다면 말없이 살 뿐이다. 그래서 중봉 스님의 입장에서는 이 실상에 대해 생각하고 설명을 붙이는 일 자체가 유감이다. 보살심에서 나온 일이기는 하지만, 그것은 정답에서 한 치 미끄러지는 일이기 때문이다.

59. 생각으로 헤아리는 자리가 아니다. 의식과 느낌으로 추측하기 어렵다.[182]

【진헐청료】

생각으로 헤아리는 자리가 아니다. 의식과 느낌으로 추측하기 어렵다. 〔인용하고 말하였다〕 이리 저리 하다가 사람들 뒤나 따라다니는 꼴이 된다. 이것이 무엇인가 말해보라. 이것을 지금 이대로 완성된 공안이라 하고, 궁극의 언어라 한다. 설사 그것이 비할 데 없이 빼어나고 특별하다 해도 스님들의 경우를 보아야 한다. 중이 운문 선사에게 물었다. 생각으로 헤아릴 곳이 아니라 했는데 무슨 뜻입니까? 운문이 대답했다. 의식과 느낌으로 추측하기 어렵다는 뜻이지. 설두(雪竇) 스님은 말했다. 이 중은 내리막길도 못 가고 있는데 운문은 너무 빠르다. 그래서 만날 수 없다. 설사 묻는 자리는 상자와 같고, 대답하는 자리는 뚜껑과 같다고 해도, 그래서 상자와 뚜껑처럼 서로 들어맞고 하늘과 땅처럼 맞아 떨어진다 해도, 3조 스님은 꿈에서도 만날 수 없다. 말해보라. 핵심은 어디에 있는가?

그림자는 천 길로 움직여 용과 뱀이 움직이는 듯, 소리는 반쪽 하늘을 뒤흔들어 비와 바람도 차다[183].

〔대중에게 설법하였다〕 알 수 없는 이 전체가 지금 있는 이대로 공안이라 하자. 높고 낮음이 두루 호응하여 매일 써도 다함이 없다고 치

182) 非思量處, 識情難測.

183) 影搖千尺龍蛇動, 聲撼半天風雨寒. 송나라 석연년(石延年)의 『고송(古松)』에 보이는 오래된 소나무에 대한 묘사이다. 오래된 소나무의 흔들리는 그림자가 용과 같고, 나뭇잎을 지나는 바람 소리에 비바람이 더욱 심한 것처럼 보인다는 뜻이다.

자. 그래봤자 홍수를 막고, 그림자를 쓸어내려는 식이라서 헛된 폼만 과시하는 일일 뿐이다. 자기 칼날의 예리함과 칼끝의 날카로움을 자랑하는 말일랑 그만 두어라. 은혜를 기억함은 도인의 뜻에 어긋난다. 모래에 새겨봤자 옥을 새기는 일과 상대가 되지 않는 다. 초월한 사람이라야 초월의 일을 안다고 했다. 이 관문을 뚫은 자 있는가?

【중봉명본】

■ 뜻풀이

조사 스님은 생각으로 헤아릴 곳 아니므로, 의식과 느낌으로 추측하기 어렵다고 말했다. 뜻으로 이해하는 자들은 이렇게 말한다. 의식은 마음의 집에 소속된 의식이다. 마음은 의식의 집에 소속된 마음이다. 이 두 가지는 물과 우유처럼 나누기 어렵다. 의식이 물이라면 마음은 물에 섞인 우유이다. 그래서 교학자들은 이렇게 말한다. 거위의 왕은 물에서 우유만 가려 먹는다. 그러니 다른 오리들과 같을 수 있겠는가? 물속에 있는 우유는 거위의 왕만 가려낼 수 있다. 그 밖의 물 속 생물들은 이를 알지 못한다. 모든 중생이 다 진정한 마음을 갖추고 있다. 그러나 부처와 조사만이 이를 깨닫는다는 사실에 대한 비유이다.

신령스럽게 알고 거울처럼 느끼는 것이 마음이다. 생각하고, 기억하며, 취사분별하는 등의 것을 의식이라 한다. 의식에는 여덟 가지가 있다. 여섯 감각기관과 연관된 육식이 있고, 제7식을 말나식, 제8식을 아뢰야식, 혹은 여래장이라 한다. 앞의 일곱 가지 의식이 가지와 잎에 해당한다면 제8식은 뿌리에 해당한다.

교학에서는 이렇게 말한다. 전진할 때의 선봉이 후퇴할 때의 후방 호위(殿後)가 되듯, 깨달으면 여래장이고 미혹하면 아뢰야식이다.

미혹하면 무수한 겁의 세월동안 윤회하면서 쌓은 일체의 선업과 악업과 무기업을 아뢰야식이 받아서 유지한다. 깨달으면 시작 없는 때로부터 변함없는 일체의 보리해탈과 모든 지혜종자를 받아지닌다. 미혹함에서 깨달음으로 들어가면 아뢰야식이 대원경지로 전환되는데, 이름만 바뀌는 것이지 본체가 바뀌는 것은 아니다. 그것은 이 자리에서 다양한 물질요소와 지각의 모음으로 구성된 몸·마음과 함께 한다. 그러면서 성스럽거나 범속한 일체현상을 분명하게 기억하고, 활용하고, 분별한다. 보고, 듣고, 느끼고, 아는 모든 작용들이 이것에 의지하여 생겨난다. 삼계의 다양한 존재들, 떠올랐다 사라지는 제반 현상들이 이것에 의지하여 생겨난다. 일어났다 사라지는 생각 또한 이것에 의지하여 생겨난다. 그래서 모든 현상은 오직 의식일 뿐이라고 한 것이다. 규봉 스님도 현상은 본래 생겨나는 일은 없고, 모든 것이 의식일 뿐이라 했다.

아아! 지금 공부하는 사람들은 업으로 인한 생명의 뿌리를 일도양단하지 못하고서 참선의 세계에 발을 걸치고 있을 뿐이다. 그저 총명한 재주로서 의식과 느낌을 일으켜 현묘한 해설들을 열람하고 그것을 마음에 기억한다. 그러다가 문득 무엇인가 촉발하면 그것이 의식과 느낌에서 일어나는 것임을 모르고, 그것을 신묘한 깨달음이라 집착한다. 혹은 지금 이 자리가 밝고 살아 움직이고 있다면서, 입을 열어 말하는 등의 모든 행위가 자기의 일일 뿐이라고 허망하게 착각한다.

『능엄경』에서는 이것을 수백, 수천의 큰 바다를 버리고, 하나의 물거품을 전체 바닷물이라 착각하는 일이라 했다. 『원각경』에서는 이것은 모두 감각대상에 뒤흔들리는 허망한 마음에 인연을 따라 나타난 모습이지 실제적 마음의 본체가 아니라 했다. 장사경금(長沙

景岑) 선사는 도를 배우는 사람들이 진여를 모르고, 의식의 미묘한 작용을 그것이라 착각하고 있다고 했다. 영가 스님은 법의 재산에 손해를 끼치고 공덕을 소멸하는 것은 모두 이 마음과 뜻과 의식이라 했다.

이처럼 부처님과 조사들이 하나같이 자세하게 지적하고 있음에도 불구하고 말법시대에 이 병은 더욱 크게 번져가고 있다. 그러므로 이 병에 떨어지는 것은 아무래도 도를 배우겠다는 근본적 뜻이 진실하지 못하고 바르지 못한데서 기인하는 것이다. 만약 근본의 뜻이 확고하여 생사의 현장과 맞대면하고자 한다면 이 의식과 느낌 속에 발을 딛는 일이 없을 것이다. 실로 그것은 선과 도와 부처와 법을 그저 이해하려고만 하는 최초의 한 생각에서 시작되는 것이다. 이 의식이라는 것이 천 길의 철위산처럼, 무쇠 울타리처럼 시작 없는 때로부터 사람들을 에워싸고 있다. 또 천만의 기마병들처럼 밤낮으로 여섯 감각기관의 문 앞에서 빈틈을 노리고 있다. 그러니 만약 반드시 생사를 깨달아 마치겠다는 뜻을 갖추고 있지 못하다면 그것들이 온갖 곳으로 쳐들어오게 될 것이다.

조사 스님이 이 『신심명』을 지은 것은 비밀의 방을 개방하여 후학들로 하여금 의식과 느낌을 벗어던지도록 하기 위한 것이었다. 오직 자기의 마음을 믿어, 발길을 돌려 도에 들어오게 하기 위한 것이었다. 만약 공부하는 사람들에게 조금이라도 의식과 느낌이 남아 있다면, 그것은 조사 스님의 이 노래를 모두 독으로 만드는 일이 될 것이다. 그 무서움이 이와 같다.

최초의 두 구절을 생각해 보라. 지극한 도는 어렵지 않으니 오직 간택함을 꺼릴 뿐이라 했다. 이 두 구절만 해도 마음과 의식을 확실하게 구분하였으니 흑백이 분명하다. 지극한 도는 어렵지 않다 한 것은 진실한 마음을 가리키는 것이다. 오직 간택함을 꺼릴 뿐이라 한 것은 의식과 느낌을 말한 것이다. 의식과 느낌을 벗어나지 못한 사람들은 이 말을 보는 즉시 나는 절대 간택하지 않겠다고 말한다. 그런데 간택하지 않겠다는 이 말 자체가 이미 의식과 느낌으로 이해한 것임을 알지 못하고 있는 것이다. 더구나 매 순간 순간 대상에 따라 의식과 느낌을 일으키는 경우는 말할 나위 없는 것이다. 대체로 조사 스님의 이 『신심명』이 처음부터 끝까지 거듭하여 가리키고 있는 것은, 오직 공부하는 이들을 위해 그 마음과 의식을 구분하도록 하라는 간절한 뜻을 핵심으로 하고 있는 것이다. 그래서 생각으로 헤아릴 곳 아니므로, 의식과 느낌으로 추측하기 어렵다고 말한 것이다.

■ **뜻풀이 허물기**

오직 간택함을 꺼린다는 말에 의거하여 하나의 마음일 뿐인 법에서 의식과 느낌을 구분해 보이고 있다. 이것은 간택인가, 간택이 아닌가? 또 느낌과 의식과 한 마음은 다른 것인가, 같은 것인가? 진실하게 도에 든 사람들은 여기에 이끌려서는 안 된다. 그래서는 조사 스님의 『신심명』과 아득하게 멀어질 뿐이다.

■ **노래**

생각으로 헤아릴 곳 아니므로, 의식과 느낌으로 추측하기 어렵다고? / 부처를 배우는 수행자들은 모두 다 아는 말이다 / 당장 무엇이 문제인지 알지 못하고 / 또 다시 두 눈 번히 뜨고 속고 마는구나.[184]

【해설】

둘 아닌 중도의 이치는 생각으로 이해할 수도 없고 헤아릴 수도 없다. 그것은 생각하고 헤아리는 일을 멈출 때 저절로 드러난다. 생각을

184) 非思量處情難測, 學佛玄徒合共知. 直下不知欠什麽, 又來開眼被人欺.

내려놓고 보면 온 세상이 오직 마음일 뿐이다. 모든 현상이 의식일 뿐이다. 이렇게 지금 이것이 마음일 뿐임을 확인하는 일을 무심의 체험이라 한다. 이 무심은 분별적 사유나 헤아림으로 이해할 수 없다. 그 분별적 사유나 헤아림 자체가 무심을 보지 못하게 가리는 주범이기 때문이다.

그래서 둘 아닌 중도의 이치를 논리적으로 이해하고자 하는 것은 고함을 쳐서 메아리를 그치게 하려는 일과 같다. 그 고함만 멈추면 메아리도 사라진다. 마찬가지로 생각과 이해를 멈추면 둘 아닌 중도의 이치가 현전한다. 하늘은 구름이 있어도 하늘, 구름이 없어도 하늘이다. 구름을 몰아내는 것이 수행이 아니다. 구름이 있는 하늘을 그대로 아는 것이 수행인 것이다. 부처가 어디 있느냐고 묻지 말라. 그렇게 묻는 그것이 부처의 일인 것이다.

진헐 선사는 중도의 체험을 대상화시켜 설명하는 일의 위험성을 지적한다. 설명하려는 순간 벌써 주체와 대상의 이원적 차별이 세워지기 때문이다. 따라서 설법자와 청법자의 마음이 상자의 몸체와 뚜껑이 딱 맞아떨어지듯 해도 그것은 이미 실상을 떠난 자리라 말하는 것이다. 인용된 게송은 오래된 소나무에 대한 묘사이다. 바람에 흔들리는 소나무의 그림자가 용과 뱀이 꿈틀거리는 것 같고, 솔잎을 지나는 바람소리에 비바람도 차게 느껴진다는 뜻으로 석연년(石延年)의 시이다. 그 풍경을 직접 체험한 사람과 말로 전해 듣는 사람 사이에는 천지차이가 있다.

결국 경전의 말을 이해하는 것은 신발을 긁어 가려움을 없애려는 격이라 효과가 없다. 그런 점에서 조사 스님들의 간곡한 설법에는 그 깨달음의 현장성을 희생해야 하는 아픔이 담겨 있다. 법을 설해놓고 보면 백이면 백, 대중들은 잘못 알아듣는다. 그래서 다시 그 잘못된 이해를 바로 잡는 설법을 한다. 그러나 이것은 또 다른 잘못된 이해를 생산한다. 그래서 진헐 선사는 설법과 청법의 현장이 빗자루로 그림자를 쓸어내려는 헛수고에 해당한다고 말하고 있는 것이다. 언제나 핵심은 말을 뛰어넘어 그 마음과 하나로 만나는데 있다. 그러고 나면 말에 자유로울 수 있게 되는 것이다.

중봉 선사는 둘 아닌 마음을 정밀하게 나누는 유식의 해설을 길게 인용한다. 그리고는 본론으로 돌아와 이것을 허물어 버린다. 과연 이러한 정밀한 논의는 간택을 멈추라는 『신심명』의 기본 가르침에 충실한 것일까를 묻는 것이다. 혹 그로 인해 간택, 순역, 호오를 특징으로 하는 분별적 사유에 떨어져 버린 것은 아닐까 경계하는 것이다.

게송에서는 하나인 이것을 생각으로 이해할 수 없다고 말하면서 다시 생각의 차원으로 되돌아가는 수행자의 현주소를 꼬집고 있다. 참으로 언어의 길이 끊어지고, 생각으로 이해할 수 없는 자리는 오직 신심과 실천으로 확인할 수 있다는 가르침이다.

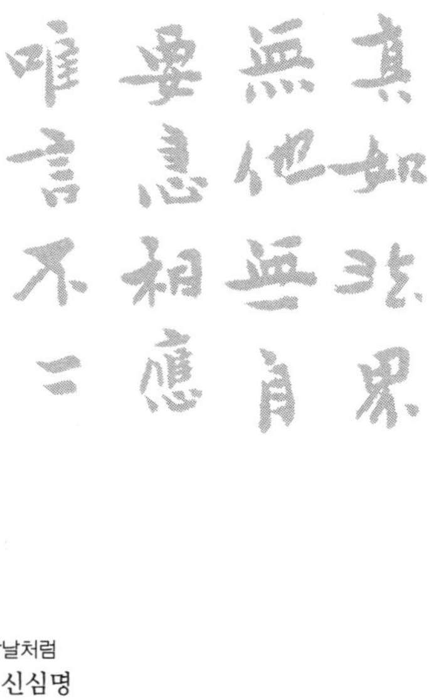

60. 진여법계에는 나도 없고 남도 없다.[185]

【진헐청료】

진여법계에는 나도 없고 남도 없다. 〔인용하고 말하였다〕 그렇다고 멍청하게 뒤섞지는 말라. 이것이 무슨 일이라고 이렇게 말하는 것인가? 어떤 사람들은 이렇게 말한다. 허망함이 없는 것이 참됨(眞)이고, 변하지 않는 것이 하나로 같음(如)이다. 한 마음이 법이고, 인연 따라 차별을 짓는 것이 법계이다. 이 하나인 진여의 불변하는 본체가 이치로서의 법계이다. 인연에 따라 구별되는 것이 개별적 일로서의 법계이다. 이치와 개별적 일들 간에 걸림이 없는 것이 이사무애법계이다. 각 개별적 일들이 서로 녹아서 걸림 없이 통하는 것이 사사무애법계이다. 그런데 이러한 설명과 이해로 3조 큰 스님을 보려 한다면 그것은 나귀의 해가 온다 해도 불가능할 것이다. 옛 사람들은 청청한 푸른 대나무가 모두 진여라 했다. 이것은 무슨 뜻인가? 염관제안(鹽官齊安) 스님이 한 수좌 스님에게 물었다.

염 관 : 수좌께서는 무슨 경을 강의합니까?
수 좌 : 『화엄경』을 강의합니다.
염 관 : 화엄에는 몇 가지의 법계가 있습니까?
수 좌 : 요약하면 4가지가 있고, 넓게 보면 거듭되어 끝나는 일이 없습니다.
염 관 : 〔염관이 먼지떨이를 세우며 물었다.〕 이것은 몇 번째 법계입니까?
염 관 : 〔수좌 스님이 대답하지 못하자, 염관 스님이 말하였다.〕 생각으로 알고 이해하는 것은 햇볕 아래 등불을 켜는 격이라 아무리 해도 제대로 비추지 못합니다.

---

185) 眞如法界, 無他無自.

대중들이여! 이것을 알겠는가? 하나 조차 붙지 못하는 자리인데, 온통 헛되이 마음을 쓰는구나.

【중봉명본】

■ 뜻풀이

조사 스님은 진여법계에는 나도 없고 남도 없다고 말했다. 뜻으로 이해하는 자들은 이렇게 말한다. 진여법계는 한 마음을 총괄하는 이름이다. 마음 밖에 별도의 법이 없다. 그런데 어떻게 나와 남이라는 다른 명칭이 있겠는가? 나와 남이 성립하지 않을 뿐 아니라 산과 강, 하늘과 땅, 생물과 무생물에 이르기까지 어떤 것도 성립하지 않는다. 그래서 있다고 할 수 없다.

그런데 그것은 또 나와 남을 비롯한 물상들이 다양하게 일어나 분명하게 세워지는 일이기도 하다. 왜 그러한가? 진여법계를 금에 비유한다면 나와 남을 비롯한 물상들은 병과 쟁반과 팔찌와 비녀에 비유된다. 금은 실상으로서의 본체이며 병, 쟁반, 팔찌, 비녀 등의 물건은 방편으로서의 이름이다. 실상에서 방편으로 나아가는 입장에서는 나와 남을 비롯한 물상들이 뚜렷하게 세워진다. 방편을 모아들여 진여로 돌아가는 입장에서는 오직 하나로서 진실한 법계의 궁극적 본체만 있을 뿐이다. 그 밖에 병과 쟁반과 팔찌와 비녀 등의 임시적 이름은 버릴 것도 없이 저절로 사라지고 만다. 어두운 자들은 조사 스님이 이 원융의 도리에 통달하지 못하였다고 말한다. 단멸적 편견, 편견적 공에 떨어져서는 나와 남이 없는 설법을 했다는 것이다. 이것을 분명하게 분간해야 한다는 것이다.

■ 뜻풀이 허물기

분간하기는 해야겠지. 그런데 진여법계에 이러한 분간이 용납되기나 하는 것일까?

■ 노래

안으로는 나가 없고 밖으로는 남이 없다 / 지혜 없는 저 꽃무늬 복어 / 갑자기 사람에게 달려들어도 사람은 겁내지 않는데 / 변함없이 흙을 뿌리고 또 모래를 던지는구나.[186]

【해설】

온 세계가 마음일 뿐이고, 모든 법이 의식일 뿐이다. 분별없이 청정평등한 차원에서 보면 오직 한 마음이다. 이것을 다양한 인연의 현장에서 보면 무수한 세계, 무수한 현상이 된다. 진여법계는 모든 현상 있는 이대로 둘이 아닌 이치를 가리킨다. 그것은 말로 표현할 수 없고, 생각으로 이해할 수 없다. 별도의 모양을 갖고 있지 않아 모든 현상이 그대로 실상이기 때문이다. 그래서 흔히 '이것'이라 한다. 지금 · 여기의 '이것'에 불교의 진리를 표현하는 모든 어휘가 집결한다. 그러나 어휘에 집착하면 안 된다. 정말로 '이것'이라고 가리키는 특정한 무엇이 있다고 생각하면 안 된다. 특정한 무엇을 가리킨다고 생각하면 모든 어휘들은 문제가 된다. 설사 모든 어휘를 다 버리고 '한 물건'이라 해도 문제는 여전하다. 역시 그 '한 물건'이 가리키는 것이 있다고 생각하게 되기 때문이다. 국수가 오면 국수를 먹는 것이 바로 이것이다. 밥이 오면 밥을 먹는 것이 바로 이것이다. 별도의 무엇이 있는 것이 아니다. 그래서 나와 남이 따로 있는 것이 아니라 한 것이다.

진헐 선사는 법계를 요령 있게 설명한다. 진여라 하거나 법계라 하

186) 內無自己外無他, 一個渾侖花木瓜. 驀直向人人不委, 依前撒土又抛沙.

거나, 이를 합쳐서 진여법계라 하거나 그것은 말과 생각의 차원을 떠난 지금 이것이다. 따라서 이치로서의 법계니, 개별적 일들로서의 법계니, 걸림이 없느니 하는 말들을 따라다녀서는 이 도리를 알 수 없다. 『화엄경』에서 말하는 네 가지 법계가 지극히 옳은 말이기는 하지만 그 말을 잊어야 진리가 드러난다. 생각으로 이해하기를 멈추는 일 외에 다른 길은 없다. 진여와 하나로 만나는 일을 해 뜨는 일에 비유한다면 말과 생각을 통한 이해는 등불을 켜는 일에 비유될 수 있다. 그렇게 해서는 실상을 제대로 볼 수 없다. 선사가 말하는 나귀의 해는 십이 간지에 없는 해이다. 영원히 올 수 없는 날인 것이다.

중봉 선사는 진여법계를 금에 비유하는 해석을 인용한다. 다양한 이름과 개념은 임시적으로 빌린 것일 뿐이다. 전체가 금인 자리에 돌아가면 이 모든 차별이 저절로 사라진다. 그리고는 선사는 이것을 허물어 버린다. 그렇게 말하는 것 자체가 설명이나 이해가 아니냐는 것이다. 실제로 진여법계 그 자체를 체험하고 있는가를 묻는 것이다. 진여와 하나로 만나고 있는 입장이라면 분별이니 같음이니 하는 생각조차 성립하지 않을 것이기 때문이다.

게송에서는 복어의 습성을 가지고 나와 남을 구분하는 차원의 협소함을 비유한다. 복어는 흙과 모래를 뿜어 적을 물리치고 나를 보호하고자 한다. 그러나 어부의 입장에서 보면 그것은 가소로울 뿐이다. 복어든 복어와 실랑이하는 물고기이든 모두 물고기일 뿐이기 때문이다. 더구나 그 모래를 뿜는 행위가 사람을 향한 것이라면 가소롭다는 느낌조차 들지 않는 헛수고일 뿐이다.

61. 하루빨리 도에 상응하고자 하는가? 오직 불이일 뿐이라 하겠네.[187]

【진헐청료】

하루빨리 도에 상응하고자 하는가? 오직 불이일 뿐이라 하겠네. 〔인용하고 말하였다〕 문제는 어디에 있는가? 말에 떨어지는 순간 바로 죽음의 길이 있을 뿐 다른 활로가 없다. 이 한 마디 말은 모든 성인조차 입을 열 길이 없다. 어떻게 해도 말로 표현할 수 없다. 문수가 유마에게 둘 아닌 법의 도리를 물었을 때 유마가 어떻게 대답했던가? 그저 눈을 부릅뜨고, 입을 벌리고, 가만히 움직이지 않았다. 그래도 한량없는 법의 도리와 깨달음의 핵심을 조금도 잃지 않아 일시에 분명하게 표현했다. 그렇지만 누군가 껄껄대며 크게 웃는 사람이 있다는 것을 알아야 한다. 이 사람을 알고 싶은가? 짚신 값 들일 필요 전혀 없다.

【중봉명본】

■ 뜻풀이

조사 스님은 말한다. 도에 하루빨리 상응하고자 한다면 오직 불이일 뿐이라 하겠다. 뜻으로 이해하는 자들은 이렇게 말한다. 조사 스님은 하나하나 거듭하여 설명하고 있다. 처음에는 오직 가리고 선택하는 일만 없으면 된다고 말했다. 중간에서는 한 가지도 지키지 말라, 만 가지 현상을 하나로 같게 보라, 만 가지 현상은 하나로 같다는 등으로 말했다. 모두 둘 아닌 이치일 뿐임을 말한 것이다. 모

187) 要急相應, 唯言不二.

든 부처와 중생들은 그 몸이 둘이 아니므로 부처가 된다는 말조차 쓸데없는 말이 된다. 그래서 빨리 맞아떨어지고자 한다는 말은 분별이 아닌가 하는 혐의가 있다. 만약 정말로 맞아떨어지거나 맞아떨어지지 않는 이치가 있다면 둘이 분명하게 성립되기 때문이다. 그러므로 여기에 의심이 없을 수 없는 것이다.

■ **뜻풀이 허물기**

그 의심이 진실하지도 못하고, 절실하지도 못하며, 깊지도 못하고, 지속적이지도 못할까 걱정될 뿐이다. 만약 진실하다면 언젠가는 그 의심이 저절로 깨지는 날이 있으리라. 그 의심이 깨진다면 맞아떨어짐과 맞아떨어지지 못함이 저절로 분명해질 것이다. 둘이라거니, 둘이 아니라거니 하는 것들이 생각하지 않아도 저절로 분명해질 것이다. 말을 초월하여 밝혀질 것이다. 그 때 조사의 은혜가 커서 갚기 어렵다는 것을 알게 되리라.

옛날 유마거사가 보살들에게 각기 불이법문을 말해보라고 요구했다. 보살들은 각각 그것을 말한 뒤에 다시 그 질문을 가지고 유마거사에게 되물었다. 그러자 유마거사는 말없이 대답하지 않았다. 그 때 문수가 찬탄하면서 진정으로 불이법의 도리에 들어섰다고 말하였다. 도대체 문수는 무엇을 보았기에 이러한 찬탄의 말을 토해냈던 것일까? 만약 침묵이 둘 아닌 이치의 길이라면 세상의 벙어리들이 모두 둘 아닌 도리에 맞아 떨어질 것이다. 기계로 움직이는 나무인형들도 모두 둘 아닌 도리에 들어설 수 있을 것이다.

그렇지만 침묵이 둘 아닌 길이라면 말 또한 둘 아닌 길이라 할 수 있다. 또 노래하는 일이나 킥킥대는 일이나 다 둘 아닌 이치라 할 수 있다. 그런데 어째서 유마거사만 그것을 얻었다고 찬탄한 것인가? 여기에서 유마와 문수, 두 도인 간에 있었던 완전한 공감을 직접 체험해야 한다. 그러면 맞아떨어졌느니 맞아떨어지지 못했느니 하는 말들은 웃음 한 번에 저절로 풀릴 것이다.

■ **노래**

조사의 문에서는 모든 지리멸렬한 논의를 끊으니 / 전광석화도 오히려 늦다 / 재빨리 맞아떨어지려면 오직 둘 아닌 길일 뿐이라 했으니 / 할머니가 밥알을 씹어 아이에게 먹이는 일과 같다.[188]

【해설】

맞아떨어진다는 말은 상응이라는 용어를 옮긴 것이다. 그것은 손바닥 맞듯 하나로 만난다는 뜻이다. 깨닫는다는 뜻이다. 선가에서는 깨닫는다는 말만큼이나 맞아떨어진다, 하나로 만난다는 말을 자주 쓴다. 깨달음이란 용어는 깨달음의 주체와 대상이 있다는 생각을 불러일으킬 수 있다. 그래서 둘로 나뉘었던 것이 다시 만나 딱 맞물리는 일과 같다는 의미에서 맞아떨어진다, 하나로 만난다는 말을 쓰곤 한다. 도장을 찍은 채 떼지 않으면 도장과 그 흔적이 완전히 하나로 물려 둘이 아니게 된다. 이것이 맞아떨어지는 일, 혹은 하나로 만나는 일에 대한 형상적 비유가 될 만하다.

이것을 이해시키기 위해 말로 표현하는 것은 도장을 떼어내어 흔적을 드러내는 일에 해당한다. 도장과 흔적이 둘로 나뉘듯 마음과 대상이 둘이 되는 순간이다. 참선을 한다는 것은 이 도장을 찍은 채 떼지 않는 일인 동시에, 자유롭게 떼는 일이기도 하다. 또한 지금 만나는 이것과 통째로 하나가 되어 나아가는 일이기도 하다. 그러므로 오직 둘 아닐 뿐이라는 이 설법을 듣는 자리에서 당장 둘 아님을 실천해야 한다. 둘이 아님을 실천하는 것은 거기에 실체가 따로 없다는 것을 아는 일이다. 이 밖에 따로 둘 아닌 이치가 있다고 생각하고 그것을 이해하려 하면 천리만리 멀어지고 만다. 그러면 어떻게 해야 하는가? 지금 이렇게 알고자 하는 이 마음이 그것이다.

그래서 진헐 선사는 3조 스님의 이러한 표현 자체를 문제 삼는다. 말로 표현하는 순간 둘로 나뉘었기 때문이다. 그리고는 유마 거사가 말없음을 통해 보여준 둘 아닌 이치의 법문을 그보다 한 수 위의 대

188) 祖翁門戶絶支離, 石火雷光猶是遲. 要急相應言不二, 老婆嚼飯餵嬰兒.

안으로 제시한다. 그렇다고 3조 스님은 수준이 낮고 유마 거사는 높다는 말은 아니다. 말에 대한 이해를 깨달음으로 여길까봐 미리 그 길을 미리 차단한 것이다. 설사 말과 침묵을 벗어난 자리를 보여준다 해도 진정 하나로 만나는 자리에 있는 사람은 웃을 수밖에 없다. 그 웃는 사람은 어디에 있는가? 바로 지금 여기에 있다. 짚신 값 들 일이 없는 것이다. 찾아다닐 일이 아니기 때문이다.

중봉 선사는 먼저 『신심명』을 둘 아닌 중도의 이치로 푸는 설명을 인용한다. 이 설명에서는 '재빨리 맞어떨어지고자 한다'는 구절이 이원분별에 해당한다는 비판이 나온다. 한번 의심해볼 필요가 있다는 것이다.

중봉 선사는 이러한 의혹 대신 진지하고 절실한 의심으로 들어갈 것을 요구한다. 깊고 진실한 의심이 있을 때 모든 것이 타파되어 분명해지는 때가 온다. 진지한 의심이란 화두참구의 의정과 의단을 말한다. 생각하고 말하는 자리를 넘어서도록 고안된 수행방편이 화두참구이다. 그렇게 하나로 만나고 보면 모든 것이 둘 아니고 모든 것이 중도이다. 유마의 침묵만이 둘 아닌 자리에 있는 것이 아니다. 말도 둘이 아니고, 웃음도 둘이 아니고, 고함도 둘이 아니다. 중요한 것은 직접 체험을 통해 옛 조사의 마음과 하나로 통하는 자리를 확인하는 데 있다.

게송에서는 가장 뛰어난 가르침조차 이미 둘 아닌 길과는 먼 곳에 있음을 말하고 있다. 어떤 표현도 이미 생각을 움직인 자리이므로 늦다. 전광석화도 오히려 늦은데 생각하고 입을 여는 일이야 오죽하겠는가? 그런데도 조사 스님은 이러한 혐의를 무릅쓰고 둘 아닌 이치의 가르침을 펼쳤다. 그것은 밥을 씹어 손자를 먹이는 할머니의 넘치는 사랑에 비유할만한 것이다.

62. 둘이 아니니 모두 같아서, 포함하지 않는 것이 없다.[189]

【진헐청료】

둘이 아니니 모두 같아서, 포함하지 않는 것이 없다.〔인용하고 말하였다〕 한 입에 모두 삼켜버려 빠지거나 새는 것이 없다. 항하사 모래와 같이 무수한 오묘한 덕이 모두 그 가운데 모여 있다. 백 천 줄기의 빛이 모두 여기에서 일어난다. 하나하나의 현상이 모두 평등하다. 각각의 부처가 모두 다르지 않다. 둘 아님의 길에서는 성인과 범부가 한 몸이다. 우주를 포함하고, 만 가지 형상을 다 포용한다. 그것이 여러분의 지금 이 자리에 있다. 털끝 하나 움직일 것 없이 이대로 이미 완성되어 있다. 이렇게 받아들여도 벌써 틈이 벌어지는 것이니 잘못은 어디에 있는 것일까?

우(禹) 임금의 힘 미치지 않는 곳이라, 물은 동쪽이든 서쪽이든 소리내며 흐르네.[190]

【중봉명본】

■ 뜻풀이

조사 스님은 둘이 아니니 모두 같아서, 포함하지 않는 것이 없다고 말했다. 문자를 따라다니며 글쓰기에 일등인 이들은 『법화경』을 인용하여 이렇게 말한다. 오직 이 한 가지 일만 진실하고, 나머지 둘은 진실이 아니다.[191] 모든 부처님들도 오직 하나의 부처되는 길만

189) 不二皆同, 無不包容.

190) 禹力不到處, 河聲流向向.

191) 『법화경』(방편품)에 시방국토에는 오직 하나일 뿐인 법만 있을 뿐 이승도 삼승도

이 있을 뿐, 둘도 없고 셋도 없다고 말했다. 여기에서 하나는 밝은 알아차림 그 자체이다. 그것은 수행과 깨달음조차 벗어나 있다. 종으로는 과거 · 현재 · 미래의 시간을 포괄하고, 횡으로는 시방을 편다. 존재성과 비존재성, 밝음과 어두움이 이것을 근원으로 하고 있다. 범부와 성인, 깨달음과 미혹함이 이것을 뿌리로 하고 있다. 나아가 먼지수와 같은 현상 세계에서 한 터럭이라도 여기에 의지하지 않고 생겨나는 것은 없다. 만약 있다고 한다면 그것은 모두 외도의 생각들이다. 그러므로 삼라만상이 모두 한 법의 도장이 찍힌 것이다. 둘 아니라 모두 같아서 포함함이 없다는 말은 이러한 뜻에 다름 아니다.

■ 뜻풀이 허물기

이렇게 말한다면 모든 것이 말씀을 통한 가르침에 이미 다 갖추어져 있다는 것이 된다. 그렇다면 달마 스님은 뭐 하러 서쪽에서 왔겠는가? 말씀을 통한 가르침은 화가 조창(趙昌)의 꽃그림과 같다. 그 높고 낮음, 앞과 뒤, 짙고 옅음, 꽃과 봉오리 등이 화사하여 볼 만하지만 진짜 꽃은 아닌 것이다. 당장 이 자리에서 한 움큼 실타래를 자르듯 한 칼에 남김없이 잘라내라. 그렇지 않으면 둘이 아니어서 모두 같은 이치를 어떻게 입으로 표현할 수 있을 것이며, 귀로 들어 이해할 수 있을 것인가?

■ 노래

황금으로 수탉이 낳는 알을 빚었다가 / 산산조각으로 부수니 여전히 다시 전체가 된다 / 그 안에 무엇이 담겼는지 알 수 없지만 / 외로운 빛은 긴긴 밤 하늘과 땅을 비춘다.[192]

없다는 구절이 거듭 보이는데 이에 대한 표현이다.

192) 黃金鑄就雄雞卵, 擊碎依前又鶻侖. 裏許不知包什麽, 孤光長夜照乾坤.

【해설】

둘이 아니다, 모두가 같다는 것은 이름과 모양을 따라다니지 않는다는 뜻이다. 이름과 형상은 상대를 전제로 해서 세워진다. 이름은 본래 둘 아닌 이것을 형상으로 구분하고 개념화한다. 우리는 그것을 실체로 착각하는 것이다. 그것은 전체 바다에서 일어난 파도에 일일이 이름을 붙이는 일과 같다. 그 중 가장 큰 이름표가 '나'와 '너'이다. 그것은 상호의존적이다. 둘 아닌 길은 이 상호의존적인 뿌리를 잘라낸 자리에서 확인된다. 무엇보다 둘 아님의 자리에는 '나'가 없다. 심지어 둘 아님의 자리는 49년의 부처님 설법을 넘어선 자리에 있다. 그것이 생각으로 인지되거나, 언어로 표상되는 차원이 아니기 때문이다. 지금 여기 있는 이것이며, 이렇게 견문각지하는 이것이다. 그래서 인지작용이 낮은 동물이나 무감각한 사물까지 모두 완전한 일체종지를 가지고 있다고 말하게 되는 것이다. 그것들은 애초 둘 아닌 그 자리를 떠난 일이 없다.

송나라 때의 대문호인 황산곡(黃山谷)이 회당조심(晦堂祖心) 선사에게 도를 물었다. 회당선사는 대답하는 대신 식탁을 맴돌던 개를 젓가락으로 한번 때린 뒤 탁자를 한번 때렸다. 그리고 말하였다. '개는 때리면 달아나고, 탁자는 때리면 가만히 있다. 그 반응이 다르다.' 그리고는 다시 말했다. '청청한 푸른 대나무가 모두 반야이고, 선명한 노란 꽃이 다 오묘한 진리이다. 다만 생각에 빠지면 참선이 아니다.' 이처럼 둘 아님의 길은 지금 여기의 전체 작용 그 자체에 맡기는 일이다.

진헐 선사는 둘이 아닌 이것이 모든 것을 포함한다는 것을 설명한다. 모든 세계, 모든 현상, 순간순간 생각하고 이해하는 이 일까지 모두 둘 아님의 이치에 포함된다. 결국 문제는 이해하는 일, 생각하는 일, 말하는 일에 있다. 둘이 아닌 이것을 둘로 쪼개는 것이 이해이고, 생각이고, 말이다.

게송에서는 이 원리를 우임금의 치수사업에 비유한다. 우임금은 물을 다스리는 최고의 능력자였다. 그렇지만 세상의 물은 우임금과 상관없이 흐르는 경우가 대부분이다. 우임금이라 해서 모든 물을 통제할 수 없는 것이다. 마찬가지로 생각은 진여를 담지 못한다. 본래 이 게송은 당나라 주박(周樸)의 '우임금의 힘 미치지 않는 곳, 물 소리는 서쪽을 향해 흐른다'[193]는 구절을 가져온 한 것이다. 중국의 물은 동쪽을 향해 흐른다. 그런데 동령(董嶺)이라는 곳은 지형적 특징으로 인해 물이 일시적으로 서쪽으로 흐른다. 주박은 이 구절을 명구로 자부하고 있었다. 한 사람이 그를 놀리기 위해 '물 소리 동쪽을 향하여 흐른다'고 바꾸어 읊었다. 그러자 주박은 분한 마음에 몇 리를 좇아간다. 그리고는 그 사람을 따라잡아 자기 시를 틀리게 읊은 일을 힐난했다고 한다. 진헐 선사의 게송은 이 시비를 훌쩍 벗어나 있다. 동쪽이든 서쪽이든 상관없이 오직 이 한 소리일 뿐이다.

중봉 선사는 먼저 옛 주석을 인용한다. 모든 시간과 공간이 둘이 아니다. 존재와 비존재, 현상과 사유작용이 둘이 아니다. 그리고는 바로 이러한 해설이 결국 그림으로 그려놓은 꽃과 같을 뿐이라고 비판한다. 진짜 꽃이 아니라서 향기가 나지 않는다는 것이다. 모든 장애는 분별적 사유와 말에서 비롯된다. 따라서 형상에 따라 나누는 일, 말로 개념화하는 일을 내려놓아야 한다. 그렇지 않는 한 어떻게 해도 생각하고 이해하는 내가 남게 된다. 그것은 둘 아닌 실상과 상관없는 개념의 차원을 맴도는 일이다.

193) 禹力不到處, 河聲流向西.

63. 시방의 지혜로운 이들이, 모두 이 둘 아님의 길로 들어온다.[194]

【진헐청료】

시방의 지혜로운 이들이, 모두 이 둘 아님의 길로 들어온다. 〔인용하고 말하였다〕 천하의 수행자들이 이것을 벗어날 수 없다. 삼세의 모든 부처님들도 이 둘 아님의 길로 들어온다. 6대의 조사들도 이 둘 아님의 길로 들어오며, 천하의 노화상들도 이 둘 아님의 길로 들어온다. 그리하여 위대한 신통을 드러내고 위대한 불사를 짓는 것이다. 혹은 몽둥이를 휘두르고, 혹은 고함을 외쳤다. 혹은 일어나 춤을 추고, 혹은 나무 공을 굴렸다.[195] 혹은 먼지떨이를 세워 보이고, 혹은 주먹을 들어 보였다. 혹은 돌을 끌게 하고,[196] 혹은 흙에 구르게 했다.[197] 그 한마디 한마디 말과 경계의 표현들이 모두 이 둘 아님의 길에서 나온 것이다. 이처럼 들어오고 나가는 것이 상황에 따라 무궁하기는 하지만, 여전히 수다스런 여인네의 말이라 하겠다.

---

194) 十方智者, 皆入此宗.

195) 공 굴리기〔輥球〕는 설봉(雪峰) 선사의 공안이다. 선사가 하루는 현사(玄沙)가 오는 것을 보고 세 개의 나무 공을 동시에 굴렸다. 현사가 이것을 쪼개는 모양을 하니 설봉이 크게 인정하였다.

196) 돌 끌기〔拽石〕는 귀종(歸宗) 선사의 공안이다. 선사가 하루는 대중들에게 돌을 끌도록 했다. 그리고는 유나에게 물었다. "어디 가는고?" 유나 : "돌을 끌러 갑니다." 귀종 : "돌은 끌더라도 중심의 나무는 움직이지 말아야 하네. "

197) 흙에 구르기〔轉土〕는 목평(木平) 선사의 공안이다. 선사는 새로 오는 학인이 있으면 세 번 흙에 구르게 했다.

【중봉명본】

■ 뜻풀이

조사 스님은 시방의 지혜로운 이들이, 모두 이 둘 아님의 길로 들어온다고 말했다. 뜻으로 이해하는 자들은 『화엄경』을 인용하여 말한다. 여래의 진실한 경계는 그 크기가 허공과 같아서 모든 중생이 들어가지만 실제로는 들어간 일이 없다. 또 『원각경』을 인용하여 이렇게 말한다. 청정한 깨달음에 들어가려는 사람이 있는데, 들어가는 일이 있으면 깨달음이 아니다. 이 둘 아님의 길에 모든 중생들이 이미 깊숙이 들어와 있다. 그러니 다시 들어올 길이 없음을 알아라. 중생도 그러한데 지혜로운 이들이 들어오는 일이 있을 리가 없는 것이다. 영명(永明) 스님은 이렇게 말했다. 마음 이대로 진여인 길에서는 애초 떠나거나 들어온 일이 없다. 그러나 미혹한 사람은 계속 벗어나고, 깨달은 사람은 더욱 들어온다. 그리하여 미혹과 깨달음이 나뉘는 것일 뿐이다. 그러니 나가고 들어오는 일이 실제로 있을 수 있겠는가?

■ 뜻풀이 허물기

잠깐 말을 멈추어 보라. 그대는 직접 깨달았는가? 그대가 진실로 깨닫게 되면 조사님이 그대를 속이지 않았음을 알게 될 것이다.

■ 노래

이 종취를 아무리 말해도 그 오묘한 자리는 얻기 어렵다 / 시방의 지혜로운 이들이 어찌 논의에 빠지랴 / 절벽에서 두 손을 놓지 못한다면 / 만나서 들어가는 곳마다 지옥문 아닌 곳 없으리라.[198]

---

198) 盡說此宗難得妙, 十方智者若爲論. 懸崖未解抛雙手, 撞入無非地獄門.

【해설】

여기에서 말하는 지혜는 둘이 아닌 중도의 삶을 실천하는 지혜를 가리킨다. 이 둘 아님의 이치는 세간의 지혜와 출세간의 지혜를 포함한다. 그래서 세간 · 출세간지라 부른다. 이것이 진정한 지혜인 반야 지혜이다. 이에 비해 분별적 지혜는 지식의 오염물로 가득 찬 항아리에 비유된다. 청정한 물을 길어 넣어도 분별적 이원사유가 그것을 오염시키는 것이다. 오염의 핵심은 자아가 개입된 생각과 앎과 이해에 있다. 이에 비해 둘이 아닌 중도의 지혜는 자기와 대상을 단번에 녹인다. 이런 사람을 지혜로운 사람이라 한다. 여기에는 불법도 없다. 적어도 불법은 아는 대상이 아니다. 천황도오 스님과 석두희천 스님 간에 이런 대화가 있었다.

도 오 : 조계의 법은 누가 얻었습니까?
석 두 : 불법을 아는 사람이 얻었겠지.
도 오 : 스님은 조계의 법을 얻었습니까?
석 두 : 아니.
도 오 : 어째서 그렇습니까?
석 두 : 나는 불법을 모르거든.

석두 스님에게는 나도 없고, 깨달음도 없고, 불법도 없고, 무엇보다 앎도 없다.

어떻게 하면 자기와 대상이 이렇게 녹아내리는가? 지금 여기, 당장의 이것에 맡겨야 한다. 당장의 이것이란 무엇인가? 이렇게 보고, 이렇게 듣고, 이렇게 느끼고, 이렇게 인지하는 이것이다. 이것을 바로 아는 자리에는 자기도 없고, 대상도 없다. 이렇게 오직 이것일 뿐임을 아는 것이 맡기는 일이다. 이렇게 맡기는 사람이 지혜로운 사람이다.

진헐 선사는 지혜로운 사람의 예로 부처님과 조사들과 선지식들을 들었다. 이들 지혜로운 이들은 법을 펴기 위해서 다양한 방편을 사용하였다. 다르게 보이는 이 방편들은 모두 둘 아님의 이치에 충실하다. 그래서 모든 성현들이 이 둘 아님의 길로 돌아오고, 모든 현명한 가르침이 이 둘 아님의 길에서 나간다고 하는 것이다. 물론 진정 둘이 아닌 입장에서 보면 나가고 들어간다는 말이 성립하지 않는다.

중봉 선사는 옛 해설을 인용한다. 모든 존재, 비존재가 둘 아님의 길을 애초 떠난 일이 없다는 것이다. 둘이 아닌 길에는 중생의 모든 번뇌까지 포함된다. 따라서 나가고 들어오는 일이 있을 수 없다. 그런 뒤 중봉 선사는 이것을 허물어 버린다. 그대는 직접 그것을 체험하고 있느냐는 것이다. 지금 당장의 체험만이 진실하다. 그것이 있고 나면 조사님과 한 마음이 되어 그것을 남김없이 할 수 있으리라는 것이다.

노래에서는 어느 곳에도 머물지 말라고 말한다. 심지어 궁극의 자리라 생각되는 곳에서 다시 내려놓으라 한다. 그것은 까마득한 절벽에서 손을 놓는 일에 비유된다. 백 척의 장대 끝에서 다시 한 걸음 내딛는 일에 비유되기도 한다. 주체도 내려놓고 법도 내려놓는 것이다. 이 진정한 내려놓음이 없다면, 생사윤회를 벗어날 길은 멀고도 멀다.

64. 둘 아님의 길은 짧거나 긴 것이 아니라서, 한 순간이 만년이다.[199]

【진헐청료】

둘 아님의 길은 짧거나 긴 것이 아니라서, 한 순간이 만년이다. 〔인용하고 말하였다〕 만리를 비추는 신성한 빛이 위 아래로 투철하다. 짧다면 한 생각에 불과하지만 길다면 만년을 넘는다. 비존재의 공겁(空劫) 이전, 그리고 그 훨씬 이전에도 이 일상적 작용을 떠난 일이 없다. 저 오래고 오랜 것이 그대로 오늘과 같음을 알라. 그렇다면 옛날과 지금에 통하고, 처음과 끝이 같게 될 것이다. 내적 마음과 외적 경계를 나누는 사유가 사라지리라. 과거 · 현재 · 미래가 모두 둘이 아니게 되리라. 한 폭의 흰 비단[200]과 같이 한 순간이 만년이 될 것이다. 이는 구멍이 없어 자루를 박을 수 없는 철추와 같다. 분별없는 청정한 자리의 일인 것이다.

마땅히 알라! 구름 밖 천개의 봉우리 위에는, 신령한 한 그루 소나무가 찬 이슬을 맞고 있다네.

【중봉명본】

■ 뜻풀이

조사 스님은 둘 아님의 길은 짧거나 긴 것이 아니니, 한 순간이 만

199) 宗非促延, 一念萬年. 一念萬年의 뒤에 萬年一念의 한 구절이 더 추가되어 있는 판본도 있다. 불이의 이치를 강조하는 효과가 있다.

200) 한 폭의 흰 비단〔一條白練〕은 찬재〔寒灰〕, 마른 나무〔枯木〕, 옛 사원의 향로〔古廟香爐〕와 짝하여 한 생각이 만년〔一念萬年〕인 경계, 차별을 떠난 경계를 표현하는 말로 자주 쓰이는 말이다.

년이라 말했다. 뜻으로 이해하는 자들은 이렇게 말한다. 조사 스님은 한 마음을 둘 아님의 길이라 하였다. 한 마음일 뿐인 법계에서는 영겁을 하루라 해도 짧다고 할 수 없고, 하루를 영겁이라 해도 길다고 할 수 없다. 그래서 한 순간을 만년으로 보고, 만년을 한 순간으로 본다. 그래도 길다거나, 짧다거나, 적다거나, 많다고 할 수 없는 것이다. 그것은 신통력이 있기 때문이 아니라 이 법이 원래 그렇기 때문이다.

■ 뜻풀이 허물기

팽조(彭祖)의 불로장생을 요절과 같다고 보는 관점이 있다. 옛날 유학자들 중 도를 통했다는 왕희지 같은 이는 이것을 말도 안 되는 생각이라 하였다. 죽음과 삶을 한 가지로 보는 것이 억지라는 것이다. 그가 만약 한 생각이 만년이라는 말이 있다는 것을 알았다면 더 놀랐을 것이다. 결국 진여의 이치와 세속적 도리는 다르다. 진여의 이치를 말하면 세속적 이치와 충돌하고, 세속적 이치를 따르면 진여의 도리에 위배된다는 옛말이 있는데 정말 그렇다. 어떻게 하면 세속의 그물을 찢고, 번뇌의 뿌리를 모두 잘라낼 것인가? 조사 스님이 보여준 길고 짧음이 둘이 아닌 이치를 돌이켜 볼 수 있을 것인가? 있는 이대로 완전하며 변함이 없어 저절로 그러한 자리를 돌이켜 볼 수 있겠는가? 언어적 실수는 불가피하다. 그 대신 길고 짧음과 상관없는 한 마디를 한번 말해 보라.

■ 노래

찰나는 짧고 만겁이 긴 것이 아니다 / 허공을 잡고서 길고 짧음을 재지 말라 / 바로 이러할 때가 딱 들어맞는 것인데 / 다시 문 밖으로 나가 헛된 사량분별에 빠지곤 한다.[201]

---

201) 刹那萬劫非延促, 不把虛空較短長. 便與麽時還諦當, 且歸門外錯商量.

【해설】

여기에서 말하는 둘 아닌 이치는 생성과 소멸의 차원을 벗어나 있는 이것이다. 이 이치에서는 시간성의 개입을 용인하지 않는다. 한 순간은 짧고 만년은 길다. 그렇지만 둘 아님의 자리에서 보면 둘 사이에 차별이 없다. 짧으니 기니 하는 것은 상대적으로 조작된 개념이다. 실상의 자리에서는 오직 지금 이것일 뿐이다. 거기에는 분초의 시간조차 개입할 수 없다.

이것을 한 생각이 변함없이 지속되어 만 년을 간다는 뜻으로 이해하면 안 된다. 둘 아닌 길은 애초 상대되는 개념을 세우지 않은 자리이다. 그러므로 상대되는 두 개념을 세워놓고 양자 간의 동일성을 증명하려는 어떠한 노력도 실패할 수밖에 없다. 그것은 서울로 간다면서 부산행 기차를 타는 일과 같다. 한 순간이 만년이라는 것은 이성적으로는 이해되지 않는다. 바로 그 분별적 사유를 벗어난 것이 둘 아닌 이치이기 때문이다. 이것을 『유마경』에서는 이미 모든 관념을 벗어난 사유(已過量)라 표현한다. 그런데 이것을 어떻게 알 수 있는가? 바로 그 알 수 없는 자리가 그것이다.[202] 이것을 아는 자리는 시간성과 공간성을 벗어나 있어, 순간이 만년과 다르지 않다. 그러므로 시간과 공간을 상정한 자리에서 도를 찾고, 불이를 체험하려 하면 안 된다. 그래서 선문에서는 여기저기 돌아다니는 일을 곱게 보지 않는다. 가장 가까운 이것임을 모르는 헛수고이기 때문이다.

---

202) 한 중이 영명연수(永明延壽) 선사에게 물었다. 중: 제가 스님 회상에 오래 있었는데 어째서 스님의 가풍을 깨닫지 못합니까? 영명: 깨닫지 못하는 그것을 깨달아라. 중: 깨닫지 못하는 그것을 어떻게 깨닫는다는 것입니까? 영명: 소가 코끼리를 낳고, 푸른 바다에 먼지가 일어나겠는가?〔그런 식으로 알려 하면 어림도 없는 일이지〕

진헐 선사는 불이중도의 둘 아닌 자리에서 보면 시간의 길고 짧음이 성립하지 않음을 강조한다. 억겁 이전의 과거에서 천지가 소멸하는 미래에 이르기까지 어떤 시간도 개입하지 못하는 것이 둘 아닌 이 자리이다. 과거의 마음도 잡을 수 없고, 현재의 마음도 잡을 수 없으며, 미래의 마음도 잡을 수 없다. 한 생각이 만년이 되려면 둘로 나누지 않는 청정함이 유지되어야 한다. 이것을 티끌 하나 없고, 상하구분 없는 한 폭의 흰 비단에 비유한 것이다.

중봉 선사는 옛 해설을 인용한다. 오로지 한 마음일 뿐이므로 거기에 공간의 구분, 시간의 구분이 있을 수 없다. 모두 한 마음 안의 일이므로 한 생각과 만년이 둘로 다를 수 없다. 중봉 선사는 잠시 세속적 관점에 너그러운 이해의 눈길을 보낸다. 장생과 요절이 다르지 않다는 말을 비판한 왕희지의 입장을 이해할 만하다는 것이다. 세속적 이치와 진여의 이치가 다른 차원에 서 있기 때문이라는 것이다. 수행자의 숙제는 분별의 두 가닥으로 짜는 생각의 그물을 타파하는데 있다. 그것은 지금 당장 이 자리에서 내려놓는 일로 가능하다.

노래에서는 찰나와 만겁을 길고 짧음으로 나누는 사유를 멈출 것을 요구한다. 끝없는 허공은 길고 짧음을 벗어나 있다. 둘이 없는 자리에서 전적으로 살아가는 것이 수행이다. 애석하게도 많은 사람들이 여기에서 다시 생각을 일으킨다. 분별의 왕국으로 돌아가는 것이다. 이것이야말로 어리석은 사람의 일임을 밝히는 것이 노래의 내용이다.

65. 있거나 있지 않음이 없어서, 전체 공간이 그대로 눈앞이다.[203]

【진헐청료】

있거나 있지 않음이 없어, 전체 공간이 그대로 눈앞이다. 〔인용하고 말하였다〕 정신을 멈추거나 움직이는 일이 동시에 포함된다. 마음은 모든 공간에 두루 존재한다. 그러나 눈으로 확인되는 모양이 아니다. 어디에도 없는 것이지만 바로 눈앞에 있다. 만약 이 둘을 동시에 끊어 버린다면 멀고 가까움도 없고, 있음과 있지 않음도 없다. 또한 취하거나 내려놓음도 없고, 풀어놓거나 잡아들이는 일도 없다. 그것은 다른 사람에게서 얻는 것이 아니다. 자기 스스로 본래 이러한 신통변화를 갖추고 있는 것이다. 이것을 스스로 깨닫고, 스스로 활용하고, 스스로 짊어지며, 스스로의 살림으로 삼으라. 그러면서 그것을 바구니에 담을 수도 없고, 이름 부를 수도 없음을 알라. 그러면 그물을 뚫고 나온 황금잉어처럼 큰 자재함을 얻을 수 있을 것이다. 다만 눈앞의 뜻도 아니고, 눈앞의 일도 아닌 이것은 어떠한 일인가? 〔대중들이 논의하려 하자 선사가 말하였다〕 속히 3배의 예를 올리거라.

〔대중들에게 설법하였다〕 축생의 모습으로 살면 비로소 인식작용 없는 사물이 설법하는 이치를 알게 될 것이다. 생명의 뿌리인 생각을 잘라내고 나면 자연히 남에게 속는 일 없게 될 것이다. 이것이 일어나기 전의 공겁의 문을 열고자 하는가? 잠금장치 없는 자물쇠를 뽑아내야 할 것이다. 날이 밝아도 이슬내리지 않고 한 밤중 마냥 밝은데, 하릴없이 그림 속의 떡을 깨뜨리는구나. 한 없이 낭자한 꼴을 보였으니

203) 無在不在, 十方目前.

누가 있어 이것을 깨끗이 씻어낼 것인가?

【중봉명본】

■ 뜻풀이

조사 스님은 있거나 있지 않음이 없어, 전체 공간이 그대로 눈앞이라고 말했다. 어떤 사람들은 생각으로 헤아려서 이렇게 말한다. 마음은 모양이 아니고, 도는 공간 위에 있는 것이 아니다. 그러면서 모양 이대로 곳곳에 몸을 드러낸다. 공간에 의지하여 먼지 수와 같은 세계에 모양을 드러낸다. 지금 이 자리를 벗어나지 않아 항상 맑고 고요하되, 곳곳에 몸을 드러낸다. 찾고자 하면 찾을 수 없다. 이렇게 말함으로써 있는 것이 아니면서 어느 곳에나 있는 것이어서 전체 공간이 바로 눈앞이라고 한 뜻이 분명해질 것이다.

■ 뜻풀이 허물기

이렇게 말하는 자는 불빛을 훔쳐 그림자를 잡고자 하고 있는 격이라 한 조각도 얻을 수 없다. 직접 울타리를 깨뜨릴 수 있어야 한다. 그렇지 않으면 조사 스님이 말한 바, 있는 것이 아니면서 어느 곳에나 있는 진여의 자리는 어림도 없다. 개봉에서 서쪽의 정주(鄭州)로 가려 하면서 동쪽의 조문(曹門)으로 나서는 일과 다를 바 없는 것이다.

■ 노래

어느 곳도 떠나지 않는 이것은 무슨 물건인가 / 사방팔방을 가득 채우고 시방의 허공을 머금고 있다 / 눈앞에 던져져 있어 가리고 덮는 일 없으니 / 이것을 보느라 눈이 다 아프다.[204]

204) 不離何處是何物, 逼塞四維含十虛. 抛向目前無蓋覆, 直教覷着眼睛枯.

【해설】

앞에서 시간상의 길이와 짧음이 성립하지 않는 것이 한 마음임을 말했다. 여기에서는 한 마음이 공간적으로 특정한 장소에 특정한 모양으로 있는 것이 아님을 말하고 있다. 그러면서 그것은 어느 곳에나 있다. 전체 공간은 멀고 눈앞은 가깝다. 그런데 이것이 둘이 아니다. 전체 공간이 따로 있거나, 눈앞의 가까운 자리가 따로 있는 것이 아니다. 모양에 구속되지 않는 불이의 입장에서 보면 일체의 법은 지금 이것일 뿐이다. 이것에는 생성이니 소멸이니 할 것이 없다. 혹은 생성이라 해도 좋고, 소멸이라 해도 좋다. 그저 전체로서 하나인 것이다. 그러니 모든 공간과 눈앞의 이것이 둘이 아니다. 모든 자리가 마음이 드러난 자리이다. 모든 자리가 부처의 드러남이다. 전체가 한 마리 소이고, 전체가 소를 먹이는 일이다. 궁극적으로 소와 소 먹이는 일이 둘이 아니다.

수행이란 소가 밖에 따로 있다고 생각하는 그 일을 멈추는 일이다. 나라는 주체가 소를 먹인다는 생각을 멈추는 일이다. 그러고 나면 수행자의 살림은 만물상이 된다. 쥐똥을 찾는 고객에게 쥐똥을 주고, 황금을 찾는 고객에게 황금을 준다. 걸림이 없게 되는 것이다.

진헐 선사는 멀고 가까움, 존재와 비존재가 둘이 아닌 이치를 직접 깨달으라 한다. 도라고 하는 어떤 독립된 무엇이 있는 것이 아니다. 따라서 잡거나 내려놓을 수 있는 것이 있지 않다. 도는 우리가 경험하는 어떤 특정한 일이 아니다. 그런데 그것은 모든 현상을 통해 나타난다. 그러므로 눈앞의 일을 가지고 전체 공간을 확인할 수 있는 것이다. 이렇게 모든 공간과 눈앞의 이것이 둘 아님을 확인하는 것이 수행이다. 그러면 우리가 만나는 모든 무정물조차 항상 설법하고 있다는 것을 알게 된다. 여기에서 끊어내라는 생명의 뿌리는 분별적 사유를 가리킨다. 이것을 남김없이 내려놓고 나면 모든 것이 진실한 실상이다. 따라서 중요하고 중요하지 않고의 구별이 없게 된다. 모든 것이 진짜 떡이라서 집히는 대로 먹어 배를 불리게 된다.

중봉 선사는 모양 없는 이치를 설하는 문장을 인용한다. 진여는 특별한 모양이 아니므로 찾으려 하면 찾을 수가 없다. 반면 분별하기를 멈추면 눈앞의 현상들이 하나같이 진여의 드러남이다. 불법공부는 그래서 극히 어렵기도 하고, 말할 수 없이 쉽기도 하다. 물론 중봉 선사는 그 인용한 문장을 허물어 버린다. 직접 체험이 없는 어떠한 이해도 진정한 깨달음의 반대쪽으로 나아가는 일이기 때문이다.

게송에서는 모든 허공을 포함하면서 눈앞에 명백히 드러나 있는 한 마음의 실상을 노래한다. 눈을 뜨거나 눈을 감거나 그것은 분명하게 드러나 있다. 너무나 분명하여 보지 않을 수 없다. 하도 뚜렷하여 눈이 아플 지경이다. 우리는 최소한 이러한 노래를 듣고 왜 자신은 그것을 보지 못하는지에 대해 한없는 답답함과 간절함을 느껴야 한다. 그것이 도심이 일어나는 토양이기 때문이다.

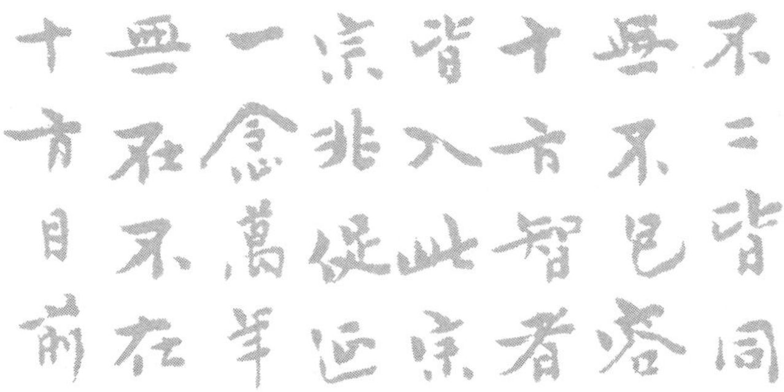

66. 극히 작은 것이 큰 것과 같아서, 경계가 별도로 없다.[205]

【진헐청료】

극히 작은 것이 큰 것과 같아서, 경계가 별도로 없다.〔인용하고 말하였다〕 이것을 신기하고 특별하다 할 것인가? 주장자는 큰가, 작은가? 들어 올리면 천지에 없는 곳이 없어 계곡과 골짜기를 다 채운다. 그러니 극히 작은 것이 큰 것과 같지 않은가? 한 가닥 머리칼에 허공과 대지가 일시에 모두 현현한다. 그러니 극히 작은 것이 큰 것과 같지 않은가? 문득 손가락을 세우면 허공을 가득 채우고도 끝나는 곳이 없다. 그러니 극히 작은 것이 큰 것과 같지 않은가? 그런데 대상경계를 잊고 끊는 도리는 어떻게 말하겠는가?〔한참 있다가 말하였다〕 달마도 몰랐어. 정말 어려워, 어렵다구.

【중봉명본】

■ 뜻풀이

조사 스님은 극히 작은 것이 큰 것과 같아서, 경계가 별도로 없다고 말했다. 뜻으로 이해하는 자들은 이렇게 말한다. 앞 문장에서 있는 곳이 없으나 동시에 모든 곳에 있음을 말했다. 그것은 극히 작은 것이 큰 것과 같고, 극히 큰 것이 작은 것과 같다는 이 말의 표제에 해당한다. 그래서 『능엄경』에서는 하나의 터럭 끝에 무수한 부처의 세계가 현현해 있다고 말한다. 작은 먼지 속에 앉아 위대한 법의 바퀴를 굴린다고 말한다.

있음과 없음이 따로 없다는 뜻을 알아야 한다. 그렇지 못하면 움직

205) 極小同大, 忘絕境界.

일 때마다 경계에 갇히게 될 것이다. 경계에 갇히는데 어떻게 잊고 끊을 수 있겠는가? 대상경계를 잊고 끊을 수 없다면 큰 것은 큰 모양, 작은 것은 작은 모양으로 나뉘게 될 것이다. 그렇다면 어떻게 하나의 본체에 녹아서 통일될 수 있겠는가?

■ **뜻풀이 허물기**

그런데 대상경계를 잊고 끊은 사람은 크고 작음을 보는가, 보지 않는가? 만약 본다고 한다면 아직 잊고 끊은 것이라 할 수 없다. 만약 보지 않는다고 하면 흙인형, 목각 인형과 다를 것이 없을 것이다. 한번 말해 보라.

■ **노래**

수미산이 겨자씨를 받아들인다면 모두 그렇다 하겠지만 / 겨자씨가 수미산을 받아들인다면 부처도 의심하리라 / 설사 느낌과 생각을 벗어나 본다 해도 / 각주구검의 일처럼 턱없이 늦으리라.[206]

【해설】

앞에서 시간과 공간이 둘 아님을 말했다. 여기에서는 크고 작음이 둘이 아닌 이치에 대해 말한다. 가장 작은 것을 경전에서는 인허(隣虛)라 표현한다. 허공에 가깝다는 뜻이다. 이에 상대되는 것은 삼천대천세계이다. 그런데 불이의 입장에서 보면 가장 작은 것이나, 가장 큰 것이 따로 있지 않다. 모두 한 마음이 드러난 지금 당장의 이것에 대한 다른 이름일 뿐이기 때문이다. 개별적 존재가 엄연히 실재한다고 생각하는 것은 분별적 사유의 결과물이다. 모양에 따라 편의상 붙인 이름이고, 관념일 뿐이다. 그것은 논리적 추론을 거칠 필요 없이 애초 둘이 아니다. 이처럼 애초 둘을 세우지 않는 자리에서 실상이 체험된다. 그것은 이름과 모양이라는 상대적 경계를 끊는 일과 동시에 일어

206) 須彌納芥人皆委, 芥納須彌佛也疑. 縱使見超情量外, 刻舟求劍不勝遲.

난다. 시간적 구분이 끊어지고, 오직 지금 이것일 뿐인 일이 일어난다. 팔만대장경을 읽고 읽어도 지금 이 한 글자가 전체인 일이 일어난다. 49년간 설법을 했어도 한 마디도 설법을 하지 않은 일이 일어난다. 그러니까 이 한 글자 읽는 일이 팔만대장경이다. 그러니까 이 극미의 한 점이 삼천대천세계와 같다.

진헐 선사는 주장자 하나가 전체 허공을 가득 채우는 이치를 말한다. 허공이 따로 있고 거기에 주장자가 담기는 것이 아니다. 주장자를 들어 올리면 그것이 전체 허공과 다르지 않다. 가는 머리칼이 그대로 전체 허공이며 천하대지이다. 말과 생각을 세우지 않으면 크고 작음이 둘이 될 수 없다. 그래놓고도 진헐 선사는 한 마디 덧붙인다. 대상경계를 잊고 끊는다고 했는데 어떻게 하면 그렇게 되느냐는 것이다. 대상경계를 잊고 끊는 일이 어떤 행위나 결단을 가리킨다고 이해하지 말라는 것이다. 그 순간 끊어야 할 무엇이라는 대상이 세워지기 때문이다. 진여는 그렇게 표현되고 이해되는 일이 아니다. 달마도 몰랐다는 말은 언어적 수사가 아니다. 깨달음은 알고 모름을 벗어난 자리이기 때문이다. 깨달은 사람은 깨달음 속에 살 수는 있지만, 깨달음을 소유할 수는 없다.

중봉 선사는 진헐 선사 식의 해설을 인용한다. 크고 작음이 둘이 아닌 이치는 직접 체험해야 알 수 있는 것이다. 이것은 이해의 차원과 다르다. 이해는 항상 대상경계에 끌려 다닐 수밖에 없다. 이해는 언어와 생각의 차원에서 이루어지는 것이다. 모양에 대한 분별에 기초한 것이다. 따라서 이해한다는 것은 항상 대상경계의 지배를 받고 있다는 말이 된다.

이렇게 지당한 해석을 인용한 뒤 중봉 선사는 이것을 뒤집는다. 대상경계를 잊고 끊었다 하자. 그러면 그대에게 크고 작음이 있는가, 없는가? 이치적 차원에서는 크고 작음이 없지만, 개별적 현상의 차원에서는 크고 작음이 존재한다는 매끈한 대답은 여기에서 인정받지 못한다. 지금 당장 크고 작음에 끌려 다니지 않는 대답이 나와야 한다. 눈앞의 이것을 통해 둘 아닌 이치를 들어 보이는 말이 나와야 한다.

노래에서는 느낌과 생각을 벗어났다 해도 아직 진여와 하나로 만나는 일이 아님을 밝힌다. 아직 느낌을 벗어났다는 느낌, 생각을 벗어났다는 생각이 남아 있기 때문이다. 보고, 생각하고, 말하는 일은 어떤 경우에도 진여의 자리에서 어림없이 벗어나 있다. 그러므로 일없이 살아가는 한가한 도인이라는 표현은 정말 굉장한 말이다.

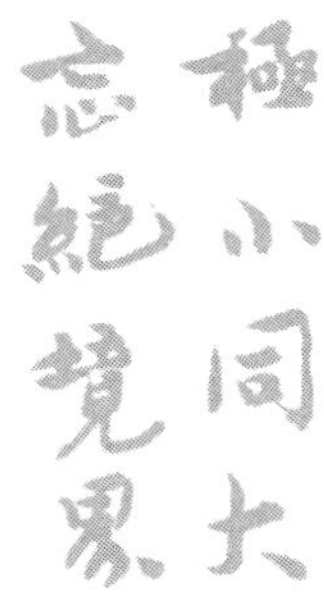

67. 극히 큰 것은 작은 것과 같아서, 경계의 윤곽이 드러나지 않는다.[207]

【진헐청료】

극히 큰 것은 작은 것과 같아서, 경계의 윤곽이 드러나지 않는다. 〔인용하고 말하였다〕 하나의 큰 것이 있으니 대지가 다 받치지 못하고, 허공이 다 포함하지 못한다. 이것이 눈에 있으면 본다고 말하고, 귀에 있으면 듣는다고 말한다. 그러니 극히 큰 것이 작은 것과 같지 않은가? 눈의 감각기관은 법계에 두루 작용하고 있다. 귀의 감각기관도 법계에 두루 작용하고 있다. 그러니 어떻게 경계의 끝을 보겠는가? 사실을 말하자면 시방 세계가 하나의 화로일 뿐이다. 하나의 주장자일 뿐이다. 모든 사람의 눈썹 위에 있을 뿐이다. 그러니 극히 큰 것이 작은 것과 같지 않겠는가? 옛 사람은 말했다. 전체 대지를 움켜쥐니 좁쌀알 만 한데 눈앞에 던져줘도 캄캄하게 모르는구나. 그러면서 그저 변함없이 과거 · 현재 · 미래의 시간을 뒤지고, 시방의 공간을 두루 훑어가며 이렇게 오가는구나. 알겠는가?

술은 다리 건너 마을의 술이 맛있고, 꽃은 건너편 언덕 들꽃이 향기롭다.[208]

【중봉명본】

■ 뜻풀이

조사 스님은 극히 큰 것은 작은 것과 같아서, 경계의 윤곽이 드러나

207) 極大同小, 不見邊表.

208) 過橋村酒美, 隔岸野花香.

지 않는다고 했다. 뜻으로 이해하는 데 일등인 자들은 이렇게 말한다. 옛날 유마거사는 불가사의한 해탈의 신비한 힘으로 3만 2천개의 사자좌를 사방 일장의 방에 들였다. 그래도 방이 좁지 않았고, 사자좌가 작아지지도 않았다. 그리고는 오른 손으로 동방의 묘희(妙喜) 세계를 잡아들고 말하였다. 여러분에게 말하노니 저 세계는 움직이지 않았고, 이 세계는 변하지 않았다. 큰 것이 작은 것에 들어가고, 작은 것이 큰 것에 들어간다. 구분 없고 서로 녹아들어, 저것도 아니고 이것도 아니다.

경전에서는 이 불가사의한 해탈의 신비한 힘이 겁이 다하도록 다하지 않음을 말하고 있다. 그런데 이 신비한 힘은 예외 없이 오묘한 이 마음, 밝은 이 마음에서 흘러나온 것이다. 어떤 사람은 이렇게 말할 것이다. 내가 지금 이 오묘하게 밝은 마음의 본체를 깨달았는데 어째서 이 신비한 힘은 얻지 못하는가? 그러면 다시 어떤 사람이 그에게 대답을 할 것이다. 이 신비한 힘은 본래 갖추고 나온 것이라 다시 얻을 필요가 없다. 그것이 앞에 드러나지 않는 것은 대체로 처음 도에 들어와 선정, 지혜, 해탈의 힘이 아직 원만해지지 못했기 때문이다. 이렇게 원만해지지는 못했지만 본래 깨달은 마음에서는 잃어버린 적이 없다. 따라서 때가 되기만 하면 저절로 드러나게 될 것이다.

또한 이렇게도 말할 것이다. '때가 되기만 하면'이라고 말을 하기는 했지만, 그 때를 기다리는 마음을 조금이라도 가져서는 안 된다. 만약 때를 기다리는 마음이 있으면, 바로 외도의 견해에 떨어지게 되기 때문이다. 비유하자면 막 태어나 아직 포대기를 벗어나지 못한 아이가 무거운 짐을 지고 먼 길을 가려고 하는 일과 같다. 그것이 가능하겠는가? 무거운 짐을 지고 먼 길을 갈 수는 없지만, 그 일에 대해 미리 겁을 내고 불가능하다고 의심할 일은 없다. 비록 신통력이 드러나지는 않았지만 진실로 밝게 깨달은 바가 있는 사람은 이러한 신통력을 듣고 전혀 놀라거나 의혹하지 않을 것이다. 만약 이에 대해 조금이라도 놀라거나 의혹하는 마음이 남아 있다면, 그것은 그 마음을 진정으로 밝게 깨닫지 못한 사람이다.

요즈음 이곳저곳을 돌아다니며 고명한 수행자를 자처하는 사람들은 실제적인 깨달음을 구하지 않고, 말로 통하는 일만을 귀하게 여기고 있다. 게다가 스승의 자리에 있다는 사람들이 대부분 시류에 영합하고 있다. 공부에 대해 심도 있는 인정과 통렬한 부정이 없이 서로 엉망진창으로 뒤섞여 있다. 그러니 모두 대장부로서의 자격이 없다. 이렇게 하여 반야지혜의 총림을 남김없이 싹 쓸어버렸다. 아아! 애석한 일이다. 뜻을 가진 자라면 뼈를 깎는 노력으로 구경의 깨달음을 기약해야 한다. 그러면 부처님의 깊은 은혜에 대한 최고의 보답이 될 것이다. 생각해보면 부처님께서도 오늘날 있을 폐단을 말씀하시지 않은 것이 아니었다. 말세의 중생들은 도를 이루기를 희망하면서도 깨달음을 구하지 않아 오로지 많이 듣기만 하고, 자기중심적 견해만을 늘려가게 될 것이라 말씀하셨다. 2천 년 전에 이처럼 손바닥 들여다보듯 말씀하셨으니, 성인의 말이 우리를 속이지 않았음을 더욱 확인할 수 있다.

■ 뜻풀이 허물기

잠깐, 잠깐만! 그래서 깨달았다고 말하려 한다면 잠깐만! 설사 그대가 불가사의한 해탈의 신통력을 얻어 한 순간에 유마거사의 생명의 뿌리를 움켜쥐어 가루를 냈다고 하자. 그리고 그 깨달음을 잊지 못하고 신비한 기적에 머문다면 이 중의 몽둥이에 한방 아프게 맞을 일이다.

■ 노래

크니 작니, 깨달았느니 미혹하니 하는 자취 모두 사라지고 / 백 가지 천 가지 신통한 작용을 단번에 잊을 때로다 / 이 중과 좁은 길에서 서로 만나는 자리이니 / 몽둥이가 부러져도 놓아줄 일 없음을 알아야 하리라.[209]

【해설】

불이중도의 입장에서 보면 크고 작음은 하나의 관념이다. 따라서 크고 작음을 따로 설정하고 이것이 서로 같음을 증명하려는 어떠한 시도도 둘 아닌 이치에 배치된다. 반면 크고 작음에 대한 관념을 내려놓으면, 큰 하나조차 성립하지 않는다. 극히 작은 이 한 점이 거대한 우주이고, 전체 우주가 이 한 점이다. 크든 작든 모두 한 마음이 드러난 것이다.

모양에 따라 혹은 크다 하고, 혹은 작다 하는 것은 제이선의 일이다. 참선의 제일선은 두 마리 진흙소가 싸우다가 바다에 들어간 뒤 소식이 없는 자리이다. 이것과 저것을 분별하는 일은 두 마리 진흙소가 싸우는 일이다. 그것이 물속에 들어가면 모두 녹아 둘도 없고, 소도 없다.

또 이렇게 말할 수도 있다. 검은 소와 흰 소가 싸움을 한다. 검은 소는 시커먼 못된 마음일 수 있고, 흰 소는 착한 마음의 표현일수도 있다. 이 때 어떤 쪽을 응원하겠는가? 응원하지 않는 것이 참선의 제일선이다. 구경만 하고 한 쪽을 편들지 않는 것이 수행자의 살림이다. 어떻게 구경하는가? 딱! 하고 두 소의 뿔이 부딪치는 이것이 실상임을 보는 일이 그것이다.

진헐 선사는 마음이 하나의 작용으로 나타날 뿐이라, 크고 작음으

209) 大小悟迷俱屛跡, 百千神用頓忘時. 衲僧狹路相逢處, 棒折須知未放伊.

로 규정할 수 없다고 말한다. 물건이 아니므로 겉도 없고 속도 없다. 그래서 극히 큰 것은 작은 것과 같다. 그런데 사람들은 시간과 공간에 갇혀 크고 작음을 나눈다. 진헐 선사가 제시하는 노래는 이 도리를 멋지게 표현한다. 본래 같은 술이지만 다리 건너 마을의 것이 왜 더 맛이 있을까? 관념이 작용하고 있기 때문이다. 저 언덕의 꽃이 더 아름다운 이유도 마찬가지이다.

중봉 선사는 알아들을 수 있는 차원의 설법을 길게 인용한다. 큰 것과 작은 것이 둘이 아니다. 그래서 유마거사의 좁은 방에 3만 2천개의 사자좌가 들어간다. 유마거사에게 있어서 우주법계는 오직 이 한 마음일 뿐이다. 큰 것과 작은 것에 애초 구분이 없다. 그렇다면 왜 깨달았다는 선사들에게 이러한 신통이 일어나지 않았던 것일까? 이것은 불교문답에 항상 출현하는 것들이다. 이에 대해 일반적으로 선정, 지혜, 해탈의 힘이 아직 원만해지지 못했기 때문이라고 답변한다. 본래 깨달은 이 마음을 확인하기를 거듭거듭 오래하다 보면 저절로 그러한 때가 온다는 것이다. 그것은 또 갓 태어난 아이에 비유되기도 한다. 사지를 모두 갖추었지만 성인처럼 무거운 물건을 들고 먼 길을 갈 수 없는 경우와 같다는 것이다. 성장하다 보면 때가 되어 그것이 가능해진다는 것이다. 다만 여기에 기약하는 마음을 두면 안 된다는 단서가 붙는다. 기필코 어떠해야 한다는 생각이 들면 지금 이것을 상실하기 때문이다. 결코 틀린 말이 아니다. 그러나 중봉 선사는 이것을 부정한다. 깨달음이고 신통이고 다 좋다. 그러나 이렇게 말하면서 깨달음의 체험을 기억하고 신통에 집착하면 안 된다는 것이다. 중봉 스님은 오직 현재진행형의 불이체험만을 진짜라고 인정한다. 그래서 항상 지금 당장의 자리를 묻고, 묻는 것이다.

68. 있음이 곧 없음이고, 없음이 곧 있음이다.[210]

【진헐청료】

있음이 곧 없음이고, 없음이 곧 있음이다. 〔인용하고 말하였다〕 단번에 인정하라. 앞뒤를 재지 말라. 사람들은 말의 본질이 따로 없고, 있음과 없음이 따로 있을 수 없다고 말한다. 또 있음과 없음은 이름일 뿐이고, 분별일 뿐이라 말한다. 내 입에서 나오는 것이 바로 그것이니 어떻게 둘이 있겠느냐고도 말한다. 또 있음과 없음이 어디에서 일어나는가? 오직 입에서 나오는 소리의 모양만 보라고도 말한다. 만약 이렇게 이해한다면 화살처럼 빨리 지옥에 들어가게 될 것이다. 한 중이 조주(趙州)에게 물었다.

중　　: 개에게도 불성이 있습니까?
조 주 : 있지.
중　　: 불성이 있다면 어째서 개의 껍질 속으로 들어갔습니까?
조 주 : 저것이 알면서도 일부러 그랬어.

또 어떤 중이 물었다.

중　　: 개에게도 불성이 있습니까?
조 주 : 없어.
중　　: 일체중생이 모두 불성을 갖고 있다고 했는데 어째서 개에게는 없다는 것입니까?
조 주 : 저것이 업식을 갖고 있기 때문이지.

요즘 수행하는 사람들은 모두 이 두 차례의 없다는 말에 숨은 뜻이 있다고들 말한다. 중요한 것은 있고 없음에 있을 뿐이라는 것이다.

---

210) 有卽是無, 無卽是有.

참 기가 막힌다. 이것은 참선의 종족을 멸망시키는 일이지 깨달음과는 전혀 상관이 없는 것이다. 3조 스님과 조주 스님을 직접 보고자 하는가?

시경, 서경 등의 서책들을 거두어 옛 집으로 돌아가니, 꽃 지고 새 울어 변함없는 봄일세.[211]

【중봉명본】

■ 뜻풀이

조사 스님은 있음이 곧 없음이고, 없음이 곧 있음이라고 말했다. 뜻으로 이해하는 자들은 이렇게 말한다. 있음은 독립적인 있음이 아니다. 있음은 없음을 전제로 한 있음이다. 없음은 독립적인 없음이 아니다. 없음은 있음을 전제로 한 없음이다. 있음은 혼자 생겨나지 않고, 없음도 혼자 성립하지 않는다. 있음을 말하는 그 생각 속에 없음이라는 견해가 먼저 있다. 그런 뒤에 있음을 말하는 것이다. 생각 속에 없음이 미리 있지 않다면 그 상대적 개념이 없는 곳에서 어떻게 있음을 말하겠는가? 그러므로 없음은 없음 자체가 아니라 바로 있음이다. 이것을 알아야 한다. 또 있음은 있음 자체가 아니라 그대로 없음이다. 이것을 알아야 한다. 있음과 없음의 이치는 하나의 근원에 뿌리를 두고 있다. 이 하나의 근원에서는 있다고 말해도 그 있음이 불필요하다. 없다고 말해도 그 없음이 불필요하다. 있음과 없음이 하나로 뒤섞여 녹아 있고, 말로 표현할 길이 끊어져 있다. 이것이 근원으로 돌아간다는 뜻인 것이다.

---

211) 收取詩書歸舊院, 落花啼鳥一般春.

■ **뜻풀이 허물기**

그렇기는 하다. 그렇지만 큰 뜻을 번쩍 일으켜 있음과 없음의 두 상대적 견해를 단번에 소멸해야 한다. 그러지 않고 바른 깨달음의 자리에서 다시 마음을 일으켜 분별한다면 어떻게 설법을 잇겠는가?

■ **노래**

없음 가운데 있음이 나타나고, 있음은 없음으로 돌아가니 / 이것은 그림으로도 보여주기 어렵다네 / 조주 스님이 허리띠 두르는 것 잊은 일도 우습고 / 조주의 동쪽 벽엔 박이 걸렸다는 것도 다 억지 말이지.[212]

【해설】

둘 아닌 이치는 단번에 확인되는 것이다. 만약 있음과 없음을 세워 놓고 이것을 설명하려 한다면, 아무리 절묘한 문장과 치밀한 논리를 구사한다 해도 둘 아닌 이치를 결코 알 수 없다. 그것을 듣고 이해하려는 일은 장화를 긁어 가려움을 없애려는 일이 될 뿐이다. 단번에 이것이 한 마음임을 보라. 한 마음은 우렁각시와 같다. 우렁각시는 직접 볼 수는 없지만 돌이켜 보면 밥상이 차려져 있고, 빨래가 되어 있고, 청소가 되어 있다. 이 밥상과 빨래와 청소가 우렁각시의 존재를 증명한다. 하지만 그것을 볼 수는 없다. 그런데 보이지 않는다고 이것을 없다고 할 수는 없다. 한 마음도 그와 같다. 보이지는 않지만, 만 가지 현상을 통해 나타난다. 있음과 없음의 관계가 이러하다.

진헐 선사는 지금 작용하는 자리만 있을 뿐이라는 설법을 부정한다. 물론 그것이 틀렸다는 말은 아니다. 그렇게 이해하는 청법자의 생각이 개입하고 있기 때문에 그것을 차단하고자 하는 것이다. 여기 조주 스님과 수행자들 간에 개의 불성 유무를 둘러싼 법 문답이 있다.

---

212) 無中現有有還無, 此物應難入畫圖. 笑老趙州忘管帶, 强言東壁掛葫蘆.

조주 스님은 개에게 불성이 없다고 했다. 왜 불성이 없다고 했을까? 이 천고의 공안을 두고 다양한 해석들이 시도되었다. 결론부터 말하자면 어떠한 이해나 어떠한 설명도 모두 틀릴 수밖에 없다. 진헐 선사의 표현을 빌리자면 그것은 참선 종족을 멸망시키는 일에 해당한다.

공안의 존재가치는 바른 의심을 통해 하나로 만나도록 이끄는 힘에 있다. 따라서 그 맥락을 파악하여 이해하는 일은 그 존재가치를 뭉개는 일이다. 오로지 그 맥락을 끊어 까맣게 모르는 자리로 돌아가는 것이 바른 길이다. 진정으로 까맣게 모른다면 모든 관념의 찌거기는 사라지고, 오직 이것만 남게 될 것이기 때문이다.

중봉 선사는 있음이나 없음이나 독립적 실체가 없다는 해설을 먼저 인용한다. 있음과 없음은 서로를 전제로 하여 세우는 관념의 구조물이다. 말하자면 모든 상대적 개념은 서로가 서로의 근거가 되는 것이다. 우리는 십중팔구 그 악순환의 소용돌이에 빠져 들게 된다. 따라서 순환의 두 축이 되는 양변에서 단번에 빠져 나오는 것이 중요하다. 그러고 나면 있음과 없음이 모두 한 마음일 뿐이라서 어떤 것도 세울 필요가 없음을 알게 되는 것이다.

이러한 해설을 인용한 뒤 중봉 선사는 핵심으로 돌아간다. 지금 당장 있음과 없음의 양변을 떠나라는 것이다. 설사 깨달음을 체험했다 해도 다시 마음을 일으켜 분별하지 말라는 것이다. 마음만 일으켜도 문제가 되는데, 이 체험을 말을 표현하는 자리는 얼마나 벗어나 있겠는가?

게송에서는 둘 아닌 도리는 말이나 그림으로 표현하기 어렵다는 것을 노래한다. 역대의 선지식들은 이것을 혹은 고함으로, 혹은 주장자로, 혹은 시로, 혹은 주먹질로 표현하였다. 그런데 이것이 이해되는 현장은 처참하기 짝이 없다. 십중팔구 오해로 끝나기 때문이다. 그래서 모든 것을 맡겨두고 허리띠조차 두르지 않은 조주 스님의 일도 비웃음의 대상이 된다. 그 행위에 대한 해석이 붙어버렸기 때문이다. 그렇다면 말을 하지 않을 것인가? 그것도 아니다. 도를 표현하여 수행자를 이끌 길은 그 뿐이기 때문이다. 그래서 행복한 수행자는 말을 통해 말로 표현할 수 없는 이치를 깨닫는다. 그리고는 스스로 무간지옥에 빠져가며 제자를 이끌고자 한 스승들의 그 고심에 감격해마지 않는 것이다.

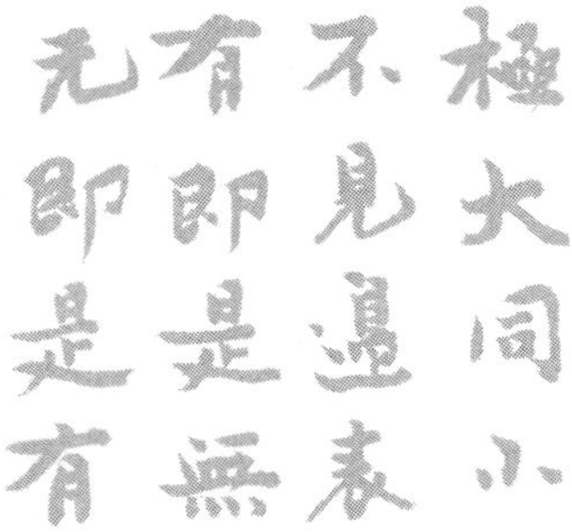

69. 만약 이와 같지 않다면, 결코 지켜서는 안 된다.[213]

【진헐청료】

만약 이와 같지 않다면, 결코 지켜서는 안 된다. 〔인용하고 말하였다〕 그런대로 맞는 점이 있으니 그대가 얼마간 안목을 갖추었음을 인정하리라. 〔또 말하였다〕 이러하고 이러하다. 무위진인은 항상 이 얼굴 앞에 출입하고 있다. 여기에는 낮도 없고, 밤도 없다. 움직임도 없고, 멈춤도 없다. 생각 생각이 이것을 향해 나아가게 하라. 생각 생각으로 드러나게 하라. 생각 생각이 여기에 상응하게 하라. 생각 생각이 이것을 지키게 하라. 그러면 있음과 없음이 저절로 한 줄로 꿰어지리라. 흙덩이를 좇아가는 미친개처럼 말을 따라 이해하는 마음을 내지 말라. 그렇지 않으면 집안을 거덜 내고 지금의 시간에 떨어지게 되리라. 그래서는 주인공과 딱 맞아떨어지지 못하리라. 어떻게 하면 지금에 떨어지지 않을 수 있을 것인가? 〔한참 있다가 말하였다〕

달빛은 고요한 가운데 드러나고, 소나무 바람소리 맑은 밤에 들리네.[214]

【중봉명본】

■ 뜻풀이

조사 스님은 만약 이와 같지 않다면, 결코 지켜서는 안 된다고 말했다. 뜻으로 이해하는 자들은 이렇게 말한다. 이것은 조사 스님이 거

---

213) 若不如此, 必不須守. 若不如此를 若不如是로 표기한 판본도 있다. 뜻에는 차이가 없다.

214) 月色靜中見, 松聲淸夜聞.

듭 당부하는 말이다. 진실로 오묘하고 밝은 마음, 그 본래 깨달아 있는 마음과 한 생각으로 딱 맞아떨어져야 한다. 그리하여 앞에서 말한 바와 같이 한 생각과 하나로 만나야 한다. 그렇지 않다면 그 웅변과 도도한 언설이 모두 외도의 생각이 될 뿐이다. 그렇다면 이것을 지켜서 무슨 이익이 되겠는가? 어떤 사람은 '만약 그렇지 않다면' 이라는 구절을 진여의 마음과 하나로 만나 깨달아야 한다는 말이라 보았다. 결코 지켜서는 안 된다는 말은 무슨 뜻인가? 바른 깨달음을 구하는 대신 말의 설명에 빠져 그것을 깨달았다고 여기는 사람을 가리키는 말이라 보았다. 이러한 설명도 통하기는 한다.

■ 뜻풀이 허물기

만약 그렇다면 결국엔 몸을 잃고 목숨을 바치는 자세로 궁극의 깨달음을 기약하는 일이 불가능할 것이다. 문제가 해소되어 버리면 이 일은 성공할 수 없다. 수행자들이여! 꿈같고, 환영 같고, 그림자 같은 이 속에서 무엇을 믿기에 주마가편의 수행을 하지 않는가?

■ 노래

있음과 없음의 생각이 다하고, 현상과 모양 없음의 생각도 없어 / 도적이 훔친 물건 청천백일 아래 내놓은 듯하다 / 천하기로는 황금과 같고, 귀하기로는 흙과 같으니 / 아까워서 묻을 만한 땅이 없다.[215]

【해설】

이와 같음이란 둘 아닌 이치를 깨닫는 현장을 가리킨다. 그것은 끝없이 한 마음을 확인하는 역동적 멈춤을 필요로 한다. 그 밖에 어떠한 것이든 지키려는 일은 수행과 깨달음에 방해가 된다. 모든 것을 내려놓았다는 그것조차 지키려 하면 안 된다. 한 수행자가 조주 스님에

215) 有無情盡色空忘, 白日靑天賊獻贓. 賤比黃金貴如土, 爲憐無地可埋藏.

게 물었다. 아무 것도 없을 때 어떻게 합니까? 내려놓으세요! 다 내려놓았는데 뭘 내려놓으라구요? 그러면 다시 짊어지세요! 모든 것을 다 내려놓았다는 견해 자체가 큰 짐이다. 그것조차 내려놓아야 한다.

진헐 선사는 임제 스님의 무위진인을 빌려 이것을 설명한다. 움직임도 없고, 멈춤도 없지만, 항상 작용하는 이것이 무위진인이다. 그런데 말을 따라 이해하는 마음을 내는 일이라면 어떤 것이나 무위진인, 주인공과 하나로 만나지 못하는 일이다. 그러므로 이것을 지켜서는 안 된다고 말한다. 지금의 시간성에 떨어진다(落今時)는 표현이 나온다. 그것은 진여의 본체에서 한 걸음 떨어진 제2선의 자리를 가리키는 말로 쓰였는데 주로 묵조선의 선사들이 자주 하는 말이다. 대혜종고 스님 등은 특히 이에 대해 비판적이다. 깨달음에 대한 간절한 추구 대신 머무는 자리를 설정하여 무력함에 빠졌다고 보았기 때문이다.

중봉 선사는 본래의 깨달음과 딱 맞아떨어지는 길을 지키라는 해설을 인용한다. 딱 맞아떨어지는 일이 없다면 모든 정밀한 사유와 언설이 다 외도의 길이 되고 만다. 선사는 이것을 다시 뒤집는다. 그저 하나로 만났다고 생각하고, 여기에 머문다면 목숨을 건 수행이 왜 필요하냐는 것이다. 수행자는 주마가편의 수행을 통해 분별적 사유의 구속을 벗어나야 한다는 것이 중봉 선사의 핵심 가르침이다. 그런데 이렇게 하나로 만난다는 한 마디로 해소해 버린다면, 수행도 필요 없고 깨달음도 필요 없게 되지 않겠는가? 한 마디로 고인 물과 같아 썩어 버리게 된다는 것이다. 대혜 선사는 이에 대해 시커먼 산 아래, 귀신의 굴속에 말없이 들어앉아 있는 일로 표현한 바 있다.

70. 하나가 그대로 모든 것이다. 모든 것이 그대로 하나이다.[216]

【진헐청료】

하나가 그대로 모든 것이고, 모든 것이 그대로 하나이다. 〔인용하고 말하였다〕 혀에 뼈가 없는지 말도 잘한다. 단번에 모든 것을 꿰고, 온 세상 사람들의 생명줄을 들어 올리는데 이 한마디로 족하다. 이에 대해 하나는 일심을 가리키고, 일체는 만 가지 현상을 가리킨다고 말하는 이들이 있다. 만 가지 현상이 오직 한 마음이며, 한 마음이 만 가지 현상을 아우른다는 것이다. 그러나 이 말은 핵심을 전혀 건드리지 못하고 있다. 이렇게 해설한다면 대중을 거느리는 수좌 노릇을 할 수는 있을 것이다. 그러나 나의 문하에 들어온다면 백년, 천년, 만년을 다시 참구해도 인정해주지 않으리라. 그렇다면 어떠한 것이 나의 문하에서 일어나는 일인가?

저울추를 밟고 서니, 단단하기 무쇠와 같네.[217]

【중봉명본】

■ 뜻풀이

조사 스님은 하나가 그대로 모든 것이고, 모든 것이 그대로 하나라고 말했다. 어떤 이들은 경전의 가르침을 인용하여 이렇게 말한다. 하나란 모든 것으로서의 하나이다. 모든 것은 하나로서의 모든 것이다. 하나라 해도 부족함이 없고, 모든 것이라 해도 넘침이 없다.

---

216) 一卽一切, 一切卽一.

217) 踏著稱槌硬似鐵.

이처럼 마음과 현상이 서로 녹아있고, 하나와 많음이 서로 포용한다. 신통력 때문이 아니라 법의 이치가 원래 그러한 것이다.

그런데 이러한 해설은 모두 책에 있는 것이라 널리 인용할 필요가 없다. 말만 화려할 뿐 도에 도움이 되지 못하기 때문이다. 조사 스님이 이 노래를 지으면서 둘이 아니라 모두 같아서 포함하지 않음이 없다(不二皆同, 無不包容)는 구절에 이르러 걱정되는 바가 있었다. 후학들이 하나로 녹아드는 이치를 밝게 깨닫지 못하면 어쩌나 하는 생각이었다. 그래서 먼저 시간의 길고 짧음에 구분이 없음을 말하였다. 그리고는 형상의 크고 작음에 구분이 없으며, 있음과 없음에 구분이 없음을 차례로 말하였다.

여기에서는 다시 하나와 많음에 구분이 없음을 말하여 무한한 세계를 녹여 둘 아닌 법으로 들어오는 문으로 삼은 것이다. 이로써 무수한 형상의 연못을 널리 열어젖혔다. 수많은 신령의 창고를 활짝 개방하였다. 그 덕분에 후학들은 한 걸음 내디딜 것도 없이 바로 도착할 수 있게 되었다. 세속의 먼지에 떨어지는 일 없이 바로 들어가며, 애쓰는 일 없이 바로 성취하며, 생각을 누르는 일 없이 바로 증득할 수 있게 되었다. 대자대비의 발원이 더 없이 넓고, 큰 교화의 공덕이 두루 미치게 된 것이다.

■ 뜻풀이 허물기

그렇기는 하지만 아무래도 그림으로 대조하여 천리마를 찾는 격이라 갈수록 번다해질 뿐이다. 그보다는 얼굴을 바로 돌려 조사와 함께 뒤로 물러나는 일이 필요하다. 그래야 비로소 은혜를 알고, 은혜를 갚을 수 있게 되는 것이다. 그렇지 못하다면 지나간 자리에 흔적을 남기는 거북과 같아서 조사 스님을 따르지 못하게 될 것이다.

■ 노래

대지를 움켜쥐어 쌀 한 알과 같다면 / 즉시 북을 울려 사람들에게 보이라 / 눈 속에 황금 티끌을 제거하지 않으면 / 검은지 누른지조차 구별하기 어려우리라.[218]

【해설】

하나조차 세우지 않는 것이 둘 아닌 이치의 핵심이다. 그런데 이것을 말로 표현하다 보면 자연스럽게 하나가 세워지고, 그 상대가 되는 둘이 세워진다. 문제는 이렇게 상대적 개념이 한번 세워지면 그것을 기둥으로 하여 사변적 구조물이 구축되어 쉽게 허물어지지 않는다는데 있다. 가을밤 찬 서리 속에 기러기가 날아간다. 가을밤과 기러기와 날아가는 일은 쪼갤 수 없는 하나의 실상이다. 황금 잔이 있을 때 황금과 잔이 쪼갤 수 없는 하나인 것과 같은 이치이다. 그런데 이렇게 가을밤, 기러기, 날아감이라는 개념으로 쪼개는 것이 우리의 살림이다. 이렇게 둘, 셋을 세워놓고서 다시 그것이 쪼갤 수 없는 하나로 합치려고 하는 일은 불가능에 가깝다. 그러니 큰 마음을 내어 처음부터 둘 아닌 자리에 성큼 들어가야 하는 것이다.

진헐 선사는 이 점을 지적한다. 특히 하나는 한 마음을 가리키고, 모든 것은 만 가지 현상을 가리킨다는 설명이 문제가 된다. 한 마음과 만 가지 현상이라는 상대적 개념은 어떠한 치밀한 논리전개를 통해서도 해소될 수 없다. 이미 둘을 세워놓고 둘이 아니라고 강변하는 것이기 때문이다. 그러므로 하나가 곧 모든 것임을 바로 보는 자리를 직접 가리켜 보여야 한다.

중봉 선사는 하나와 모든 것을 둘로 보지 않는 설득력 넘치는 해

---

218) 大地撮來如粒米, 當陽打鼓大家看. 眼中若未除金屑, 要辨玄黃也大難.

설을 인용한다. 그리고는 이를 다시 뒤집는다. 이러한 설법은 아무리 훌륭해도 관념의 자리에 서 있다. 아무리 리얼하게 묘사해도 그림의 떡이라서 배가 부를 수 없다. 그러니까 핵심은 지금 당장 바로 돌이켜 비추어보는데 있다. 그렇지 않으면 조사 스님의 설법을 등지게 된다. 오직 불이의 자리에 당장 착석하는 일이 필요하다. 그렇지 않고 말만 따라 간다면, 부처님과 조사 스님에 대한 은혜 갚기는 애당초 불가능하다.

若不如是
必不須守
一即一切
一切即一

71. 이와 같이만 된다면, 마치지 못할까 걱정할 일 무엇이랴.[219]

【진헐청료】

이와 같이만 된다면, 마치지 못할까 걱정할 일 무엇이랴. 〔인용하고 말하였다〕 그래도 뭔가 하나가 부족하다. 마치는 일이란 어떠한 것인가? 참선하는 사람들은 보통 하나가 곧 모든 것이라 말한다. 모든 것이 곧 하나라 말한다. 또 법이 곧 마음이고, 마음이 곧 법이라 말한다. 이렇게만 깨달으면 선 공부는 더 할 것도 없이 마치게 된다는 것이다. 그러나 착각하지 말라. 조사 스님은 아예 일이 없는 분인데, 뱃속에 그렇게 많은 갈등이 담겨 있겠는가?

대중들이여! 조사 스님은 이와 같이만 된다면, 마치지 못할까 걱정할 일 무엇이겠느냐고 말했다. 그대들은 조사 스님의 이 말을 어떻게 알고 있는가? 〔한참 있다가 말하였다〕 세 사람이 주장하면 거북이도 자라가 되는 법이지.[220]

【중봉명본】

■ 뜻풀이

조사 스님은 이와 같이만 된다면, 마치지 못할까 걱정할 일 무엇이랴 하고 말했다. 뜻으로 이해하는 자들은 이렇게 말한다. 『법화경』에서는 내가 그대들에게 이 일이 허망하지 않음을 보장한다고 말했다. 조사 스님이 이렇게만 된다면, 마치지 못할까 걱정할 일 무엇

219) 但能如是, 何慮不畢.

220) 三人證龜成鱉.

이겠느냐고 한 것과 같은 말이다. 공부하는 사람에게 보장해주는 말인 것이다. 매섭게 꾸짖으면서도 격려하는 정성이 여기에 남김없이 드러나 있다.

■ 뜻풀이 허물기

그렇기는 하지만 그대들은 과연 그러한가? 말 떨어지기 무섭게 고개를 세 번 끄덕인다 해도 벌써 한참 늦은 일이다. 그러니 생각하려는 순간 물에 빠진 칼은 뱃전에 표시된 자리와 어림없이 먼 곳에 있게 되는 것이다.

■ 노래

이러하고 이러하며, 또 이러한데 / 마칠 때는 어디에 머물 것인가 묻는구나 / 그래서는 겹겹의 철가면을 벗겨내도 / 고향은 아직 삼천리 밖이라네.[1]

【해설】

이와 같다는 것은 문맥상 앞에서 말한 바, 하나가 곧 모든 것이고, 모든 것이 곧 하나가 되는 일을 가리킨다. 한편으로 그것은 지금 당장 이와 같음을 가리킨다. 당장 보는 이대로 이와 같고, 듣는 이대로 이와 같으며, 아는 이대로 이와 같고, 모르는 이대로 이와 같다. 수행의 실천은 항상 그러해야 한다. 『신심명』에 대한 선사들의 설법을 접할 때조차 이와 같아야 한다. 그 설법을 접하는 일이 오직 이와 같음을 돌이켜 보고 있어야 한다. 이 차원에서 보면 앞에서 말한 설법은 사실 진정한 의미에서 '이와 같음'이 될 수 없다. 이미 지나가 버렸기 때문이다. 심지어 흰 구름, 푸른 산, 흘러가는 물도 말로 표현되고 생각으로 이해되는 한 '이와 같음'에서 멀고멀다. 그것은 흘러가는 구름을 못으로 고정시키는 일과 같아 억지가 된다.

진헐 선사는 지금 당장 이와 같은지를 묻는다. 생각과 말을 떠난

1) 如是如是復如是, 要問畢時那裡泊. 捋下重重鐵面皮, 家鄉猶隔三千里.

이와 같은 자리를 당장 보이라는 것이다.

중봉 선사는 먼저 옛 강설을 인용한다. 이와 같이만 공부하면 마칠지 못할까 걱정할 일 없다고 보장하는 내용이다. 그런 뒤 과연 이와 같다고 말하는 사람들, 깨달아 마침을 보장하는 사람들에게 되묻는다. 과연 당신은 그 자리에 있는가 이 말이다. 만약 누군가 깨달음을 자처하는 이가 있어 중봉 선사의 이러한 질문에 추호의 망설임도 없이 고개를 끄덕인다 해도 그것은 이미 아니다. 말에 따라 알고 이해하는 견해를 냈기 때문이다. 하물며 그에 합당한 대답을 생각해보는 수준은 여기에서 멀고멀어 아예 상관이 없다. 각주구검의 격이라 뱃전에 표시된 자리에서 칼을 찾을 수는 없다.

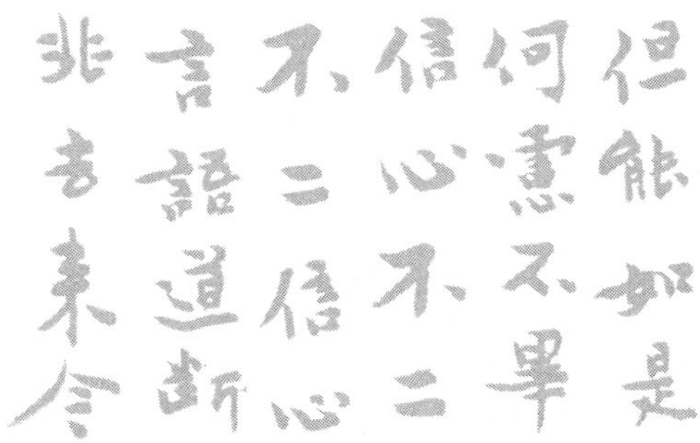

72. 믿는 마음은 둘이 아니요, 둘이 아닌 것이 믿는 마음이라네.[2]

【진헐청료】

믿는 마음은 둘이 아니요, 둘이 아닌 것이 믿는 마음이라네. [인용하고 말하였다] 부끄러워 죽겠다. [또 말하였다] 무슨 좋고 나쁨이 있다는 거냐? 그대들의 해골 앞에서 중얼대는 이것이 무엇인가? 이것이 믿음과 마음에 둘이 없다는 것 아닌가? 거꾸로 뒤집힌 말일랑 하지 말라. 이러하고 이러하다. 산호 가지마다 달을 지탱하고 있으니, 남김없이 참구하고 철저하게 보도록 하라. 믿는 마음은 둘이 아니다. 둘이 아닌 것이 믿는 마음이다. 이렇기만 하다면 하늘과 땅을 뒤덮고 세계를 움켜쥐리라. 비록 그렇기는 하지만 만약 흐르는 물을 찾지 못하면 다시 또 하나의 산을 넘어야 하리라.

【중봉명본】

■ 뜻풀이

믿는 마음은 둘이 아니요, 둘이 아닌 것이 믿는 마음이라네. 조사 스님의 마음을 뜻으로 이해하는 자들은 이렇게 말한다. 중생들은 이 마음을 잊은 지 오래 되었다. 하나인 법에 허망하게 분별하는 생각을 냈기 때문이다. 하나하나 분별하였으니 모든 것이 다 둘이 되어 버렸다. 또한 스스로를 자기라 보고, 저 사람을 남이라 보아 자신과 남을 둘로 나누어 버렸다. 여기에서 무수한 분별이 일어나 걷잡을 수 없는 둘이 되어 버렸다. 그러니 아무리 많은 숫자를 가지고

2) 信心不二, 不二信心.

도 그 수량과 경계를 헤아릴 수 없다. 조사 스님은 사랑이 넘쳐서 오직 이 믿는 마음은 둘이 아니요, 둘이 아닌 것이 믿는 마음이라 설했다. 이 바른 도장 하나만 가지면 만나는 자리마다 도장 한 방으로 모두 해결할 수 있을 것이다. 그것은 마치 그물의 중심 줄을 들면 모든 그물코가 펼쳐지는 것과 같고, 옷의 목깃을 들면 전체 옷이 따라오는 이치와 같다. 우레가 겨울잠 자는 생물을 깨우는 것과 같이 신속하다. 어두운 거리에 해가 비치는 것과 같이 밝다. 이에 눈먼 자가 보고, 귀먹은 자가 들으며, 막힌 자가 통하고, 어리석은 자가 지혜롭게 되는 것이다. 꿈의 집을 떠나는 일 없이 진정한 깨달음의 마당에 오르게 된다. 환영으로서의 몸을 벗지 않고, 곧바로 금강의 본체를 얻게 된다. 그야말로 기사회생의 신비한 약이며, 범부를 탈바꿈하여 성인으로 들어가게 하는 훌륭한 인도자이다. 최고이며 아름답다.

■ 뜻풀이 허물기

잠깐 찬탄을 멈추라. 신비한 깨달음의 순간에 이 둘이 아닌 설법이 수용될 장소나 있겠는가? 진실로 수용될 자리가 없을 것이니, 조사 스님이 이 자리에 와도 몽둥이 맞기 딱 좋을 뿐이다.

■ 노래

범부와 성인, 깨달음과 미혹함이 모두 둘이 아니라 / 깨달아 아는 것은 원래 믿음에서 생기는 것이다 / 마음은 생성 · 소멸이 없는데 누가 미혹하고 깨달는다는 건가 / 두 눈 번히 뜨고 막무가내 불구덩이에 들어가는구나.[3]

【해설】

『신심명』을 총괄하는 구절이다. 원래 이 노래는 믿는 마음의 노래

3) 凡聖悟迷俱不二, 了知元自信心生. 心非生滅誰迷悟, 開眼無端入火坑.

이다. 무엇을 믿는가? 둘 아님을 믿는 것이다. 깨달을 진리가 따로 있다는 생각을 내려놓는 것이 둘 아님을 믿는 일이다. 진정 이렇게 믿으면 깨달음이 멀지 않다. 그러나 이게 쉽지 않다. 그래서 생애를 바쳐 수행을 한다. 선지식을 찾아 헤맨다. 선지식은 이것이 안타깝다. 그래서 진리를 물으러 오는 수행자가 있으면 30대씩 몽둥이 타작을 해준다. 문을 열었다가 닫기를 반복하며 말해주지 않는다. 거기에 의미가 있고 비유가 있다고 찾으면 영원히 스승과 만날 수 없다. 그저 매타작이고, 그저 문 여닫기이다. 몽둥이는 휘두르기 좋고, 문은 여닫기 좋다. 때리면 맞기에 딱 좋고, 닫히는 문에 끼면 발을 부러지기 딱 십상이다. 오직 생각을 일으키지 않고 열려 있어야 둘 아닌 도리를 확인하게 된다.

진헐 선사는 이를 위해 믿는 마음을 믿음(信)과 마음(心)으로 나누어 말한다. 믿음과 마음이라는 것도 둘이 아니라는 것이다. 사실 당장이 눈앞에 나타난 이것일 뿐이므로 무엇과 무엇이 둘이 아니라는 말도 문제가 있다. 오로지 한결같이 이러하고 이러할 뿐이라는 것이다.

중봉 선사는 우선 옛 해설을 인용한다. 믿는 마음은 둘이 아니라는 이 구절이 전체 노래의 요령 있는 결론임을 설하는 내용이다. 무엇보다 둘이 아니므로 지금 이것을 벗어날 일이 없다. 있는 이대로 일없이 깨달음의 법신을 성취하는 것이 이 일이다. 그리고는 중봉 선사는 바로 이것을 뒤집는다. 당신이 진짜 불이의 깨달음을 체험하고 있다면, 이러한 설법과 청법조차 수용될 자리가 없다. 이미 지나간 체험을 말하는 것은 지나가는 그림자를 잡으려는 것처럼 어리석을 뿐이다. 그러니 아무리 조사 스님이라 해도 몽둥이 깜일 뿐이라는 말이 성립하는 것이다.

73. 말로 표현할 길 끊어졌다. 과거 · 미래 · 현재가 아니다.[4]

【진헐청료】

말로 표현할 길 끊어졌다. 과거 · 미래 · 현재가 아니다.〔선사가 휴우! 탄식하고는 말하였다〕 3조 큰 스님은 활도 부러지고 화살도 떨어졌다. 마지막으로 선종의 핵심을 모두 들어보였지만, 오류투성이가 된 감이 없지 않다. 이것을 짚어낼 수 있다면, 그 말들이 산의 구름과 바다의 달처럼 마음을 남김없이 표현한 것이 될 것이다. 이것을 짚어내지 못한다면, 여전히 하나로 만나지 못하여 그냥 날려 보내고 말게 될 것이다. 말로 표현할 길이 끊어져 과거 · 미래 · 현재가 아니다. 일반적으로 사람들은 이것이 바로 지극한 도는 어렵지 않으니, 오직 간택함을 꺼릴 뿐이라는 첫 구절과 같다고 주장한다. 마찬가지로 지극한 도는 어렵지 않으니, 오직 간택함을 꺼릴 뿐이라는 첫 구절이 바로 이 마지막 구절, 즉 말로 표현할 길 끊어져, 과거 · 미래 · 현재가 아니라는 구절과 같다고 주장한다. 최초의 구절이 최후의 결론이고, 최후의 결론이 최초의 구절이라는 것이다. 만약 이렇게 한다면 역시 귀신굴 속에 들어가는 일이 될 것이다.

대중들이여! 이것은 3세의 모든 부처님, 6대의 조사님들, 천하의 선지식들이 펼친 경계 없는 법문이며 한량없는 오묘한 뜻이다. 내 이제 자신도 모르게 웃음 지으며 그대들을 위해 딱 한 마디 말로 설파하리라.

쉬고 쉬어라!

잡을 수 있는 것은 없다. 쓸데없는 말들은 옛날이나 지금이나 오직

4) 言語道斷, 非去來今.

한 바탕 지나가는 일일 뿐이다. 그래도 옛 성현들은 입가에 거품을 묻히고 잠까지 적게 자며 눈을 뜨고 말을 하였다. 대중 여러분은 내가 동쪽이니 서쪽이니 말하는 바람에 억지 분별을 내었다. 이것은 또한 옛 선지식과 비교하여 어떠한가? 그러나 대중 여러분은 알아야 한다. 3조 스님만 활이 꺾어지고 화살이 떨어진 것이 아니다. 나 또한 창이 꺾어지고, 힘이 탈진하고, 집은 무너지고, 사람은 거꾸러지고 말았다. 결국엔 무엇인가? 각자 돌아가 쉬되, 비가 머리를 적셔주는 일일랑 기대하지 말아라.

【중봉명본】

■ 뜻풀이

말로 표현할 길 끊어졌다. 과거 · 미래 · 현재가 아니다. 뜻으로 이해하는 자들은 이렇게 말한다. 말로 표현할 길이 끊어졌다 했으니, 이 한 편의 노래도 쓸데없는 것이 된다. 그런데도 과거 · 미래 · 현재가 아니라 했으니 조사의 면목이 드러나 있음을 알겠다.

■ 뜻풀이 허물기

잘못 천착해서도 안 되고, 방관자의 입장에서 비웃어도 안 된다. 이치는 본래 완전하게 하나로 녹아 있다. 도는 떠난 일이 없다. 말로 표현할 길이 끊어졌다 했으나 광장설의 설법이 굉장하다. 과거 · 미래 · 현재가 아니라 했으나, 청정한 법신이 항상 고요하다. 독약과 제호를 한 그릇에 넣어 휘젓고, 황금과 기와 · 벽돌을 한 덩이로 뒤섞었다. 그리하여 활용함에 어긋남이 없고, 인용함에 딱 맞아 떨어지는 것이다.

단번에 궁극의 자리를 밟는 이는 흔적을 남기지 않는다. 그렇지만 고집스레 노력하는 이는 자기를 세워 생각하는 법이다. 3조 스님은 진실로 한 시대의 성스러운 스승으로 백세의 표준이 된다. 여기 그 봉황의 골수를 뽑아내어 선 공부의 행복한 길에 특별한 반찬으로 제공하였다. 또한 사자의 힘줄을 뽑듯 신령한 마음에 남은 메아리를 완전히 끊어냈다. 그렇기는 하지만 한번 말해보라. 조사님은 이러한 차와 밥을 받으시겠는가? 상대 분별의 갈등을 거두어들이고 반박하든지 말든지 그대로 두겠지.

■ **노래**

뜨거운 그릇에 그림이 울어 옛 곡조를 뒤적이고 / 눈 먼 나귀 밤에 우니 새로운 곡조로다 / 말로 표현할 길 끊어졌다 했지만 도는 끊어지는 일 없으니 / 사람들의 잘못된 생각들 그냥 내버려 둔다네.[5]

글도 아니고, 글자도 아니며, 부처도 아니고, 마음도 아니다. 마음을 잡아 마음을 채우고, 맹독을 가지고 독을 공략한다. 승찬 대사의 공안이 있어 소림 선종의 명성이 사라지지 않는 것이니 『신심명』을 한 번 읽어 보라. 다만 그 마음 심(心)자를 기억하지 않도록 하라. 그렇게만 하면 캄캄한 칠통이 산산조각 나리라. 옥기린이 지금 당장 돌아올 것이다. 옛 부처님의 살림살이를 남김없이 안아 들게 될 것이다. 자기의 바른 눈이라 하는 것마저 멀게 해 버릴 것이다. 그런데 말해보라. 신령한 핵심은 어느 구절에 있는 것인가?

【해설】

선가에서는 말로 표현할 길이 끊어졌다는 말을 많이 쓴다. 언어는 분별적 생각을 담는 그릇이다. 본래 하나인 이것을 모양에 따라 쪼갠 뒤 이름을 붙이는 것이 언어이다. 그러니까 본질적으로 둘 아닌 이치와 언어는 서로 배치되는 자리에 있다. 그럼에도 불구하고 부처님이나 역대의 조사 스님들은 이것을 설명하기 위해 동어반복을 거듭해 왔다. 불이의 법에 눈뜨지 못하는 중생살림이 안타까웠기 때문이다. 말로 표현할 수 없음에도 끝없이 말할 수밖에 없는 마음, 그것이 자비

---

5) 熱椀畫鳴翻古調, 瞎驢夜吼換新腔. 語言道斷道不斷, 一任傍人錯較量.

심이다. 사실 선사들의 차원에서는 말을 해도 그것에 걸린 일이 없다. 화염을 얘기해도 입이 불에 타지 않는 격이다. 그러나 수행자는 말에 기대면 안 된다. 만약 이 일이 말에 있다면 팔만대장경의 다양한 설법을 따르면 그만일 것이다. 굳이 언어의 가르침 밖에 염화미소의 법을 따로 전한 것은 말에 걸리는 한, 길이 없기 때문이다.

3조 스님은 마지막에서 결국 말로 표현할 수 없는 것이라고 말했다. 진헐 선사는 그 심정을 훤히 이해한다. 그것은 전쟁터에서 활이 부러지고, 화살이 떨어진 장수의 마음과 같다. 이제 할 일은 다했다. 그 안타깝고, 호젓하고, 평온한 마음을 그 자신도 이해한다. 그리고는 고백한다. 자신 또한 창이 꺾어지고, 힘이 다하고, 집이 무너지고, 사람은 거꾸러지고 말았다는 것이다. 충실하게 3조 스님의 설법에 귀기울여온 수행자라면 모두 그래야 한다. 이렇게 완전히 무너진 자리에 오직 이 일만이 항상 우뚝하다.

중봉 선사는 조사 스님의 면목을 확연히 볼 수 있다는 해설을 인용한다. 인용문은 극히 간단하다. 말로 표현할 길 끊어졌다는 이 마지막 설법을 길게 해설할 수는 없기 때문이다. 그러나 중봉 선사는 이 간단한 인용문과 대비되는 긴 해설을 내놓는다. 중봉 선사는 긴 해설을 통해 말로 해설할 수 없다는 관념을 다시 뒤집어 버린다. 말로 표현할 길 없다 하지만 모든 장광설의 설법이 이것을 말하고 있다. 말을 내려놓으라는 관념 앞에서 진정한 내려놓음은 말 많이 하기가 된다.

과거 · 미래 · 현재 역시 마찬가지이다. 그 중 어느 시간이든 청정한 하나의 법 아닌 것이 없기 때문이다. 이것이 선 공부의 골수이다. 독약도 없고 제호도 없다. 황금과 기와벽돌 조각이 다르지 않다. 이렇게 평등하고 청정한 자리에 몸을 맡기고 나면 황금을 쓸 때 황금을 쓰고, 벽돌을 쓸 때 벽돌을 쓴다. 자유롭고 완전한 것이다.

뒷마당

1. 신심명류 경전

중국 불교사에 『신심명』과 유사한 내용과 형식으로 마음에 대해 노래한 글은 수십 종을 헤아린다. 그 중 『경덕전등록』에 『신심명』과 함께 수록된 2편의 노래가 특히 큰 관심을 받아왔다. 부대사(傅大士)의 『심왕명(心王銘)』과 법융선사(法融禪師)의 『심명(心銘)』이 그것이다. 본 장에서는 이 두 편의 글을 번역 · 해설하고, 이해에 필요한 판본적 정보를 각주에 수록하여 비교이해의 자료로 삼고자 한다. 『경덕전등록』에는 이 밖에 이름이 전해지지 않는 스님의 『식심명(息心銘)』이 함께 수록되어 있으나 중도불이의 도리를 설한 『신심명』 등 3편의 노래와는 달리 마음가짐에 대한 교훈적인 내용을 담고 있다. 함께 견주어 읽을 차원이 아니므로 소개를 생략하기로 한다.

2. 부대사(傅大士)와 『심왕명(心王銘)』

부대사(497-569)는 남조 양무제 시대의 그 도가 높아 달마, 지공과 함께 양나라의 위대한 세 선지식으로 불렸다. 활동한 시대는 지공-달마-부대사 순이다. 부대사는 거사로서 깨달음을 성취하고, 불이중도의 이치를 펼쳐 중국의 유마거사로 불리기도 한다. 원래 고기잡이를 생업으로 하였다. 그런데 천성이 선량하여 잡은 고기를 광주리에 담아 물속에 넣어두었다가 달아나지 않은 고기만 먹었다는 일화가 전한다.

부대사는 24세 되던 해 달마를 만나 가르침을 받는다. 이 때 달마대사는 그에게 수도할 땅으로 송산(松山) 아래 두 그루 고목이 서 있는 자리를 추천한다. 부대사는 이곳에 암자를 짓고 처자식과 함께 선농일치의 삶을 살았다. 이렇게 수행하기를 7년, 그를 따르는 사람들이 많아져 미륵의 화신, 십지보살로 불리기 시작했다. 특히 『금강경』에 밝아 양무제의 궁전에 세 번 머물면서 설법하였다. 이 때 법좌에 올라 계척을 휘둘러 법상을 한번 치고 내려온 일이 유명하다. 당시 지공화상과 황제 간에 이런 얘기가 오갔다.

지　공 : 폐하 아시겠습니까?
양무제 : 모르겠소.
지　공 : 대사의 금강경 강의가 끝났습니다.

이에 황제가 다시 강의를 청하자 대사가 딱딱이를 들고 법좌에 올라 『금강경』에 대한 49수의 게송을 노래하였다. 그것이 유명한 「부대사송(傅大士頌)」이다. 부대사는 중국선의 선구자로 불리는데, 그 선적 안목와 도저한 깨달음의 일관성은 전체 344자 『심왕명』에 잘 드러나 있다. 이 노래는 눈이 번쩍 뜨이는 힘을 갖고 있으나, 형식과 내용적 측면에서 『신심명』과 겹치는 점이 있어 덜 주목받을 수밖에 없었던 문장이기도 하다. 번역하고 간단한 설명을 붙이면 다음과 같으며 판본에 따라 나타나는 다른 문장들을 각주에 표기하였다.

3. 『심왕명(心王銘)』

1. 마음, 그 비어 있는 왕을 살펴보면, 현묘하여 헤아리기 어렵다.[1]

마음은 별도의 실체가 없으나 모든 현상을 통해 드러난다. 그것은 마치 전 국토에 지배력을 두루 행사하는 왕과 같다. 그래서 마음의 왕이라 한다. 불교의 수행은 바로 이 마음의 왕을 밝은 관찰의 광장에 내놓는 일에 해당한다. 그런데 이것이 쉽지가 않다. 마음은 어떤 뚜렷한 실체가 아니기 때문이다. 마음으로 마음을 관찰하는 여로는 실패와 절망의 연속이다. 자아의 인식지평에서 마음을 대상화하여 짐작하고 인지하려는 것 자체가 불가능한 시도이기 때문이다. 깨달음은 이 불가능한 시도의 궁극에서 그것을 턱! 하고 내려놓을 때 일어난다. 인식지평이 달라지는 체험을 하게 되는 것이다.

2. 별도의 모양이 없으나, 크고 신비하게 작용하는 힘을 갖추고 있다.[2]

모든 현상은 마음을 뿌리로 한다고 말한다. 그렇다고 마음이라는 뿌리가 따로 있고, 현상이라는 가지가 따로 있다고 이해해서는 안 된

1) 觀心空王, 玄妙難測. 『聯燈會要』에는 微妙難惻

2) 無形無相, 有大神力. 『佛祖歷代通載』에 앞 구절은 無名無相으로, 뒷 구절은 大有神力

다. 여기 황금으로 이루어진 세계가 있다. 모양을 가진 만물이 모두 황금으로 이루어져 있다. 그런데 이 나무, 이 자동차를 떠나서 금이라는 본질이 따로 있지 않다. 이처럼 금은 독립된 모양을 따로 갖고 있지는 않지만 만물을 있게 하는 원질이 된다. 마음이 딱 그렇다. 마음은 모든 현상의 원질이므로 크고 신비하게 작용하는 힘을 가졌다고 말한다.

3. 이것은 천 가지 재앙을 소멸하고, 만 가지 덕을 성취한다.[3]

지금 당장의 모든 현상이 전체로서 마음의 작용이다. 마귀의 장애, 타락의 행위 역시 마음의 작용으로 일어나는 일인진대, 왜 부대사는 재앙소멸과 공덕성취만을 마음의 작용으로 꼽았을까? 긍정적인 측면만을 들어서 말한 것일까? 원래 불법은 착한 행동을 선양하고, 악행을 제어하는 도덕이 아니다. 이 둘을 나누지 않는 무엇이다. 어떠한 것이 재앙의 소멸인가? 부처님이 인욕선인이었을 때 가리왕에게 팔다리가 잘리는 일을 당했다. 인욕선인에게 팔다리가 잘리는 일은 마음이 드러난 현장이었다. 선인은 그것을 통째로 알아차리고 통째로 수용하였다. 어떤 의미 있는 목표를 성취하기 위해 억지로 참은 것이 아니다. 이것이 진정한 재앙의 소멸이다. 사업에 성공하는 것이 공덕의 성취라면, 사업의 실패는 공덕의 붕괴인가? 이렇게 둘로 나누면 공덕은 항상 절반만 성취될 수밖에 없다. 사업의 실패 역시 공덕의 성취로

3) 能滅千災, 成就萬德.

수용될 때 비로소 만 가지 덕이 성취된다고 말할 수 있다.

4. 본체로서의 본질은 따로 없지만, 법칙으로 드러낼 수 있다.[4]

마음의 본체, 혹은 본질은 따로 없다. 모양이 없기 때문이다. 그러나 그것은 봄에 꽃 피고, 가을에 낙엽 지는 분명한 현상적 법칙으로 드러난다. 법칙이라 해서 따로 있는 것이 아니다. 지금 여기에 펼쳐진 저절로 이러한 일들이 모두 법칙이다. 봄이 되면 꽃이 피고, 가을이 되면 잎이 진다. 이것이 법칙이다. 밥을 먹으면 배가 부르고, 길을 걸으면 목적지에 도착한다. 이것이 법칙이다. 그러므로 본질을 따로 구하려 하면 얻을 수 없지만, 법칙으로 나타나는 이 모든 일에 그것이 구현되어 있음을 보면 모든 것에서 본질을 확인할 수 있다.

5. 볼 수 있는 모양은 따로 없지만, 부르면 소리로 반응한다.[5]

마음은 눈으로 볼 수 있는 별도의 모양을 갖는 실체가 아니다. 그럼에도 그것은 보고, 듣고, 느끼고, 알아차리는 작용을 통해 남김없이 드러나 있다. 그래서 부르면 소리로 반응한다고 한 것이다. 지금 당장의 이 작용이 그것임을 아는 것이 불법의 수행이고, 실천이다.

---

4) 體性雖空, 能施法則.

5) 觀之無形, 呼之有聲.

6. 큰 법의 장군이니, 보리 마음의 계율을 받고 불법의 가르침을 전한다.[6]

현상계의 모든 작용은 마음이 드러난 것이다. 요컨대 모든 것은 마음이 만든 것이다. 마음은 우주를 꽉 채우고 있다. 그것이 미치지 않는 곳이 없으므로 왕이라 하고, 하나가 전체를 끌고 다니므로 장군이라 한다. 그렇다면 이 마음을 공부한다는 것은 무엇인가? 여기에 꼭 필요한 것이 보리를 성취하겠다는 발원을 잊지 않는 일이다. 이것이 마음의 계율을 받는 일이다. 이 마음의 계율을 받는 서원은 깨달음의 동력이다. 이것이 있어야 불법의 등불을 전해 받고, 또 전해줄 수 있다. 이렇게 보면 한 마음이 있는 이대로 팔만대장경을 설법한다는 말에 크게 동의하게 된다.

7. 물속의 짠 맛과 같고, 색깔 속의 아교와 같아서,[7]

마음은 별도의 모양이 없지만, 모든 것이 마음을 증명한다. 그것은 바다의 짠 맛과 같다. 볼 수는 없지만 모든 곳에 두루 존재한다. 그것은 또한 색채를 고정시키는 아교와 같다. 물체의 표면에 색을 들이려면 염료에 아교를 섞는다. 다양한 색채의 단청을 하는 데는 보이지 않는 아교가 작용하고 있는 것이다. 이것이 마음의 존재방식이다.

---

6) 爲大法將, 心戒傳經. 『심왕론』: 持戒傳經.

7) 水中鹽味, 色裏膠靑.

8. 틀림없이 있기는 하지만, 별도의 모양으로 볼 수는 없다.[8]

마음은 바닷물 속의 짠맛처럼 두루 존재한다. 다만 그것은 별도의 특별한 모양을 갖지 않는다. 그러니까 마음을 바로 보려면 가장 먼저 그것이 어떠한 특별한 모양을 갖는다는 생각을 내려놓아야 한다. 모양에 대한 집착을 내려놓고 보면 마음은 지금 당장의 이 다양한 현상으로 확인된다. 그러므로 마음은 숨기는 바 없이 적나라하게 드러나 있다. 이것을 보지 못하는 것은 마음이 따로 있다는 관념 때문이다. 그러므로 마음을 바로 보려면 상대를 세워 이해하는 이원적 사유를 멈추어야 한다.

9. 마음의 왕이 또한 그러하여, 몸 안에 머무는데,[9]

마음은 어디에 있는가? 마음은 특별한 별도의 모양을 갖지 않으므로 어디에도 없다. 또 마음은 모든 현상을 통해 드러나므로 어디에나 있다. 다만 몸의 감각기관과 지각작용을 갖는 우리의 입장에서 마음은 우선 몸 안에서 확인된다. 보고, 듣고, 느끼고, 아는 일 그 자체가 마음을 확인하는 자리가 되기 때문이다. 그러나 마음이 머리에 있다거나, 심장에 있다거나, 오른쪽 가슴에 있다는 등의 말에 현혹될 필요는 없다. 마음은 어디에도 없고, 어디에나 있는 것이기 때문이다.

8) 決定是有, 不見其形.

9) 心王亦爾, 身內居停.

10. 눈앞에 들고 나며, 사물에 호응하고 상황에 따라 반응한다.[10]

눈앞에서 나가고 들어가는 이 작용이 마음이다. 그러나 마음을 눈으로 확인할 수는 없다. 마음에 특정한 모양이 있다는 관념에 지배되는 한 이것은 영원히 볼 수 없다. 반면 이 관념을 내려놓으면 밥이 오면 밥을 먹고, 차를 내어주면 차를 마시고, 인사를 하면 답례를 하는 이것이 바로 마음임을 알게 된다. 추우면 옷 입고, 비 오면 우산 드는 이것이 마음이다.

11. 저절로 그러하여 걸림이 없으니, 하는 일이 모두 성취되며,[11]

성인을 추구하고 범부를 버리려는 사람은 걸림이 있다. 진실한 마음이 따로 있다고 생각하는 사람은 걸림이 있다. 그러나 상대적 차원의 기둥을 세우지 않는 사람에게 모든 것은 저절로 그러하며 완전하다. 마음을 편안하게 할 것 조차 없다. 이미 편안하기 때문이다. 죄의식을 지울 일이 없다. 죄의식을 느끼는 이대로 이미 완전한 마음 그것이기 때문이다. 하는 일마다 이미 성취되어 있다. 심지어 실패조차 이미 성취되어 있다.

---

10) 面門出入, 應物隨情.

11) 自在無礙, 所作皆成.

12. 뿌리가 되는 마음을 깨닫고 알라, 마음을 아는 것이 부처를 보는 일이다.[12]

마음이 모든 것의 뿌리이다. 그러므로 계율을 지키고, 선정을 닦고, 지혜를 성취하는 모든 것이 마음을 아는 일에서 시작하여 마음을 아는 일로 끝난다. 그렇다고 알아야 할 뿌리로서의 마음이 별도로 숨겨져 있는 것은 아니다. 가지와 잎에 해당하는 이 무수한 현상이 바로 마음이다. 따라서 지금 당장의 이 일을 떠나 확인할 수 있는 본래의 마음이 따로 없다. 그러니까 산하대지, 어묵동정이 그대로 마음의 드러남임을 확인하는 것이 바른 수행이 되는 것이다.

13. 이 마음이 부처다, 이 부처가 마음이다.[13]

교학적으로 보면 마음에도 두 가지가 있다. 생성과 소멸을 반복하는 마음이 있고, 진실로 그러할 뿐으로 동요하지 않는 마음도 있다. 생멸심은 파도에 해당하여 진여를 바르게 비추지 못한다. 수행은 이 생멸심을 내려놓고, 진실로 그러할 뿐인 진여심을 전면화하는 일이다. 마조스님은 평상의 마음이 도라 했다. 마조스님은 수행자들이 이 말을 듣고 오해할 수 있겠다는 걱정을 했다. 그래서 이 평상의 마음은 둘로 분별하기, 비교하기, 판단하기를 중단한 비춤 그 자체를 가리킨다고 설명했다. 실상의 자리에서 보면 생멸심도 없고, 진여심도 없다. 그렇지만 실천적으로 마음이 부처라는 말을 이해할 때에는 마조스님

12) 了本識心, 識心見佛. 『심왕론』: 了了識心, 惺惺見佛

13) 是心是佛, 是佛是心.

의 이 설명을 기억해야 한다.

14. 생각 생각이 부처의 마음이라, 부처의 마음으로 부처를 생각하네.[14]

실상의 자리에서는 모든 생각이 다 부처의 마음임을 확인하게 된다. 진정한 수행자는 생각생각을 관찰의 빛 속에 내놓고 맡긴다. 이것이 참선이고, 이것이 염불이다. 염불이란 부처를 생각한다는 뜻이지만, 실제로는 부처의 마음 그 자체가 된다는 뜻이다. 부처의 마음으로, 부처의 빛으로 이것을 비추는 일이다. 이것을 잘 알고는 있지만 습관의 관성 때문에 수시로 부처와 나를 나누는 자리에 떨어지고 만다. 그래서 거듭거듭 마음을 내어 부처와 하나인 자리로 되돌아가는 것이 수행이다.

15. 빨리 성취하고자 하는가, 마음을 지켜 저절로 그러하게 하라.[15]

수행의 여정에 있어서 빨리 성취하고자 하는 마음은 장애가 된다. 이미 물속에 있으므로 물을 확인하기만 하면 되는 것이지, 물을 찾으려 하면 안 되기 때문이다. 그러니까 빨리 성취하고 싶으냐는 이 말에는 약간의 어폐가 있음을 인정하자. 그럼에도 불구하고 깨닫고자 하

14) 念念佛心, 佛心念佛. 『심왕론』: 念佛念心 念心念佛.

15) 欲得早成, 戒心自律. 『심왕론』: 戒心以律.

는 간절한 마음이 없다면 눈 뜨는 일도 없다. 그래서 '빨리 성취하고자 하느냐'는 이 말을 간절한 마음으로 도를 알고자 하는가를 묻는 질문 정도로 이해할 필요가 있다. 어떻게 하면 이 자리에 있는 이것을 바로 확인할 수 있을까? 둘로 나누어 비교하고 판단하는 이원사유의 진흙탕으로 자꾸 빠져 들어가는 버릇을 단속해야 한다. 저절로 그러한 자리에 돌아오도록 할 필요가 있다. 이것이 진정한 수행이고, 계율을 잘 지키는 일이다.

16. 청정한 계율이 청정한 마음이요, 마음이 곧 부처라네.[16]

청정한 계율이란 나와 대상을 나누기를 멈추는 일 자체를 가리킨다. 그것은 더러움과 깨끗함을 넘어서 있다. 그러니까 진정한 계율은 둘로 나누지 않는 마음 그 자체이다. 수행을 한다는 것은 이 마음으로 거듭 돌아간다는 뜻이고, 부처가 된다는 것은 이 마음 그 자체가 된다는 뜻이다.

17. 이 마음의 왕 외에, 따로 별도의 부처가 있는 것이 아니다.[17]

모든 마음의 작용을 총괄하여 마음의 왕이라 한다. 그런데 마음의 왕이 따로 있는 것이 아니다. 마음의 왕은 이렇게 감지하고, 사유하

16) 淨律淨心, 心卽是佛.『심왕론』: 淨戒淨心, 淨心卽佛.

17) 除此心王, 更無別佛.

고, 뜻을 세우는 작용을 통해 나타난다. 이렇게 어리석고, 이렇게 두리번거리는 작용에도 나타나 있다. 이렇게 몸과 마음을 바르게 조절하는 작용에도 나타나 있다. 마음의 왕이 곧 부처이다. 그렇다면 마음의 왕만 바로 보면 된다. 그런데 마음의 왕이 따로 존재하는 것이 아니므로 이 다양한 마음의 작용을 바로 보아야 한다. 지금 작용하는 이것이 바로 마음의 왕이 현현한 것임을 확인하는 것이 수행인 것이다.

18. 부처가 되고자 한다면, 한 물건에도 의미를 두지 말라.[18]

불법을 실천한다는 것은 부처를 알고 부처가 되는 숙제를 수행한다는 뜻이다. 그런데 마음의 왕이 바로 부처임을 알라는 이 말을 듣고는 십중팔구 오해하게 된다. 마음의 왕이라는 한 물건에 특별한 의미를 두게 되는 것이다. 그래서 마음의 왕은 취하고, 다른 것은 버리고자 하는 일이 일어난다. 상대적 구분이 일어난 것이다. 청정함을 상실한 것이다. 오염된 것이다. 마찬가지로 부처라는 궁극적 하나를 추구하면 불법과 반대의 길을 걷게 된다. 그러므로 마음의 왕이라 하든, 진여라 하든, 중도라 하든, 십이인연이라 하든 그것에 별도의 모양과 의미를 부여하면 안 된다. 불법을 거꾸로 실천하는 일이 되기 때문이다.

18) 欲求成佛, 莫染一物. 『심왕론』: 欲求妙法.

19. 마음의 본성은 비어 있으나, 탐욕과 분노 같은 것은 확실히 있는 것.[19]

마음의 본성이 비어 있다는 것은 그 실체가 따로 없다는 뜻이다. 별도의 모양을 갖지 않는다는 뜻이다. 그래서 마음의 왕은 직접 확인이 불가능하다. 그런데 무수한 마음의 작용은 확실히 인지된다. 탐욕과 분노, 어리석음 등은 스스로도 확인할 수 있고, 남에게도 감지되는 특정한 무엇이다. 이렇게 피부에 닿는 느낌, 이러한 생각, 이러한 의지의 작용은 분명하게 인지되는 무엇이다. 이러한 믿음, 이러한 기억, 이러한 평안, 이렇게 가벼운 몸과 마음 역시 확실하게 알아차릴 수 있다. 이렇게 인지되는 모든 작용의 현장을 통해 인지할 수 없는 마음의 왕을 확인하는 것이 수행이다. 그래서 지금 당장 이 견문각지의 작용이 바로 그것이고, 이 행주좌와의 동작이 그것이며, 이 산하대지의 다양한 모양이 그것이다.

20. 이 법의 문에 들어서면, 일없이 앉아 부처가 된다.[20]

부처라는 특별한 자리가 있다면 방향을 정해 부지런히 나아가면 될 일이다. 그런데 부처라는 특별한 하나에 의미를 두면 오염되고 만다. 마음의 왕이라는 특별한 하나를 세우면 청정함을 상실하고 만다. 그래서 지금 당장 여기에 작용하는 이것이 부처를 보는 길이고, 마음의 왕을 확인하는 길임을 알라고 말하였다. 이렇게 알고 나면 도대체

---

19) 心性雖空, 貪嗔體實. 『심왕론』: 心性雖空, 含眞體實

20) 入此法門, 端坐成佛.

추구할 것이 없고, 나아갈 곳이 없다. 일없이 앉아 지금 여기 작용하는 이것에 환히 열려있을 뿐이다. 일없는 부처의 자리이다. 그러나 이 말은 옳지만 위험하다. 실제로 추구하는 바는 없지만 부처의 마음으로 부처의 활동을 하는 실천의 길이 남아있기 때문이다.

21. 저 언덕에 도달하고 나면, 바라밀을 성취하게 되리니,[21]

이 언덕과 상대되는 저 언덕이 따로 있지 않다. 지금 당장 작용하는 이것이 부처의 드러남임을 알면 이곳과 저곳이 함께 사라진다. 속박과 해탈이 함께 녹아내린다. 어리석음과 총명함이 둘이 아니게 된다. 지금 이것 외에 따로 추구할 무엇이 없음을 분명히 확인하게 된다. 이것을 저 언덕에 도달하는 일이라 말한다. 그런데 이렇게 눈 뜬 사람은 정말 아무 일도 하지 않는가? 아니! 그렇지 않다. 그는 부처의 마음으로 부처의 일을 한다. 이것이 바라밀의 성취이다. 바라밀은 여섯 가지로 나뉘어 얘기되지만 분별을 내려놓은 청정함을 핵심으로 한다는 점에서 동일하다. 보시바라밀은 보시하는 주체와 보시의 대상, 보시의 물건을 분별하지 않는 청정함이 있어야 성취된다. 다른 모든 바라밀 역시 그렇다.

21) 到彼岸已, 得波羅蜜. 『심왕론』: 名到彼岸

22. 도를 사모하는 진정한 수행자는, 스스로 자기 마음을 관조한다.[22]

진정한 수행자는 도를 사모하는 자이다. 도의 국토에 들어가고자 하고, 도의 운행에 모두 맡기고자 하는 자이다. 그런데 도는 어디에 있는가? 멀리 있지 않다. 지금의 이 견문각지, 희노애락의 마음 작용에 모두 나타나 있다. 따라서 진정한 수행자는 밖에서 찾지 않고 당장의 이 마음 작용에서 그것을 확인한다. 스스로 자기 마음을 본다는 말은 무엇인가? 처음에는 주시하는 눈이 있고, 관찰되는 대상이 있는 것처럼 이해된다. 그러나 결국 지금의 이 작용이 애초 환한 관찰의 빛 속에 드러나 있었음을 알게 된다. 작위적 비춤이 손전등이라면 스스로 관조하는 이 비춤은 태양빛이다. 그저 온 우주가 비추어 보는 눈 그 자체임을 확인하게 된다. 손전등을 내려놓고 여기에 맡겨놓으면 일체가 밝다. 그렇지 않고 손전등으로 비추기를 고집하면 다시 나와 대상을 나누는 윤회의 살림에 떨어지게 된다.

23. 부처가 안에 있음을 알아, 밖에서 찾지 않는다.[23]

부처는 지금 당장 작용하는 이것에 들어나 있을 뿐, 별도의 실체가 없다. 부처는 어떤 특정한 공간에 어떤 특정한 모양으로 존재하는 실체가 아니다. 그러므로 밖에서 찾을수록 부처에게서 점점 멀어진다. 모양 없는 것을 모양으로 찾으려 하기 때문이다.

---

22) 慕道眞士, 自觀自心. 『심왕론』: 好自觀心

23) 知佛在內, 不向外尋. 『심왕론』: 知心在內

24. 마음이 바로 부처이고, 부처가 바로 마음이다.[24]

마음이 바로 부처이므로 멀리서 찾지 말라는 뜻이다. 그런데 정작 마음을 보려면 볼 수가 없다. 심지어 무엇이 마음인지조차 알 수가 없다. 말로 설명하자니 말이 궁하고, 그림으로 그리자니 솜씨가 부족하다. 혹은 이마의 구슬처럼 바로 보기만 하면 된다지만 구슬과 같은 둥그런 무엇이 몸 속 어딘가에 있는 것도 아니다. 지금 당장의 이것이라 해도 사람들은 오해한다. 가리키는 그것에 별도의 이해심을 내기 때문이다. 다만 간절할 뿐 구하기를 멈추어야 한다. 계획을 세워 인위적으로 경영하기를 멈추어야 한다. 부처는--혹은 마음은-- 범부와 성인을 나누지 않는 당장의 이 자리, 거울처럼 그저 비춤일 뿐인 이것에 있다.

25. 마음이 밝아지면 부처를 알고, 부처임을 깨달으면 마음을 알게 되리라,[25]

마음은 둥근 것인가? 네모난 것인가? 머리에 있는가? 심장에 있는가? 이미 질문부터 틀렸다. 마음을 어떤 규정된 실체로 보기를 멈추어야 한다. 마음은 우렁각시와 같아 분명히 존재하지만 볼 수가 없다. 다만 지금 당장 이렇게 작용하는 일을 통해 확인될 뿐이다. 그런데 이렇게 확인하다 보면 우주법계의 모든 현상이 마음을 원질로 하여 드러난 것임을 알게 된다. 이렇게 아는 것을 마음이 밝다 한다. 부처를

24) 卽心卽佛, 卽佛卽心. 『심왕론』: 識心是佛, 識佛是心.

25) 心明識佛, 曉了識心. 『심왕론』: 分明見佛

아는 일이라 한다. 견성이라 하고, 성불이라 한다. 부처의 마음이 아니면 부처를 알 수 없기 때문이다. 그러므로 마음을 바로 아는 일과 부처를 아는 일은 다른 일이 아니며, 견성과 성불 역시 그렇다.

26. 마음을 떠나 부처가 없고, 부처를 떠나 마음이 없다.[26]

이 모든 생각들이 다 마음이다. 저 모든 대상사물이 다 마음이다. 그러니까 마음을 따로 찾지 말고 지금 당장의 이것에 오로지 열려있어야 한다. 이것이 마음을 확인하는 일이고, 부처를 보는 일이다.

27. 부처가 아니라면 짐작조차 할 수 없으며, 자기의 일로 떠맡지 못한다.[27]

마음부처, 부처마음의 도리는 이해의 차원을 벗어나 있다. 어미가 되어봐야 어미 마음을 알고, 부처가 되어야 부처의 마음을 안다. 지금 당장의 이것에서 마음을 보고, 지금 당장의 이것에서 부처를 확인하는 것이 불법을 자기의 일로 떠맡은 사람의 살림이다. 범부와 성인이 따로 있고, 세속과 진여가 둘로 나눠는 입장에서는 이 일을 짐작조차 할 수 없다.

---

26) 離心非佛, 離佛非心. 『심왕론』: 離心離佛

27) 非佛莫測, 無所堪任.

28. 공에 집착하거나 고요함에 걸리면, 여기에 부침하게 되리라.[28]

불법실천의 궁극은 공에 있는 것일까? 인연법에 있는 것일까? 어떤 것이든 추구하고 지향할 하나의 목표지점을 설정하는 것을 불교에서는 집착이라 한다. 별도의 무엇을 상정하였기 때문이다. 불이중도를 실천하는 입장에서는 소승의 그룹들이 공에 대한 집착에 빠졌다고 비판한다. 현상을 부정한 공, 시끄러움을 떠난 고요함을 설정하고 이를 수행의 목표로 삼았다는 것이다. 현상과 공, 시끄러움과 고요함을 둘로 나눈다면 부침을 거듭할 수밖에 없다. 이것과 저것의 상대를 세운다면 윤회의 시소게임을 끝낼 수 없다.

29. 모든 부처와 보살들은, 이것에 마음을 두지 않는다.[29]

공에 특별한 의미를 부여하고 그것에 마음을 두는 것은 집착이다. 고요함에 마음을 두고 그것을 성취하려는 것은 집착이다. 부처, 혹은 보살이란 머물지 않으면서 마음을 내는 사람이다.

30. 마음을 밝힌 보살은, 이 현묘한 법문을 깨닫는다.[30]

보살은 별도로 추구할 진리가 따로 없음을 안다. 지금 드러난 이

---

28) 執空滯寂, 於此漂沉. 『聯燈會要』: 了此漂沉

29) 諸佛菩薩, 非此安心. 『釋氏稽古略』: 了此安心

30) 明心大士, 悟此玄音.

마음의 작용이 그대로 부처임을 확인한다. 그러니까 보살은 지금 당장의 이 현장에 철저하게 맡기는 존재이다. 여기에서는 귀에 들리는 모든 소리가 현묘한 법문이다. 이것은 비유가 아니다. 이 새울음 소리, 이 솔바람 소리가 있는 그대로 현묘한 법문이다. 여기에서는 눈에 들어오는 것이 모두 현묘한 법문이다. 눈을 찡긋하고, 주장자를 들어 올리는 것만 법문이 아니다. 자동차가 달리고, 비행기가 날고, 배가 물에 뜨는 것이 현묘한 법문이다. 요컨대 지금 이것으로 나타나는 것 외에 현묘한 법문이 따로 없다. 이것에 오로지 열려있어 이것과 하나인 자리에 있는 사람이 보살이다.

31. 몸과 마음의 자성은 현묘하여, 활용할 뿐 고치거나 바꿀 일이 없다.[31]

현묘함은 분명히 있으나 모양을 볼 수 없다는 뜻이다. 몸과 마음의 자성은 분명히 있다. 그러나 그것은 이 작용의 현장을 벗어나서 별도의 모양으로 존재하는 것은 아니다. 자성은 작용을 통해 드러난다. 우리의 일거수 일투족, 제반 지각작용과 같은 일체의 활용 현장 그대로 자성이 드러나고 있다. 따라서 지금 이 순간의 이것을 내려놓고 영원한 무엇을 추구할 일이 아니다. 불완전하고 순간적인 것이 그대로 완전하고 영원한 것이다.

---

31) 身心性妙, 用無更改.『심왕론』: 身生性海, 好用無改『興隆佛教編年通論』등: 用無能改

32. 그래서 지혜로는 사람은, 마음을 내려놓고 있는 이대로 맡겨둔다.[32]

진리가 따로 있다는 관념의 지배를 벗어난 사람은 지혜롭다. 지금 이것일 뿐임을 확인하는 이는 지혜롭다. 지금 이 작용하는 현장을 철저하게 바로 보고, 또 바로 볼 뿐이므로 따로 추구할 것이 없다. 마음을 내려놓는다는 것은 마음을 아무렇게나 쓴다는 뜻이 아니다. 그것은 작위적 추구를 내려놓고, 오직 이것과 함께 한다는 뜻이다. 있는 이대로 맡겨둔다는 뜻이다. 그러니까 내려놓고 맡겨두는 일은 수행의 극치에 해당한다. 부랑하게 노니는 일이 아닌 것이다.

33. 마음의 왕에 별도의 모양이나 본질이 없다고 말하지 말라,[33]

마음의 왕에 별도의 모양이나 본질이 없는 것은 사실이다. 그런데 이 말에만 묶이면 공에 집착하게 된다. 별도의 모양은 없다. 그러나 이 모든 모양이 그 드러남이다. 따라서 상대적 차원을 세우지 않는 불교적 실천을 이끌어내려면 항상 두 마디가 필요하다. 우선 마음에 별도의 모양이나 본질이 없다는 말이 있어야 한다. 그리고는 이 말이 끝나기 전에 모든 모양을 통해 마음이 드러난다는 말이 뒤따라야 한다. 여기에서 마음 대신 진여, 불이, 중도, 부처 등의 말이 들어가도 된다.

---

32) 是故智者, 放心自在.

33) 莫言心王, 空無體性.

34. 형상의 몸을 부려, 삿된 일도 하고 바른 일도 하는 것이 이것이다.[34]

몸을 가졌다는 것은 우리의 운명이다. 이것을 기준으로 자아의식이 형성된다. 이것으로 인해 나와 대상을 가르는 길을 걷는다. 그런데 통합된 자리로 돌아오는 일 또한 이 몸이 있어서 가능한 일이다. 모든 행위동작에는 다 마음이 깃들여 있다. 모든 만사만물 역시 마음의 드러남이다.

35. 있는 것도 아니고 없는 것도 아니며, 숨겨져 있는 것도 아니고 드러나 있는 것도 아니다,[35]

그러니 이 일을 있는 것이라 하겠는가? 그렇다면 들어서 보여 봐라. 없다고 하겠는가? 이 자리에 명백히 드러나 있는 이 우주법계가 바로 그것인데 어떻게 없다고 하겠는가? 숨겨져 있다고 하겠는가? 지금 펄럭하고 들어온 이 바람이 바로 그것이다. 드러나 있다고 하겠는가? 이 수만 가지를 있게 하는 하나가 있지 않은가? 그러므로 하나와 모든 것을 함께 보는 큰 눈과 함께 해야 하는 것이다.

---

34) 能使色身, 作邪作正.

35) 非有非無, 隱顯不定.

36. 마음의 자성은 모양 없음에도 머물지 않아, 범부도 되고 성인도 되는 것이다.[36]

불법의 실천자에게는 고정된 것이 없다. 고정된 것이 없다는 그 정의에조차 묶이지 않는다. 고정된 모양도 없고, 속성도 없다. 그러나 이렇게 드러난 범부, 저렇게 증명된 성인의 삶이 모두 마음의 드러남이다. 깨닫는다는 것은 이처럼 만사만물에 하나의 마음이 작용하고 있음을 여실하게 확인하는 일이다.

37. 그러므로 거듭 권하여, 스스로 잘 방비하고 조심하도록 하는 것이니,[37]

방비하고 조심한다는 것은 어떤 고정된 무엇이 있다는 관념에 빠지지 않도록 한다는 뜻이다. 불교에서는 지금 당장의 이것에 눈뜨도록 하는 일 외의 어떤 결정론도 인정하지 않는다. 지금 이것임을 아는 것은 독화살을 뽑는 일이다. 그 외의 논의들은 독화살을 누가 쏘았는지, 어느 방향에서 날아왔는지, 무슨 독이 묻었는지를 묻는 행위이다.

---

36) 心性離空, 能凡能聖. 『심왕론』: 心性雖空, 能賢能聖.

37) 是故相勸, 好自防愼. 『심왕론』: 是故今勸, 好自防心.

38. 일순간의 유위조작만 있어도, 생사의 바다로 돌아가 부침하게 되기 때문이다.[38]

수행과 깨달음은 우리가 스스로 대기 속에 있음을 확인하는 일과 같다. 지금 당장 숨을 쉬고, 이렇게 활동하고 있다는 것 자체가 대기가 있음을 증명한다. 밖에서 그것을 찾으려는 모든 행위는 쓸데없으며, 불가능하기까지 하다. 이처럼 진리는 지금 당장의 이것이다. 여기에 별도의 모양과 속성이 있다고 생각하면 세계는 두 조각이 난다. 진리와 비진리, 나와 대상, 생과 사 등으로 무한분할이 일어난다. 생사윤회는 이 상대로 나뉜 두 세계를 오가는 악순환을 가리키는 말이다.

39. 청정한 마음 지혜는, 세상의 황금과 같고,[39]

세상이 황금으로 이루어졌다 하자. 궁전도 황금이고, 평원도 황금이며, 나무도 황금이다. 최고의 미인과 극도의 추녀도 모두 황금이다. 이 실상을 보는 눈을 가진 사람은 미인을 택하고 추녀를 버리지 않는다. 궁전을 사랑하고, 오두막을 싫어하지 않는다. 있는 이대로 모두 황금이기 때문이다.

38) 刹那造作, 還復漂沉. 『심왕론』: 刹那惡念, 還却漂沈.

39) 淸淨心智, 如世黃金. 『심왕론』: 淸淨智者, 出比黃金.

40. 반야법의 창고는, 모두 몸과 마음에 있다.[40]

반야지혜가 따로 있지 않다. 그것을 담은 법의 창고가 따로 있지 않다. 몸과 마음의 작용을 있는 이대로 밝음 속에 드러내는 것이 반야지혜이다. 그래서 몸과 마음이 바로 법의 창고, 진정한 장경각이다. 이것의 밖에서 진리는 찾는 어떤 노력도 실패할 수밖에 없다.

41. 무위의 법보는, 얕은 것도 아니고 깊은 것도 아니라서,[41]

지금 당장의 이것을 우주법계를 채운 빛 속에 맡겨서 드러내는 일이 수행이다. 우리는 이미 환히 드러나 있음을 모르고 다시 횃불을 켜 들고 그것을 찾아 나선다. 그 일은 대견한 일에 속하지만 어리석은 일이기도 하다. 그런데 어떤 계기로 이것을 확인하는 순간 일체의 인위적 조작과 행위가 하나의 장애였음을 알게 된다. 눈 뜬 사람은 무위법성의 자리로 돌아가 추구하지도 않고, 방일하지도 않는 살림을 한다. 이것이 쉬운 일은 아니다. 인위적 노력을 내려놓는 일이 어렵기 때문이다. 그렇다고 알 수 없도록 심오한 일도 아니다. 더하거나 덜어낼 것 없이 지금 당장 이 일이기 때문이다.

---

40) 般若法藏, 並在身心.

41) 無爲法寶, 非淺非深. 『심왕론』: 般若伏藏. 『佛祖歷代通載』: 皆淺非深

42. 모든 부처와 보살이, 이 본래의 마음을 깨달은 것이다.[42]

깨달음이란 마음의 왕, 혹은 진여자성이 지금 당장의 이 작용현장에 드러나 있음에 눈뜨는 일이다. 눈뜨고 나면 주체적으로 할 일이 없다. 배울 것이 없다. 이미 확연히 드러나 있는 이것을 새삼스럽게 배우고 익히려 하는 것이 장애가 되기 때문이다. 인위적으로 행위하지 않으므로 무위진인이고, 배울 것이 없으므로 무학도인이다.

43. 인연이 있어 만나는 자에게, 과거 · 미래 · 현재가 아니로다.[43]

불법은 나라는 주체가 진리라는 대상을 이해하는 일이 아니다. 스스로 진리에 깃드는 일이 불법이다. 우주법계를 가득 채운 밝음에 맡기는 일이 불법이다. 이렇게 맡기고 깃드는 일을 귀의한다고 말한다. 일체를 맡기고 항상 깃들이는 입장이 되면 다가오는 모든 것이 인연이다. 소나무 위의 달이 인연이다. 계곡의 시냇물이 인연이다. 창밖의 공 튀는 소리가 인연이다. 인연을 만나지 않을 도리가 없다. 그러고 보면 과거, 미래, 현재가 다 관념적 구분일 뿐이다. 이곳과 저곳이 분별적 쪼갬일 뿐이다. 나와 대상을 나누지 않은 환한 비춤일 뿐인 마음속에 시간과 공간은 애초 세워질 수 없다.

---

42) 諸佛菩薩, 了此本心.

43) 有緣遇者, 非去來今. 勸諸佛者, 在意觀尋. 有緣者遇, 得入法林.

4. 우두법융(牛頭法融) 선사와 『심명(心銘)』

우두법융 선사는 연릉(延陵), 그러니까 지금의 강소성 진강(鎭江) 사람이다. 그는 젊어서 유가의 학문에 두루 통한 뒤, 불교의 경전을 접하고는 그것이 진정한 공부의 길임을 알고 출가의 길을 걷게 된다. 출가한 뒤 주로 반야학[44]의 연구와 참선 수행을 병행하였다. 그렇게 20여년을 한결같이 수행하여 선정이 깊어짐에 따라 호랑이와 뱀을 조복시키는 등의 이적을 행해 사람들의 주목을 받게 된다. 이에 4조도신(四祖道信) 대사가 그를 방문하여 깨달음의 길을 안내하게 된다. 4조 대사와 법융 스님이 처음 만났을 때 다음과 같은 대화가 있었다.

도 신 : 여기에서 뭘 하시오?
법 융 : 마음을 봅니다.
도 신 : 보는 것은 어떤 사람이고, 마음이란 무슨 물건입니까?

법융 스님은 이에 대답할 수 없었다. 그리고는 찾아온 사람이 바로 4조도신 대사임을 알고, 그 가르침을 받게 된다. 4조 대사는 깨달음법의 요체를 이렇게 말한다.

백 가지 천 가지 법문이 모두 마음으로 귀결됩니다. 항하의 모래수와 같은 무궁한 현상들이 모두 마음을 근원으로 합니다. 모든 계율의 길, 선정의 길, 지혜의 길과 신통변화가 저절로 완전하게 그대의 마음에 갖춰져 있습니다. 일체의 번뇌업장은 본래 실체가 없는 것입니다. 일체의 인연과 결과가 모두 꿈 같고 환영 같은 것입니다. 벗어나야 할 삼계가 따로 있는 것이 아닙니다. 추구

44) 『중론』, 『백론』, 『십이문론』

할 보리라는 것이 따로 있는 것이 아닙니다. 사람이든 사람이 아니든 그 본질과 현상이 모두 둘이 아니어서 차별이 없습니다. 대도는 크고 넓어서 생각으로 도달할 수 없습니다. 이와 같은 법을 그대가 지금 이미 얻어 조금도 부족한 것도 없으니 부처와 전혀 다르지 않습니다. 법이라는 것이 따로 있는 것이 아닙니다. 그대는 그저 마음에 맡겨두고 있는 이대로 나아가십시오. 관법 수행을 할 것도 없고, 마음을 맑게 할 것도 없습니다. 그렇다고 탐진치를 일으키거나 근심걱정을 품을 일도 아닙니다. 훤히 트여서 걸리는 바 없으니 뜻 가는 대로 거침없이 행하십시오. 일부러 선행을 행하지도 말고, 악행을 짓지도 마십시오. 돌아다니거나, 머물러 있거나, 앉거나 눕거나 모든 것이 부처의 무궁한 작용입니다. 오직 즐거울 뿐 걱정이 없습니다. 그래서 부처라 하는 것입니다.

법융선사는 4조 대사의 이러한 마음에 대한 법문을 듣고는 다시 물었다.

법 융 : 마음에 이미 갖추고 있다고 하시는군요. 그렇다면 부처는 무엇이고, 마음은 무엇입니까?

도 신 : 마음을 떠나 따로 부처를 말하지 마십시오. 부처가 무엇이냐고 묻는 이것이 바로 마음입니다.

법 융 : 마음을 관찰하는 수행을 하지 말라니 경계가 일어날 때에는 어떻게 상대하겠습니까?

도 신 : 경계에는 좋고 나쁨이 없습니다. 좋고 나쁨은 마음에서 일어납니다. 마음이 만약 억지로 이름을 붙이지 않는다면 허망한 생각이 어디에서 일어나겠습니까? 이대로 진실한 마음일 뿐입니다. 그러므로 마음이 가는대로 있는 이대로 맡겨두십시오. 일부러 대상화하여 다스릴 필요가 없습니다. 이것을 변함없이 머물러 있는 법신이라 하니 다르게 달라지는 일이 없습니다. 내가 승찬 대사에게 단번에 깨닫는 법의 길을 전수받았는데 이제 그것을 그대에게 맡깁니다.

이러한 일이 있고난 뒤 법융 선사에게 법을 묻는 수행자들이 모여들어 우두종(牛頭宗)이 성립된다. 우두법융 선사의 『심명』은 그 중요성에 비해 큰 관심을 받지 못한 글이다. 대체적으로 그 내용이 『신심명』과 겹치고, 또 법융 선사의 수증론에 대해 이후 임제종에서 비판적인 태도를 취하였기 때문으로 짐작된다. 『오등회원(五燈會元)』에 그 일부 가르침이 전하고, 『경덕전등록』에 『심명』의 전문이 수록되어 있다.

5. 『심명(心銘)』

1. 마음이니 자성이니 하는 것은 생성소멸하는 것이 아닌데, 어찌 알고자 하고 보고자 하는가?[45]

마음이니 자성이니 하는 것은 별도의 모양을 갖는 것이 아니다. 그것은 생성과 소멸의 차원을 벗어난 불이중도의 다른 이름이다. 불이중도는 또한 둘로 나누지 않는 여기 이것과의 100% 호응 외에 다른 것이 아니다. 그러니까 당장의 이것 외에 별도의 마음이나 자성이 없다. 이것은 지각의 차원을 떠나 있다. 내가 이것에 속하는 것이지, 내가 자성을 소유할 수 없다. 내가 부처에 속하는 것이지, 내가 별도의 부처를 알 수 없다. 그러므로 마음을 생각으로 알 수 없고, 자성을 눈으로 볼 수 없다. 마음을 알고자 하는가? 내가 알고자 하는 갈망을 내려놓아야 한다. 자성을 보고자 하는가? 내가 깨닫는다는 생각을 내려놓아야 한다.

45) 心性不生, 何須知見.

2. 본래 한 법도 없는데, 오랜 수련을 말하는 이 누구인가?[46]

불법이라 하든 만법이라 하든 편의상 붙인 이름이다. 여기 이것을 둘 아니게 보면 그것이 법이고, 진여이고, 자성이다. 그러니까 법이라는 말이 가리키는 특정한 대상이 따로 있는 것이 아니다. 마찬가지로 깨달을 법이라는 것이 따로 없다. 그렇다면 왜 수행을 하는가? 깨달을 법이 별도로 있지 않다는 것을 알도록 방편을 세운 것이 수행이다. 나와 대상을 나누는 일을 포함하여 모든 상대적인 견해를 세우는 중생살림을 돌이켜보도록 하는 것이 수행이다. 이렇게 상대적인 견해를 내려놓고 나면 전체가 드러난 이대로 모두 법이다. 전체가 드러난 이대로 모두 마음이다. 전체가 드러난 이대로 모두 불성이다. 그러니까 수행을 원인으로 하여 법을 깨닫겠다는 생각은 오류 중의 오류인 것이다.

3. 가고 오기는 하지만 시작과 끝이 없고, 좇아가 찾아보아도 보이지 않는다.[47]

마음은 분명히 가고 오는 작용 속에 있다. 그러나 이것은 별도의 물건이 아니다. 이것은 시간과 공간에 포함되는 것이 아니다. 독립된 물건이나 과정이 아니다. 그러므로 시작점이나 끝점이 성립하지 않는다. 별도의 물건이 아니므로 찾을 수 없고, 잡을 수 없고, 볼 수 없다.

46) 本無一法, 誰論熏鍊.

47) 往返無端, 追尋不見.

그러므로 별도의 무엇이 있다는 생각을 내려놓아야 한다. 이것을 '돌이켜 본다'고 말한다. 상대적 견해를 내려놓고 돌이켜 보면 마음은 지금 이것에 남김없이 드러나 있다. 보지 않고자 해도 보지 않을 도리가 없는 것이다.

4. 어떠한 작위적 실천도 행하지 않으면, 밝고도 변함없는 그것이 저절로 드러나리라.[48]

모든 수행은 구름을 지워 태양을 드러내는 일에 비유된다. 엄밀히 말하자면 깨달음이 있다는 생각, 번뇌가 있다는 생각을 내려놓는 일이 진정한 수행이다. 그것은 작위적 실천을 행하지 않는다는 말로 표현하기도 한다. 번뇌를 버리려 하는 것이 작위적 실천이다. 깨달음을 별도로 구하려 하는 것이 작위적 실천이다. 번뇌가 따로 없고, 깨달음이 따로 없다. 이렇게 알고, 이렇게 실천하면 진리는 저절로 이미 드러나 있다. 이 드러난 진리에 맡겨 다시는 분별적 생각에 오염되지 않는 것이 진정한 수행이고 깨달음이다.

5. 과거의 시간은 허공과 같으니, 앎의 자리에서는 핵심을 놓치리라.[49]

과거세에 무엇이었다는 것은 관념적 분별에 불과하다. 심지어 과거

48) 一切莫作, 明寂自現.

49) 前際如空, 知處迷宗.

세에 내가 있었다느니, 내가 없었다느니 하는 생각은 실상의 깨달음과 거리가 먼 관념의 유희에 불과하다. 미래에 내가 무엇이 될 것이라는 기대 역시 관념이기는 마찬가지이다. 따라서 과거를 알고자 하면 과거, 현재, 미래가 나뉘어 중도의 자리를 벗어날 수밖에 없다. 굳이 말하자면 과거는 지금의 이것으로 나타난다. 미래는 지금의 이것으로 전개된다. 결국 과거, 현재, 미래가 모두 허공과 같아 둘이 아닌 이것이다. 수행자는 오직 이것에 유보없이 열려있고, 오직 이것을 기꺼이 수용해야 한다. 그것이 과거와 현재와 미래를 밝게 아는 길이다.

6. 분명하게 경계를 비출 뿐이지, 따라가며 비추면 어둡고 흐리게 되리라.[50]

돌이켜 비추는 일(返照)은 상대가 되는 양쪽을 내려놓는 일이다. 따라가며 비추는 일(隨照)은 모양을 따라가고 경계를 좇아가는 일이다. 이 순간 상대적 차원이 다시 세워진다. 수행이란 일어나는 이 일을 돌이켜 비추는 일이지, 어떤 특별한 무엇을 따라가며 관찰하는 일이 아니다.

7. 한 마음에 걸림이 있으면, 모든 법에 통하지 못하리라.[51]

분명히 무엇인가 성취한 것 같은데 모든 일에 여전히 막히게 되는

---

50) 分明照境, 隨照冥蒙.

51) 一心有滯, 諸法不通.

경우가 있다. 왜 그런가? 한 마음을 궁극적 실체라 보면 걸리게 된다. 진여라 하든, 중도라 하든, 반야라 하든, 혹은 이것이라 하든 그것에 특별한 의미를 부여하면 걸리게 된다. 아무리 고상한 것이고, 초월적인 것이라 해도 그것에 걸려 버리면, 그것이 바로 집착이다. 이래서는 범부의 범상한 달관보다도 못하게 된다.

8. 가고 옴이 저절로 그러한데, 추구하고 궁리할 일 무엇인가?[52]

현상이 그러한 대로(法爾) 맡겨두는 것이 수행이다. 가는 이대로, 오는 이대로 저절로 그러한 것(自爾)에 맡겨두는 것이 수행이다. 반면 별도의 진리를 설정해놓고 그것을 추구하면 문제가 생긴다. 어떤 유일한 근본진리가 있지 않을까 궁리하면 문제가 생긴다. 오직 이것일 뿐이지만 그것은 태양 빛을 돋보기로 모으는 일과 같다. 태양이 움직이고 있으므로 돋보기도 조금씩 움직여야 한다. 이렇게 맞물려 움직이는 일을 맡겨둔다고 한다. 이것이 진정한 집중인 것이다.

9. 생성에는 생성의 모양이 없어서, 생성과 비춤이 하나로 동일하다.

마음도 생성 · 소멸한다. 그러나 마음이 생겨났다고 할 때 어떤 생

52) 去來自爾, 胡假推窮.

성의 모습이 따로 있지 않다. 마음이 소멸하였다고 할 때 그 소멸의 모습이 따로 있지 않다. 마음을 비추어본다는 것은 생성 · 소멸의 어떤 특별한 모습을 본다는 말이 아니다. 오직 지금 드러난 이것, 찰나와 영겁에 걸쳐 오직 하나뿐인 이것을 비추는 일이 마음의 생성을 보는 일이다. 마음 따로 있고, 각찰이 따로 있다고 생각하면 이 명백하게 드러난 마음을 볼 수 없다. 각찰하는 그것이 바로 마음이다.

10 마음이 청정하고자 한다면, 무심으로 공부하라.[53]

마음이 청정하다는 것은 시비분별의 마음이 일어나지 않는다는 뜻이다. 시비분별이 일어나지 않는 마음이 무심이다. 수행에 대한 표현은 이처럼 순환적인 어법을 구사할 수밖에 없다. 목적지도 무심이고, 과정도 무심이다. 그런데 그 목적지가 어떤 정해진 한 지점이 아니다. 수행은 둘로 분별하는 일없이 지금 드러난 이 전체를 수용하는 일이다. 도인에게도 시비분별의 마음이 일어난다. 그 작용 자체를 멈추려 한다면 스스로 목석이 되고자 하는 것과 다름없다. 더구나 마음을 멈추려 하는 그 자체로 유심이다. 인위적 유심으로는 무심에 도달할 수 없다. 그렇다면 어떻게 하면 청정함에 도달하는가? 옳다는 생각 자체, 그르다는 생각 자체가 오직 그 일이다. 이렇게 아는 것이 무심으로 하는 공부이다.

53) 欲得心淨, 無心用功.

11. 인연을 따라가며 비추지 않는 것이, 가장 미묘한 비춤이다.[54]

수행에서 말하는 비추는 일은 내가 주체적으로 행하는 어떤 일이 아니다. 오히려 그 행위하는 주체를 내려놓는 것이 비추는 일이다. 대상을 내려놓는 것이 비추는 일이다. 이에 비해 인연을 따라가며 비추는 일에는 비추는 나도 있고, 비추는 대상도 있다. 수행의 요체는 의도적으로 비추려 하지 않고, 그 일조차 내려놓는데 있다. 이렇게 행위하는 주체를 내려놓을 때 진정한 비춤이 일어난다. 이것을 가장 미묘한 일이라 한다.

12. 법을 안다고 하면 그것은 진짜 앎이 아니니, 알지 못하는 것이 진정한 앎의 요체이다.[55]

법을 안다고 하면 이미 틀렸다. 아는 내가 있고, 앎의 대상인 법이 있기 때문이다. 주체와 대상을 내려놓고 분별하지 않는 것이 수행이다. 상식적으로 보자면 무지의 상태이다. 그래서 이것을 반야무지(般若無知)라 부르기도 한다. 분별을 멈추면 분할된 조각들로만 인지되던 법계가 전체성으로 드러난다. 따라서 불이의 실천이야말로 진정한 앎의 길이다. 알고 판단하기를 멈처는 것이야말로 진정한 앎의 길이다.

---

54) 縱橫無照, 最爲微妙.

55) 知法無知, 無知知要.

13. 마음을 가지고 고요함을 지키고자 한다면, 아직 병을 버린 것이 아니다.[56]

마음은 꽃이 피는 일이고, 마음은 낙엽이 지는 일이다. 그것은 객관적으로 보자면 고요해본 적이 없다. 그러나 오직 이 일인 뿐인 자리에서는 일어난 일도 없고 사라진 일도 없다. 시끄러움이 따로 있는 것이 아니고, 고요함이 따로 있는 것이 아니다. 시장터에서 흥정하는 이 일이 고요함 그 자체일 수 있다. 산중에서 좌선하는 이 일이 시끄러움 그 자체일 수 있다. 문제는 모양에 대해 집착하고 분별하는 마음을 내려놓았는가에 있다. 별도의 고요함을 지키고자 하는 마음은 이미 고요함과 시끄러움을 나누었으므로 통째로 병이다.

14. 삶과 죽음에 대한 생각조차 내려놓으면, 그대로 바로 본래의 자성이다.[57]

이 말을 죽음에 대한 두려움을 내려놓았다는 뜻으로 이해하면 곤란하다. 그것은 삶과 죽음을 둘로 보지 않는 지혜로운 관찰을 뜻하는 것이지, 도를 향해 용감하게 나아가라는 뜻이 아니다. 도는 용감하다고 해서 정복되는 것이 아니다. 엉덩이가 짓무르도록 좌복을 데우고 있다고 해서 성취되는 것이 아니다. 도가 따로 있지 않다. 도를 추구하고, 번뇌를 버려야겠다는 생각을 내려놓는 그것이 바로 도이다. 삶과 죽음을 둘로 보지 않으면 우주의 현상 전체가 본래의 성품이다. 어

56) 將心守靜, 猶未離病.

57) 生死忘懷, 即是本性.

떻게 되었든 깨달음이 죽음을 극복하는 일이라 생각하면 곤란하다.

15. 최고의 이치는 설명할 수 없는 것, 해탈도 아니고 속박도 아니다.[58]

진정한 불법은 말로 설명할 수 없고 생각으로 이해할 수 없는 것이라고들 한다. 사람들은 이 말을 듣고 무엇인가 특별히 오묘한 세계가 따로 있다고 생각한다. 그러나 그렇지 않다. 최고의 이치는 말로 설명할 수 없는 이것이다. 이것은 지금 이대로 남김없이 드러나 있다. 극히 범상한 모든 일이 이것이다. 극히 성스러운 모든 일이 이것이다. 보다 정확하게 말하자면 속박과 해탈을 둘로 나누지 않는 일 자체가 이것이다. 당연히 이 최고의 이치는 설명할 수 없다. 말을 떠나는 일 그 자체가 이것이기 때문이다. 이 최고의 이치는 이해할 수 없다. 주체와 대상을 완전히 내려놓는 것, 그 자체가 이것이기 때문이다. 이처럼 분별하지 않는 자리에서 최고의 이치는 저절로 드러난다. 수행은 내려놓는 일이지, 좇아가 찾는 일이 아니다.

16. 영활하게 통하면 보이는 물건마다 그것이라, 항상 눈앞에 있다.[59]

영활하게 통한다는 것은 특별한 하나에 묶이지 않는다는 뜻이다.

58) 至理無詮, 非解非纏.

59) 靈通應物, 常在目前.

모양과 이름을 나누지 않고, 또 그것에 묶이지 않으면 다가오는 모든 것이 마음이다. 눈앞의 이것이 본래의 자성이다. 진리를 보고자 하면 영원히 볼 수 없다. 그 보고자 하는 생각을 내려놓으면 눈앞의 모든 것이 바로 이것이라는 말이 저절로 확인된다.

17. 눈앞에 한 물건도 없으면, 한 물건도 없는 그것이 뚜렷하다.[60]

눈앞에 한 물건도 없다는 것은 모양과 이름에 따른 분별이 없다는 뜻이다. '달 밝은 가을밤에 기러기가 날아간다'. 여기에서 '달, 밝음, 가을, 밤, 기러기, 날아감'이라는 모양과 이름을 모두 내려놓아 보자. 이 때 전체성으로 지각되는 이것을 두고 한 물건도 없다고 말한다. 이 때 전체가 마음의 드러남일 뿐임을 안다. 그러면 오직 이것이 뚜렷하여 변함이 없다. 이것을 외부환경과 단절하여 통일된 마음을 유지하는 일로 이해하면 곤란하다. 묵조의 선정을 유지하는 일로 보면 곤란하다. 육조 스님이 말했듯이 둘로 나누는 관념을 내려놓으면 본래 한 물건도 없는 것이다. 이렇게 보는 자리에서는 개별적으로 뚜렷이 구별되는 사물들이 만 가지, 천 가지로 다가와도 오로지 이것일 뿐이다.

60) 目前無物, 無物宛然.

18. 수고롭게 알아차리거나 비춰볼 것 없으니, 본체는 원래 모양없이 현묘하다.[61]

불교에서 말하는 알아차린다는 말은 정신력을 써서 분별해 본다는 말과 반대말이다. 비춰본다는 말 역시 그러하다. 그러나 사람들은 이 가르침을 들으면 곧바로 정신을 맑게 해서 알고자 한다. 비춰보고자 한다. 그러면 내가 있고, 대상이 있어 수고롭다. 이 분별을 내려놓으면 모든 것이 저절로 드러난다. 본체라 해도 좋고, 불성이라 해도 좋다. 다만 그것이 별도의 모습을 갖지 않는다는 점을 알아야 한다. 그것은 분별을 내려놓는 자리에서 비춰지는 둘 아닌 이것이다. 이것을 굳이 표현하자면 현묘하다고 밖에 할 수 없다.

19. 생각이 일어나고 생각이 소멸한다지만, 앞과 뒤의 구별이 없다.[62]

생각이 일어나는 일과 생각이 소멸하는 일은 둘 아닌 이 일이다. 여기에 시간을 설정하여 이 일들을 하나로 연결하고 의미를 부여하는 것이 관념의 수작이다. 각각의 모양에 따라 생성 · 유지 · 변화 · 소멸의 이름을 붙이는 것이다. 그러나 불이의 입장에서는 앞의 생각, 뒤의 생각이 다르지 않다. 모양에 따라 구별하기를 멈춘다. 이름을 지운다. 생성하고 소멸되는 일 없이 있는 이것이 그 일이다.

---

61) 不勞智鑒, 體自虛玄.

62) 念起念滅, 前後無別.

20. 뒤의 생각이 일어나지 않으면, 앞의 생각은 저절로 끊어진다.[63]

중생들의 살림은 끝없는 생각의 생성 · 소멸이 그려나가는 궤적이다. 이것이 윤회이다. 이에 비해 불이중도의 실천현장에서는 과거에 대한 기억과 미래에 대한 기약을 내려놓는다. 이 한 생각만 현전할 뿐 앞과 뒤의 분별이 없다. 그러니 새로 일어나는 뒤의 생각이라는 것이 따로 없다. 앞의 생각이 저절로 끊어진다고 했는데, 생각이 사라진다는 말이 아니다. 오직 이 한 생각만 있고 있을 뿐이라서 앞과 뒤를 분별할 수 없다는 뜻으로 이해해야 한다.

21. 삼세라는 별도의 물건이 없으며, 마음도 따로 없고 부처도 따로 없다.[64]

과거, 현재, 미래는 가공의 시간에 그려진 가설적 이름이다. 시간이라는 관념을 설정하면 통째로 드러나 있는 진리가 분할된다. 이로 인해 어느 것 하나를 잡고, 다른 것 하나를 내려놓는 끝없는 이원론의 유희가 시작된다. 실상으로 보면 과거도 없고, 현재도 없으며, 미래도 없다. 법계에 드러난 이것을 통째로 인식하는 일만 있을 뿐이다. 마찬가지로 하나의 모양으로 구별되는 마음이라는 것이 따로 있는 것이 아니다. 부처가 따로 있는 것이 아니다. 여기 드러난 이 일, 이렇게 아는 이것이 그대로 마음이고 부처이다.

---

63) 後念不生, 前念自絶.

64) 三世無物, 無心無佛.

22. 중생이 무심하면, 그 무심에 의지하여 벗어난다.[65]

유심은 중생의 일이고, 무심은 부처의 일이다. 그러므로 무심하기만 하면 된다. 다만 무심이라는 것이 따로 있어서 돌멩이처럼 나무대기처럼 되는 일이 아니다. 지금 이것과 남김없이 하나 되는 것이 무심이다. 그러므로 지금 이것을 오직 수용할 뿐, 별도의 무심을 구해서는 안 된다. 중생이 무심하면 바로 부처이다. 무심하면 육도윤회를 벗어난다.

23. 범부와 성인을 분별하면, 번뇌가 더욱 무성해지리라.[66]

범부를 버리고 성인이 되고자 하는 것이 중생의 병이다. 어떤 특별한 깨달음을 얻고자 하는 그것이 바로 번뇌이다. 그러므로 모양에 따라 분별하고, 분별에 따라 시비하는 일을 내려놓는 일이 전부라야 한다. 그 외에 별도로 추구할 것을 두고, 그것에 집중하는 것은 번뇌를 살찌우는 일이다.

24. 생각으로 따지면 이치와 어긋나고, 진리를 추구하면 바른 길을 등지리라.[67]

헤아리고 따지는 일이 수행자의 철천지원수이다. 그것이 깊은 뿌리

65) 衆生無心, 依無心出.

66) 分別凡聖, 煩惱轉盛.

67) 計校乖常, 求眞背正.

를 내려 번뇌의 잡초 밭을 무성하게 한다. 상대적인 둘을 세워놓고 그 것을 서로 비교하기를 멈추는 것은 그 뿌리를 단절하는 일이 된다. 번뇌의 잡초가 시들고 나면 진여의 곡식이 저절로 드러난다. 이 때 별도의 진리를 추구하는 일은 다시 둘을 세우는 일이 된다. 진리가 따로 있고, 번뇌가 따로 있다고 보는 일이기 때문이다. 그것은 서울로 가려고 하면서 부산행 기차를 타는 일과 같다. 열심히 할수록 더욱더 멀어지는 것이다.

25. 상대적 개념을 함께 없애면, 말갛게 밝고 청정하리니,[68]

우리의 생각은 상대적 개념을 세워 서로 비교하는 일을 본질로 하고 있다. 이로 인해 세상은 둘로 쪼개져 전체성과 다양성을 함께 상실한다. 본래 둘 아닌 것을 둘로 쪼개고 있으므로 전체성을 상실한다. 상대적 두 개념으로 귀납시킬 수 없는 무수한 현상들을 한사코 묶고자 하므로 다양성을 상실한다. 이 상대적 개념을 지금 여기에서 단번에 내려놓는 것이 진정한 수행이고 깨달음이다. 이것이 잘 되지 않으므로 수행방편에 의지한다. 모든 수행방편은 상대적 개념을 함께 없애는 길을 제시한다. 진정한 염불은 나와 관세음보살의 상대적 개념을 내려놓은 자리에서 시작된다. 옴 · 마 · 니 · 반 · 메 · 훔은 다라니를 외는 몸과 입과 뜻을 분별하지 않는 자리로 안내한다. '이 뭣고'는 알 수 있는 대상이 없고, 아는 주체가 없어 오로지 허공 같은 모를 뿐

---

68) 雙泯對治, 湛然明淨.

으로 전 존재를 빨아들인다. 단번에 내려놓든, 방편에 의지하여 내려놓든, 상대적 개념을 내려놓고 보면, 거기에 진여가 뚜렷하게 드러나 있다.

26. 애쓰고 재주부릴 것 없이, 갓난아이의 길을 지키라.[69]

수행은 일체의 조작적, 인위적 행위를 멈추는 일이다. 진리는 지금 여기 남김없이 드러나 있다. 이것을 분별적 사유라는 구름이 덮고 있다. 그러니까 분별만 내려놓으면 된다. 따로 애쓸 것도 없고, 기술을 쓸 것도 없다. 그것은 갓난아이의 상태와 같다. 갓난아이는 모양에 따라 구분하지 않는다. 갓난아이는 어떤 것에도 집착하지 않는다. 갓난아이에게는 온다는 일이 없다. 갓난아이에게는 간다는 일도 없다. 갓난아이에게는 개념을 전달하는 말이 없다. 그저 오는 이대로, 있는 이대로, 가는 이대로 맡겨둘 뿐이다. 수행의 특징들을 고루 갖추고 있는 것이 갓난아이의 삶이다.

27. 또렷이 밝게 알수록, 견해의 그물이 더욱 커지게 된다.[70]

알고 이해하는 일은 불법과 무관하다. 알고 이해할 대상이 생기는 순간 불이중도를 벗어나게 된다. 그런 의미에서 일체의 견해는 자성

69) 不須功巧, 守嬰兒行.

70) 惺惺了知, 見網轉彌.

을 보지 못하도록 가로막는 그물이다. 사람들은 불법이 이해되지 않을 때, 보다 많은 지식을 통해 이 문제를 해결하고자 한다. 그러나 지식을 넓히고, 견해가 뚜렷해질수록 더욱 불법에서 멀어지게 된다. 요체는 일체의 앎과 이해와 견해를 내려놓는데 있다. 요컨대 불법은 닦고 추구하는데 있지 않다. 오로지 내려놓고 맡기는데 불법실천의 요체가 있는 것이다.

28. 고요하기만 하고 밝은 관찰이 없으면, 어두움이 물러나지 않게 된다.[71]

그렇다고 아무 것도 보지 않는 무지각의 고요함을 지키는 것도 아니다. 선정주의자들은 동요없는 고요함을 중시하여, 무지각적 무심을 지키고자 한다. 여기에 번뇌는 없겠지만, 지혜도 없다. 여전히 어둡다는 점에서 진정한 깨달음의 길이라 할 수 없다. 따라서 돈오선법에서는 전통적으로 선정주의를 비판한다. 진정한 수행은 선정과 지혜의 두 바퀴를 함께 굴리는 일이다. 그러니까 또렷함과 고요함, 성성적적(惺惺寂寂)이 함께 하는 것이 진정한 수행이다.

29. 또렷하되 망념이 없고, 고요하되 밝아야 한다.[72]

또렷함은 각각의 차별상을 있는 이대로 수용하는 알아차림에서 나

71) 寂寂無見, 暗室不移.

72) 惺惺無妄, 寂寂明亮.

온다. 있는 이대로 수용한다는 것은 시비를 가리지 않고, 호오를 두지 않는다는 뜻이다. 그러므로 진정으로 또렷하면 망념이 있을 수 없다. 고요함은 천 가지 모양, 만 가지 이름으로 나뉘는 현상들이 당장의 이 한 마음으로 확인될 때 성취된다. 어떤 일이 일어나도 오직 이것일 뿐이므로 밝고 분명하다. 이것을 정혜쌍수라 하고, 성성적적이라 한다.

30. 만 가지 모양이 항상 진실하고, 삼라만상이 한 모양이다.[73]

모양을 따라가면 중생이다. 모든 모양에서 생멸을 떠나 항상 진실한 이것을 보면 부처이다. 여기 삼라만상이라는 금 그릇들이 있다. 삼라만상의 차별상은 각각의 기물들이다. 그것은 모두 금으로 이루어져 있다는 점에서 다르지 않다. 지금 당장 모양과 이름을 떠나서 보라. 모든 것이 있는 이대로 황금이다. 당장의 이것은 억겁의 세월 동안 변함없이 진실하다. 끝없이 다양한 물건과 현상들이 한 모양일 뿐 둘이 아니다.

31. 가고, 오고, 앉고, 서는, 모든 것에 집착 말라.[74]

모양과 이름을 내려놓는 것은 방위 없는 허공의 주민이 되는 일과 같다. 이 허공 속에서 어떤 것이 가는 것이고, 어떤 것이 오는 것인가?

---

73) 萬象常眞, 森羅一相.

74) 去來坐立, 一切莫執.

어떤 것이 눕는 것이고, 어떤 것이 서는 것인가? 나와 너의 차별이 없어 충만한 존재성 그 자체일 뿐이다. 인연 따라 눈앞에 현현한 이것일 뿐이라서, 영원히 이것 외의 다른 것이 아니다. 차별이 없으므로 집착하려 해도 집착할 것이 없다. 버리려 해도 버릴 것이 없다.

32. 방위가 아예 없으니, 누가 들어가고 나가겠는가?[75]

한 생각이 온 법계라서, 발 딛는 이곳이 이미 천축의 영산이다. 새삼스럽게 들어가고 나올 일이 없다. 그렇다고 머물 수도 없다. 진여는 허공성 그 자체라서 시간과 공간으로 한정할 수 없다. 모든 곳에 편재해 있어서 방위나 지점으로 한정할 수 없다. 그것은 인연에 따라 모양을 드러내는 지금 당장의 이것을 통째로 받을 때 비로소 확인할 수 있다.

33. 결합되거나 해체되는 것도 아니며, 늦거나 빠른 것도 아니다.[76]

일체의 현상이나 진리는 어떤 요소들의 결합이나 해체의 결과물이 아니다. 있는 이대로 원래 그러한 것이다. 인연이 떠나는 것이 소멸이다. 그러므로 어떤 결합된 무엇이 따로 있지 않다. 인연이 모이는 것이 생성이다. 그러므로 해체되는 무엇이 따로 있지 않다. 일체의 현상

75) 決定無方, 誰爲出入.

76) 無合無散, 不遲不疾.

에 임시적 이름이 붙게 되는데 그 임시적 이름으로 인해 실체가 있다고 착각을 한다. 그러나 거기에 고정불변의 모양이 따로 있는 것이 아니다. 그러므로 수행자는 이름과 모양을 따라가지 않는다. 저절로 이러한 이 일을 전체로 받아들이는 것이다. 이것은 원래 이대로 그 일이라서 진리에 들어가는 일에 늦거나 빠른 구분이 있을 수 없다. 법의 원리가 그러하므로 수행자의 수행 또한 서두르지도, 해찰하지도 않고 자연 이대로 맡겨두는 식이라야 한다.

34. 있는 이대로 저절로 밝고 고요하여, 말로 표현할 수 없다.[77]

한 마음은 있는 이대로 저절로 밝게 드러나 있다. 그것은 고요하여 생멸이 없다. 여기에 시비호오를 붙이므로 어둡고 동요하게 되는 것이다. 마음을 찾아보면 안에도 없고, 밖에도 없고, 중간에도 없다. 애초 찾을 수 없다. 그리하여 찾기를 멈추는 순간 그것이 밝은 태양처럼 환하게 드러난다. 고요하고 또 고요하여 변함없이 원래 그 자리에 있었음을 확인하게 된다. 그것은 의식으로 이해되는 차원이 아니다. 그러므로 말로 표현할 수 없다.

77) 明寂自然, 不可言及.

35. 마음에 다른 마음이 없으니, 탐욕과 음욕을 끊을 것도 없다.[78]

중생의 마음 따로 없고, 성인의 마음 따로 없다. 지금 드러난 이 전체가 마음이다. 탐진치의 마음을 끊을 것도 없고, 계정혜의 마음을 취할 것도 없다. 불이중도의 실천자는 차별적 앎을 내려놓고 인연이 오는 대로 비추는 거울과 같다. 푸른 대나무, 노란 꽃, 어느 것이나 오는 대로 맞아들인다. 그는 사방팔방에 창이 나 있어 방과 같다. 불어오는 바람 막지 않고, 달아나는 바람 잡지 않는다. 이것이 무심법을 실천하는 수행자의 표상이다.

36. 자성은 별도의 모양이 없어 원래 벗어나 있으니, 부침에 맡겨둘 뿐이다.[79]

자성, 불성이라 부르지만 그것은 정해진 모양이 따로 없다. 그래서 생각과 언어의 차원을 벗어나 있다. 알 수 있는 대상이 아닌 것이다. 그렇다면 자성을 어떻게 보아 견성하는가? 인연이 오는 대로 맡겨두고 시비호오의 분별을 하지 말아야 한다. 그러면 이것이 알 수 있는 대상이 아님을 확인하게 된다. 자성은 이 몸에 있고, 이 마음에 있고, 이 현상에 있다. 그러나 이것은 얻을 수 있는 것도 아니고, 알 수 있는 것도 아니다. 번뇌가 일어난다고 하지만 따로 번뇌라 할 수 있는 모양이 없어 잡을 수 없다. 도를 추구하는 마음이라 해도 마찬가지이다.

78) 心無異心, 不斷貪淫.

79) 性空自離, 任運浮沈.

이렇게 알면 인연에 맡겨두고, 오는 대로 비추는 진정한 밝음이 일어난다.

37. 맑거나 흐린 것도 아니며, 얕거나 깊은 것도 아니다.[80]

진여라 해도 좋고, 불성이라 해도 좋고, 마음이라 해도 좋고, 실상이라 해도 좋다. 이것은 정해진 모양이 없다. 따라서 형상을 나타내는 어떤 수식어도 이것에 어울리지 않는다. 또 그와 동시에 이것은 모든 모양을 통해 확인된다. 따라서 어떠한 모양을 나타내는 말도 이것에 어울린다. 찾으면 없지만, 찾기를 내려놓으면 바로 이것으로 뚜렷하다. 보지 않을래야 보지 않을 수 없다.

38. 본래라는 말을 하지만 옛날을 가리키는 것이 아니고, 현재라는 말을 하지만 지금을 가리키는 것이 아니다.[81]

진여실상은 시간의 관념으로 한정할 수 있는 것도 아니다. 그것이 출발한 뿌리라는 뜻에서 본래라는 말을 붙이지만 옛날에 어떤 원래 출발한 자리가 있다는 뜻이 아니다. 현현해 있다는 뜻에서 현재라는 말을 쓰지만 지금 당장의 이것만이 그것이라는 뜻은 아니다. 그것은 과거와 현재를 나누는 차원에서 인식하고 감지되는 것이 아니다. 과거와 현재가 둘이 아닌 불이중도의 실천현장에서 확인되는 것일 뿐이다.

---

80) 非淸非濁, 非淺非深.

81) 本來非古, 見在非今.

39. 현재는 머물지 않고, 현재란 본래 마음이다.[82]

과거, 현재, 미래라는 이름은 관념이다. 실상의 자리에서 보면 과거는 지나간 일이라서 잡을 수 없다. 다만 왜곡된 관념의 기억을 그렇게 부를 뿐이다. 미래는 아직 오지 않은 일이라서 있지 않은 일이다. 관념적 예상과 기대를 미래로 부를 뿐이다. 그렇다면 현재는 실체를 갖는 것인가? 찰나라도 유지되는 무엇이 없다. 현재 역시 이미 지나간 일, 아직 일어나지 않은 일에 대해 붙인 관념적 이름일 뿐이다. 따라서 진여실상의 법을 과거, 현재, 미래 어디에서도 찾을 수 없다. 오직 한마음일 뿐이라, 이것을 과거, 현재, 미래라는 이름으로 부르는 것이다.

40. 본래라는 것이 따로 없으니, 본래가 바로 지금이다.[83]

이렇게 한마음에 붙인 다양한 이름이 과거, 현재, 미래이다. 그래서 그것들은 서로 둘이 아니다. 과거도 한마음인 이것에 붙인 이름이고, 현재도, 미래도 마찬가지이다.

여기에서는 과거의 다른 말인 본래의 의미가 함께 고려되어야 한다. 과거를 뜻하는 본래는 뿌리로부터 온 것, 혹은 그것이 온 뿌리를 가리킨다. 뿌리로부터 온 이래로(從本已來)의 준말이기도 하다. 그런데 뿌리가 따로 있는 것이 아니다. 지금 당장 이것이 뿌리이고, 가지이고, 잎이다. 그래서 이 구절은 과거, 현재의 둘 아님을 말하는 것이기도 하고, 본질과 현상의 불이성을 말하는 것이기도 하다.

82) 見在無住, 見在本心.

83) 本來不存, 本來卽今.

41. 보리는 본래 있는 것이라 일부러 지킬 필요 없다.[84]

본래 있다는 것은 생성과 소멸의 상대적 차원을 떠나 있다는 뜻이다. 닦음을 중시하는 입장에서는 본래 있던 것이 지금은 없다고 말한다. 지금 없다는 것은 번뇌에 가려서 볼 수 없다는 뜻이다. 그러니까 수행을 통해 번뇌를 제거하여 무심을 성취하는 것이 수행의 모든 것이 되는 것이다. 이에 비해 철저한 돈오를 중시하는 입장에서는 본래도 있었고, 지금도 있다고 말한다. 깨달음이 없던 것을 새로 만들어내는 일이 아님을 분명히 하기 위해서이다. 그래서 일부러 지킬 필요가 없다. 번뇌의 구름만 일어나지 않게 하면 보리의 태양이 예와 지금에 다름없이 우주법계를 환히 비추는 것이다.

42. 번뇌는 본래 없는 것이라, 일부러 제거할 필요 없다.[85]

점수적 입장에서 보면 번뇌는 지금 당장 여기에서 엄연히 작동하고 있다. 따라서 번뇌를 제거하기 위한 부단한 노력과 수행을 통해 모양에 흔들리지 않는 단계가 되어야 한다. 그 때 비로소 번뇌가 본래 없는 것임을 알게 된다는 것이다. 반면 단번의 깨달음을 중시하는 돈오의 입장에서 볼 때 번뇌는 본래 없는 것이다. 그러므로 이것을 제거하기 위해 수행을 할 일이 없다. 돈오란 지금 당장 이 번뇌에 실체가 없으며, 단지 이름일 뿐임을 확인하는 일이다. 진정으로 이 일이 일어나는 것을 문득 깨닫는다고 말한다.

---

84) 菩提本有, 不須用守.

85) 煩惱本無, 不須用除.

43. 신령한 알아차림이 저절로 비추게 되면, 만법이 여여함으로 돌아간다.[86]

종밀스님은 이 신령한 알아차림(靈知)을 모든 것을 밝게 비추는 야명주에 비유하였다. 야명주는 스스로는 투명하지만 검은 것이 오면 온통 검은 것으로 나타난다. 이 검은 것과 야명주의 관계를 어떻게 보는가에 따라 영지에 대한 입장이 달라진다. 종밀 스님은 검은 색을 버리고 별도의 야명주를 찾는 입장이다. 마조선사는 야명주는 그 드러난 모습을 통해서만 확인할 수 있다는 입장이다. 검은 것으로 드러날 때에는 그 검은 것이 야명주를 증명한다. 혹은 푸르게, 혹은 노랗게 드러날 때에는 또한 그 각각의 색이 야명주를 증명한다. 이것이 마조선사의 입장이다. 종밀스님은 비추어 아는 야명주의 본체를 설정한다. 검은 색, 푸른 색, 노란 색은 모두 허망한 인연작용이고, 이것을 비추어 아는 불변의 마음이 있다는 것이다. 그래서 종밀스님에게는 밝게 아는 일이 극히 중요한 일이 된다. 법융선사는 이 문장에 보이는 것처럼 신령한 알아차림이라는 말을 쓰기는 하지만, 야명주와 검은 색에 모두 실체가 없다는 입장이다. 그저 저절로 비추어 만법이 여여할 뿐, 아는 주체도 없고 알게 되는 대상도 없다는 입장이다. 그 묘미는 저절로 비춤(自照)에 있다. 이것은 '텅 비고 밝아 저절로 비춘다(虛明自照)'고 한 승찬스님의 입장과 기본적으로 맥을 같이 한다.

86) 靈知自照, 萬法歸如.

44. 돌아갈 본체도 없고, 수용할 대상도 없으니, 관조를 끊고 지키기를 잊으라.[87]

돌아갈 본체가 없다는 것은 야명주라는 것이 따로 없다는 뜻이다. 수용할 대상이 없다는 것은 검은 색, 푸른 색의 다양한 현상들이 궁극적으로 허망한 인연작용일 뿐이라는 것이다. 일체개공의 반야적 입장인 것이다. 그러므로 수행자들에게 권한다. 현상들을 비추어 알고자 하기를 멈추라. 본체가 따로 있다고 생각하여, 그것을 지키고자 하지 말라. 요컨대 우두스님은 주체적 행위와 생각을 내려놓는 일을 수행의 핵심으로 본 것이다.

45. 상락아정의 4가지 특징은 새로 생겨나는 것 아니고, 법신 · 보신 · 화신의 3신은 원래 있던 것이다.[88]

상락아정, 즉 불변함, 안락함, 자재함, 청정함은 열반의 4가지 특징으로 지목된다. 그것은 없던 것이 새로 생겨난 것이 아니다. 그것은 일체의 습관적 행위나 사유방식을 내려놓으면 저절로 드러나는 특징들이다. 따라서 새로 생겨나는 것이 아니라 했다. 법신 · 보신 · 화신도 마찬가지이다. 그것은 원래 저절로 그러한 부처, 저절로 이러한 마음에 대한 다양한 이름이다. 원래부터 여여한 실상으로 있어온 것이다. 그래서 원래 있던 것이라 말한다.

---

87) 無歸無受, 絶觀忘守.

88) 四德不生, 三身本有.

46. 감각기관으로 대상경계를 상대하되, 분별의식에 오염되지 말라.[89]

육체를 가지고 있는 한 감각기관으로 대상세계를 상대하는 일을 피할 수는 없다. 다만 분별의식을 쉬는 일은 가능하다. 그것은 화두를 비롯한 다양한 수행방편에 의해 이끌어질 수도 있고, 지금 당장 실상의 이치에 눈뜨는 사건에 의해 열릴 수도 있다. 어떤 경우가 되었던 이 현량경계에는 크고 둥근 거울과 같이 오직 비추는 일만 있게 된다. 불법의 수행은 육근을 통한 견문각지의 인지작용을 끊는 일이 아니다. 그것은 오로지 대상경계에 오염되지 않는 일을 가리킨다. 시비호오의 판단을 내려놓는다는 뜻이다. 이것은 잘 분별하되, 분별하는 생각을 일으키지 말라는 말로 표현된다. 혹은 잘 분별하되 중도실상의 자리를 굳건히 걸어가라는 말로 표현되기도 한다.

47. 한 마음에 망상이 없으면, 모든 인연이 바르게 조화되고,[90]

한 마음은 둘로 분별하는 생각을 하지 않는 마음이다. 망상은 시비호오의 분별과 판단을 하는 마음이다. 그러니까 한 마음에는 원래 망상이 없다. 망상이 없으면 그것이 한 마음이다. 이렇게 망상이 없으면 모든 인연은 오는 그대로 100점이다. 넘치지도 않고, 부족하지도 않은 딱 그것이다. 옷을 벗어던지게 하는 이 더위가 딱 그것이

89) 六根對境, 分別非識.

90) 一心無妄, 萬緣調直.

라서 완전히 바르게 조화되어 있다. 이처럼 춥거나 더운 이 인연, 배고프거나 배부른 이 일이 있는 이대로 완전하다. 승찬 스님은 망상이 없는 것을 여우같은 의심이 사라진다는 말로 표현하였다. 그렇게 분별상을 내지 않는 것이 바른 믿음이고, 모든 인연이 100점으로 딱 그것인 일이다.

48. 마음과 자성은 본래 차별이 없으니, 함께 있되 하나로 붙어있는 것은 아니다.[91]

마음을 말하고, 본성을 말한다. 그런데 이 둘은 원래 차별이 없다. 뿐만 아니라 모든 현상, 모든 인연에 차별이 없다. 다만 그것이 나타나는 모습은 다양하다. 이것을 지우라는 말은 아니다. 이 다양한 모습이 둘이 아닌 이치에 충분히 눈뜨라는 말이다. 이 때 보살과 중생이 동거한다. 둘이 아닌 것이다. 그렇다고 하나인 것은 아니다. 마음과 성품이 둘 아니고, 보살과 중생이 둘 아니다. 이렇게 만사만물은 둘도 아니고, 하나도 아닌 관계에 있다. 그저 저절로 이러할 뿐이다.

49. 생겨나는 것이 아니니 만물에 순응하면, 모든 곳이 조용한 도량이다.[92]

이것은 인연에 의한 결과로 생겨나는 것이 아니다. 그렇다고 아무

91) 心性本齊, 同居不携.

92) 無生順物, 隨處幽棲.

것도 없는데서 툭 튀어나오는 것도 아니다. 모든 생멸을 떠나 여기 이미 저절로 이러하다. 생멸은 상대적 차원을 세울 때 일어난다. 상대적 차원을 애초에 세우지 않는 것이 불이중도의 자리이다. 이것이 지금 당장 이렇게 생멸하는 만물을 통해 드러난다. 이 이치를 알아 만사만물을 있는 대로 알고, 오는 대로 수용하는 것이 진정한 수행이다. 오직 이러할 뿐이므로, 굳이 깊은 산중에 숨어 인연의 간섭을 피할 필요가 없다. 모든 곳이 저절로 조용한 수행처가 되는 것이다.

50. 깨달음은 깨닫지 못함의 상대이니, 진정한 깨달음이란 깨달음 없음을 가리킨다.[93]

불교수행은 깨달음을 지향한다. 그런데 깨달음에 어떤 별도의 모양이 있는 것이 아니다. 그것은 일체의 상대를 내려놓는 일을 가리키는 말이다. 이 일은 최종적으로 깨달음과 깨닫지 못함의 상대적 차원을 내려놓는 일로 귀결된다. 그래서 진정한 중도의 깨달음에는 깨닫는 일이 따로 없다. 깨닫는 주체로서의 자아가 세워질 수 없기 때문이다. 마찬가지로 깨달음이라는 객체가 따로 있지 않다. 주체와 대상의 상대가 완전히 사라진 이것이 진정한 깨달음이라 할 수 있다.

93) 覺由不覺, 卽覺無覺.

51. 얻고 잃음의 양변에 대해, 좋고 나쁘다 하는 이것은 누구인가?[94]

얻는 것과 잃는 것이 있다는 생각은 주체로서의 나를 세우는데서 일어난다. 옳고 그름 역시 나를 중심으로 수립된다. 심지어 정의의 실천이라 하는 것 역시 나를 버리는 듯한 외양을 취하지만 궁극적으로 나를 세우는 일을 핵심으로 한다. 불교는 이러한 일체의 상대적 차원을 세우기 전, 그 둘 아닌 길을 걸어 둘 아닌 자리에 도달한다. 중도를 걸어 중도에 도달하고, 무심의 벽돌을 날라 무심의 집을 완성한다. 이것이 불교이다.

52. 모든 모양을 따른 행위에도, 본래는 조작이 없는 것이다.[95]

마음과 경계는 본래 둘이 아니다. 여기에 모양을 구분하고 이름을 붙이는 것이 모양을 따른 행위이다. 이것이 작위이다. 작위는 악을 떠나 선에 이르고자 하는 일이다. 추함을 싫어하고, 아름다움을 좋아하는 일이다. 번뇌를 버리고 보리를 구하는 일이다. 이렇게 모양과 이름에 따라 행위하는 것이 중생의 살림이다. 그런데 마음과 대상세계를 둘로 세우지 않고 보면 이러한 중생살림조차 바로 진여 그 자체가 된다. 인위조작 그 자체가 바로 진여이다. 그래서 진정한 수행자는 인위조작을 멈추고자 하는 일조차 내려놓는다. 그러면 지금 당장 이것이 해탈이다.

---

94) 得失兩邊, 誰論好惡.

95) 一切有爲, 本無造作.

53. 마음이 마음 아님을 알면, 애초 병도 없고 약도 필요 없다.[96]

마음이 따로 있고, 대상세계가 따로 있지 않다. 삼천대천세계가 모두 한 마음의 드러남이다. 그러므로 조용하게 안정시킬 마음이란 것이 따로 없다. 오직 마음과 대상, 주관과 객관, 나와 너, 이것과 저것을 나누지 않으면 이대로 부처의 마음이다. 철저한 중도에서는 병이라 판정하는 것도 번뇌이다. 약을 쓴다는 것도 번뇌이다. 이것은 가장 강력한 중도선언이다. 보통은 병이 나으면 투약을 중단한다(病差藥除)고 말한다. 번뇌도 있고, 수행도 있는 것이다. 그러나 원론적으로 진정한 중도라면 번뇌가 바로 마음이다. 따라서 바로 보는 일만 있을 뿐, 번뇌를 제거할 일조차 없다. 병도 없고, 약도 없는 것이다.

54. 미혹했을 때에 버리려던 그것이, 깨닫고 보면 둘이 아니다.[97]

미혹하여 모양과 이름에 휩쓸릴 때에는 마음과 대상세계가 둘로 쪼개진다. 대상세계가 마음을 번잡하게 뒤흔든다고 생각한다. 그래서 감각기관을 단속하여 대상세계의 간섭현상을 막고자 한다. 탐욕과 분노와 어리석음을 촉발하는 자극을 차단하려 한다. 요컨대 번뇌를 버리려 한다. 그러나 모양과 이름에 기웃거리기를 멈추면 이것이 바로 그것이다. 어떤 것도 한결같아 둘이 아니다.

---

96) 知心不心, 無病無藥.

97) 迷時捨事, 悟罷非異.

55. 본래 취할 것이 없는데, 이제 무엇을 버릴 필요가 있겠는가.[98]

모든 현상은 이 마음이 드러난 것이다. 분별을 내려놓으면 있는 이대로 한 마음이다. 불교의 핵심이 마음을 보는 공부에 있다고 할 때, 마음은 버리고 취할 것이 따로 없다. 선문에서 소승을 타기의 대상으로 보는 것은 공을 추구하고, 번뇌를 버리려는 취사분별의 자세를 취하기 때문이다. 중요한 것은 보리는 취하고, 번뇌는 버리겠다는 마음까지 내려놓는데 있다.

56. 있음을 말하면 마장이 일어나고, 공을 말하면 모양이 가득 찬다.[99]

여기 생멸을 떠난 진여, 또는 불성이 있다. 이것은 허공 끝까지 가득 차 있다. 미래의 세계가 끝날 때까지 다함이 없다. 그런데 진여, 혹은 불성이라고 부르는 어떤 실체가 있다고 생각하면 외도가 된다. 궁극적 유일자를 인정하면 세계는 둘로 나뉘고 만다. 불완전한 부덕으로 채워진 이 세계와 완전한 미덕의 저 세계가 둘이 된다. 지금 이곳은 버려야 할 차원이 되고, 저곳만이 유일한 지향처가 된다. 이것은 삶의 입장에서 보면 소외이고, 불교의 입장에서 보면 마장이다. 사실 부처님은 모두 실체가 없어 공이라고 가르쳤다. 그런데 이 가르침은 궁극적으로 실상에 대한 눈뜸을 지향한다. 그런데 성인의 마음과 만

98) 本無可取, 今何用棄.

99) 謂有魔興, 言空象備.

남이 없이 가르침만을 기억하면 공을 실체화하고 그것을 추구하는 일이 일어난다. 그 순간 온갖 모양이 일어나 우리를 뒤흔들기는 마찬가지이다.

57. 범속한 마음을 소멸시키려 하지 말고, 그저 뜻만 쉬게 하라.[100]

선문에서는 성인의 경지를 따로 구하지 말고, 오로지 범인의 마음을 소멸시키도록 하라고 말한다. 둘로 나누는 분별을 내려놓으라는 가르침이다. 법융 스님은 범인의 마음을 소멸하는 일조차 하지 말라고 한다. 같은 뜻이지만 탐욕과 분노, 그리고 어리석음을 극복하는 것이 불교수행의 목적이라고 믿는 사람들을 깨어나게 하기 위한 극단적 언사이다. 탐진치를 없애고자 하면 그 없애고자 하는 번뇌가 하나 더 늘어난다. 이렇게 마음으로 마음을 제어하려는 일은 언제나 헛수고에 해당한다. 이 무엇을 하고자 하는 뜻까지 내려놓을 때 진정한 수행의 궤도에 들어섰다고 할 수 있다.

58. 의지가 없으면 마음이 소멸하고, 마음이 없으면 마음의 자취도 사라지리라.[101]

교리적으로는 삼세육추의 소멸로 마음의 소멸을 말한다. 의식차원

100) 莫滅凡情, 唯教息意.

101) 意無心滅, 心無行絕.

에서 감지되는 마음의 작용 뿐만 아니라, 아뢰야식 차원의 감지할 수 없는 마음의 작용까지 모두 쉬는 것이 마음의 소멸이라는 것이다. 선문에서는 지금 당장 이 자리에서의 무심을 말한다. 지금 당장 일체의 분별을 내려놓으라는 것이다. 이 내려놓음에는 분별을 내려놓으려는 의지까지 포함된다. 이것이 어떻게 가능한가? 지향하는 마음 그 자체를 돌이켜 볼 때 분별하는 마음이 사라진다. 그러므로 수행은 지금 당장 이것을 돌이켜보는 일 외에 다른 것이 아니다.

59. 공의 도리를 깨닫고자 하지만 않으면, 저절로 밝고 뚜렷하다.[102]

불교는 공의 도리에 철저하다. 그런데 왜 공의 도리를 깨달으려 하지 말라는 것인가? 바로 그 공을 깨달으려는 의도가 공의 도리에 배치되기 때문이다. 공이란 만사만물에 실체가 없다는 뜻이다. 그 만사만물에는 깨닫고자 하는 의지작용도 포함된다. 이것을 돌이켜볼 때 모양에 따른 탐진치는 물론 공에 대한 집착까지 내려놓게 된다. 일체의 집착을 내려놓은 마음은 크고 완전한 거울과 같다. 있는 이것을 남김없이 완전히 비추는 것이다. 나아가 이 비추는 일은 의지와 무관하다. 따라서 저절로 밝다고 말하는 것이다.

---

102) 不用證空, 自然明徹.

60. 삶과 죽음이 모두 소멸하면, 마음이 사라져 진리에 들어가리라.[103]

생사는 둘로 분별하는 중생 살림을 가리키는 대명사이다. 우리는 나와 세계를 나누고, 다시 이것과 저것, 선과 악, 아름다움과 추함 등으로 나눈다. 그 끝에 삶과 죽음을 나누어 보는 일이 자리 잡고 있다. 분별을 내려놓고 이것에 돌아오면 삶과 죽음을 포함한 모든 상대가 소멸한다. 상대가 소멸한 마음을 청정하다고 한다. 여기에서는 이것을 마음의 사라짐(冥心)이라 표현했다. 마음이 사라져 보라. 이치에 들어간다는 말도 군더더기가 된다. 이미 이치 속에 밥 먹고, 이치 속에 길 걷고, 이치 속에 투닥거리고 있다.

61. 눈을 뜨면 형상을 보듯, 마음은 경계를 따라 일어난다지만,[104]

눈을 뜨면 형상이 보이는 것은 당연한 일이다. 이런 저런 대상경계를 보면 좋고 싫은 마음이 일어나는 것도 당연한 일일 수 있다. 그 좋고 싫은 마음은 갖가지 집착으로 발현된다. 이것이 삶을 고해로 만든다. 그래서 불교의 수행과 계율은 대상경계에 따라 좋고 싫은 마음이 일어나지 않도록 하는 길을 제시한다. 계율에서는 경계와 단절하는 길을 제시한다. 관법수행에서는 경계를 따라 일어나는 이 마음의 비실체성을 확인하는 길을 걷는다.

103) 滅盡生死, 冥心入理.

104) 開目見相, 心隨境起,

62. 마음과 구별되는 경계가 따로 없고, 경계와 구별되는 마음이 따로 없다.[105]

대상경계는 분명히 마음을 흔든다. 좋은 것을 보면 가지고 싶고, 싫은 것은 버리고 싶다. 이것이 풍랑이 되어 우리를 쪽배처럼 흔들리게 한다. 종교에서는 움직이지 않는 유일한 절대자를 상정하고, 거기에 귀의하기를 권한다. 이 때 대상경계의 의미는 최소화되거나 취소된다. 그러나 불교에서 말하는 마음은 정신작용과 대상경계를 모두 포함한다. 우리를 뒤흔든다고 생각되는 대상경계가 사실은 마음의 형상적 표현인 것이다. 바람이 불어 깃발이 흔들린다. 이것을 보고 이런저런 정신적 반응을 하는 것이 우리의 삶이다. 그러나 불이중도의 입장에서 보면 바람이 바로 마음이다. 흔들리는 깃발이 바로 마음이다. 마음과 대상경계는 당장의 이것일 뿐, 둘로 구분되지 않는다. 이 마음이 부처나 조사의 마음, 바로 그것이다. 그러므로 마음을 보고자 하는가? 부처를 예경하고자 하는가? 조사의 가르침을 받고자 하는가? 이 매미소리가 그것이다. 그 소리에 협주하는 이 햇볕이 그것이다. 더위를 식히는 부채질이 그것이다. 더위와 바람과 매미소리와 햇볕과 부채질과 부채질이 이것이라는 말까지 해서 바로 둘 아닌 이것이다.

---

105) 心處無境, 境處無心.

63, 마음을 가지고 대상경계를 끊고자 하므로, 피차간에 방해가 된다.[106]

의식적 노력은 불이중도의 실천에 있어서 가장 고민스러운 부분이다. 분명 종교적 실천은 의식적 노력으로 시작된다. 그런데 이 의식적 노력은 진정한 해탈을 가로막는 가장 큰 장애이기도 하다. 마음을 가지고 마음을 고요하게 하려 하는 노력, 마음을 가지고 대상경계와 단절하려는 노력 그 자체가 능동적 주체를 세우는 일이기 때문이다. 불이중도의 성취는 불이중도적 길을 걸을 때 비로소 가능해진다. 그래서 진정한 참선은 의지적 노력과 지향을 내려놓는 일이다. 진정한 염불은 염불하는 능동적 주체와 사모하는 대상이 없는 일이다. 여기 개인적 앎과 우주적 앎이 있다. 주체도 있고 대상도 있는 앎은 개인적 앎이다. 주체와 대상이 둘이 아니라서 우주법계와 1센티도 차이가 나지 않는 앎만이 밝고 또 밝다. 이것을 우주적 앎이라 할 수 있다. 의식적 노력을 내려놓을 때 저절로 빛나는 소소영영한 앎이다. 이것을 선사들은 허공 같은 밝음(虛明)이라 불렀다.

64. 마음은 고요하고 대상경계는 여여하여, 버릴 것도 없고 구속될 것도 없다.[107]

우주법계와 둘 아닌 이 마음은 원래 고요하다. 일부러 고요하게 할 필요가 없다. 대상경계는 원래 이대로 여여하다. 여여한 자리가 따로

---

106) 將心滅境, 彼此由侵.

107) 心寂境如, 不遣不拘.

있는 것이 아니다. 그러므로 마음을 가지고 마음을 고요하게 할 일이 없다. 경계를 잠재워 여여한 자리로 돌아가게 할 일이 없다. 버릴 번뇌가 따로 없고, 벗어나야 할 경계가 따로 없다. 지금 이대로 완전하고 저절로 그러할 뿐이다. 그러니까 지금 이 더위와 이 땀이 이대로 고요하다. 어제의 국밥과 오늘의 냉면이 이대로 여여하다. 버릴 것 없고, 묶일 일 없는 것이다.

65. 경계는 마음을 따라 소멸하고, 마음은 경계를 따라 사라진다.[108]

이 마음과 이 대상경계가 이처럼 둘이 아니므로 어느 한 쪽을 세우지 않으면 다른 한쪽은 저절로 사라진다. 마음을 따로 세우지 않으면 마음을 어지럽힐 경계가 따로 없다. 경계를 세우지 않으면 어지러울 마음이 따로 없다. 그러므로 수행은 상대되는 둘을 세워놓고 그것을 지우는 일이 아니다. 아예 어느 한 쪽도 세우지 않는 일이라야 한다. 그것은 지금 당장 실천되어야 한다. 스승의 아픈 몽둥이, 귀를 먹게 하는 고함은 그것을 가능하게 한다. '이 뭣고'가 그것을 가능하게 한다. '관세음보살'이 그것을 가능하게 한다. 궁극적으로 이 밥 한 숫갈, 이 물 한 그릇이 그것을 가능하게 한다. 어느 것도 세우지 않고 오로지 통째로 이것에 열려 있다면 모든 것이 고함이고, 모든 것이 몽둥이다.

108) 境隨心滅, 心隨境無.

66. 양쪽이 생겨나지 않으면, 고요히 움직이지 않아 빈 밝음뿐이다.[109]

마음이라 하거나, 몸이라 하거나, 대상경계라 하거나 둘을 세우지 않으면 그것은 물과 같다. 물은 산이 굽이졌다 해서 싫어하지 않고, 길이 곧다 해서 좋아하지 않는다. 변함없이 흐를 뿐이다. 오직 이 일이라 둘로 다르지 않으므로 고요하다 한다. 주체와 대상이 없으므로 비어있다 한다. 잠을 자거나 깨어있거나 여전히 비추므로 밝다 한다. 수행은 원래의 이 빈 밝음에 맡기는 일이다.

67. 보리의 그림자가 현현하는, 마음의 물은 항상 맑다.[110]

이 구절은 뒷 구절을 먼저 읽으면 더 좋다. 마음의 물은 항상 맑아 흐려본 적이 없다. 모든 현상들은 이 맑은 마음의 물에 비친 진리의 영상들이다. 이 영상들이 그대로 진리를 보여주고 있다. 그러므로 따로 찾을 일이 없다. 눈앞의 이 현상들이 전체 우주법계의 운행과 둘이 아니다. 왜 항상 맑다 하는가? 주체와 대상의 양쪽에 세워지지 않아 걸리거나 막히지 않기 때문이다. 비어있으므로 있는 이대로 수용한다. 그것이 거울처럼 비추는 잔잔한 물과 같으므로 항상 맑다고 한 것이다. 원래 맑으므로 마음을 맑게 하려는 의식적 행위가 필요없다. 그 의식적 행위야말로 원래 맑은 마음의 물에 흙탕물을 일으키는 행위인 것이다.

---

109) 兩處不生, 寂靜虛明.

110) 菩提影現, 心水常淸.

68. 덕의 성품은 어리석은 이와 같아, 친소를 나누지 않는다.[111]

바탕이 되는 원리를 도라 하고, 그것의 현실적 드러남이나 실천을 덕이라 한다. 물론 이 도와 덕은 둘이 아니다. 얼핏 그것은 보리와 콩을 구분하지 못하는 바보 쑥맥처럼 보일 수도 있다. 좋은 것이라 해서 바싹 다가서는 일이 없다. 싫은 일이라 해서 달아나는 일이 없다. 그저 이대로 통째로 수용하는 것이다. 그래서 수행자는 분별적 총명함에 휘둘리지 않는다. 그렇다고 그것을 버리지도 않는다. 물이 오면 물을 쓰고, 불이 오면 불을 쓰는 것이다. 이것이 친소를 나누지 않는 도의 실천이다.

69. 사랑과 미움에 변하지 말고, 머무는 곳을 가리지 말라.[112]

사랑받는다고 좋아하고, 미움을 받는다고 슬퍼하는 것이 우리의 삶이다. 그래서 삶의 전체성을 소외시켜가면서까지 사랑을 받기 위해 노력한다. 마찬가지로 남의 미움을 받지 않기 위해 전전긍긍한다. 혹은 사람들의 사랑에 오만해하고, 미움에 절망한다. 그러나 전체성의 자리에서 보자면 사랑도 이 하나의 일이고, 미움도 이 하나의 일이다. 또 수행자들은 고요한 곳에 머물려 하고, 시끄러운 곳을 피하고자 한다. 그러나 중도의 입장에서 보자면 고요함과 시끄러움은 이름일 뿐

---

111) 德性如愚, 不立親疎.

112) 寵辱不變, 不擇所居.

이다. 실제로는 둘로 구분될 수 없는 이 일이 있을 뿐이다.

70. 모든 인연을 단번에 쉬고, 어떤 것도 기억하지 말라.[113]

모든 인연을 쉰다고 해서 무감각한 자리에 들어간다는 뜻은 아니다. 지금 이것이 둘이 아니므로 인연이라 할 것이 없다. 물방울이 떨어지면 물을 마시고, 꿀방울이 떨어지면 꿀을 핥는다. 여기에는 참선수행의 인연도 쉬어야 한다. 이 때 시장 바닥에 앉아 잡다한 세상일 그대로가 보리임을 확인한다. 이것을 가리켜 한 생각도 일어나지 않는다고 말한다. 과거의 기억과 미래에 대한 기대는 본래 완전한 이것을 불완전하게 만든다. 비교가 일어나 모든 것을 반으로 쪼개버리기 때문이다. 특히 수행자는 과거의 기특한 체험을 기억하면 안 된다. 그 순간 수행은 집착의 다른 이름이 된다.

71. 긴 한 낮은 밤과 같고, 한 밤중은 낮과 같다.

불이의 실천자는 둘로 쪼개기를 멈추고 법계를 가득 채우는 하나의 밝음으로 돌아간다. 낮과 밤은 이름이고 관념이다. 주체와 대상을 쪼개지 않고 보면 낮과 밤, 과거와 미래, 성인과 범부가 다르지 않다.

---

113) 諸緣頓息, 一切不憶.

72. 겉으로는 험하고 간사한 듯해도, 안의 마음은 비어서 진실하다.[114]

밖으로 드러난 모양을 보면 험하고, 간사할 뿐이겠는가? 선함과 악함, 친절과 무뚝뚝함, 총명함과 우둔함, 지혜와 어리석음, 성인과 범부 등으로 무한히 분별되는 모양으로 드러난다. 어쩔 것인가? 선함을 취하고 악함을 버리겠는가? 어리석음을 버려 지혜에 이르겠는가? 선사들은 모양의 분별과 그에 기초한 계획을 애초 세우지 않기를 권유한다. 일단 모두 내려놓고 쉬어라. 그렇게 돌이켜보면 마음은 텅 빈 이대로 진실하다. 그것은 허공과 같아 모든 것을 통째로 수용한다. 나쁜 것은 버리고, 좋은 것은 취하는 일이 없다. 여기에서 진실함은 거짓됨의 반대가 아니다. 진실과 거짓을 둘로 나누지 않는 그 일을 진실하다 하는 것이다.

73. 경계를 상대하여 동요하지 않는다면, 인내하고 수용하는 인욕성인이다.[115]

깃발과 바람의 개념을 세우고 이름을 붙여 나눠놓고 보면, 깃발도 흔들리고 바람도 흔들린다. 그러나 애초 상대적 차원을 세우지 않고 보면 깃발도 없고, 바람도 없고, 흔들림도 없다. 지각하는 입장에서 보자면 어떤 경계가 일어나도 동요할 일이 없다. 지금 당장의 이 모든 일이 유감없이 수용된다. 버리고 취할 것이 없기 때문이다. 이것이 진

114) 外似頑嚚, 內心虛眞.

115) 對境不動, 有力大人.

정한 인욕이다. 나라는 주체가 있어 노력하여 괴로움과 욕됨을 참는다면 그것은 도덕주의자의 살림일 뿐, 수행과는 거리가 멀다. 인욕성인은 팔이 잘려도, 다리가 잘려도, 그것을 기꺼이 수용할 뿐이다. 둘이 아니므로 싫고 좋은 일이 없기 때문이다.

74. 보이는 대상, 보는 주체가 따로 없으면, 무심이 항상 현현하리라.[116]

관념을 포기하면 객관적 대상과 주관적 주체의 구분이 무의미하다. 신성과 영원성을 갖추고 있는 것으로 생각되는 어떤 것이라 해도 실체가 없다. 아상, 인상, 중생상, 수자상이 없다는 말이 이것이다. 나아가 주체의 보는 작용도 없다. 만물이 공하여 별도의 실체가 따로 없다. 그런데 이 말에 동의하는 경우에도 자신이 알고 보는 이 일까지 공하다는 사실을 자꾸 잊게 된다. 그래서 내가 주체가 되어 알고자 하고, 보고자 하고, 깨닫고자 한다. 이 일을 내려놓으면 진정한 알아차림이 처음부터 우주를 꽉 채우고 있었음을 확인하게 된다. 이것이 진정한 무심, 진정한 중도를 실천하는 자리이다.

75. 모든 것에 통달하면, 어느 것이나 그것 아님이 없다.[117]

모든 것에 통달한다는 말은 상대적 차원을 세우지 않는다는 뜻이

116) 無人無見, 無見常現.

117) 通達一切, 未嘗不遍.

다. 둘로 나누지 않는다는 뜻이다. 그러므로 그것은 우주만물, 사사건건의 모든 일을 하나, 하나 다 안다는 뜻이 아니다. 모든 것은 이 한 가지 일과 다르지 않다. 이렇게 둘로 나누지 않으면 모든 것이 이 일이고, 이 일이 모든 것이다. 그러니 이 꽃 한 송이를 들면, 우주가 들려진다. 그것은 비유가 아니다. 꽃과 우주가 둘이 아닌 것이 이 실상이다. 진리의 본질과 현상이 따로 있다는 말은 아예 성립하지 않는다. 진리는 모든 곳, 모든 일에 두루 편재하는 것이다.

76. 생각할수록 더욱 어두워져서, 정신을 혼란케 한다.[118]

중도의 진리는 생각으로 이해하거나 알 수 있는 것이 아니다. 애를 써서 찾으려 하면 닿을 듯 닿을 듯 애만 태우는 것이 이 일이다. 분별적, 이성적 사유를 내려놓을 때 깨달음의 문이 열린다. 깨달음의 빛은 새로 얻는 것이 아니다. 그것은 이미 우주법계를 가득 채우고 있다. 다만 상대적 차원을 고집하는 관념작용이 이것을 차단하고 있을 뿐이다. 따라서 생각하기를 멈추고 깨달음의 빛에 통째로 맡기는 것이 이 공부의 요체이다.

118) 思惟轉昏, 汩亂精魂.

77. 마음을 가지고 움직임을 멈추려 하면, 멈추었다가 다시 날뛰게 된다.[119]

마음을 고요히 하는 일은 분명히 수행의 주요 내용이다. 그런데 어떻게 하면 마음이 조용해지는가? 어떤 조작을 통해 마음을 조용히 하고자 하면 더 시끄러워진다. 조용히 하고자 하는 의지작용이 바로 번뇌이기 때문이다. 그러므로 오직 내려놓고, 오직 맡기고, 오직 수용할 뿐이라야 한다. 이것이 진정으로 마음을 조용히 하는 길이다.

78. 모든 법은 정해진 자리가 없어, 오직 하나의 문이 있을 뿐이다.[120]

어떤 법이라 해도 그것이 존재하는 장소가 따로 있지 않다. 바로 그렇기 때문에 그것에 들어가는 문 또한 따로 있지 않다. 그렇다면 오직 하나의 문이란 무엇인가? 지금 이것을 돌이켜보는 것이 유일한 문이다. 법은 광대한 우주에 빠짐없이 들어차 있다. 새삼스럽게 들어갈 일도 없다. 그저 지금 이것을 통째로 아는 것이 유일한 문이다. 유보 없이 수용하는 일이 유일한 문이다. 알고, 수용하는 주체조차 무너져 안팎의 경계가 성립하지 않는 이 물소리, 이 산의 모습 그대로가 유일한 문이다.

---

119) 將心止動, 轉止轉奔.

120) 萬法無所, 唯有一門.

79. 들어가는 것도 아니고 나오는 것도 아니며, 고요한 것도 아니고 시끄러운 것도 아니다.[121]

법은 지금 당장의 이 우주허공과 같다. 이미 그것 자체이므로 구별되는 공간이 따로 있지 않다. 그러니 들어가거나 나간다는 개념이 성립하지 않는다. 심지어 움직이는 주체조차 성립하지 않는다. 둘을 세우지 않으면 오직 이 일일 뿐이라서 주체도 없고 대상도 없다. 마찬가지로 천지를 뒤흔드는 이 굉음과 태고의 고요함이 둘이 아니다.

80. 중도의 법은 성문연각의 지혜로는 논의할 수가 없다.[122]

대승불교에서는 왜 이렇게 거듭하여 성문연각을 부정하는가? 중도법문의 핵심은 지금 당장의 이 꼼짝할 수 없는 법의 그물에 나와 대상을 포함한 모든 것을 흔쾌히 맡기는 일에 있다. 이 유보없는 맡김이 그 시작과 과정과 결과를 관통하는 핵심이 된다. 그런데 성문연각은 별도의 깨달음을 설정하고, 특별한 수행법을 통해 그것에 도달하고자 한다. 이 인위성은 중도불이 법문의 실천에 장애가 된다. 따라서 성문연각이라 할 때 그것은 모든 인위적인 실천과 추구를 문제 삼는 말임을 알 필요가 있다.

---

121) 不入不出, 非靜非喧.

122) 聲聞緣覺, 智不能論.

81. 실제로는 한 물건도 없어, 오묘한 지혜만이 홀로 존재하는 것이다.[123]

논리적으로 보면 만법은 하나로 귀결된다. 그것을 이치라 하기도 하고, 기운이라 하기도 하며, 브라만이라 하기도 한다. 그러나 실천적인 입장에서 보면 이 하나는 지금 당장의 이 물건, 이 사건을 통해서만 드러난다. 따라서 하나와 다수는 둘이 아니다. 이것이 실상을 보는 길이다. 그렇다면 여기에서 말하는 오묘한 지혜란 무엇인가? 그것은 '한 물건'이 아닌가? 불이중도가 실천되는 자리는 크고 둥근 거울과 같다. 외국인이 오면 외국인을 비추고, 한국 사람이 오면 한국 사람을 비춘다. 이 밝은 비춤을 일컬어 오묘한 지혜라 한다. 당연히 지금 당장의 무수한 이것과 밝은 비춤은 둘이 아니다. 오묘한 지혜만이 홀로 존재한다는 말은 이렇게 이해되어야 한다. 그것은 한 개인의 알고 모름을 벗어나 있다.

82. 궁극적 근본의 자리는 맑게 비어있어 마음으로 궁리할 것이 아니다.[124]

맑게 비어있는 이것이 앞에서 말한 오묘한 지혜의 속성이다. 상대적 차원의 비교를 특징으로 하는 분별사유를 내려놓으면 맑게 비어있는 자리만 남는다. 이것이 불성이고, 이것이 중도이다. 오직 마음으로 궁리하는 일만 없으면 그것은 저절로 드러나는 것이다. 저절로 드러

123) 實無一物, 妙智獨存.

124) 本際虛冲, 非心所窮.

나므로 이 일을 쉽다 한다. 그런데 이것은 추구하고 궁리할수록 더 멀어진다. 스스로 주체가 되어 추구하는 것이 우리의 속성이므로 이 일을 내려놓는 것이 쉽지 않다. 심지어 궁리하기를 멈춘다는 말이 무엇인지 이해조차 어렵다. 그러므로 이 일을 어렵다 한다.

83. 바른 깨달음은 깨달음이 없는 것이고, 진짜 공은 텅 빈 것이 아니다.[125]

깨닫는다 하는데 무엇을 깨닫는가? 이미 깨달아 있다는 이 일을 아는 것이다. 그것을 맑게 비어있다 했고, 오묘한 지혜라 했다. 이것은 우매한 내가 깨달아서 지혜롭게 되는 일이 아니다. 그러므로 깨달았다면서 나의 흔적이 있고, 대상의 그림자가 있으면 진정한 깨달음이 아니다. 별도의 깨달음이 따로 없다. 오직 명명백백할 뿐인 이 일과 하나가 되는 일만 있을 뿐이다. 공 또한 그러하다. 공은 나의 실체, 대상의 실체가 따로 없다는 말이다. 그런데 이렇게 내려놓기를 거듭하면 그 끝에 아무 것도 없는 공이 나타날까? 공이라 해서 아무 것도 없는 절대의 공이 따로 있는 것이 아니다. 실체가 없다고 아는 인식조차 실체가 없는 공임을 알아야 한다. 그러면 오직 맑게 비어있는 이 거울에 만사만물의 활발발한 작용이 그대로 드러나는 것이다.

125) 正覺無覺, 眞空不空.

84. 삼세의 모든 부처님들이 모두 이러한 종취를 걸었다.[126]

부처님은 불가사의한 위신력을 발휘한다. 그래서 부처님은 범상한 나와 구별되는 특별한 존재로 생각된다. 그런데 중도실상의 입장에서 보면 부처님은 특별한 존재가 아니다. 비추는 주체가 없고, 비쳐지는 대상이 없는 길을 걷는 것이 부처님이다. 오직 허공을 가득 채운 이 비춤에 철저히 맡겨두는 길을 걷는 것이 부처님이다. 종취라 해서 어떤 특별한 진리체계가 따로 있는 것이 아니다. 스스로 주체가 되어 대상과 상대하기를 멈추는 일이 그것이다. 이 둘 아닌 삶을 지금 당장 실천하는 것이 바로 그것이다.

85. 이 종취에서는 터럭 끝에, 항하사 모래수의 세계를 포함한다.[127]

극한으로 줄이면 터럭 끝이 되고, 극한으로 확대하면 항하사 모래수의 법계가 된다. 그런데 이 터럭 끝에 항하사 모래수의 세계가 포함됨을 보는 것이 불교의 함용관(含容觀)이다. 이것을 잘못 이해하여 머리카락을 세밀하게 관찰하면 거기에도 우주가 있다는 뜻으로 알면 곤란하다. 물론 그렇기는 하다. 그러나 법계를 둘로 나누어 보도록 하는 어떠한 상대적 개념도 세우지 않는 것이 이 종취의 핵심이다. 그러니까 터럭과 삼천대천세계는 애초 둘이 아니다.

---

126) 三世諸佛, 皆乘此宗.

127) 此宗毫末, 沙界含容.

86. 어떤 것에도 특별한 의미를 두지 말라, 어떤 것에도 마음 둘 곳 없다.[128]

둘 아닌 길을 걷는 이에게 모든 일들은 한결같다. 특별히 의미를 둘 일이 따로 있지 않다. 마찬가지로 특별히 지향할 목적지도 없고, 마음을 둘 곳도 없다. 오직 머물지 않음만이 중도 실천자의 유일한 의지가 된다. 이 때 이 머물지 않는다는 일에조차 머물지 않는 것이 중요하다.

87. 마음을 두는 곳 없으면, 빈 밝음이 저절로 드러난다.[129]

마음을 두는 곳이 없다는 것은 애써 기억하거나 지향하는 바가 없다는 뜻이다. 그러면 나와 대상이 둘이 아닌 자리가 드러난다. 애쓸 필요조차 없이 모든 것이 백일하에 드러난다. 이것은 주체의 역할이 사라진 자리이므로 빈 밝음이라 부른다. 애쓸 필요가 없으므로 저절로 드러난다고 말한다. 수행은 마음으로 애써 짓는 일이 아니다. 거듭 내려놓는 일이고, 장애없이 수용하는 일이며, 안심하고 맡기는 일이 수행이다.

128) 一切莫顧, 安心無處.

129) 無處安心, 虛明自露.

88. 고요하여 생멸이 없고, 가는대로 맡겨 구속이 없다.[130]

나와 대상, 삶과 죽음 등의 상대적 개념을 세우지 않으면 윤회의 널뛰기도 없다. 빈 밝음, 둥근 거울의 비춤만 있을 뿐이라 고요하여 애증의 반응이 없다. 오는 이대로 환하며, 가는 저대로 환하다. 구속된다는 것은 좋아하고 싫어함이 있다는 뜻이다. 나와 대상, 삶과 죽음이 둘이 아니라면 애착할 것도 없고, 미워할 것도 없다. 절대의 고요와 절대의 자유가 오직 이 일에 충만하다.

89. 행위에 걸림이 없고, 가고 머묾이 모두 평등하다.[131]

고요하다 해서 행위함이 없는 것은 아니다. 이 몸도 부지런히 움직이고, 이 마음도 부지런히 작동한다. 그런데 이렇게 움직이고, 이렇게 생각하는 것도 오직 밝은 비춤 속의 일이다. 가는 것도 이 일이고, 머무는 것도 이 일이다. 태곳적부터 내려오는 이 밝은 비춤의 광장 속에 모든 형상의 주민들이 평등의 춤을 춘다.

90. 지혜의 해 고요하고 고요하며, 선정의 빛 밝고 밝다.[132]

지혜의 해와 선정의 빛은 같은 말이다. 그래서 수식어를 공유하고

130) 寂靜不生, 放曠縱橫.

131) 所作無滯, 去住皆平.

132) 慧日寂寂, 定光明明.

있다. 원래 지혜는 '밝고', 선정은 '고요'하다. 그러나 지혜가 곧 선정이고, 선정이 곧 지혜인 입장에서는 이 수식어의 구분이 무의미하다. 지혜는 고요하고, 선정은 밝은 것이다. 고요함이 곧 밝음이고, 밝음이 곧 고요함이다. 그것은 지금 당장 이 밝음에 맡겨두는 중도의 실천으로 확인할 수 있는 일이다.

91. 무형상의 화원을 비추며, 열반의 나라를 밝히고 있으니,[133]

빈 밝음이라 해도 좋고, 지혜의 비춤이라 해도 좋다. 또 선정의 빛이라 해도 된다. 그 빛이 비추는 세계는 무형상의 화원이다. 형상, 즉 모양은 상대적 관념에 의해 분할된 결과물이다. 둘로 나누기를 멈추면 우리는 더 이상 모양에 움직이지 않는다. 만 가지 형상을 둘 아닌 것으로 보는 무형상의 화원이 환하게 드러난다. 관념과 모양에 흔들리지 않는 이 정원은 또한 열반의 나라에 속한 것이기도 하다. 열반의 나라는 실체에 대한 집착을 내려놓은 공의 나라이고, 모양에 흔들리지 않는 무형상의 나라이며, 일체의 인위적 조작을 떠난 무조작의 나라이다.

133) 照無相苑, 朗涅槃城.

91. 모든 인연을 완전히 잊으면, 그 이해는 신묘하고 선정은 진실하리라.[134]

이것이 있으므로 저것이 있다. 이것이 인연법의 핵심이다. 그래서 어떻다는 것인가? 좋은 인연은 좋은 결과를 낸다. 나쁜 인연은 나쁜 결과를 낸다. 그러니까 착하게 살라는 것인가? 선문에서는 이 꼬리를 무는 논리게임을 거슬러 올라가 단번에 결론을 내린다. 인연을 잊으라. 상대를 세우지 말라. 오직 이 비춤일 뿐, 원인이니 결과니 하는 생각조차 하지 말라. 그리하면 실상이 저절로 드러나리라. 이것이다. 이때 완전한 앎이 일어난다. 이것이 이 구절에서 말하는 신묘한 이해, 진실한 선정이다. 상대적 이원사유는 어떻게 해도 궁극적 이해에 도달하지 못한다. 생각으로 이해하기를 멈출 때, 알고자 하는 그것과 하나가 되었을 때 진정한 이해가 일어난다.

93. 법의 자리에서 일어나는 일 없이, 텅 빈 방에서 편안하게 잠을 자니,

우리는 법의 자리에서 한 번도 떠난 적이 없다. 움직이거나, 머물거나, 앉거나, 눕거나 항상 이 법의 자리와 함께 하고 있다. 지금 당장 목전의 이것에 법은 유보없이 자기를 드러내고 있기 때문이다. 법의 자리는 텅 빈 방으로 표현되기도 한다. 법은 특별한 독립적 실체가 아니다. 그러므로 그것은 텅 빈 방과 같다. 이 중력 제로의 빈 방은 상하

134) 諸緣忘畢, 詮神定質.

사방의 구분이 없다. 과거, 현재, 미래가 나뉘지 않는다. 이 텅 빈 방에서 주인공은 할 일이 없다. 그저 편안히 쉬고, 편안히 잠들며, 편안히 일어나, 편안히 움직일 뿐이다.

94. 느긋하게 도를 즐기며, 진여의 실상에 한가하게 노닐도다.[135]

만나는 모든 일이 도일 뿐이라면 우리가 할 수 있는 일은 무엇인가? 흔쾌하게 맞이하여 함께 노닐다가 미련없이 보내는 것 외에 다른 일이 있을 수 없다. 진여가 따로 있고, 실상이 따로 있다면 부지런히 그곳을 향해 나아가야 한다. 그러나 목전의 이것이 진여라면, 그리고 이것 외에 실상이 따로 없다면 얘기가 다르다. 순간순간이 천재일우의 만남이다. 더 이상 얻을 것이 없으므로 흡족하고 뿌듯하게 수용한다. 이것이 잘 노니는 사람의 일이다.

95. 행위함도 없고 얻음도 없으며, 없음에 의지하니 저절로 드러나 있다.[136]

진정한 수행은 인위적 행위와 반대의 길을 걷는다. 철저히 행위를 멈추고 이미 환하게 드러난 진여의 빛에 맡기는 것이 수행이다. 그러니까 새롭게 얻는 것이 있을 수 없다. 시종일관 환하게 드러나 있는데

135) 樂道恬然, 優遊眞實.

136) 無爲無得, 依無自出.

무엇을 얻겠는가? 그러므로 수행은 무엇에 의지해도 안 되고, 어디에 머물러도 안 된다. 굳이 표현하자면 의지하지 않음에 의지하고, 머무르지 않음에 머문다. 이것을 여기에서는 없음에 의지한다고 표현했다. 그렇다고 이것이 공을 궁극적 도착점으로 삼는다는 말은 아니다. 따로 의지하는 바가 없으면 모든 것이 지금 당장 명명백백하게 드러난다. 부모님이 나를 낳기 이전부터 지금까지, 그리고 이 몸과 인식작용이 소멸할 이후까지 저절로 드러나 있다.

96. 자비의 마음, 연민의 마음, 환희의 마음, 불이의 마음을 4가지 불가사의한 마음의 길이라 한다. 보시를 통한 초월, 계율을 통한 초월, 인욕을 통한 초월, 정진을 통한 초월, 선정을 통한 초월, 지혜를 통한 초월을 6가지 초월의 길이라 한다. 이것들이 다 오직 하나일 뿐인 법의 길이다.[137]

불법을 닦고 실천하는 길은 다양하다. 여기에서 말하는 4가지 불가사의한 마음의 길과 6가지 초월의 길도 그 일부에 해당한다. 8만 4천 가지 불법의 길이 있다고 하니까 결국은 무수한 길이 있다는 말이 성립한다. 이것들은 겉으로 보면 다르게 보이지만 결국은 지금 당장 둘 아닌 실상의 이치를 깨닫고 실천하는 한 길에 귀속된다. 이 다양한 실천의 길과 둘 아닌 실상의 한 길이 같다는 말 자체가 불이중도의 실천이다. 이 거듭되는 노래구절도 불이중도의 실천이다. 다만 이 법

---

137) 四等六度, 同一乘路.

문을 듣는 내가, 혹은 당신이 지금 당장 분별을 내려놓는지가 관건이다. 오직 둘 아닌 이 일에 지금 당장 맡겨놓고 있는지가 중요하다.

97. 마음이 생겨나지 않으면, 현상에 차별이 없으며,[138]

모든 현상은 분별하는 마음에서 일어난다. 요컨대 나를 세우고, 대상을 분별하는 마음의 작용이 없다면 무수한 현상들은 항상 둘 아닌 이것이다. 따라서 수행의 핵심은 분별하는 생각을 일으키지 않는데 있다. 이것이 잘 안되므로 마음을 하나로 모으는 공부를 한다. 염불을 하여 일념을 성취하고, 참선을 하여 선정을 성취한다. 그런데 이 공부의 성취가 자칫하면 자아를 세우는 기지가 되곤 한다. 그래서 공부의 마지막에는 항상 그 성취를 내려놓는 혁명적 전환이 필요하다. 이렇게 성취조차 내려놓고 보면 본래부터 마음과 현상이 따로 없다.

98. 생성하되 실제 생성함이 없음을 알면, 항상 앞에 드러나 있다.[139]

논리적 관점에서 보면 분명히 만물은 생성과 소멸을 거듭한다. 그런데 둘 아닌 자리에서는 오직 하나의 이것이다. 그러니까 모양의 생성과 소멸에 구속이 되어도 옳지 않고, 막무가내로 생멸이 없다고 해서도 안 된다. 생성과 소멸을 분명히 보면서 그것을 떠난 진여의 이

138) 心若不生, 法無差互.

139) 知生無生, 現前常住.

자리에 밝아야 한다. 그것이 진정한 불법 실천의 길이다. 생성하되 실제로는 생성함이 없음을 알라는 것이 이것이다. 이렇게 진제와 속제의 불이성에 밝게 눈뜨고 보면 진리는 항상 여기 드러나 있다. 만물이 황금으로 이루어져 있으니, 지금 눈앞의 이것으로 황금이 찬연히 빛을 발하고 있을 수밖에 없다.

99. 지혜로운 이라야 알 수 있는 것이지, 언어적 설명으로 깨닫게 되는 것이 아니다.[140]

지혜로운 사람이란 반야를 실천하는 사람이다. 중도에 발 디딘 사람이다. 불이에 철저한 사람이다. 실상에 눈뜬 사람이다. 불교에서 말하는 진여는 이성적 사유로 알 수 있는 것이 아니다. 아는 주체가 있고, 앎의 대상이 있다면 이미 글렀다. 주체와 대상이 둘 아닌 입장이 될 때 진여가 저절로 드러난다. 이것은 앎 자체와 하나 되는 일이다. 언어적 설명은 이 완전한 앎을 쪼개는 것을 전제로 한다. 본래 둘 아닌 것을 둘로, 셋으로, 백으로, 천으로 쪼개놓고 이것을 알려는 것은 계단을 올라가 하늘의 달을 따려는 일과 같다. 그런데도 이렇게 중언부언 말을 하는 것이 조사의 자비심이다.

140) 智者方知, 非言詮悟.

강경구(姜鯨求)

동의대학교 중어중문학과 교수
동의대학교 인문대학 학장 역임
현 동아시아불교문화학회 부회장
현 대한중국학회 회장

논문
「선문정로」 문장인용의 특징에 관한 고찰(1,2,3)
6종 漢譯「금강경」에 나타난 의미의 전달과 의미의 생성
「서유기」 화과산에 대한 불교적 독해 등

저서
아침바다 붉은 해 솟아 오르네
한자 이야기 365
욱달부·심종문 소설의 연구
고행건과 당대소설 등

5월의 훈풍처럼, 장군의 칼날처럼

두 선사와 함께 읽은 신심명

초판 1쇄 발행 _ 2015년 12월 30일

역해자 · 강 경 구
발행인 · 정 현 걸
발 행 · 신 아 사
인 쇄 · 예지인쇄
주 소 · 서울특별시 은평구 통일로 59길 4 2층(122-826)
전 화 · (02) 382-6411 팩스 · (02) 382-6401
홈페이지 · www. shinasa. co. kr
E-mail · shinasa@daum.net
출판등록 · 1956년 1월 5일(제9-52호)

ISBN: 978-89-8396-923-1 (93820)

정가 *15,000* 원